SHEHUI YANJIU FANGFA

社会研究方法

第2版

仇立平 著

重庆大学出版社

图书在版编目(CIP)数据

社会研究方法/仇立平著. —2版. —重庆: 重
庆大学出版社, 2015.5 (2020.8重印)
(万卷方法)
ISBN 978-7-5624-8929-0

Ⅰ.①社… Ⅱ.①仇… Ⅲ.①社会学—研究方法—教
材 Ⅳ.①C91-03

中国版本图书馆CIP数据核字(2015)第052302号

社会研究方法
(第2版)

仇立平 著

策划编辑:雷少波 林佳木 邹 荣
责任编辑:林佳木 版式设计:张 晗
责任校对:秦巴达 责任印制:张 策

重庆大学出版社出版发行
出版人:饶帮华
社址:重庆市沙坪坝区大学城西路21号
邮编:401331
电话:(023)88617190 88617185(中小学)
传真:(023)88617186 88617166
网址:http://www.cqup.com.cn
邮箱:fxk@cqup.com.cn(营销中心)
全国新华书店经销
重庆共创印务有限公司印刷

开本:787mm×1092mm 1/16 印张:25.75 字数:490千
2015年5月第2版 2020年8月第9次印刷
印数:24 001—27 000
ISBN 978-7-5624-8929-0 定价:58.00元

　　拙书修订版终在少波分社长和佳木编辑的一再催促下完成了，也差不多到了我行将退休之时。按惯例修订再版要写个序，但真的下笔也不知道能写些什么。当然首先向少波和佳木表示歉意，大概 2010 年两位就叫我修订再版，但当时杂务在身，没时间修订。2011 年少波来上海办事，约我商谈，大致确定 2013 年交稿，但还是拖了整整一年。现在虽勉强完成，但对修订版仍不甚满意。

　　我心目中一本理想的教材应该是这样的，首先，要做到文字生动，朗朗上口，读来不感到枯燥，如教师上课那样娓娓道来；其次，要做到概念清楚，按照学生的阅读习惯，对一些基本概念不但有清晰完整的表达，且以生动的例子演示，以更易于学习和掌握；第三，要做到尽可能地贴近生活，通过生动的案例来解释一些抽象的概念和枯燥的方法。然而依此要求，我却感到实在是超出了本人的学力和水平了，所以也就一直没有动笔修改。现在勉力为之的修订版只能是"补丁"式的修改，还望读者谅解，期望后人有更好的社会研究方法教材问世。

　　为了便于阅读，先向读者交代一下打了哪些"补丁"。"补丁"有大有小，小补丁就不做详细说明了，基本上属于语言表述方面的。我以为自己在平时写作时还是以"严谨"为要求的，对语言的把握上还是有心得的，但在修订过程中还是发现很多地方用词不严谨，有些地方表述不规范，冗长重复字句多有发现，甚至有些病句。还有一些"补丁"则是在上课过程中，学生给我指出的问题或者可以讨论的地方，如关于人类知识的分类，对于我们经常使用的"规律""客观"等词语的认识，有关 PPS 抽样方法不等概率和等概率的例子说明等。修订后估计还会有问题存在，但总体感觉书的可靠性应该是提升了。

　　大补丁主要是对某些章节体系做了适当调整，有的内容删掉了，有的作为参考读物，这样可以使教学更紧凑，更集中在方法的主题上。例如，第 2 章删掉了"社会学理论研究和经验研究""量化研究和质性研究"，第 3 章删掉了"现代社会研究方法的主要特征"；将第 11 章和第 12 章合并为"资料的整理和分析"；第 1 章中的"社会研究简史"、第 8 章的"群体关系测量"、第 11 章的"统计分析初步"等作为"参考阅读"。一则因为这些内容有的与社会研究方法没有直接的关联，有的在社会研究中运用不是很多，有的属于其他课程的内容等；二则因为现在的教学时间都比较紧张，而方法教学更注重实际的操练，这样安排可以让教师灵活掌握，根据实际需要安排教学内容。另外，根据学生在写作上遇到问题，尤其是量化研究报告写作的规范性，在第 12 章增加了"参考阅读：量化研究论文文体格式"，供学生在写作时参考。

2008 年我的这本教材首次出版后，在自己的教学实践中，感觉有些问题在教材中还没讲清楚的，或者需要补充说明的，并且这些内容对于学生掌握社会研究方法有重要意义的，是学生不太理解或者需要重点掌握的，这次也尽自己的能力做了较大的修改，主要是以下三个问题：

第一，有关价值中立的讨论，如何理解价值中立、价值判断和价值关联之间的关系。首版中的第 2 章"社会研究方法论"没有像其他教材一样具体介绍各种社会科学理论的方法论的意义，一则理论不是我所擅长的，最多只是知道一些社会科学理论的常识，二则这些知识在相关社会科学理论的教学中会有详细介绍，因此仍然非常简单化地分为"实证主义方法论"和"非实证主义方法论"。我知道这样的分类是很粗糙的，甚至可能是错误的，唯有期望社会理论课程能够给学生更多的方法论的训练。此次的修改则强调所谓的"价值中立"是相对的。与社会学经验研究紧密相关的社会理论实际上无法做到价值中立，即使我们所说的"客观事实"实际上也是在一定理论建构下产生的。因此，不同社会理论观照下的经验社会学研究可能得出不同结论，才使得社会科学研究要比自然科学研究更具魅力、更有趣。不容讳言，多年的经验研究也使我慢慢地体会到，至少在社会科学领域中，社会理论还没有达到高度的普适性。例如，修订版第 1 章以美国社会学家华尔德（Andrew G. Walder）的论文《共产主义社会的新传统主义：中国工业中的工作环境和权力结构》为例，说明社会学经验研究得出的结论或分析概念要成为普适性程度较高的理论还需要更多的"验证性"或"证伪性"研究。

第二，关于问题和问题意识的讨论。2008年版已经意识到这个问题的重要性，对此问题做了很多诠释，也得到了读者的认可，但在叙述的规范和深度上还是存在一些问题。因此在修改版中，对问题和问题意识做了较为全面的论述。我也曾就这个问题发表了专题性论文《社会研究与问题意识》，后被《新华文摘》《中国社会科学摘要》《人大复印资料》全文转载。问题和问题意识是社会研究能否有新的贡献最关键、最基础的条件，现在存在的大量的学术不端行为和学术垃圾很多与此有关，造成了大量的、重复性的、无效的知识生产。因此，对于什么是问题的认识，有助于我们找到新的研究起点，拓展知识生产的空间，延长问题的解释链。从另一个角度看，问题和问题意识也与价值中立、价值关联、价值判断有关。问题意识实际上就是隐藏在问题背后的理论观照，不同理论对问题的解释或诠释会不一样，因此社会研究中的问题总是和一定的价值关联在一起。

第三，关于文献综述写作的训练。包括本书在内的很多社会研究方法教材都非常强调文献梳理在学术研究的重要作用，因为对文献的梳理和评论是形成问题的重要条件。撰写一篇质量合格的文献综述是学生应该掌握的基本能力。在我自己的教学实践中，往往会花较多时间用于文献综述写作的训练，也深感学生在写作上存在诸多问题。此次修订，增加了如何撰写文献综述的内容，有些问题就是我在上课训练中发现的，如文献综述与以文献为基础的学术论文之间的区别，如何阅读文献，文献写作的规范性等。从我自己的体验来说，要写出一篇有质量的文献综述，关键在于要学会阅读，但是如何阅读又是一个只能意会无法言传的问题，需要教师选择不同质量的论文带领学生一起进行讨论，从而发现论文的价值、存在的问题，以及给人的启发，从这个意义上说，在本科学生中专门开设一门文献阅读课是很重要的，单靠社会研究方法课程中的训练是不够的。

最后想说的是，社会研究方法经常会遇到量化研究和质性研究的优势比较问题。目前国内出版的社会研究方法教材基本上都是以量化研究方法为基本框架，但是，这并不意味着可以忽视质性研究。量化研究之所以在北美成为社会学经验研究的主流，在于已经形成了相对成熟的理论，在此基础才有可能运用科学研究方法，通过概念化方法建立一套相对标准的测量指标，通过数学模型分析，达到对社会理论及其普适性程度的检验。尽管如此，在社会学中，理论作为经验研究的基础，还只能停留在中层理论的层面，宏观理论如何与量化的经验研究有机地结合在一起，恐怕很难做到。这或许是社会科学"科学性"的"宿命"。因此，在社会研究中，质性研究仍然具有很大的优势。尤其是中国社会科学的发展在某种意义上还处在描述性阶段，特定的历史文化背景，使得中国社会变迁很难直接运用西方的社会理论进行解释，唯有采用类似文化人类学"深描"的方法，才有可能揭示中国社会变迁内在的机制，并形成一定的理论及其分析概念。但是，这恰恰是最困难的。或许是中国人的思维方式缺少类似于西方哲学思维的抽象能力，对概念的凝炼具有一定的局限性，因此在某种意义上说，质性研究可能要比量化研究更难学、更难做。

大数据时代的到来，传统的社会研究方法既面临新的挑战，但也为社会研究方法提供了新的研究空间。笔者相信，有关人们价值观念的研究，社会发展过程研究等并不会被大数据研究所替代。因此，在未来，社会研究方法既能用于对社会的研究，也能用于对方法本身的发展。

2014 年 4 月 28 日凌晨 2 点

我和关宝兄合著的《社会调查研究方法》一书于1990年由天津人民出版社出版，当时是费孝通先生写的序，如今斯人已去，但先生的音容笑貌宛如昨天。先生在序里对当时还年轻的我们说了不少鼓励的话，希望我们"不断通过学习和实践，提高水平，在不久的将来可以它们的修订本再与读者见面"。然而，这个"不久的将来"一下子拖了十余年。其中虽有很多原因，但还是晚辈学习不够，进步不快，有违先生的教诲。如今年届耳顺，完成夙愿，也算是对先生的一个交代。

说起当初《社会调查研究方法》的出版也是一波三折。1987年交稿后，迟迟未有动静，直到1989年年底，编辑来信说不能出版。我估计是因为市场发行的原因，出版社要赔钱，心想也就算了。但是没多久，编辑来信再告，书已排版了，未免喜出望外。但心想在当时编辑需要"承包"的年代，我们的书虽出版了，编辑也许会承担一些损失，私下不免有些歉意。

没几年，这本教材就用完了，一直想修订再版。但是，一则因为需要作者承包发行，一介书生的我实在是没有这样的能力；二则感觉自己的底气不够，没有把握将其修订成一本质量较高的教材；三则因为杂事太多，当然这只能说是"托词"。所以归根结底还是自己过于懒惰，学力不够。直到2000年，我才真正考虑对原来的教材进行修订，初步拟定了修改大纲，但因学校要我到教务处工作，这个计划也就中断了。直到一年半后我请辞了教务处的工作，才重新续上这项工作。断断续续花了将近八年的时间，几易其稿，总算是完成了这本教材的修订。如今这本教材与当时的《社会调查研究方法》相比，无论是教材编写的宗旨，还是章节安排和体例，以及具体内容，已是面目全非了。但是不管怎么说，一本教材居然花了那么长的时间才完成，不免汗颜。当然这也许与我的价值选择有关：写作应该是一种享受，而不是为了功和名，为了稻粱谋。

重新编写的教材书名为《社会研究方法》，算是一种与国际学术界接轨的做法。虽然在国外的学术语境中，"社会研究方法"和"社会调查研究方法"是有严格区别的，但是在我国，学术界曾经一度没有严格区分这两个概念。非专业工作者也许更容易接受"社会调查研究方法"的说法。在中国，社会调查研究方法或社会调查方法在毛泽东的倡导下，是我国社会研究和行政工作研究的重要方法。毛泽东提出的"没有调查就没有发言权"现在中年以上的人还记忆犹新，他所推崇的"典型调查"曾经一度是我国社会调查的主要方法。回顾毛泽东等老一代革命家早期进行的社会调查，人们不难发现无论是学术界还是老一辈革命家早期运用的社会调查方法主要是实地研究方法，这对我国社会研究和行政工作都产生了重要影响。直至现在，社会上大多数人，尤其是非专业工作者，仍然是在非学术意义上理解"社会调查研究方法"的，认为社会调查就是开座谈会、收集资料，以及 20 世纪80 年代引进的问卷调查等。从这个比较宽泛的意义上说，在中国的语境下解释"社会调查研究方法"，也许对推广科学的社会研究方法更有意义。而"社会研究方法"对于一般读者来说显得比较生疏，可能会因为过分强调社会研究方法的学科性使他们望而却步。

笔者多年担任《社会》杂志执行主编，在审稿过程中，发现不少低水平的重复性研究，其中不乏省市级，甚至国家级课题。尽管在科学研究中重复性研究也是一种研究，但它们或者是为了进一步验证一种重要的理论或发现，或者是因为以往研究的现象发生了很大的变化。而遗憾的是笔者所看到的重复性研究并不属于以上两种情况。还有一些研究报告，包括学生的一些毕业论文，拿起来就写，似乎他的研究是"前无古人"，不追溯以往研究成果或方法，不对以往研究的状况进行分析和批评，即使做了一些文献分析，但是所引用的文献资料也是"垃圾文献"。以上问题说到底，还是一个如何真正遵循学术规范的问题。学术规范不仅仅是指在论文或研究报告中凡是引用他人成说都要加以注明，更为重要的是你所提出的问题必须是"真问题"而不是"假问题"。"真问题"是人类科学知识库存中尚未解决或需要重新解释的问题，也包括社会发展中产生的新现象、新问题，或者运用新的方法对一个已经研究过的问题重新进行研究。"真问题"来自研究者对社会现象的仔细观察，来自对该问题以往研究文献的认真阅读。我曾经对我的学生讲过一句也许是比较偏激的话：当你不敢写文章时才能写出真正的好文章。也许古人所讲的"敬惜文字"就含有这个意思。

在社会研究中，还经常出现这样的现象：问卷调查本来是一种带有理论预设的、规范性程度很高的量化研究方法，但是我们看到的大量的"问卷调查"既没有一定的理论，也没有对资料的信度和效度进行检验，似乎人人都能设计问卷，人人都能从事量化研究，有时看到动辄数千份问卷的不规范的调查，令人深感这是一种浪费的"犯罪"；有些质性研究访谈质量低下，很多是以"问卷"的形式提出问题，问题缺少深度，搜集的资料凌乱破碎；有的质性研究报告变成了"举例说明"，完全失去了质性研究报告生动、写实、"还原事实"和理论诠释或发现理论的优势。这些问题的存在当然遭到了学术界的批评，国内一些知名社会学学者认为，对于复杂的社会现象，"不是仅凭实地考察和经验描述就能说清楚的"，社会学经验研究是排斥理论研究的。上述批评如果是针对国内不少质量低下的社会学经验研究是有道理的，但是不能就此认为社会学经验研究就是纯经验描述，或者认为社会学经验研究是排斥理论研究的。恰恰相反，规范的社会学量化研究具有强烈的理论预设，有的甚至和抽象程度很高的社会学理论勾连在一起；而规范的质性研究则总是试图通过详细的观察和访谈，诠释某种理论或者从中归纳和发现理论。因此，如果这些批评是针对社会学经验研究本身，那么可以认为这是一种缺乏常识的批评。实际上，中国社会学还处在描述性阶段，还处在搞清楚"是什么"的时期，还未达到理论创新阶段。如果不能通过规范的实地考察和经验描述来深刻地揭示中国社会是什么，难道关在书斋里冥思苦想就能建构中国社会学的理论吗？

因此，中国社会学经验研究存在的问题并不是排斥理论，而是缺少自觉的理论意识，缺少对"真问题"的探索和在确定问题之后的"问题意识"，以及不能严格地按照科学研究的逻辑去研究问题。这些问题也是本书试图探讨的。

本书的写作宗旨是，写一本"非专业读者和学生依靠自学就能看懂的教材"，能够集自己二十余年之社会研究方法教学和科研经验，融各类方法教材长处于一书。为了达到"非专业读者和学生依靠自学就能看懂的教材"的目标，笔者努力在写作上做到深入浅出，尽可能通过一些实例，尤其是中国学者研究的实例，来介绍社会研究的具体方法及其运用，并且根据中国读者的阅读习惯，尽可能对一些与方法有关的基本概念给予明确的解释。要让学生掌握社会研究方法，具备社会研究的基本能力，依靠单纯的"满堂灌"的课堂教学是不能解决的，那种"背了考，考了忘"的考试方法也是不能奏效的，这需要在课堂教学中具体指导学生就一个具体的课题进行"模拟研究"，让学生掌握学习的主动权。因此，教材应该是一本教学辅导书，能够把有关问题基本上讲清楚，让学生能看懂。至于"融各类方法教材长处于一体"，我在写作时已尽可能吸收不同版本的社会研究方法教材的优点。当然，本书能否达到上述两个目标，一方面需要通过教学实践的检验，另一方面也期待同行专家和读者的批评和讨论。

本书的框架体系和章节安排遵循"教学过程和研究过程相一致"的原则，分为四大部分：社会研究方法基础；问题和设计；研究方式；分析和综合。其中"社会研究方法基础"主要讨论社会研究的基本概念、社会研究方法论的若干问题，介绍有关社会研究的简史、社会研究方法体系及其基本类型，以及科学研究的基本逻辑和社会研究的一般过程。本书与其他教材在内容安排上的不同之处在于，本书增加了社会研究简史，这可以使读者了解社会研究对社会发展的重要意义；社会研究方法论部分没有具体介绍各种社会研究范式（有关研究范式本书主要结合"问题意识"进行分析），而是就社会研究方法存在的与方法论有关的问题进行讨论；同时把按不同标准分类的研究方法集中在一起，既方便教学也可以使读者一开始就了解有关社会研究方法的基本知识。这部分教学内容很多可以自学，并在自学的基础上展开讨论。教学重点主要是社会研究方法的基本类型、科学研究的基本逻辑和社会研究的一般过程。

"问题和设计"部分是本书最重要的部分，集中了笔者对于我国社会研究中存在的问题的思考。其中"选题和问题"一章着重讨论了"什么是问题和问题意识""如何提出问题"等问题；"研究设计"一章中的"理论和假设"对于理论和经验研究之间的关系作了比较清楚的阐述，也吸纳了有关教材的精粹；"抽样方法"一章中对于概率抽样的基本原理作了比较通俗的解释，补充了一些其他教材没有但在抽样中常会遇到的特例，并尽可能在条理上梳理得更清楚；"测量和量表"一章中，着重讨论了"概念化和操作化"，特别是概念、变量和指标之间的关系，并且对于态度量表设计做了更为具体的说明。毫无疑问，"问题和设计"是本书最为重要的内容，也是教学的重点。

"研究方式"部分中的"调查研究"和"实地研究"是社会研究的主要方式。本书的特色是通过具体的例子对问卷设计的逻辑过程进行了仔细的梳理，厘清了问卷设计的基本思路，并把资料整理和分析中的编码技术内容放在这一章，以使教学更加连贯。"调查研究"还增加了国内教材很少涉及，但比较实用的"群体关系测量"方法；在"调查研究"和"实地研究"中如何通过访谈收集资料是教学环节中难以解决的问题，本书具体分析了调查研究和实地研究中的访谈方法和技术的差别，总结了学生调查实践中存在的问题，结合笔者的访谈体会，详细说明了访谈的具体技术、技巧和访谈心理。"文献研究和实验研究"一章中，主要通过实例介绍具体的研究方法，希望通过实例展示实验研究方法，让读者感受到这种方法在社会研究中的"魅力"。这部分的教学重点无疑是"调查研究"和"实地研究"这两种社会研究常用方式。

"分析和综合"部分中，在"量化资料的整理和分析"部分，舍弃了统计分析方法的具体介绍，侧重于针对学生在量化研究中容易出现的问题，详细介绍了统计表的制作、如何分组和分类以及怎样解读列联表或两变量交互表。对质性资料的整理和分析也作了专门的介绍。"研究报告的撰写"体系与其他教材有较大的区别，更贴近实际的写作过程，并结合笔者自己的写作体会，借鉴了中国古代"八股文"写作方法，也算是笔者较为得意的"神来之笔"。这部分教学可以以学生自学为主，并结合具体的例子开展讨论。

本书还存在一些不足，相对于量化研究方法，质性研究方法的介绍比较薄弱。一方面是因为笔者在质性研究方面的实践有限，还需要一个积累和学习的过程；另一方面如何使量化研究方法和质性研究方法有机地结合在一起，在社会研究方法论、具体的方法和技术等方面还有许多问题需要讨论。虽然国外量化研究方法和质性研究方法的结合已经成为社会研究的一个重要方面，但是就国内的现状来说，到目前为止还没有比较规范的，能够把两种方法有机结合起来的研究文本。另外，由于笔者的水平有限，本书也许还存在一些常识性错误或对某些理论或问题的误读，祈盼同行专家和读者不吝指教。

本书适用于本科生、研究生的教学和非专业读者阅读。在教学时，既可以根据教学对象的特点，或者以量化研究方法为主，或者以质性研究方法为主；也可以按照本科生和研究生的教学要求，将教材的章节重新组合。例如，本科生教学可以以下章节为重点：社会研究方法体系构成、社会研究方法的主要类型、科学研究的逻辑和社会研究的一般过程、选题和问题、研究设计、抽样方法、测量和量表、调查研究、量化资料的整理和分析、研究报告的撰写。其中选题和问题、研究设计、抽样方法、测量、问卷设计、资料的整理和研究报告的撰写是比较重要的内容，也是本科教学的核心内容。由于本科毕业论文很多采用个案研究方法，如果教学时间比较充裕，还可以对学生进行访谈和访谈资料整理能力的训练。

研究生的教学，由于各校本科教学的差异，很难有一个统一的标准。除了对本科教学主要知识点加强训练之外，更为重要的是通过"方案设计"的学习，培养学生具有比较扎实的社会研究能力。重要的教学内容或环节是：如何选题、什么是问题意识、理论和经验研究之间的关系、怎样撰写文献综述、如何在文献综述的基础上提出研究假设或设想、主要概念的操作化及其指标化、量表设计、问卷设计、模拟访谈、访谈资料的整理和分析等。如果研究生在本科阶段的专业训练比较扎实，可以对社会研究方法论、量化研究和质性研究的结合展开讨论，进行混合研究方法的训练，加强学生的实地研究、文献研究、实验研究能力的培养。以上仅是笔者的经验之谈，愿为借鉴。

本书写作过程中得到很多朋友的支持和帮助，借此机会向他们表示衷心的感谢。此前，我长期使用的教材是风笑天教授撰写的《现代社会调查方法》，在教学过程中给我很多启发和帮助。沈崇麟教授无私提供了他所撰写的抽样调查方案，夏传玲博士、吴艳红博士授权同意我使用他们公开发表的论文作为本书的附录，这些研究成果为本书增色不少。肖瑛博士对本书社会研究方法论部分提出了非常有价值的意见，并做了认真修改；翁定军博士阅读了抽样方法部分，对我的论述作了肯定；胡申生教授对这本教材的督促和支持是我写作的动力之一，但是非常遗憾，本书因为过于拖延最终与他组织出版的系列教材"失之交臂"，使我深怀歉疚之感。尤其需要感谢的是重庆大学出版社编辑雷少波和林佳木。当雷少波编辑得知我的教材即将完成时，非常热情地希望我的教材能够列入他们出版的在学界已经广有影响的"万卷方法"丛书之中。两位编辑于繁忙之中，非常认真、仔细地阅读和校对了本书初稿，在很短的时间里提出了很专业的修改意见，以极高的工作效率和极大的工作热情，为本书的出版付出了辛勤的劳动。最后需要感谢的是我的太太乐秀平女士，没有她在背后的默默支持，一力承担全部家庭事务，营造温馨、祥和的家庭氛围，这本书和我的其他工作的完成是无法想象的。

仇立平

2007 年 10 月 17 日子夜

简要目录

目录

■ 第Ⅲ部分 研究方式

■ 第IV部分 分析和综合

第1部分
社会研究方法基础

◎1 绪论

◎2 社会研究方法论

◎3 社会研究方法体系和一般过程

　　当你开始正式阅读本书的时候，肯定是抱着研究社会的目的而来的。什么是社会，如何认识社会，什么是科学，什么是科学方法，往往是我们首先碰到的问题。这些问题的答案到现在为止还是众说纷纭。但至少，我们应当知道，我们所看到的所谓事实往往并不真的是客观的，因为我们看到的总是"经验事实"，尽管它源自本原事实，但是它只能"逼近"本原事实，却永远达不到。就像我们常常被照片中那些诗情画意的美景所吸引，但是到现场一看，也不过如此。正因为我们想尽可能地"逼近"客观的本原事实，才有那么多的学者按照大家公认的、特定的、规范的方法和步骤不断地去研究社会，追问社会到底是什么！相信您在阅读本部分内容后，将会有所感悟。

1 绪论

在中国，社会调查或社会调查研究是使用频率很高的一个词。现在中年以上的人都还清楚地记得毛泽东的名言："没有调查就没有发言权。"在过去的那个年代，执政党和政府为了制定方针政策，做了大量的调查研究工作。但是不可否认的是，由于党和政府指导思想的某些错误，也给社会调查研究工作带来了很大危害。改革开放以后，社会调查研究又开始恢复它固有的生命力。事实上社会调查研究方法作为科学研究方法，不仅是政府行政工作的方法，而且也是学术研究的重要方法。

在社会学领域里，社会调查研究方法一般被认为是社会研究方法的重要组成部分，是社会学研究的主要方法。社会学研究大致可以分为理论社会学研究和经验社会学研究。经验社会学研究和社会研究方法是紧密相连的，理论社会学研究也离不开社会研究方法，理论的证实或证伪和理论的创新都需要社会研究方法。社会研究方法作为社会科学研究的重要方法，在社会学、人类学、经济学、政治学、教育学、管理学、心理学等学科得到广泛的重视和运用，并取得了很多成果。

>> 1.1 概念的使用：学者的讨论和本书的定义

20 世纪 80 年代从西方引进现代社会调查方法（social survey）后，国内学者对社会研究方法的认识就有不同的看法。目前，在相似意义上使用社会研究方法的主要概念有：社会研究方法、现代社会调查方法、社会调查研究方法、问卷调查方法、抽样调查方法、质性研究方法等。

1.1.1　我国社会学界对于社会研究方法概念的认识

概念使用上的差别一方面源自西方量化（定量）研究方法的引进。在改革开放以前，我国对各种社会现象和社会问题的研究主要采用质性（定性）调查方法，它的主要形式是典型调查和蹲点调查。虽然那时也有定量调查，但是从当时量化调查的两种形式——抽样调查和普遍调查来看，前者主要用于产品质量抽查，后者主要是政府用于收集各种国情资料，量化研究很少用来研究社会现象或社会问题。就当时的认识来说，人们以为只要依靠典型调查就可以了，因为典型调查如同"解剖麻雀"，只要找到一只具有典型意义的"麻雀"进行调查，就可以通过它来反映一般情况，其方法论的基础就是由个别到一般。如果说在传统的农业社会里，典型调查方法还具有它的合理性和科学性（传统农业社会是一个同质性很高的社会，在那里确实有可能通过一个典型或一个个案的调查来说明整体），那么到了现代社会（包括新中国建立以后）典型调查就越发显示出它的局限性。因此，当我们吸收西方的量化调查研究方法之后，到底用什么概念来概括量化研究方法和质性研究方法就成为一个有争议的问题。

另一方面，不同学者对于社会研究方法内涵的认识存在着差异。有的学者是从较宽泛的定义上来理解社会调查研究方法，把量化研究方法和质性研究方法都包括在里面，其定义相当于西方学界的社会研究方法。有的学者则是严格地按照西方社会调查方法的定义，认为社会调查方法仅指量化调查方法，为了与中国传统社会调查方法相区别，则把量化调查方法称为"现代社会调查方法"（风笑天，2001：3-4）。

尽管不同学者对社会研究方法和社会调查研究方法概念的使用存在着一些差别，但是对于社会研究方法、问卷调查方法、抽样调查方法、质性研究方法等概念的认识基本上是一致的。**社会研究方法**（social research method）通常被理解为对社会现象和社会行为进行研究、解释和预测的科学方式和方法。它的具体方法几乎涵盖了全部有关社会的研究方法，包括调查研究法、实地研究法、实验法、文献法等。问卷调查方法和抽样调查方法既有相同之处，又有不同之点。**问卷调查方法**的主要特点是采用标准化、结构式的问题表来收集调查资料，由于问卷是量化调查工具，它必须采用概率抽样方法选择样本，因此问卷调查方法又可以理解为抽样调查方法。**抽样调查方法**的主要特点是采用概率的方法选择样本，即抽样方法。抽样调查方法的使用范围要比问卷调查方法更广泛，它不仅可以用于对"人"的调查，也可以用于对"物"的调查，例如产品质量调查、各种物质资源的调查等。在抽样调查中用来收集资料的工具可以是问卷，也可以是简单的调查表格。

国内学者的分歧主要是对"社会调查方法"或"社会调查研究方法"与"社会研究方法"的理解存在着差异。社会调查方法在西方仅指量化调查方法，即问卷调查方法。国内学者或者是把社会调查方法理解为各种调查方法的综合，包括抽样调查、普遍调查、典型调查等；或者仅仅是看作调查资料的收集方法，例如当有人说"我今天下去调查了"时，社会调查就是指通过座谈会、查阅资料、个别访问等方法收集资料。而社会研究方法则是适用于全部社会科学的研究方法，其中包括量化研究方法和质性研究方法。

其实对概念的理解产生分歧是正常的。文化背景、学术经历、学科背景和知识结构的差异，总会使人们对相同的概念产生不同的认识，问题是要把概念的内涵说明清楚，要符合学科已有的共同认识，并具有内在的逻辑。

1.1.2 本书的定义

本书的定义从学科的角度出发，遵循社会研究方法的一般认识，即：社会研究方法是有目的地对各种社会现象和人类各种社会行为进行科学研究的方式和手段。它包括调查研究法（survey research）、实地研究法（field work）、实验法（experiment study）、文献法（documentary study）等，其中调查研究法和实地研究法是社会研究方法中最主要的方法。但是，从我国的具体情况看，社会研究方法这一概念仅在学术界被承认，如果从社会研究方法的普及来看，有时沿用"社会调查研究方法"的概念也是一个不错的选择，毕竟我们的读者中虽然有的在从事学术性社会研究，但还有大量的人员，例如行政部门中从事社会研究工作的研究者，还是习惯于认同"社会调查"或"社会调查研究"的说法。因此，根据我国的情况，在社会研究方法的意义上理解"社会调查研究方法"，比较有利于推广科学的社会研究方法。

在西方，研究者除了使用量化调查方法、采用新的高级统计技术之外，仍在大量使用实地研究方法，且越来越注重质性研究在社会研究中的作用，并试图把量化研究与质性研究结合起来。在中国，社会学研究距离理论创新还有比较大的差距，建立既具有本土色彩，又有一定普适性的社会学理论，还需要通过大量的实地调查积累资料，经过归纳、抽象，概括出对社会事实具有解释和预测能力的理论。从这个意义上说，实地研究方法应该成为我国传统意义的"社会调查研究方法"的重要组成部分。

>> 1.2 特征：科学性、客观性和工具性

社会研究方法是科学研究方法，它的基本特征是科学性、客观性和工具性。社会研究的作用主要是通过收集反映社会各种现象的资料，经过分析与综合来

研究社会。在社会研究中，研究者是否能够运用科学的理论、方法和技术，坚持客观的立场，客观地观察事物，对于获得对社会现象的正确认识是至关重要的。

1.2.1 科学性

社会研究方法的科学性就是在一定的理论指导下，用科学的方法进行调查研究。它一方面要求在哲学和社会科学理论指导下进行调查研究，并通过调查研究检验理论的真伪，达到理论创新的目的。另一方面运用正确的方法和技术收集资料、分析资料，并在此基础上得出对事物规律的认识。社会研究方法的科学性应该是理论的科学性和研究方法、技术科学性的统一。

理论对社会研究的作用表现为在研究开始阶段对研究设想或假设的理论解释，以及对收集的资料进行理论分析和理论概括。即在研究设计阶段对研究问题的设想或假设提出理论或经验依据，从而使研究设想或假设能够和一定的理论勾连起来。在调查研究的基础上，通过对资料的分析与综合，证实或证伪原有的理论设想或理论假设，或者概括出新的理论。但是不同的理论对相同事实的解释和概括有可能是不同的。19世纪资本主义社会的人口过剩是一个客观事实，但是马克思和马尔萨斯对于当时的人口问题的解释是截然相反的。马克思的人口理论认为不存在人口的自然规律，只存在一定生产方式下的人口规律。资本主义人口过剩是资本主义生产方式的必要的产业后备军，人口过剩将随着资本主义向社会主义过渡而消亡。马尔萨斯的人口理论则认为存在着人口增长的自然规律，即人口是按几何级数增长，粮食是按算术级数增长，人类若不节制生育，社会的和自然的外在力量将会以自己的方式保持人口数量和生存资源的平衡。由此可以看到在理论对具体问题的解释和概括上，存在着理论的价值倾向和对理论的价值判断及其选择。以现在的观点来看，马克思和马尔萨斯的人口理论都有其合理性和局限性，否则的话也不会使人口问题成为现代中国最大的社会问题。*

* 从这个意义上说，社会研究的理论"科学性"是价值关联的、建构性的、相对的。

社会研究方法的科学性还表现为具体方法和技术的科学性。科学研究方法的主要特点是指研究过程的逻辑性和研究结论的实证性。科学研究建立在系统的观察和正确的逻辑推理基础之上，科学研究过程是归纳与演绎方法的结合过程。在社会研究中，研究者或者是从一定的理论出发，演绎出系统的理论假设，经过资料的收集、分析和综合，通过归纳概括出研究结论，证实或证伪原先的理论假设；或者是在大量观察的基础上，掌握大量的事实，运用归纳方法，经过抽象思维，提出对社会现象具有解释和预测功能的一般理论。例如在对中国社会的研究中，可以依据社会学的互动理论、角色理论演绎出系统的有关中国社会人际交往、个人社会地位的假设；然后依据假设设计一套人际交往、个人地位的量表；最后根据测量结果，概括出当代中国社会人际交往的特点和人们在社会中的地位分布特点，并且与传统中国社会、西方社会相比较，找出其中的差异。通过研究我们可能会发现不同社会结构下人际交往、个人地位的不同特点，从而确定中国社会结构的性质；也可能相反，我们没有发现它们之间的差别。这就是理论被证实或证伪的过程。我们也可以在若干社区里，经过长期观察社区居民的社会行为、生活方式等，归纳出他们的行为特征，并比较国内外不同社区居民的社会行为和生活方式，获得有关解释中国社区结构的一般理论。

需要说明的是，社会科学理论还未达到成熟阶段，运用社会研究方法对社会的研究很多是采用归纳方法。即使是采用演绎与归纳相结合的方法，大多也停留在经验演绎的阶段，还没有像自然科学那样达到高度抽象的理论演绎阶段。也就是说，社会科学理论还不具有普适性的特点，不同社会科学理论尽管在方法论上对经验研究具有指导意义，但是如果照搬具体的理论或概念去研究一个特定的社会，只能是生硬的"验证性"研究，无法解释或诠释特定社会正在发生的变化。因为，任何社会科学理论大多数是在对特定社会历史研究的基础上产生的。

所谓研究结论的实证性，是指研究结果必须来自经验事实，一切事实来自调查，一切结论来自经验研究，并且研究结论具有可验证性和重复性。也就是说，研究者经过调查充分掌握第一手资料和必需的文献资料，才能获得可靠的结论。不是纯粹依靠抽象归纳的推理，而是主要依靠经验事实来说明自己的结论。同时，具有确定的研究程序，使其他研究者可以依据确定的研究程序重复研究，以验证原有结论的真伪。在科学研究中，不可重复的结论都是不可靠的，不具有实证性。

例如，华尔德（Andrew G. Walder）的《共产主义社会的新传统主义：中国工业中的工作环境和权力结构》，以工作单位为分析单位，开创了单位制研究。作者在1970—1980年间通过对移民到香港的80位在内地工厂工作过的人进行了长达500多小时的访问，其中包括工人、职员、管理人员。该研究提出了研究中国内地的新的研究范式，即"单位制"及"依附""庇护""有原则的特殊主义"等重要的分析概念。其后国内一大批著名学者跟进研究——如单位制的起源和发展，单位制内部的资源分配、人际关系，以及单位制与社区治理之间的关系等，基本上是在华尔德研究的基础上进行演绎或拓展。然而，华尔德的研究仍有很多地方可以质疑，例如调查对象主要是"偷渡"到香港的大陆居民，不能排除调查对象存在着偏见，当然华尔德当时没有条件到内地进行调查；还有，缺少更具有典型意义的"单位"研究，在计划经济时期，最具有"单位制"特征的无疑是像"大庆""鞍钢"这样的大型国企，以及上海这样历史上曾经经历过成熟市场经济的大城市中的国有企业。对于"单位制"这样一个非常重要且被广泛运用的分析概念，没有经过"证伪性"研究验证，依据它展开的研究就容易流于片面。华尔德意义上的"单位制"研究对计划经济时代是否具有普遍性解释力，是一个需要进一步研究的问题。

1.2.2　客观性

社会研究方法的客观性是指研究者在收集资料的过程中要保持客观、中立的立场，获得的经验事实是客观的。当大量社会现象表现出共同的趋势时，就可以发现其中的内在关系，并对社会现象的变化做出判断。研究者在研究过程中要超越阶级、党派、个人的利益，排除外界的各种干扰，严守科学研究的道德准则，客观地观察事物，从而获得对事实的客观认识。在自然科学的研究中，研究者比较容易保持科学研究的客观性，科学家在自然科学研究中容易建立系统的测量指标和科学评价体系，可以发现其中的"伪科学"。例如用"克隆"技术培育的"多利羊"诞生后，科学家就要检验它的研究程序，是否按照严格的实验步骤，是否具有可验证性和重复性。如果"多利羊"不能得到可验证性和重复性的证实，科学家就会对"体细胞"繁殖技术的成果表示怀疑。

但是社会科学与自然科学相比所具有的特殊性，会对社会研究方法的客观性产生较大影响。首先，社会现象有着与自然现象不同的特点。社会是由人组成的，人是有主观意志的。人的社会行为除了具有理性的一面之外，还有非理性的一面。人的理性行为和非理性行为在一定的条件下会相互影响，社会现象包含的主观因素很难直接测量，社会现象的内在关系虽然从理论上说是可以发现和认识的，但在长期观察中并不一定准确。以经济学为例，其在社会科学中已经达到较高的量化研究水平，但是经济学家对经济的预测也经常会出现错误。

其次，现代社会是一个异质性较高的社会，人与人之间、不同群体之间、不同文化之间存在很大差别。即使那些重复出现的社会现象，它们的背后原因也可能是不一样的。我们再也不能只通过解剖一只"麻雀"来了解事物的全部，研究者很难通过对几个人或几个单位的研究得到普遍适用的结论。通过大量样本研究获得的结论，也仅仅是"概率"上的判断。这种情况其实在某些自然科学中也存在，例如对气象、地震的研究。因此，任何现象的研究，只要它的异质性越高、不确定因素越多，它的"客观性"或可靠性就越低。研究可能更多地依赖于研究者对现象的悟性和洞察力。

第三，由于社会现象所具有的特殊性，社会科学还未进入高度的理论概括和演绎阶段，人们对于社会现象的认识大多还处于资料积累阶段，还未形成经过反复验证、高度概括、具有普遍意义的社会理论[*]。因此很难根据成熟的理论建立系统的、标准化的、用来观察社会现象的测量指标和用于检验或鉴定研究成果的科学评价体系。例如，对中国家庭的婚姻质量调查，是自社会学在中

*能否形成具有普遍意义的社会理论是一个非常有争议的命题。

国内地恢复以来研究最多的问题之一，但是即使如此，也很难建立一套较完整的、系统的、适合中国情况的婚姻质量指标体系。问题的实质在于学者们对于什么是婚姻质量还未形成基本统一的认识。如核心家庭，西方社会的核心家庭和中国社会的核心家庭虽然在形式差别不大，但一旦进入家庭内部的关系，两者还是有很大不同。

第四，更重要的是研究者也是社会中的一员。在社会研究中，研究者和被研究者共处于同一个的社会，在研究过程中，存在着直接或间接的互动。当研究者在对自己的同类做研究时，不可能没有自己的喜怒哀乐，不可能没有自己的价值倾向。还有，研究者在做研究时，总是要借助某种理论。在长期的"学习"过程中，他所学到的知识实际上已经内化为他自己的知识结构或"参考框架"，形成较固定的思维定势。知识结构或"参考框架"中的概念体系提供了观察问题的方法，使研究者能够分析和综合被观察到的现象。因此，在社会研究过程中，研究者的知识结构或"参考框架"决定了他只能用自己的方法和概念观察社会现象，分析、概括和反映所谓的客观事实。从某种意义上说，在社会研究中，任何实证资料都很难说是"纯客观"的，它与研究者先有的理论、概念是分不开的，是通过这些理论和概念来"摄取"。所以，调查的事实和客观存在的事实或本原事实总是存在一定的差距*。科学的社会研究方法只是尽可能地去缩短它们之间的差距。

*按照建构论的观点，任何事实都是被建构的。

以上讨论的问题实际上就是社会科学的特殊性和研究者在研究过程中能否保持价值中立或"价值无涉"的立场。由于社会科学的特殊性，社会科学研究者要做到价值中立相比自然科学研究者有更大的难度。但是这并不能否定社会研究方法的客观性，也就是说研究者要超越党派、阶级和自身利益，运用科学的方法收集经验资料。在具体研究过程中，研究者要身体力行，亲自调查、核实调查资料，尽可能反映事物的本来面貌，决不能把事实和数据变成任人打扮的小姑娘。这样，即使自己的知识结构或"参考框架"存在一些缺陷，使研究产生某些偏差，也可以通过他人的研究加以修正。

1.2.3 工具性

方法在希腊语中的原意是"沿着正确的道路运动"，因此任何方法都是人类获得知识的**手段或工具**。人类知识大致可以分为两类，即生活常识和科学知识。生活常识是人们在生活中获得的经验知识。一个人出生以后，当他对周围的世界具有感知能力时，就会自觉或不自觉地运用"刺激—反应"原理获得生活体验，一个婴儿的第一声啼哭也许是无意识的，但是婴儿的哭声会得到母亲更多的关怀。在这种刺激下，婴儿会不断地以哭声"换得"母亲更多的关怀。人类通过"习得"获取生活常识的形式主要有两个特征：被动性和师承性。人们总是在碰到各种困难或障碍时，才会去想办法克服它，才会思考并获得相关知识。同时，人们在长期生活中也积累了丰富的生活经验，在学龄前或学龄期主要是由家长或老师向他们传授生活常识。在他们成年后，可以在朋友、同学或同事之间相互学习，或者通过自己的观察获得生活常识。

人们在日常生活中通过被动和师承的形式获得生活常识的方式通常分为习惯式、权威式和直觉式。习惯式就是把人们在过去几十年甚至几百年形成的生活习惯和传统，以及生活经验的积累作为肯定的知识传授给他们的后代。权威式就是以权威的意志作为判断是非的标准。在社会生活中，家长、族长、老师、领导、领袖、主教、圣贤、学者、理论家，甚至组织等都可能成为人们在不同年代、不同阶段里的权威。这些权威告诉人们应该如何生活，哪些知识是对的，哪些是错的。而且，当人们在生活中碰到困惑时，在几种不同意见中，人们更相信权威的意见。直觉式就是只相信自己对生活的观察和判断，认为凡是直觉都是真实可信的。习惯式、权威式、直觉式不仅存在于生活常识的获取，也存在于科学研究中。

以习惯式、权威式、直觉式获得的生活常识并不都是错误的。人类长期积累下来的生活经验有许多真知灼见，权威的知识和理论也是他们对社会探索和研究的结晶，人们的直觉往往是智慧的火花，这些知识都是我们在社会生活和科学研究中应该吸取的。但是，这些方式都不是科学的求知方法。科学的方法应该是以这些知识为起点，运用系统的观察方法收集资料去检验这些知识，使常识成为科学。

人类知识的另一种形态就是科学知识。*所谓科学知识就是通过人的能动作用，运用科学的方法而获得的对事物"本质"的认识。科学方法作为求知或获得知识的工具首先要求方法是正确的，可以保证"沿着正确的道路运动"，它最重要的特点是实证性，即通过实验、观察等方法发现事物的本质和规律。其次，是明确的目的性，要达到对事物的本质和规律的认识，要能获得对事物普遍而不是个别的认识。第三，它表现出人类探求未知领域的主动性和能动性，反映了人类在认识社会和自然的积极探索和进取精神。社会研究方法就是人们获取社会科学知识的有效工具或手段。它有严格的步骤和程序，有科学理论的指导，有较精密的测量技术，有详细的观察、访谈方法，有符合认识规律的样本选择和统计分析、理论分析方法等。因此，社会研究方法的工具性在于它是认识社会、研究社会的科学手段。

运用社会研究方法对社会各类现象或问题进行研究，可以对研究对象进行描述、解释、预测等。所谓描述是指对研究对象的基本特征的阐述，它将反映现象的基本分布状况，讲清"是什么"的问题。例如在研究婚姻问题时，首先

*对于人类知识分类有不同看法，本书仅就科学知识的获得进行讨论。有关人类思想和精神方面的知识除了宗教信仰、哲学思想不可检验以外，社会理论知识严格地说都应该能够通过科学方法进行检验。

要讲清楚目前的婚姻形式是什么，自主婚姻、包办婚姻或买卖婚姻各自的特征有哪些，人们的择偶途径和择偶标准是什么，婚前认识时间的长短，婚龄长短，目前的婚姻质量，以及配偶双方的年龄、教育程度、职业、家庭收入等；然后要说明在不同地区、城乡之间婚姻形式、择偶途径、择偶标准有什么差别，以及调查对象的基本状况与婚姻形式、择偶途径、择偶标准有什么关系等。因此，准确地描述现象的基本状况是社会研究的基本要求，也是解释、预测等进一步研究的基础。

解释就是要说明社会现象发生和变化的原因，或者说明社会现象之间的因果关系。如果说描述是要解决"是什么"或"怎么样"的问题，那么解释是要解决"为什么"的问题。从人的认识来说这是进了一步，它要比单纯描述状况更为深入。在社会研究中，研究者可以利用各种手段讨论现象之间的相互关系，以质性的、量化的、理论的分析方法，在大量现象中筛选出影响事物的主要原因和次要原因。例如前述婚姻问题研究中，我们也许可以认识到经济状况和个人的文化素质对婚姻有较大的影响；经济状况和个人文化素质越好，自主婚姻的比率就越高，因此经济状况、文化素质是当前影响人们婚姻的主要原因。在社会研究方法中，通常调查研究法对因果关系的解释准确度不如实验法，但是更适合于对社会现象的因果解释。在大样本调查中，研究者采用高级社会统计方法，并结合实地研究，则可以大大提高解释的准确性。

人们除了想知道现象的状况和变化的原因之外，往往还想知道这种现象将会向什么方向发展，这是社会研究方法的又一个作用，即预测。它是在大量观察和反复观察的基础上，发现和认识事物变化发展的方向或"规律"*，从而对事物的发展趋势做出准确的判断。以上述婚姻问题为例，如果发现在经济落后地区，尤其是在农村非自主婚姻仍然要占很大的比率，结合过去五年该地区经济状况和非自主婚姻比率等有关资料，我们大致可以估计出今后若干年非自主婚姻的比率。社会现象的预测性研究是最难的，准确预测不仅需要大量、反复的观察，建立精密的数学模型，更重要的是取决于研究者的洞察力。

社会研究的最后一个作用就是对各种社会问题进行诊断，提供咨询和对策，尤其是在应用性研究中。在应用性研究中，人们通常要对出现的各种社会问题进行调查研究，了解这些问题是怎样产生的，它的影响如何，会产生哪些后果？然后通过专家讨论，提出解决问题的建议或对策等。例如前述婚姻问题的调查研究，研究者发现在一些贫困地区仍然存在不少非自主婚姻，为改善这一状况专家们可能建议要搞好经济建设，使老百姓尽快富裕起来；要提高农民的文化素质，使他们认识到社会发展趋势，具有对个人权利的保护意识；要依法办事，坚决打击买卖婚姻等。

*"规律"在社会科学研究中是一个有争议的概念，现代社会科学研究一般不太采用这样的说法。

1. 简述社会研究方法、社会调查研究方法和社会调查方法之间的关系。
2. 社会研究方法的科学性是指什么？联系我国社会研究的实践阐述社会研究方法科学性的意义。
3. 如何在社会研究的时间中保持客观性立场？请举例说明。
4. 社会科学研究的对象有哪些特点？
5. 为什么社会学的实证研究往往被人认为是一种证明"常识"的研究？常识等于科学吗？

参考阅读

社会研究简史

从世界范围来看，社会研究经历了一个很长的历史。差不多从有文字开始，人类就存在调查活动，早期人类的结绳记事或记数就是最原始的调查记录。从广义上看，古代社会的各种文献记载或是古人根据传闻追记的，或者是史官、文人根据亲自观察和调查以史学或文学的形式记载下来。这些"调查研究"为创造灿烂的古代文化起了巨大的作用。一般人们所说的古代的社会调查主要是指古代国家或王朝以课税、徭役和征兵为目的的人口统计调查。

现代社会研究是随资本主义产生而发展起来的，是人文主义精神和科学理性精神的张扬。工业革命以后，伴随着现代化的发展，社会分化也日益加剧，产生了许多社会问题，调查研究和统计分析逐渐开始发挥了解社会状况、认识社会现实的作用，并为解决社会问题提供对策和建议。在我国新民主主义革命过程中，社会调查是中国共产党在正确认识中国社会基本状况的基础上，制定正确的方针和政策的重要手段。从社会调查的发展过程看，社会调查经历了从质性研究到量化研究，再到质性研究和量化研究相结合的过程。

19世纪末，社会学传入中国以后，开始了它的学科化的过程，在一些高等院校里相继建立了社会学系或社会学专业，或者与社会学非常接近的文化（社会）人类学等学科，在高等院校的社会学课程设置中，社会调查及其分析方法占有极其重要的地位。

一、我国早期高等院校社会研究方法课程的建设

早期的社会学研究一方面是中国向西方开放，吸收西方先进文化的结果，但是另一方面，也不能否认其中相当多的研究是西方列强为了了解中国，为制定他们的对外扩张政策服务的，或者至少在客观上起着这样的作用。其中首当其冲的是西方教会为了更好地在中

国传播天主教或基督教，在中国建立教会学校，吸收中国青年教徒，进而开始研究中国社会，进行社会调查。他们最早在学校里开设了社会学课程，使用外国教材，由外国人任教，由此教会学校成为最早向中国传播社会学的重要场所。

当时国立大学开设社会学课程及设立社会学系都要晚于教会学校。1906年京师法政学校及1910年京师大学堂的课程表上始有社会学课，但实际上京师大学堂（1912年改为北京大学）直到1916年才开设社会学班，由康心孚教授任教，教材是自编的（《北京大学与社会学——一个世纪的回顾》，内部资料；《中国大百科全书·社会学》，p133）。后来，一些北京和南方的私立大学为了吸引学生，也陆续开设了社会学课程，如，上海南方大学、大夏大学、光华大学等。

据许仕廉1927年调查，1926年至1927年全国60所大学开设社会学课程共308科，其中以社会理论、社会问题最为普遍，关于社会调查、社会立法的只有38科。傅悙冬（1982：51）在《燕京大学社会学系三十年》一文中谈到，1931年燕京大学社会学系共设有42门课程。其中属于社会学理论与方法的12门，社会问题14门，社会服务12门，而社会调查方面4门。可以看出，虽然那时高校社会学系已开始讲授社会调查方法，但是课程开设的数量比较少，开设的时间相对比较晚，如燕京大学社会学系直到1926年才开设社会调查方法的课程。

社会学在中国是一门由国外引进的学科，因此中国高等院校社会学专业在早期发展中使用的教材与参考书，无论是体系还是内容都受到西方社会学很大影响。许多社会学著作是直接翻译过来的，即使国人自己编写的社会学教材与参考书也基本上以西方社会学教材为蓝本。社会研究方法方面的书籍，如，法国人涂尔干的《社会学方法的规则》（许德珩译，商务印书馆1925版）。1927年蔡毓聪著的《社会调查之原理与方法》一书由北新书局出版，同年樊弘著《社会调查方法》一书作为"社会研究丛书"之一，由商务出版社出版，这两本书是中国学者介绍西方社会学研究方法最早的著作。

20世纪30年代，国内有关社会研究方法的著作大量涌现，其中比较有价值且影响较大的有1929年出版的黄桔桐《农村调查》、冯锐《乡村社会调查大纲》，还有杨开道的《社会研究法》。其中《社会研究法》一书1930年由世界书局出版，为孙本文主编的"社会学丛书"之一，杨开道在自序中强调了社会研究方法的重要性，他说："要想社会科学的自主，社会科学的独立，我们一定要去改良我们的工具——社会研究方法，我现在来写一本社会研究法，好像有点不量力，不过孙先生告诉我，学外国人要迎头学去，才有赶上外国人的可能。我们算是冒一回险吧。"（杨开道，1930）1933年由北平星云堂书店出版的李景汉的《实地社会调查方法》是一本内容丰富、全面的社会调查方法教材，是当时社会调查方法书目中最充实的一部，此书包含了作者多年从事实地社会调查工作取得的丰富经验。此外还有陈毅夫的《社会调查与统计学》，言心哲的《社会调查方法》《社会调查大纲》，张锡昌的《农村社会调查》等一些关于社会调查和统计方面的书籍，但是内容多以介绍国外（西方）为主，其体系亦受其影响（《中国大百科全书·社会学》）。

社会调查实习是社会学专业教学过程中的一个重要环节，因此在中国高等院校引入社会学教育之初就受到重视。从20世纪初到现代中国社会的巨大变迁，中国社会始终存在着各种各样深刻的社会矛盾和社会问题，为社会调查提供了丰富的选题。

早期中国高等院校社会学专业学生所进行的社会调查，主要是由教会学校中的外籍教师为指导学生实习而从事的小规模调查，后来国内的社会学家结合中国的实际情况也开展了大量的社会生活或社会问题的调查。据可以查阅的文献资料，仅在我国社会学初创时期的20世纪初叶，明确说明学生参加的社会调查实习或社会调查课题就达十余项，涉及人口、劳工、贫民社区、日常生活、农村经济等多方面，遍及大江南北。

因此，早期中国高等院校社会学教育在教学过程中，在讲授社会学基本原理和方法的同时，还结合当时中国社会现实开展了大量社会调查与教学实习活动，这不仅对当时的中国社会和各种社会问题进行了调查和研究，而且把社会学的教学和实践紧密地结合在一起，拓宽了教师的科研领域，丰富了教学内容，加深了学生对中国社会的认识，在社会研究实践中增长了学识与才干。

二、我国社会研究的两种传统

对20世纪初至50年代的中国社会研究或调查史，有一个较为一致的看法，就是一直存在着以社会革命为导向的中国共产党人社会研究（调查）和以社会改良为目的的"学院派"社会研究（调查）两个主要传统。共产党人的社会研究（调查）以毛泽东、张闻天等人为主要代表，其中毛泽东更是堪称典范；学院派的社会研究（调查）以陈达、陶孟和、李景汉等人为主要代表，参与者较前者更多。这两大传统独立并行，但在发展过程中也有交叉，学院派社会学家陈翰笙就曾经在其对三江地区的农村调查中自觉运用马克思主义的原理和方法，研究了农村的土地分配以及生产关系问题，在一定程度上以国统区的资料证明了中国共产党土地政策的正确性。

（一）以社会革命为导向的社会研究（调查）运动

以社会革命为导向的社会研究（调查）运动是指中国共产党人所领导的对中国社会（主要是农村社会）实际情况的社会调查，其目的较为明确，即了解社会现状，为共产党领导下的中国革命的方针和政策的制定提供可靠的依据。共产党人的社会调查以马克思主义的唯物史观、唯物辩证法等基本原理为指导，运用阶级分析、矛盾分析等方法对社会现象，尤其是农村状况进行调查研究。具体的调查方法主要是个案调查、典型调查和开调查会等。

20世纪20年代初，中国共产党成立时，包括邓中夏、瞿秋白、李大钊、毛泽东等在内的许多无产阶级革命家对中国社会的阶级状况进行了考察和探索，确立了无产阶级在民主革命中的历史地位，指出无产阶级是先锋队，是民族革命运动的骨干。毛泽东等还在广州主持"农民运动讲习所"，亲自传授社会调查的方法和技术，并组织学员深入农村从事实际调查。20年代末到30年代，中国革命开始进入一个新的阶段，也给社会调查研究提出了新的课题。毛泽东把社会调查研究规定为红军的工作制度，红军政治部制定了包括群众阶级斗争状况、反动派状况、经济生活情况和农村各阶级占有土地情况等项目的详细调查表。红军每到一个地方，首先调查当地的各种情况，然后再提出切合实际的口号及工作的指导思想和各项政策。

毛泽东是从事社会调查最早也是成果最多的中国共产党人之一，社会调查对他由一个民主主义者向共产主义者的转变起到了不可忽视的作用。中国共产党成立以后，他继续身体力行自己的调查理念，写出了一大批著名的调查报告，对他自己和中国共产党认识当时的社会现实并制定适当的方针政策做出了重要贡献。

1926 年毛泽东通过自己实地调查收集的资料以及文献资料，于 3 月写出《中国社会各阶级的分析》一文，对当时中国的社会性质、社会阶级结构进行了深入的分析。1926 年他还曾经通过与一位佃农的详细访谈，写出《中国佃农生活举例》一篇小文，得出"中国佃农比世界上无论何国之佃农为苦"的结论（毛泽东，1982：33）。1927 年 1～2 月，他对湖南省的长沙、醴陵、湘潭、衡山和湘乡五县的农民运动进行了 32 天的调查，调查结果就是于同年 3 月写就的著名的《湖南农民运动考察报告》。1927 年 11 月，他在井冈山地区的宁冈、永新两县进行了调查。但遗憾的是，这一年的两次调查资料都在转移途中遗失了，这也令他备感心痛（毛泽东，1982:14）。1928 年 12 月毛泽东又亲赴江西省南部的兴国县进行调查，为起草《兴国土地法》做了准备。1930 年 5 月，他在江西寻乌县进行了规模最大的一次调查，调查内容包括寻乌的政治、经济（包括商业、交通等）、文化、社会各阶级的历史及现状等，调查的结果是约 8 万字的《寻乌调查》报告。这年 10 月，为总结土地革命的经验，他又在兴国采用开调查会的方法进行了为期一周的调查，将调查结果写成《兴国调查》一文。1930—1933 年间，毛泽东在江西、福建革命根据地还进行了一些小的调查，写有《东塘等地调查》《木口村调查》《长冈乡调查》和《才溪乡调查》等几个调查报告（毛泽东，1982；韩明膜，1987：63-66）。

1941 年 8 月，毛泽东与党中央做出《中共中央调查研究的决定》和《中共中央关于实施调查研究的决定》，并以此为指导，开展了广泛的调查活动，成立了政治研究室、经济研究室、文化研究室、党务研究室、敌伪研究室，把延安的马列学院改为中央研究院，指示其他解放区成立调查研究机关，要求有条件的地方都要广泛的开展社会调查，从而开始了我党历史上规模较大的、比较系统的调查。1942 年初，中共西北局组织了对绥德、米脂两地的调查，内容包括农业概况、土地变革历史、土地分配情况、土地变动关系、土地纠纷以及农村的阶级关系和农村负担等，调查结果于此年冬天出版，即《绥德、米脂土地问题初步研究》一书。1942 年冬，张闻天领导延安农村工作调查团，对陕北米脂县杨家沟村的地主经济进行了典型调查，将调查的结果写成《米脂县杨家沟调查》一书。书中通过对该村马姓地主集团剥削情况的剖析，以详细确凿的资料揭示了当地农村地主经济的剥削实质。同期其他调查报告还有《神府县兴县农村调查》《沙滩坪调查》《临固调查》《保德调查》，等等（杨雅彬，1987：300-307；郑杭生，李迎生，2000：169；韩明膜，1987：67）。

需要特别指出的是，毛泽东在大量的调查实践中，总结了许多宝贵的用于指导调查的原则和方法。1930年5月撰写的《反对本本主义》（原名为《调查工作》）是马克思主义发展史上第一本系统论述社会调查的著作。文中首先明确提出了"没有调查，就没有发言权"的论断，进而指出"调查就是解决问题"，只有向实际情况做调查，才能纠正本本主义，"才能洗刷唯心精神"（毛泽东，1982：3-5），并在《总政治部关于调查人口和土地状况的通知》（1931年4月2日）一文中进一步提出了"不做调查没有发言权""不做正确的调查同样没有发言权"的著名论断（毛泽东，1982：13）。明确指出调查分析方法就是阶级分析方法，社会调查的目的就是为制定革命斗争的策略和政策服务。在1941年三四月份所著的《〈农村调查〉的序言和跋》中，强调在调查研究中要善于运用矛盾分析、阶级分析的方法，做到个别与一般、典型和全面相结合，科学的分析方法和综合方法相结合，从总体上全面、具体地认识和掌握事物的本质和规律。指出"群众是真正的英雄，而我们自己则往往是幼稚可笑的"，认为"没有满腔的热忱，没有眼睛向下的决心，没有求知的渴望，没有放下臭架子、甘当小学生的精神，是一定不能做，也一定做不好的"（毛泽东，1982：16，17）。毛泽东所运用的具体调查方法主要是典型调查和开调查会。他将典型调查形象地说成是"解剖麻雀"，并概括了开调查会这一社会调查的重要方法的技术问题，详细论述这种方法的种种技术，对调查的形式、调查对象的选取、开调查会的人数、调查的准备、资料的记录以及其他注意事项做了具体的规定。

中国共产党人通过自己的社会调查，得到了对中国社会深刻、准确的认识，据此制定的方针政策符合中国的实际情况，尤其是解放区推行的土地改革，抓住了中国农村社会最根本的问题，赢得了广大农民的信任，为争取全国的胜利解放打下了坚实的基础。1950年后，这一传统得以坚持。1956年毛泽东在大量调查的基础上发表了《论十大关系》。50年代中期，全党在全国农村进行了大规模的调查，并汇编成《中国农村的社会主义高潮》一书，毛泽东为每一篇报告写了按语。60年代初，毛泽东号召全党要大兴调查研究之风，全党开展了大规模的调查研究，总结了大跃进、人民公社运动中的经验教训，并在此基础上制定了社会主义建设总方针和政策，以及工业、农业、科技、教育等部门的工作条例，使我国的社会主义建设逐步走上正确的轨道。不能否认的是，社会主义建设时期的社会调查虽然对于党的方针政策的制定起到了一定的作用，但是，还是有不少经验教训需要总结和汲取。

（二）以社会改良为目的的"学院派"社会研究

以社会改良为目的的"学院派"社会研究是指在20世纪前后社会学开始传入中国的过程中，各社会学教学机构或者带有社会学研究性质的机构和社会学工作者所进行的旨在了解中国现实情况、分析解决中国社会问题的各种社会研究。

最早的"学院派"社会研究（调查）是1914—1915年间，包括陶孟和在内的北平社会实进会成员运用多种表格对302个人力车夫的生活情况进行了调查，一些学者将其视为中国社会调查的开端（孙本文，1948：211）[1]。1917年，清华学校美籍教授狄德莫

---

[1] 杨雅彬、郑杭生及《中国大百科全书·社会学卷》均沿用此说。但韩明膜、水延凯认为美国传教士明恩溥（A. H. Smith）于1878—1905年在山东传教期间对山东农民生活所做的调查是最早的调查，1899年发表的《中国农村生活》一书是最早关于中国农村的调查专著。

（C.G.Dittmer）（又译狄特莫、狄德曼）指导该校学生在北京西郊成府村调查了195家居民的生活费用，其中100家是汉人，95家是满人（孙本文，1948：211）；1918年，他又指导该校学生调查该校校役93人的生活费用（杨雅彬，1987：68）。1918—1919年，北京私立燕京大学教授步济时（J.S.Burgess）和北京美籍教士甘博（S.D.Gamble）模仿美国1914年茹素斯基金会组织的春田城调查，调查了北京社会状况，内容包括历史、地理、政府、人口、健康、经济、娱乐、娼妓、贫穷、救济、宗教等，1921年在美国用英文发表了 *Peking: A Social Survey*（《北京：一种社会调查》），这是中国最早的城市社会调查（孙本文，1948：211）。

差不多同时，在中国的南部，上海沪江大学教授葛学溥（D.K.Kulp Ⅱ）指导学生对广东潮州有650人的凤凰村进行调查，内容包括该村的地势、人口、卫生、种族、经济、治理、风俗、社团、教育、美术、娱乐、宗教等。调查结果于1925年以 *Country Life in South China*（《华南乡村生活》）为名用英文出版，这是中国最早的乡村社会调查（孙本文，1948：212）。

1922年，华洋义赈会救灾总会邀请马伦（C.B.Malone）和戴乐尔（J.B.Tagler）（一译载乐尔）教授，指导9所大学的61个学生，分别调查了直隶（今河北）、山东、江苏、浙江四省（一说还有安徽等省）的240个村庄，共7 097户人家。调查采用了县、村及家庭三种问题调查表，内容注重农民的生活。调查结果于1924年用英文出版了《中国农村经济研究》（杨雅彬，1987：55）。同年金陵大学教授卜凯 （J.L.Buck）指导其学生在安徽芜湖附近调查了102个田场的情况，尤其注重田主及佃户的全年收入和支出。第二年他又指导学生用较详细的问题表在直隶（今河北）盐山县调查了105个田场的经济和社会状况。调查结果于1930年用英文发表，书名为 *Chinese Farm Economy*（《中国农场经济》）（孙本文，1948：213；杨雅彬，1987：55）。

1923年在白克令（H.S.Bucklin）教授的指导下，沪江大学社会调查班的学生调查了上海郊区只有360人的沈家行村，调查内容包括家庭、宗教生活、地方行政与惩罚制度、教育、农工商业、健康与公共卫生、娱乐、居住等。调查结果由张镜予编辑，于1924年8月出版，书名为《社会调查——沈家行实况》。这是中国第一份用中文发表的调查报告（孙本文，1948：212）。

最早由中国人独立主持的社会调查是在1923年冬，清华学校陈达教授指导学生调查了当时在清华附近成府村的91户人家，安徽休宁县湖边村的56户人家，以及在清华学校雇役的141人（乔启明，1930；杨雅彬，1987：56）。

1924年，齐鲁大学社会学系学生对济南市概况进行调查，内容包括该市的历史、地理、人口、行政管理、公共事业、地方财政、劳教制度、娱乐活动、娼妓、工业、生活水准、住宅、慈善事业、教育体制、文化教育机构、宗教机构、妇女动向、家庭状况、基督教活动等，是当时内容较为详细的调查。调查结果即《济南社会一瞥》，于1924年用英文发表（郑杭生，李迎生，1987：56)。

1924—1925 年间，甘博教授和孟天培、李景汉在北京调查了 1 000 个人力车夫、200 处出赁车厂、100 个车夫家庭，对人力车夫个人及其全家的生活费进行了详细的调查研究。1924 年陈达教授指导清华学生对清华园人力车夫的生活费和海甸人力车夫的生活费进行了调查，对两处的调查结果进行了比较分析。1926 年孟天培和甘博调查了北京自 1900—1924 年 25 年间的物价、工资及生活费用的变化情况。1926 年和 1927 年，甘博、张秉衡和李景汉详细调查了近百年来北京的物价、工资和税收情况，同时调查了北京铺店和工人的行会情况。1926 年陈达指导北京经济讨论处对北京零售物价进行了调查，并从几个种类的工人里选出调查对象，调查了他们的生活费情况（杨雅彬，1987：56）。这些调查多数是对劳工界生活费的调查，且规模比较小。

对生活费的调查中影响较大的是当时供职于北平社会调查所的陶孟和于 1926—1927 年间对北京 48 家手工业工人和 12 家小学教员的家庭生活费所进行的为期 6 个月的调查。调查结果《北平生活费之分析》于 1930 年由商务印书馆出版。这本书是国内采取记账法调查工人家庭生活费的第一本书，"此后各地生活费调查方法，大抵采自此书，其在方法上甚有贡献"（孙本文，1948：216）。

1926 年，当时亦在北平社会调查所工作的李景汉在燕京大学社会学系授课期间指导该系学生对黑山扈村的 21 户家庭进行了调查。1927 年，他又指导学生对学校附近的挂甲屯进行调查，共调查了 100 户人家。同时还对黑山扈村及马连洼村和东村进行了调查，共调查了 45 家。根据调查写成的《北平郊外之乡村家庭》，于 1929 年由商务印书馆出版。这本书是国内最早关于家庭的调查报告，"此后所做的各种家庭调查，几无不以此书为蓝本，其在方法上贡献甚大"（孙本文，1948：216）。

1927 年 6 月 1 日至 20 日，潘光旦在上海《学灯》上登载了"中国之家庭问题征求案"，共调查了江苏、浙江、广东、四川、河南、福建等 12 个省的 317 个对象。调查内容分"关于祖宗父母者""关于婚姻者""关于子女者"三个大类，共十几个具体问题（潘光旦，1929）。调查结果写成《中国之家庭问题》于 1929 年由新月书店出版。这是中国首次用邮寄问卷方法进行的社会调查。

从 1927 年开始，严景耀就曾经为了搜集犯罪学的资料，亲自去京师第一监狱做一名志愿犯人，以参与式观察的方法进行实地调查。1929 年，他又率领学生对中国 20 多个城市监狱中的犯人进行调查，收集了有关各种犯罪类型的个案资料 300 多个。根据调查资料所写出的成果有《北京犯罪之社会分析》《中国监狱问题》《北平监狱教诲与教育》《北平之犯罪研究》（*A Study of Crime in Peking*）等文章和《中国的犯罪问题与社会变迁的关系》（英文）一书（乔启明，1930；杨雅彬，1987：56）。

1928 年，杨开道和许仕廉指导燕京大学社会学系学生在清河镇进行调查，并于 1930 年在该镇正式建立了"实验区"，所调查的内容包括清河镇的历史、地理、人口、家庭、婚姻、商店、经济及经济组织、政治、教育、宗教等。1930 年，该校社会学系出版了许仕廉撰写的英文本 Ching Ho: A Sociological Analysis（《清河镇社会调查》）。该书是中国国内关于市镇调查的第一部报告（孙本文，1948：216）。

1928 年，李景汉应中华平民教育促进会之邀，赴定县担任社会调查部主任，他在前人的基础上，费时 6 年（1928—1933），对定县的普遍概况和东亭镇乡村社区 62 个村的一般情况进行调查。1932 年他将调查所得的大量资料编成《定县社会概况调查》一书，1933 年 2 月由中华平民教育促进会出版。全书 17 章，828 页，内容包括定县的地理、历史、县政府及其他地方团体、人口、教育、健康与卫生、农民生活费、乡村娱乐、乡村的风俗与习惯、信仰、赋税、县财政、农业、工商业、农村借贷、灾荒和兵灾。这是中国首次以县为单位的系统的实地社会调查成果，也是当时我国县区调查最为详细的调查报告，是国内外人士了解 20 世纪 30 年代中国农村情况的必读文献（李景汉，1933；孙本文，1948：217）。

1929 —1934 年，时任南京中央研究院社会科学研究所所长的陈翰笙主持进行了几次规模较大的实地调查。第一次是 1929 年 7 月至 9 月对江苏无锡农村进行的调查，共调查了 22 个村庄的 1 204 户农家，55 个村子的概况以及 8 个农村城镇的工商业情况，重点调查农村的土地制度问题。第二次是 1930—1932 年，社会科学研究所与北平社会调查所合作，对河北保定清苑的农村经济情况进行调查，共调查了 10 个村庄，1 578 个农户。第三次是 1933 年 11 月到 1934 年 5 月，社会科学研究所与岭南大学合作进行的广东农村调查，调查了梅县、潮安、广宁、茂名等 16 个县的农村经济情况，对番禺的 10 个代表村 1 209 户农家进行了详细调查，还对 50 个县 335 个村进行了通讯调查。此外，1933 年他受太平洋国际学会的委托对山东潍县、安徽凤阳、河南襄城的烟草产区进行了调查，共对 127 个村庄进行了实地调查，并对 6 个村 429 户农民进行了入户调查。调查的成果有 1929 年出版的《亩的差异》、1933 年 11 月出版的英文本 The Present Agrarian Problem in China（《现今中国之土地问题》）、1934 年出版的《广东农村生产关系与生产力》以及 1939 年出版于美国的《帝国主义工业资本与中国农民》（杨雅彬，2001：366-373）。这些调查运用了马克思主义的阶级分析方法，着重调查农村的生产关系，目的在于从中找出农业生产力不发展及农民缺乏耕地的原因。

1936 年暑期，费孝通在江苏省吴江县庙港乡的开弦弓村（学名"江村"）进行了一个多月的调查，调查内容涉及家庭、财产与继承、亲属关系、户与村、职业分化、劳作日程、农业、蚕丝业、贸易、资金、土地等方面，"旨在说明这一经济体系与特定地理环境的关系，以及与这个社区的社会结构的关系"（费孝通，1986：前言）。1939 年根据这一调查的资料所写成的英文版《江村经济》（Peasant life in China）在英国出版。马林诺夫斯基（B.Malinowski）在该书的序言中认为它开创了文化人类学的新天地。《江村经济》在社会研究方法和方法论上的贡献是：第一，成功地把功能主义人类学的研究方法和观点移植到社会学中来，开辟了人类学研究当代文明社会农村的先河。马林诺斯基《江村经济》的序中说："我敢于预言费孝通博士的《中国农民生活》（英文名的直译）一书将被认为是人类学实地调查和理论工作发展中的一个里程碑。此书有一些杰出的优点，每一点都标志着一个新的发展。本书让我们注意的并不是一个小小的微不足道的部落，而是世界上一个最伟大的国家。作者并不是一个外来人，在异国的土地上猎奇而写作的；本书的内容包含着一个公民对自己的人民进行观察的结果。这是一个土生土长的人在本乡人民中间进行工作的成果。"第二，深入社区，完全参与。费孝通先生的江村调查也像其导师马林诺斯基那样做到了"完全的参与"。第三，社会学调查方法初展风采。《江村经济》是费孝通采用社会学调查研究的路子，深入中国农村社会调查研究的初步优异成果。作者在研究中尝试着首先确定一项研究主题，这个主题就是："土地的利用和农户家庭中再生产的过程。"循着这个路子，以文化功能主义作为指导思想贯穿全书。第四，从实证主义走向理解社会学。《江村经济》中对农民生活中的许多理解和分析说明了作者已经逐步摆脱早期社会调查的那种实证主义或自然主义方法论的思想束缚，走向理解社会学（杨雅彬，2001：687-739）。

抗日战争爆发前所进行的其他主要的"学院派"社会研究成果还有乔启明的《江宁县淳化镇乡村社会之研究》（1934年金陵大学农学院出版）、刘保衡等人的《上海市人力车夫生活状况调查报告书》（1934年上海市社会局出版）、《沙南蛋民调查报告》（1934年岭南社会研究所出版）、朱汉章的《泗阳县社会调查》（1934年泗阳县党部出版）、伍锐麟等人的《旧凤凰村社会调查报告》（1935年岭南大学出版）、言心哲的《农村家庭调查》（1935年商务印书馆出版）、陈达的《南洋华侨与闽粤社会》（1937年北平京华书局出版）、《南宁社会概况》（1937年广西省政府统计室出版）（孙本文，1948：217-218）。

抗日战争爆发后，由于诸多大学的社会学系和社会学研究机构转移到了西南内地，所以此后直至新中国成立前的社会研究很多是在中国西南地区进行的，其中人口普查工作有了较大的发展。另外由于社会学家吴文藻的大力提倡和其他人的努力，社区调查和民族调查成为这段时间社会调查的主要内容。

1939年春，陈达主持的清华大学国情普查所开始对云南省呈贡县人口进行普查，从3月6日开始，共进行了15天，此后于1940年8月出版《云南呈贡县人口普查初步报告》油印本。1940年2月，陈达主持进行呈贡县的人事登记以及昆阳县1镇3乡的人事登记和户口登记工作，人事登记内容主要有出生、死亡、婚姻和迁徙四项。1946年6月发布了《云南省呈贡县昆阳县户籍及人事登记初步报告》油印本。1942年春，陈达与李景汉共同主持了昆明市、昆明县、昆阳县、呈贡县和晋宁县五个环湖县市的"云南环湖户籍示范区普查"，进行户口普查、户籍登记以及人事登记的工作，并于1944年2月出版《云南省户籍示范工作报告》（杨雅彬，2001：749-750；孙本文，1948:220）。这是当时国内范围最大的采用较为科学的调查统计方法进行的人口普查，在中国人口普查史上有着里程碑式的贡献。

社区研究以费孝通领导的云南大学社会学研究室（即"魁阁"研究室）进行的调查为主要代表。1938年，留学回来的费孝通在云南省选择了离昆明市100千米的禄丰县大白厂村（学名"禄村"）进行实地调查。为与江村进行比较，他特意选择了这一尚未受近代工商业影响的村庄运用社区研究法进行分析，重点调查了土地制度、农田经营方式、手工业状况及日常生活费用等内容，"开社区研究的先例"（孙本文，1948:218）。1943年12月，调查成果《禄村农田》由商务印书馆出版。此外，在费孝通的指导下，史国衡对昆明一家国营工厂的工人进行了调查，张之毅对滇池附近易门县和滇池南边玉溪县的两个村子（学名分别是"易村"和"玉村"）进行了调查，调查结果《昆厂劳工》《易村手工业》也于1943年由商务印书馆出版，玉村的调查稿则在1990年经费孝通整理，收入《云南三村》一书（杨雅彬，2001：701，710）。

针对西南少数民族的调查在抗战开始后盛极一时，吴文藻、李景汉、吴泽霖、费孝通、林耀华、李安宅等著名社会学家均参与其中。抗日战争爆发后，吴泽霖对贵州东南部的苗族人民进行了调查，重点集中在民政、礼俗两方面，调查内容涉及族系分布、生活背景、家庭生活、经济生活、日常生活、宗教生活、婚姻、丧葬等（孙本文，1948：221）。1940年12月他与陈国钧合编的《炉山黑苗的生活》由大夏大学社会研究部出版。1940年夏，徐益棠对雷波小凉山的倮民（夷民）进行调查，内容包括其居住的地理环境、具体居处、服饰、生计、财产、婚姻、阶级制度与政治、战争、生与死、宗教与巫术等。调查资料于1944年以《雷波小凉山之倮民》之名由金陵大学中国文化研究所出版。1943年暑期，林耀华率领燕京大学边区考察团到川边大小凉山夷族区、康北藏民区及四川嘉戎区进行考察，1947年由商务印书馆出版了《凉山夷家》一书。该书以家族为中心，涉及与之相关联的氏族、亲属、婚姻等方面，并描述了夷家的经济、阶级、打冤家、巫术等方面的内容（杨雅彬，2001：682-683）。

抗日战争爆发至20世纪40年代，"学院派"社会学家所做的其他较有影响的社会研究成果还有柯象峰的《西康社会之鸟瞰》（1940年7月正中书局出版）；国民政府主计处统计局所编的《四川省选县户口普查总报告》（1943年4月国民政府主计处统计局出版），该调查是在吸取1939年对四川合川县沙溪镇及次年对嘉陵江三峡实验区进行试查的经验基础上，于1942年对四川彭县、双流、崇宁三县所做的户口普查的调查结果；汪龙编的《北碚社会概况调查》（1943年7月社会部统计处出版）、《成都社会概况调查》（1944年社会部统计处出版）；蒋旨昂的《战时的乡村社区政治》（1944年11月商务印书馆出版），该书是"以社区的概念调查研究，分析解说乡村基层政治的著作"，是一种"政治社会学的研究"（杨雅彬，2001：219）；以及俞湘文的《西北游牧藏区之社会调查》（1947年1月商务印书馆出版），李安宅的《藏族宗教史之实地研究》（1947年耶鲁大学出版）等（杨雅彬，2001：221，222）。

需要指出的一点是，一些社会调查机构的成立对于当时中国的社会研究起到了重要的推动作用。其中主要的调查机构有北平社会调查所、中央研究院社会科学研究所、云南国情普查研究所、云南大学社会学研究室以及华西大学边疆研究所等。另外，中华平民教育促进会虽然不是专门的社会调查机构，但是其下设立的社会调查部却做了大量的调查工作，为中国社会调查的发展也做出了不可磨灭的贡献。

以社会改良为目的的"学院派"社会研究在中国经过了一个由弱小到强盛繁荣的发展

阶段，在 20 世纪 30 年代前期达到高峰。据社会学者赵承信的统计，1927—1935 年 9 年的时间内，国内共有各类社会调查报告 9 027 篇，其中全国性调查 1 700 多篇（赵承信，1936），可见当时调查风气之盛。抗日战争使得这一发展进程暂时被打断，但众多社会学者在战时艰苦的条件下，仍然因地制宜地进行了大量调查，在某些方面取得了突出的成绩，尤其是社区调查研究，在世界上也产生了不小的影响。

可惜的是，20 世纪 50 年代后由于种种原因，我国内地在院系调整中，社会学、人类学两个学科被完全取消，"学院派"的社会研究传统也不得不中断了近三十年的时间，这给中国社会学甚至中国社会的发展造成了不可估量的损失。直到 1979 年，随着社会学学科的恢复，"学院派"的社会研究才逐渐发展起来，但这一传统与 20 世纪 50 年代以前相比已经产生了一些根本性的变化，其中最主要的是其指导思想的转变。与整个社会学研究的指导思想相一致，社会学的社会研究也是以马克思主义基本原理为指导思想的。这也反映出在社会主义中国由于社会性质的根本转变，以社会革命为导向的共产党人的社会研究和以社会改良为目的的"学院派"社会研究这两大传统在某种程度上出现了融合的趋势。

三、国外社会研究简史

虽然社会研究（调查）的历史可以追溯到很远，但是比较规范的、科学的社会研究（调查）则发端于近代西欧社会。随着资本主义产生和发展，由于资本对劳动的残酷剥削，社会矛盾日益尖锐、社会问题丛生，贫困问题、失业问题、犯罪问题、家庭问题、社会冲突等已经为很多社会科学家或社会活动家重视，他们对于资本主义发展过程中产生的大量社会问题进行了深入研究，形成了所谓的"社会调查运动"。在对社会问题的研究中实际上也存在着两种不同的传统，即马克思主义的社会研究和一般社会科学家或社会活动家的社会研究。

（一）马克思主义的社会研究实践

马克思主义理论是源于实践，经过系统、深入的调查研究形成的，社会研究在马克思主义理论的形成和发展过程中具有极其重要的作用。马克思、恩格斯在国际共产主义运动的实践中对各种情况进行调查研究。1843 年，马克思流亡国外和恩格斯一起与欧洲许多国家的工人团体建立了联系，经常参加工人的集会和讨论，先后组织和领导了布鲁塞尔共产主义通信委员会、共产主义同盟、国际工人协会。马克思、恩格斯在长期的革命斗争中，了解和研究了欧洲共产主义运动的状况。马克思的光辉著作《法兰西阶级斗争》《路易·波拿巴的雾月十八日》《法兰西内战》就是根据亲自收集和从各个渠道了解到的资料写成的。

马克思、恩格斯非常注意调查研究各国工人阶级的劳动条件、生活条件及思想状况等。1839 年，年仅 19 岁的恩格斯在《德意志通讯》发表了题为《乌培河谷来信》的文章，以他调查的资料揭露了家乡资产阶级的伪善和愚昧，反映了当地劳动者的贫困生活及其受到的当地教会中最反动的"神秘主义者"或"虔诚主义者"精神上的毒害。1843 年恩格斯在曼彻斯特利用他父亲办的企业中经营的便利，通过他妻子纺织女工白茵士的关系，深入工人群众中去进行调查，经过两年时间，收集了大量有关工人的工作条件、工资收入、健康状况、教育水平、童工和女工的情况，写下了《英国工人阶级状况》一书。1849 年 9 月恩格斯流亡国外，先后到了比利时、法国，经过日内瓦、洛桑，再到伯尔尼，沿途主动接触人民群众。恩格斯以他穿过法国中部的四十天所见所闻，写下了《从巴黎到伯尔尼》的游记，它记载了法国的社会和政治情况，并试图探索在这个国家能否再出现一次革命高潮的可能。1880 年 4 月，马克思为法国《社会主义评论》杂志起草了《工人调查表》，这是为了采取书面通信调查的方法了解工人的状况。

马克思和恩格斯在调查研究中非常注意收集和掌握前人或同代人的成果，采取科学方法，批判地吸收已有的研究成果。例如马克思《资本论》的不少引证是说明什么人在什么时候、什么地点提出了某一观点。他在《资本论》中引用了大量工厂视察员的调查资料，深刻地鞭挞了资本主义的剥削制度。他还收集了英、法、美等国的工业和世界市场贸易以及科学技术、生产工艺发展变化的丰富资料，有力地论证了资本主义经济危机的必然性和周期性。1877 年，摩尔根的《古代社会》出版以后，马克思带病认真阅读并作了十分详细的摘录。1884 年，恩格斯在马克思逝世以后，用历史唯物主义方法阐述了摩尔根的成果，写下了《家庭、私有制和国家的起源》，科学地分析了人类早期发展阶段的历史，揭示了原始公社制度的解体和以私有制为基础的阶级社会的形成及其一般特征，厘清了各个不同社会经济形态中家庭关系发展的特点，阐明了国家的起源和实质以及国家消亡的条件。

晚年恩格斯亲自考察了美国社会，目睹了资本主义制度的自我完善，对美国的社会制度给予高度评价，他说："我们通常都以为美国是一个新世界，新不仅是就发现它的时间而言，而且是就它的一切制度而言；这个新世界由于藐视一切继承的和传统的东西而远远超过了我们这些旧式的沉睡的欧洲人；这个新世界是由现代人根据现代的、实际的、合理的原则在处女地上重新建立起来的……在美国，一切都应该是新的，一切都应该是合理的，一切都应该是实际的，因此，一切都跟我们不同。"（《马克思恩格斯全集》21 卷，1995：534）

（二）近代西方和苏联的社会研究实践[1]

随着资本主义的发展、各种社会矛盾不断加深，以了解社会、改革社会为目的的社会研究逐步发展起来了。在欧洲，最早运用系统的方法，对社会问题开展社会调查研究的是英国的慈善家和监狱改良家霍华德（John Howard，1726—1790），他在监狱里直接向囚犯收集资料，将监狱中的恶劣环境和犯人患病原因及人数加以记录统计，提供给下议院的一个委员会会议，1774 年，该委员会根据霍华德的报告通过一项法令，释放无罪犯人，并规定了改善监狱管理的若干措施。1775 年，霍华德将欧洲一些国家的监狱情况作了比较研究，于 1777 年出版了《英伦与韦尔斯的监狱状况，以及国外监狱的初步观察和报告》，着重研究了工艺训练和宗教感化对于犯人在社会自新方面的影响。1789 年，霍华德根据自己在威尼斯检疫所的观察，出版了《欧洲主要的检疫所之报告》，促进了检疫工作的改善。

---

[1] 这部分资料是笔者在 20 世纪 80 年代初，根据当时翻译的内部资料整理的，因而无法注明出处，特此致歉。

19 世纪中期，法国的社会革新家与经济学家黎伯莱（F.Le Play,1806—1882）创造和运用了新的社会研究方法，研究了工人家庭预算。黎伯莱在研究中主要采用了问卷收集资料，并指导调查员用直接观察和对家庭成员与非家庭成员的个别访问，来了解工人家庭的情况。从 1935 年起，黎伯莱经过 20 年的实地调查，完成了六卷本的《欧洲劳工》巨著，调查范围遍及英、法、德、匈、俄、土等国的大城市。他从工人的家庭生活方面观察和研究了劳动状况和社会现象，其中包括工人家庭的地理环境、历史变迁和发展、劳动方式和生活方式，涉及政治、经济、宗教、教育、婚姻等社会生活的各个方面，对于欧洲的政治改革和社会改革具有很大影响。

从 1886 年开始，英国的统计学家布斯（Charles Booth）着手研究伦敦劳工阶级的贫困问题。他应用分区按户调查和抽样调查方法，从会议、问卷、报告、工会的研究中以及与福利工作人员、教师、牧师、警察等的谈话中，收集了丰富的调查资料。经过十八年艰苦研究，写成长达十七卷的《伦敦居民的生活与劳动》，他的研究被认为是社会学史上社区生活研究的典范，并推动了英国社会研究的发展。霍华德、黎伯莱、布斯被认为是近代社会研究的三大先驱。

在布斯发表《伦敦居民的生活与劳动》之后十年，劳杜里（B.S.Rowntree）对约克城的劳动阶级状况作了详细考察，于 1901 年出版《约城状况之研究》。1935 年，他在布斯调查之后五十年，又对伦敦情况作了新的调查和研究，其中包括伦敦居民生活、社会变迁、犯罪分析、工业发展、贫困问题、居民闲暇时间的利用等。

美国社会研究最早由贝力博士（L.H.Baily）进行，他于 1890 年出版了农村调查报告，促进了农村社会学的研究。此后，美国社会学家曾以贫民生活调查为课题，进行了多次社会调查。到 1907 年，由凯洛格（Paul Kellogg）主持进行了"匹兹堡调查"，以比较科学的方法调查了美国这个钢铁生产中心的工业状况、工时、工资、工业灾害、钢铁与工人的关系、公共卫生、工人住宅、地方税收制度、学校教育、犯罪与刑罚、贫民与公共福利、娱乐等有关内容，以研究都市化和工业化对城市居民生活的影响。1914 年，出版了六卷本的调查报告。这项调查奠定了美国社会调查的基础，并推动了美国社会调查运动的发展。

1914 年，哈里逊（S.M.Harrison）进行了伊利诺州春田市（Spring Field）社会状况调查研究，于 1920 年出版研究专著。这是继"匹兹堡调查"之后，美国第二个著名的社会调查，参加实地调查工作和筹备调查展览的志愿人员多达九百余人。调查的主要项目有：公立学校的工作；心理缺陷者；精神病者和酒精中毒者的教养、娱乐的需要和设备；住宅立法及其趋势；公共卫生；公立和私立的慈善事业；工业状况和关系；犯罪与感化制度；市和县的行政措施。这次调查对社会革新工作帮助很大，并使美国的社会调查更为进步。

从 1917—1922 年，美国陆续出版了克立夫兰市关于教育、医院与卫生、娱乐、犯罪等方面的调查报告，全书长达 48 册。20 世纪 30 年代初，美国发生经济危机，社会学家们注重对失业及其影响进行社会调查，其中 1931—1932 年加利福尼亚全州的失业和经济状况调查，对经济不景气的形成和失业的原因与性质提供了深刻而具体的资料。1936年安吉尔（Angell）选择了50个家庭来研究因经济萧条而遭到生活打击的忍受性情况，出版了《家庭不幸遭遇者的调查报告》。同年发表的还有社会学家葛樊（Ruth S.Cavan）和精神病工作者南克（Ratherine H.Rank）联合调查的《100个芝加哥失业家庭研究》。1940年，社会学家考玛拉夫斯基（Mirra Komarovsky）的《失业者及其家庭》出版，研究了59个家庭个案，以了解在不景气的经济环境中家庭关系的反应与变迁情况。[1]

苏联的社会研究经历了一个曲折发展的过程。十月革命胜利以后，列宁在1918年5月曾经指出："当前的首先任务之一，是进行一系列社会调查研究。"（《列宁文集》27卷，1972：378）虽然由于特殊情况，苏联早期的社会学研究受到了影响，但还是在1923年专门成立了农村经济和社会问题调查委员会，从事应用社会学研究。20世纪20年代，在苏联的阿尔泰、北高加索、萨拉托夫、斯摩穆斯克、普斯拉夫、唐波夫、平扎、高尔基、莫斯科和基辅等十几个省或地区进行了大规模的社会调查。调查的范围比较广泛，涉及社会生活的各方面，如在革命影响下劳动和生活条件的变化、人在劳动组织中的作用、农村社会结构的变化、劳动者的个人收入和闲暇时间的结构、家庭与婚姻、社会管理问题、宗教问题、社会工业问题等。其后出版了《我国的农村》（1924）、《职业选择》（1925）、《沃龙涅什农村》（1926）、《农村面貌》（1926）、《工人生活特写》（1928）等一些社会调查研究专著。50年代后半期，随着苏联国内政治局势的变化和社会面临的一系列社会问题，社会学研究逐步得到恢复。60年代开始设立从事具体社会学研究的机构，其后二十多年时间，苏联社会调查和研究的主要课题有：社会结构、科技革命及其原理、社会计划与管理、社会预测、生产集体、社会舆论与群众性的宣传工具、生活方式、家庭与婚姻、劳动时间和闲暇时间的支配、老年人问题、青少年犯罪等。大量有关上述课题的文章和专著先后发表和出版。

四、历史的启示

回顾社会研究（调查）的简单历史可以发现，社会研究（调查）是人类认识社会、改造社会的重要方法。20世纪初至50年代的中国社会研究（调查）史，一直存在着以社会革命为导向的中国共产党人社会研究（调查）和以社会改良为目的的"学院派"社会研究（调查）两个主要传统。两大传统独立并行，但在发展过程中也有交叉。虽然以毛泽东为代表的中国共产党的社会研究（调查）和国内高等院校、研究机关的社会学家进行的社会研究（调查）在研究目的上有很大区别，但是可以看到，他们都是借助社会研究（调查）方法来研究中国的社会问题。虽然我们还没有资料证明毛泽东的社会研究（调查）方法是否受到西方社会研究（调查）方法的影响，但是从具体的社会研究（调查）实践来说，两大传统的社会研究（调查）方法具有一定的相似性。

---

[1] 最近十多年国内翻译出版了一些1930年代前后美国社会学家有关社区或社会问题研究的重要著作，如《中镇研究》《街角社会》等。

起源于欧洲社会的近代社会调查运动与欧洲社会本身的发展有着非常密切的关系。首先，近代社会调查运动差不多是和资本主义制度的建立和发展同步的。资本主义的建立和发展虽然极大地促进了生产力的发展，但是也带来了很多社会问题，诸如失业、贫困、犯罪、社会冲突等的大量产生，阻碍了资本主义的发展，一大批有志于社会改革或社会革命的学者对资本主义存在的各种弊病和社会问题进行了大量的研究，促进了资本主义制度的改革和自我完善。其次，欧洲近代社会调查运动的产生受到人文主义传统的极大影响，对人的价值的重视，以及"天赋人权"的思想，使得近代社会调查运动主要关注的是底层社会的一般民众生存状况，当时的社会研究（调查）甚至以后的社会研究（调查）对象都是底层贫民，这些研究成果对于改善底层贫民的生活起到了很大的作用，有的甚至成为立法的依据。可以说，西方社会发展起来的社会保障制度与这些研究成果是息息相关的。第三，在近代社会调查运动中使用的研究方法，既有受到科学研究方法影响的统计分析方法、问卷调查法，也有受到人文主义影响的个案研究，或者把两种方法集合在一起。这些方法从现在的角度来看都不是很完善，但是仍然对现代社会研究方法产生了重大影响。

2 社会研究方法论

方法论的基本意义在于提高人们对周围世界的认识，其中包括采用怎样的理论去认识和解释世界，以及关于方法本身的理论。也就是说，当在一定的理论指导下去认识和解释社会现象时，理论就具有方法论的意义，并会产生与之相适应的具体方法。

在对社会现象的研究中，方法论主要集中在对社会现象的认识，获得客观、可靠的事实或资料，分析和解释事实，以及检验社会理论等具体方法的反思上。19 世纪以来，随着社会研究的广泛开展，人们对社会及社会现象的认识也不断深入。其中西方学者孔德、涂尔干、韦伯等人对社会科学方法论做出了突出的贡献。本章讨论的方法论问题主要涉及与实证主义和非实证主义*及其有关的若干问题，例如价值中立和价值关联、社会科学的特殊性等。

>> 2.1 实证主义与非实证主义

在社会研究方法论中，最为根本的是实证主义方法论和非实证主义方法论的对立，两种方法论的对立不仅关系到人们对社会现象的认识和理解，而且直接影响到具体的社会研究方法及其运用，即在不同的方法论影响下，社会学经验研究所使用的方法是不同的。

2.1.1 实证主义方法论

实证主义最基本的观点是：经验科学是人类获取知识唯一可靠的形式；反对超自然力量和抽象、思辨的原则；认为只有实证科学才能发现经验现象之间客观存在的关系，并能预测和控制自然和社会过程；社会研究的逻辑方法是假设演绎法，假设必须由经验事实检验，理论只有被经验事实证明才是科学的。最具代表性的实证主义者是法国社会学家涂尔干（又译迪尔凯姆，本书正文通用涂尔干），他认为社会科学不是研究个别人和个别事件，而是研究普遍的社会现象，这些现象是在各种社会力量作用下产生的客观事实，它们受一定的社会规律支配。对"社会事实"的认识是涂尔干实证主义方法论的突出表现，他认为社会事实"是存在于人们自身以外的行为方式、思想方式和感觉方式，同时通过一种强制力，施加于每个个人"（迪尔凯姆，1988）。涂尔干实证主义方法论的基本观点主要是：

> 第一，社会科学和自然科学的研究对象是一样的，都是纯客观的，社会现象的背后存在着必然的因果规律。因此，社会科学可以运用自然科学的方法来研究社会。
>
> 第二，因为社会现象是客观的，是有规律可循的，所以是可以被人们所认识的，是可以发现其内在本质和规律的；经验是科学知识的唯一来源，并且也是科学知识得到验证的唯一标准。
>
> 第三，社会科学的任务不在于说明社会现象应该是什么，或者必须是什么，科学的任务仅在于说明社会现象是什么。因此，社会科学无需对"事实"做出价值判断，而应该采取"价值中立"的原则。

20 世纪以后，实证主义方法论在社会学研究领域占据主导地位。以美国为首的西方社会学经验研究在实证主义方法论指导下，发展出一套比较完整的、具体的、可操作的，具有模式化、程序化和精确化特点的研究方法。即在经验研究中，必须建立与经验事实相联系的，并能说明现象之间关系的理论假设；社会研究过程要有自己固定可以操作的研究程序或步骤，如同自然实验那样，人们可以按照同样的程序重复研究过程，对先前的研究加以验证；由此形成一套包括问卷技术、量表技术和指标设计技术在内的比较精确的测量技术，使得对社会现象的研究逐步达到精确化的水平。20 世纪 60 年代以后，随着计算机和统计分析技术在社会研究中的推广使用，使得测量工具的精确化成为可能。*

2.1.2 非实证主义方法论

非实证主义的观点正好与实证主义相反，认为人的行为不同于物体运动，人是有自由意志的，社会历史事件都是独特的，非重复性的，因而无规律可循，因此无法对人的行为做出预测。社会现象对于社会行动者来说是"有异议"的，不能用自然科学的方法加以研究。社会现象不过是行动者感性认识和主观理解的产物，那些把社会现象当作客观事实加以研究的实证主义倾向，实际上是把

*其后发展出来的后实证主义即逻辑实证主义，在笔者看来，已不再固守社会现象的变化是"有规律的"，而是用概率论来修正结论，但其仍坚持科学方法是研究人类行为的唯一正确方法。

研究者自己的主观解释强加于社会世界。因此，实证主义忽略了社会行动者的特殊性、自主性与互为主体性，没有认识到历史、文化和意识形态的作用，抹杀了社会现象与自然现象的本质区别。例如对于自杀问题的研究，实证主义认为自杀是与社会有关的，自杀率的高低在于个人与社会的整合程度。非实证主义认为自杀是由个人的心理、性格等方面的原因造成的，它的特殊原因应该从个人特殊的生活经历或生活史中去寻找。

比较极端的非实证主义代表人物是德国哲学家威廉·狄尔泰，他坚决反对实证主义把自然科学方法论绝对化，强调人文科学（学科）的特殊性及其与自然科学的区别，提出了理解三原则：历史知识是自我意识；理解和说明是有差别的；理解是从生命到生命的运动。

非实证主义的另一代表人物德国社会学家马克斯·韦伯的方法论思想介于狄尔泰和涂尔干之间。他指出，社会现象都是与人的行动和人的主观动机有关的，它们与自然科学是有区别的。但是人们的行为是理性的、有目的的，这种理性行为具有一定的规律性。通过对社会行为的外部原因和内部动机的分析，可以发现社会现象的规律性。他所提出的理解社会学既包含社会行动客观因果性关系的说明，又包含对行动者主观意义的理解，因而带有相对主义的折衷色彩。韦伯的非实证主义方法论的观点主要是：

第一，社会现象不仅取决于社会规律，而且也是人的主观意识的结果；更为重要的是，社会规律本身也是人的主体行动的凝聚和结果；当人的自由意志以理性的形式表现出来时，人们可以通过了解人的理性预测人的行动。

第二，自然科学方法在社会科学研究有着重要地位，但不是唯一的。韦伯认为人的行动既有主观性又有客观性。人的行动客观性，即人们正在进行的活动或事实是可以被观察和体验的，因此可以采用自然科学的方法；人的行动的主观性，即行动的意义和动机是不能被直接观察到的，只有联系具体的历史背景，建立一种概念工具，深入行动人的主观方面理解他的意义和动机，才能说明行动的原因、过程和结果。当把直接经验和由理解而产生的解释因果的理论相结合时，经验知识才能成为有效的知识。

第三，由于经验事实是一种客观存在，"价值中立"可以是科学研究的规范原则，但是价值中立是以"价值关联"为前提的。在韦伯那里，所谓价值中立就是将价值判断从经验科学的认识中剔除出去；价值关联和一定的文化相联系，并且决定了文化科学和自然科学的分野。人们对于社会的认识，离不开被研究对象的特定的文化背景或价值体系，只有在其特定的文化背景或价值体系下才能理解行动者的行动意图和意义；由于文化本身既有主观因素，也是一种客观存在，因此，价值关联仍然是价值中立的。价值判断也是一种价值关联，但是研究者有自身的文化背景或价值体系，当研究者以自身的价值体系去理解某种社会现象，就是价值判断，即对具有独特性质社会现象的一种态度或评价。当然，如何在坚持价值关联的同时又保持充分的价值中立，是包括韦伯在内的所有社会科学研究者所面临的基本难题之一。

此外，韦伯的社会研究方法论还提出"理想类型"的思想。针对德国人文学派和历史学派个体化和特殊化的研究方法，韦伯指出理想类型是一种关键性的概念工具。理想类型不是一个道德概念，也不是事物的平均状态。理想类型是社会科学家根据各种标准建立的行动类型、意识形态类型和经济制度类型。它是被构造出来的具有高度概括性和抽象性的概念工具，因此与经验事实是不同的。但是，理想类型又是在经验事实的基础上概括和抽象的，因此它"具有使自己离开现实而又以此起到认识现实的作用"的特点，是比较研究的基础。韦伯还认为，理想类型不是假设，除非你能对理想类型提出充分的反例。但是，理想类型会对假设的设立产生启发作用。

20世纪中叶，特别是进入70年代以后，社会学领域中实证主义方法论的强势地位开始逐渐衰落，再也不能一统天下。导致实证主义方法论衰落的原因有三个：一是韦伯所倡导的理解社会学越来越得到学者们的青睐，它同现象学的嫁接发展出现象学社会学，产生于美国实用主义传统中的社会互动理论也在和理解社会学、现象学社会学的交流中产生了新的社会学研究范式，常人方法论、社会建构论等相继成为社会学理论流派中耀眼的新星。二是马克思主义的社会批判理论通过法兰克福学派获得一种新的生命和形态。三是科学哲学领域中的社会学—历史流派的兴起，以1969年出版的托马斯·库恩所著《科学革命的结构》为标志。库恩通过经验研究后指出，科学的进步并不是完全如科学家自我宣称的那样是通过遵循科学发展的内在逻辑及知识的不断积累而实现的，事实上，科学的进步主要表现为范式的转换，即新范式对旧范式的替代这种"科学革命"的方式实现的；而一种范式的提出又与"科学共同体"有着密切关联，后者同样不仅仅是按照科学发展的内在逻辑组织起来的，而是一个社会性组织，因此，新范式的生产也就带有强烈的非科学的特征。由此可见，库恩所谓的"进步"已经不是实证主义意义上的，而仅仅是一个修辞学意义上的概念，一个社会学意义上的概念。这些理论或方法论的出现对现代社会研究方法的革新具有较大的作用，增加和丰富了社会科学用来认识和解释社会现象的理论工具，使人们可以从不同角度，运用不同方法对社会现象进行研究，能够更加全面地达到对社会的正确认识。

2.1.3 两种方法论影响下的具体研究方法

由于实证主义和非实证主义在对社会认识上的根本对立，它们对应的研究方法也有根本的区别（见表2.1）。

表2.1　实证主义和非实证主义方法论的区别

	对社会现象的认识			对社会现象的分析和解释		
实证主义	宏观研究	整体认识	客观检验	客观解释	静态分析	量化研究
非实证主义	微观研究	个体研究	主观判断	主观理解	动态分析	质性研究

两种方法论在具体研究中使用的方法是不一样的。由于实证主义的目的是揭示社会现象的客观规律，因此它偏重于宏观研究，试图通过大量样本的调查和统计分析解释社会现象的内在规律，并把对社会的认识放在社会整体上来把握社会的整体特征，如社会制度、社会结构、社会变迁等。在对理论的检验上主张客观检验方法，即以经验为客观标准。实证主义者认为社会现象与自然现象一样存在客观规律，应该以经验为客观标准，获得客观的事实和理论认识，用客观检验的方法对理论加以验证。"科学"的理论不但要来之于经验，而且要为经验所证明。由于实证主义认识论的特点，他们在解释和分析社会现象时，主张用客观的、外部的社会原因解释人的行为。因此，在具体方法上实证主义采用量化研究和静态分析，即对历史的横断面进行大量样本的调查和统计分析，用外在的、客观的社会因素来解释人们的行为。

非实证主义的观点正好相反，他们认为社会是由个人所组成的，任何社会现象都可以还原为个人的活动，人有自由意志，人的行为总是和他们的动机和价值观念有关，只有通过对个人的分析和研究才能认识社会现象。因此，非实证主义者的研究一般都是微观研究，即采用个案研究的方法认识社会现象。由于社会现象与自然现象相比具有自己的特殊性，研究主体和研究客体共处于一个世界，研究者的价值观念、信仰及其阶级地位、知识结构都会对研究产生影响，因此在社会科学研究中要真正做到"价值中立"是不可能的。人们对事实和理论的认识总是存在着主观性，因而对所谓"真理"的认识就不会有一个客观的检验标准，只能依靠研究者的洞察力或主观判断。他们认为人的行为不仅取决于外在的社会因素，还与个人的内在动机有着密切的关系，它们只能在一定的情境中通过"主观理解"（投入理解）的方法加以说明。即在特殊的情境中，研究者通过观察来体验被研究者的处境，以说明在一定情境下社会现象的个性和特殊性，从而揭示影响社会现象的内在因素。因此，他们在研究中主张采用历史的、动态的和质性的研究方法。但以笔者的理解来说，非实证主义的研究只是通过微观研究去诠释带有普遍意义的理论，如果这样的话，非实证主义方法论也未必仅限于微观研究。

上述两种方法论观点都片面强调某种认识角度而忽视了其他角度。实际上，社会现象是多样化、多侧面的，这就需要从多种角度加以研究。此外，对于不同的问题，研究的侧重点和研究方法也是不同的。因此，在具体研究中应该根据研究课题的性质，尽可能把宏观研究和微观研究，量化研究和质性研究，静态研究和动态研究结合在一起，达到对社会现象的全面认识。

>> 2.2 价值中立和价值关联

实证主义和非实证主义方法论的对立实际上是对"什么是科学"的认识的差别。迄今为止，对于社会科学是否是科学已经不是一个问题，绝大多数学者都认为社会科学也是科学。但是在什么意义上理解"科学"还是有不同的看法，即面对社会现象和自然现象之间的差异性，能否完全照搬自然科学的研究方法来研究社会现象，甚至对于什么是"事实"等问题的认识还存在分歧，其中最为突出的是对"价值中立"或"价值判断"的认识。

2.2.1 价值中立、价值关联和价值判断

所谓"价值中立"是指科学仅与对事实的陈述有关，而与对事实的好坏评价无关。也就是说，科学仅仅是不带任何先入之见地揭示事实的本来状态，而对事实的价值判断已经超出科学的范围。马克斯·韦伯在区分价值中立、价值关联和价值判断三个概念并且划定它们各自在科学研究中的适应领域方面颇费思量。韦伯认为，研究对象的选择和各种预设不可避免地要受到科学家自身价值观念、文化取向以及知识结构的支配。换言之，科学家在研究对象和视角选择方面，不可避免地是"价值判断"的，而非"价值中立"的。但是，在对象和视角的选择确定后，研究的过程必须是"价值中立"的，否则就会影响研究结果的客观性。当然，由于社会科学研究对象本身的人文性和价值性，所以社会科学在研究方法上必须是"诠释性理解"，这就要求研究者运用"价值关联"的方法来从事研究，唯其如此才能客观地把握研究对象，才能获得科学的结论。对于不同的研究结论，科学家只能客观地，即"价值中立"地陈述其利弊和具体适应性，而不能"价值判断"地代替读者做出厚此薄彼的选择，选择应该由读者根据自身的需求和价值取向来进行。实际上马克斯·韦伯就是意识到自然科学和社会科学的重大差别，才认为在科学研究中既存在"价值中立"，又存在"价值关联"甚至"价值判断"。因此，在对"科学"的认识上，应该区分科学研究过程中的选题、描述、鉴别和评价的各个环节哪些才和科学研究过程真正有关。在对社会"事实"客观性的认识上，韦伯认为"投入理解"是社会科学因果性说明的一个必要部分，社会科学并不因此比自然科学缺少"科学性"。因此，在对社会现象的研究中，"投入理解"仍然是达到对社会现象科学认识

的重要方法。当然，这取决于研究者的知识结构和洞察力。

2.2.2 价值关联和知识结构

在社会研究中，研究者的"价值关联"和他自己的知识结构及其价值取向有关。一定知识结构下的抽象概念给人们提供了观察问题的方法和视角，使人们能够对观察到的现象加以分类。我们所观察到的"客观事实"实际上都是在一定抽象概念下的分类体系，研究者的知识结构决定了他只能用自己的方法和概念去观察社会现象，去分析、概括和反映社会现实。因此，从某种意义上说，任何事实或调查资料都很难说是"纯客观"的，它与研究者先有的理论、概念是分不开的。所以，观察到的事实和实际存在的事实（本原事实）总是存在一定的差距，任何社会研究只能接近"事实"，而不能穷尽"事实"。科学的社会研究只是尽可能地去缩短这两者之间的差距，去挖掘事物本来的面貌。因此，研究者的知识结构是否全面、正确*，是否能够有效地诠释特殊文化背景下的行动者的行动意图和意义，对于研究者能否保持"价值中立"，保证社会研究的科学性是很重要的。研究者的知识结构所表现出来的"价值倾向"越"中立"，其所做社会研究的客观性程度就越高。

> *"正确"其实不应该是社会科学研究的用语，所谓"正确"只存在于韦伯所说的"投入理解"中，或者只是指能够逻辑自洽地对社会现象进行解释或诠释。

2.2.3 如何理解价值中立、价值关联和价值判断之间的关系

正确理解价值中立、价值关联和价值判断之间的关系，不仅在社会研究过程中重要，也是社会研究方法教学上的难点。从某种意义上说，社会科学研究不可能做到纯粹的价值中立，或者说，即使被认为是价值中立的研究，也是和一定的价值联系在一起的，因为人的所有的行动都是价值行动。我们以下面一个心理学测验常用的图片进行说明。

图 2-1 一般会被人直接看到两种图像：一只花瓶，或两个人的侧脸。但是如果发挥想象力的话，看到的图像可能更多，如木柱、托盘、河道等，当然也可能只看到简单的线条。问题在于，为什么对于同一个"事实"，人们看到的却是不同的"事实"？实际上，人们看到的"事实"不可避免与价值相关联，与人的知识结构关联。这种知识结构既来自人们受到的教育，也包括人们的经验生活，以及个人的价值取向，因此人们看到的事实已经是"经验事实"。韦伯所说的价值中立实际上也是指价值关联下的价值中立，即不同的价值关联所观察到的"经验事实"有可能是不一样的，经验事实的客观性实际上建立在价值关联的基础上。与自然科学研究不一样的是，社会科学以经验事实作为研究对象，需要通过投入理解的方法诠释经验事实内含的价值关联，往往就导致对同一"事实"进行讨论甚至争辩，这也是社会科学研究的魅力所在。

例如，对年龄的认识。在我国民间有"实岁"与"虚岁"之分，这是基于

图 2-1　心理测验图

公历和农历两种纪元法的价值关联所得到的经验事实；在社会研究中，不同专业的价值关联对年龄段划分也会不一样，统计学一般按等距将年龄分为不同的年龄组；社会学等学科按人的生命周期将 18 岁以下称为未成年人、18~35 岁为青年期、35~60 岁为中年期、60 岁及以上为老年期；在一些特殊研究中，还将出生年月按"文革"及以前（1976 年前）和"文革"后（1976 年后）划分，用以研究出生时代对人的行为或价值观的影响。又如，上海的小市民文化及其行为，在不同的价值关联下，有不同的理解：或者被看作是经济人的理性，或者被看作自私自利、不近人情。

价值判断是基于价值关联所做的价值选择和价值评价。在社会研究中，实际上存在着许多价值选择，例如采用什么方法划分年龄段就与一定的价值相关联；从城市性获得还是从传统文化来解释上海的小市民文化和行为，也需要研究者预先做出选择。价值评价则表现为对经验事实的认知、评价等，如对或错、先进或落后、喜欢或厌恶等情感性表达。根据价值关联所诠释的上海的市民文化和行为，虽然表现为两种不同的"经验事实"，但在中国的语境中，用以表示这种经验事实的概念有时已经含有价值评价，如小男人、自私自利等，一般是被否定的价值行为。当然更直接的就是喜欢和不喜欢的情感性价值评价了。

在社会研究中价值关联是不可避免的，人们能做到的只是坚持价值关联下的价值中立，即对价值关联下的经验事实保持价值中立的客观立场，承认价值关联下经验事实的多样性。在科学研究过程中，虽然不可避免以价值判断来选择不同的理论或方法，但是不能以情感性的价值评价作为研究的先导或出发点，甚至主导整个研究过程，不然社会研究就无法做到客观性和科学性。在社会研究中尽可能"多研究些问题，少谈些主义"，或许能对坚持价值中立有一定的作用。

>> 2.3 社会科学的特殊性

社会科学的特殊性导致两种方法论的对立。与自然科学相比，社会科学对社会现象的研究基本上还处于经验观察阶段，还缺乏经过反复论证的、高度概括的、普适性程度较高的社会理论；社会现象包含了人的主观因素，很难直接观察和度量；同时，社会现象的异质性程度较高，尤其是现代社会，城市化、现代化的高速推进，互联网的日益渗透，使得社会现象千变万化，对社会的研究就难以获得普遍适用的结论；由于社会行为一般都会受到历史传统的影响，历史传统所蕴含的文化相对来说具有自己的独特性，因此要使社会科学理论具有普遍意义的解释力，其难度要远远大于自然科学；社会现象的复杂性还在于它们大多是不稳定的、非重复性的、独特的，并且容易受到各种外在因素的影响，很难做出精确的预测。正是由于社会现象与自然现象相比具有很大的特殊性，所以在对社会的研究中产生出了不同的方法论及其不同的研究方法。

2.3.1　社会科学预测的特殊性

在社会科学研究中，没有比"科学预测"更能使社会科学尴尬的了。虽然预测是科学的重要功能，但是社会科学的预测功能往往并不令人满意。社会科学的预测存在着所谓"自毁预言"和"自证预言"（"预言的自我实现"）的悖论。所谓"自毁预言"是指"人类行为原本是按照其预言的过程发展，但由于这个预言的产生使人类行为完全改变了"，导致预言自身的破产。"自证预言"正好与此相反，"是对一种会引起新行为的情形的虚假规定"，从而使"错误永远具有支配作用"；也可以说"一种最初是虚假的但被广泛接受的预言、期望或信念，最终却实现了，这不是因为它是真实的，而是因为太多的人把它当作真实的并以此去行动"（罗伯特·默顿，2001）。简而言之，自毁预言为"真"，但人们因为预言改变了自己的行为，从而使预言应该发生的变化没有出现。自证预言为"假"，但人们因为相信预言，并按照预言的虚假规定去行动，从而使预言得到证实。*

社会预测中最为典型的有两种情况，一是发生深刻的社会冲突和社会危机，当学者预测现有的社会制度将会为新的社会制度所代替，但是预言所揭示的深刻的社会矛盾改变了人的行动，对存在的问题进行变革，从而扭转了社会制度崩溃的可能，促进了社会进步。这或许就是自毁预言，虽然预言未能实现，但它在促进社会进步方面起到了积极作用。二是社会发展过程中出现的尖锐的社会矛盾和冲突可以采用不同的理论进行解释，如果用阶级和阶级斗争理论进行解释并付之实践，就会将人与人之间的关系解释为阶级之间的关系，当人们相信这样的理论时，社会矛盾和冲突就被建构成阶级矛盾和阶级冲突。这或许就是自证预言，它意味着对社会的认识是建构性的，不同理论对同一社会进行解释时有可能会得出不同结论，一旦成为执政党的实践指导，社会就"自然而然"地成为预言所描述的那样。自证预言告诉我们，对社会的认识和预测必须非常谨慎，社会科学理论还未达到甚至不可能达到高度的普适性，因此社会研究应该从"实然"而不是"应然"进行研究。

社会科学预测的准确性取决于三个重要条件：理论的科学性、现象的稳定性以及人们对预测的心理反应。"自毁预言"并不是因为理论不具有科学性，而是因为社会现象的不稳定。也就是说，正确的社会预测建立在科学理论和经验事实的基础之上，并且科学理论也是经受了检验的。但是，社会预测公布以后之所以引起相反的结果，是因为社会预测对现象的变化起到了重要的影响。这时候理论没有改变，事实却在发生深刻的变化，有时甚至改变了原有的事实。

＊自证预言虽为"假"，但有时也反映了人们对未来生活的美好期望。例如中国民俗中的"抓周"，若孩子无意识抓了笔墨等，长辈们都会认为孩子是个读书的"料"，就有可能为孩子读书创造各种条件。在这种氛围下，孩子读书很用功，最后考上大学，也就被"建构"成一个从小就爱读书的好孩子。

社会科学的预测同时包含对现实的批判，如果这种批判被人们接受就会对现实加以改造或改良，使得社会朝着另外的方向发展。由于社会科学的预测尤其是批判性的社会预测，往往会引起相反的结果，因此，我们在评价社会科学理论的科学性时，要将其放在一个特殊的历史条件下去考察，要分析理论的内在逻辑性。一个具有内在逻辑并且符合当时历史条件的理论就应该是科学的。"自证预言"则是因为预言对人们的心理影响而引起的。或者是人们相信一种结论，自发地用某些模棱两可的事实去印证；或者是人们由于相信一种"理论"，并愿意去实践，从而改变了事实，验证了"预言"。自证预言最为典型的例子就是股市谣言。本来正常的股市因为某人传播流言，并预测股市要大跌，投资者相信这个流言，纷纷抛售股票，股市大跌，预测成功。其实很多目标的最终实现，都具有"自证预言"的特点，因为人们相信这个目标，并以自己的行动去实践，最后目标就达到了。"自证预言"告诉我们，错误的理论和目标在特定时期内也有可能被证实或实现。总之，无论是什么样的预测或预言，它总会对人的心理产生影响，而人的行动的主观动机与人心理活动有关。从这个意义上说，人的行动是有主观意义的，是人的主观动机下的行动。和"自毁预言"一样，"自证预言"的实现还在于一旦预测对人的行为产生心理反应，就会通过社会整合和系统整合得到传播和扩大，无数个人因为对预测的心理反应而产生的行动经过整合以后改变了原来的社会事实，从而使预言得到实现。

因此，"自毁预言"和"自证预言"的失败或者实现都与两个机制有关：一个是心理机制，即预测对人的心理影响，促成行动者改变了自己的行动；二是"结构二重性"机制，无数个个人因为在一定的预测或理论预言的影响下，改变了自己的行动，个体行动经过整合成为"集体行动"甚至是全社会的"集体行动"，最终改变了原来的社会结构。由此可见，社会科学的任何预测都会对原有社会事实施加重要的影响，从而改变事实，这也是社会现象不可能稳定的重要因素。因此，我们不能以自然科学的标准来衡量社会科学预测功能的准确性和精确性。

同时，对事物或社会现象不同的解释方式产生不同的预测方式。对于重复出现的现象（如天体运动）可以做出比较精确的无条件预测；对于受多种因素影响的某类事物（如气象、通货膨胀）可以做较精确的有条件预测（即假定某些因素为常量）；而对更多的参差多态的个别事物，由于需要考虑各种具体的影响因素（包括偶然因素）的作用，因此只能是综合多重解释，做出相对准确的概率性预测。由于现代社会中的社会现象相当复杂，受到多种因素影响，是不稳定的，因此，社会科学的预测与自然科学相比有很大的不同，它更多的是做概率性预测。

2.3.2 社会科学研究的限制

虽然人们都同意"科学无禁区"，但是不论是自然科学还是社会科学在科学研究上仍然要受到一定的限制。如生物科学上的"克隆"技术受到社会伦理和道德的限制就是一个明显的例证。而社会科学研究受到的限制要比自然科学多得多，这些限制主要来自政治、经济、文化和道德等方面的因素。

2.3.2.1 政治因素

政治因素主要是指国家和政府出于国家安全和社会秩序的考虑而对社会科学研究施加影响，以及社会科学家在社会研究的政治价值判断方面的分歧。最为著名的案例就是 20 世纪 60 年代美国社会研究中的"卡梅勒"（Camelot）计划。此项研究由于具有美国国防部的背景，并且是针对当时智利国内的政治问题，引发了社会学家的激烈争论，也引起了美国和拉美国家外交关系的紧张。最后"卡梅勒"计划不得不中止（艾尔·巴比，2000b：127）。毋庸讳言，政治因素对社会科学研究的影响不仅在西方国家存在，而且在我国也是存在的，国家每年公布的社会科学课题指南其实已经包含了政府的某种导向。并不是所有的社会科学研究在任何时候都可以进行，如西方国家对国家领导人的民意调查在我国现在还不能进行。一些政治敏感的社会问题的研究则要根据当时的社会形势，有的能够公开研究，有的只能内部研究，有的暂时不能研究；对外合作的社会科学研究要经过正式的程序，得到有关方面的批准才可以进行；任何社会科学研究都不能违反我国的法律；涉及国家机密的社会科学研究不仅不能与国外合作，而且研究成果也不能公开发表。这种影响的存在不仅仅是因为社会制度和意识形态，有时还和研究者的价值判断有关，有的甚至与国家的主权和安全有关。

2.3.2.2 经济因素

经济因素的影响其实与政治因素有着密切的关系。任何社会科学研究都需要一定的经费，大规模的研究需要的经费更多。国际上，社会科学研究的经费一般来自三个方面：政府、民间和国际组织，其中很多是以基金会资助的形式出现。在我国，社会科学研究的经费主要来自政府，目前还很少有来自于民间独立研究基金的资助。然而，研究经费不管是来自政府、民间或者是国际组织，都有严格的申报和审批制度。研究基金的审批不仅要考察研究课题的学术性和科学性，而且也要考察研究课题与社会政治、经济、文化等因素的关联。因此，经济因素的影响实际上是以政治因素为导向的，各种研究基金尤其是政府背景的研究基金不过是以经济为杠杆，"指导"研究者什么是可以研究的，什么是不能研究的。如果说政治因素的影响是"外在"的强制，那么经济因素的影响则是"内在"的引导。它"迫使"研究者"自觉"地接收各种研究基金的指导和安排，去接受研究基金愿意提供经费的研究课题。从这个意义上说，常被人们视为"客观"的经济因素其实都具有意识形态的"影子"，都具有强烈的价值判断。

2.3.2.3　文化因素

文化因素主要表现为不同社会、不同民族具有不同的宗教信仰、价值观念和风俗习惯对社会科学研究的影响和限制。同样的社会研究项目在不同的社会、地区里，有的能够做，有的不能做。例如，在信仰伊斯兰教的国家里，就很难进行有关妇女问题的研究，而且在很多国家被看成社会问题的妇女问题恐怕在这些国家里并不被认为是社会问题。同样，对人类性行为的研究在我国和一些东方国家还不可能采用更科学的方法进行，著名的《金西报告》所采用的实验方法在这些国家里是无法想象的。即使运用问卷调查方法对人类性行为进行研究在我国也仍然受到文化因素的限制——并不是所有的访问对象都愿意真实、细致、全面地反映私密程度很高的个人性行为；研究人员也很难检验资料的效度和信度。现代社会研究者还往往会遇到一些与被研究者价值观念有关的尴尬问题。在笔者所进行的一项研究中，有的被调查者在问卷中的某些问题上赫然写道："这个问题纯属个人隐私，本人拒绝回答。"现在被看作个人隐私的不仅有个人的私生活，而且还有个人收入、家庭财富，甚至年龄等。西方社会中"男不问收入，女不问年龄"的价值观念已经为我国发达地区的居民接受。虽然保护自己的个人隐私是社会进步的表现，但像经济收入等一些社会因素被看作个人隐私，无疑会增加社会研究的难度。研究者固然可以从方法上采取一些替代手段，但获得的资料可能就是间接的、模糊的、片面的。

2.3.2.4　道德因素

除了上述政治、经济、文化的因素之外，**道德因素**也会影响社会科学研究。在社会科学研究中的资料收集阶段，尤其是第一手资料的收集，面对访谈对象要不要把研究目的明明白白地告诉被访谈对象，一直是一个两难的问题。把研究目的告诉给被访谈对象，可能引起被访谈对象的兴趣，使他能够乐于参与访谈，真实地反映自己的情况。这在一般的社会研究中不是一个问题。但是，对于那些比较敏感的问题，如和政治有关的问题、牵涉到个人利益或隐私的问题时，如果把正式的研究目的告诉被访谈者，有的时候会引起对方的误解，甚至会拒绝访问。例如，我国的社会阶级和阶层研究是一个比较敏感的课题，它不仅和政治有关，而且在我国也和家庭及个人有关。就在三十多年前，每个人都有一个与生俱来的家庭出身或家庭成分。现在不少中老年人都还记得当时因为家庭出身不好而影响到自己的成长和生活，甚至婚姻，许多人因此受到很多不公正的待遇。三十年过去了，我国在改革开放以后，随着人们生活水平的提高，社会的分化也在加剧，社会阶层化的倾向越来越明显。显然对于社会阶级和阶层的研究是相当迫切的。但是许多成年人因为在他们成长道路上可能都有过那么一段不堪回首的经历，对研究目的就有可能产生一些误解。因此，有些关于社会阶级、阶层的研究是假借"生活方式""日常生活"等的名义。显然，这样的研究对于被访谈者来说带有"欺骗"的嫌疑，只不过这种欺骗是善意的，一般也不会对被访谈者带来危害。

但是，有些科学研究的欺骗却会对当事者带来很大的伤害，其中最为著名的是美国 20 世纪 60 年代的米尔格拉姆（Milgram）实验。这个实验从方法上来说几乎是无懈可击的，实验的题目是"惩罚和记忆"，被实验对象表面上是学生，它似乎想证明人们的记忆在一定的刺激下是可以被激发起来的，实验中的刺激是"电击"，当学生不能正确回答问题时就要由老师给予"电击"，"电压"从 15 伏特到 315 伏特不等。最后正式实验报告显示，真正的实验题目是"命令与服从"，真正的实验对象不是学生而是老师，"电击"是假的，学生是心理学家事先安排好的，是在"演戏"。鉴于二次世界大战德国军队在"服从命令"的借口下将暴行合理化的情况，实验想证明：人类是否愿意因遵从权威而去伤害他人（艾尔·巴比，2000b：121-122）。这个实验由于采取了欺骗手段，有违科学研究的道德准则，在学术界引起很大争论，也引起被实验对象的抗议。其他的一些实验也可能会引起道德上的争议，例如教育实验对于实验对象和非实验对象来说，在道德上都很难说是无可指责的。即使像问卷调查，问卷中某些问题对于被调查者来说往往会是一个"陷阱"，细究起来同样会成为道德问题。

社会科学与自然科学有很大的不同，因为社会科学是对"人"的研究，研究者也是人，很难区分出所谓的"客体"和"主体"，这使得社会科学研究很难达到自然科学的精确度，因此，在研究中不能生硬地全盘照搬自然科学的研究方法，应该根据社会现象的特点，运用适合社会现象特点的研究方法。同时，也要求我们坚守职业道德，在研究中遵循一定社会的法律和道德伦理准则。

思考与练习

1. 什么是实证主义和非实证主义？它们在方法论上有什么区别？
2. 社会研究方法论对社会研究方法有什么影响？
3. 在社会研究过程中如何理解和把握价值中立、价值关联和价值判断？
4. 根据社会科学预测的特殊性，解释马克思对资本主义的预测。
5. 社会科学的特殊性主要表现在哪几个方面？

3 社会研究方法体系和一般过程

社会学从它创立那天起就受到自然科学的深刻影响，早期社会学的许多概念和理论与自然科学有着非常密切的关系。随着数学本身的发展以及计算机技术的成熟，大样本资料处理和计算能力已经能够应用于社会科学的具体研究。同时，随着工业化、城市化和信息化发展，当代社会已经不再像传统社会那样具有较高的同质性，而是呈现出复杂社会的格局，为现代数学和计算机技术的运用提供了广阔的领域。但是社会现象的复杂性和不稳定性，对于建立在现代数学和计算机技术基础上的量化研究仍然具有很大的挑战，社会研究仍然离不开实地研究等质性研究方法，无论是做独立的质性研究还是将量化研究和质性研究结合在一起。但是，自然科学研究方法仍然对社会研究有着深刻的影响，数学方法依然是对社会科学量化研究的基础，社会研究方法也会不断吸收自然科学研究方法的合理成分，大数据时代的到来更是离不开数学方法和自然科学技术。由于社会科学还不可能达到自然科学那件"纯粹"的高度，量化研究和质性研究综合运用也是一个发展趋势。20世纪以来，虽然社会研究方法的"科学性"引起很多讨论，但无论如何，在社会研究过程中采用科学的方法步骤仍然是大部分学者赞同的，方法的科学性是评价一项研究成果的重要依据。本章主要讨论社会研究方法体系和主要类型；社会科学研究的逻辑和研究过程。

>> 3.1 社会研究方法体系的构成

任何一门科学在对本身研究的同时，必然会形成一套严密的方法体系。这种方法体系的建立又会大大促进科学研究自身的发展。自然科学方法体系的形成经历了从零星的、局部的、不系统的，到大量的、整体的、系统的研究的发展过程，从而建立了包括哲学方法、一般研究方法和特殊研究方法在内的完整体系，促进了自然科学的飞速发展。社会科学也在逐步形成自己的方法体系，其主要特点是以方法论为基础，以社会理论为指导，以逻辑科学作为自己的思维方法，并且不断批判地吸收自然科学的研究方法。

根据当前社会学经验研究运用的主要方法，以及它们的适用范围，**社会研究方法体系**主要是由社会研究的方法论、社会研究的基本方式、社会研究的技术和工具三大层次构成的（见图3-1）。

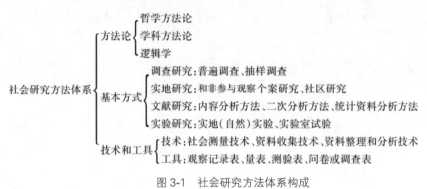

图 3-1　社会研究方法体系构成

3.1.1　社会研究方法论

所谓方法论，从词意上说就是关于方法的理论学说。也就是说任何方法都是在一定理论指导下产生的，是在一定理论指导下研究问题、解决问题的手段和工具。同时，方法论还意味着理论的实践作用，当用一定的理论去观察问题、解决问题的时候，理论也就具有了方法的意义。根据这样的认识，社会研究的方法论是由不同层次、相互联系的三个方面组成的，即哲学方法论、学科方法论以及逻辑学。

哲学方法论提供的是人类对于社会、自然的认识和思考，是构成社会研究体系的基础。例如，马克思主义哲学阐述的社会是一个客观存在的实体；社会的发展是一个自然历史过程；人与人之间的关系建立在一定生产方式的基础上，等等。现代社会宏观理论有的也具有哲学方法论的意义，如吉登斯的"结构二重性"理论。

学科方法论主要是指各种社会学理论和分支社会学理论在社会研究中的地位和作用。社会学理论是对人类社会生活的各种独特形式和内容进行具体解释的理论，各种社会学分支理论是社会学宏观理论和对社会进行具体经验研究的中介。在社会学理论指导下，社会学的理论概念可以成为实证研究的分析概念或操作概念，从而界定研究对象的范围、设计调查大纲、制定各种测量指标，等等。例如，对于家庭的调查研究，只有根据家庭社会学关于家庭的理论，才能确定其范围，制订出具体的测量指标。

逻辑学是关于思维的规律、形式和方法的科学，是关于具体研究方法和技术的一般理论。逻辑学提供的概念、判断、推理和假说等思维形式以及归纳和演绎、分析和综合、抽象和具体的思维方法，是科学研究具体方法和技术的最一般的概括。

3.1.2　社会研究基本方式

社会研究方法体系的中间层次是社会研究的**基本方式**，其中包括调查研究、实地研究、文献研究和实验研究等。调查研究的主要形式有普遍调查、抽样调查，是量化研究的主要形式。实地研究法也叫"实地调查""田野调查"。与"调查研究"方式相对应，它是一种质性研究方式，它的具体方法主要是参与观察和非参与观察、个案研究、社区研究等。一般而言，社会研究中的文献研究主要是利用二手资料进行分析。作为独立的研究方式，文献研究的具体方法主要有：内容分析方法、二次分析方法（元分析法）、统计资料分析方法。实验研究在社会研究中是最接近自然科学方法的。它是根据一定的研究假设，改变或控制一个或几个变量，然后观察其他变量是否随之发生变化，从而检验变量之间的因果关系。社会研究中的实验研究一般应用于教育学、心理学和社会心理学中的小群体研究。实验研究主要分为两种类型，实地（自然）实验和实验室试验。

3.1.3　社会研究方法的专门技术和工具

社会研究方法体系的第三个层次是各种专门技术和工具。社会研究方法的专门技术主要有社会测量技术，资料收集技术和资料整理、分析技术。社会测量技术主要包括各种测量指标的设计，量表、测验表、问卷的设计以及指标的综合等。资料收集技术主要有观察技术、访谈技术以及对文献资料的查阅、摘录、评估等。资料整理、分析技术则有资料的审核、分类、编码、复查、登录、汇总、统计等。社会研究的工具主要是指收集资料的量度工具和各种辅助器械。量度工具包括各种观察记录表、量表、测验表、问卷或调查表等；辅助器械则有录音机、照相机、录像机等。

社会研究方法体系的三大层次是相互联系、相互制约的。方法论是社会研究方法体系的基础，其中哲学方法论起着决定性的作用，是最基本的方法论。方法论决定和影响着学者如何去观察、研究社会现象，以及采用什么具体方法和专门的技术工具。而具体方法和技术、工具的发展也会促进方法论本身的发展。

>> 3.2 社会研究的主要类型

社会研究根据不同的标准可以分为不同的类型，主要有：根据研究方式分为调查研究、实地研究、文献研究、实验研究；根据研究性质分为理论性研究和应用性研究；根据研究目的或作用分为探索性研究、描述性研究和解释性研究；根据调查对象的范围分为普遍调查、抽样调查和个案调查；根据研究的时间性分为横剖研究和纵贯研究；根据社会研究的应用领域分为行政统计调查、学术性研究、民意研究、市场研究等。

由于调查研究、实地研究、文献研究、实验研究是社会研究的基本方式，其中调查研究和实地研究在社会研究中应用最为广泛，内容最为丰富、复杂，我们将在后面的章节作详细介绍。

3.2.1 研究性质：理论性研究和应用性研究

理论性研究和应用性研究也可以称为基础研究和应用研究。有时候，一些研究课题兼有理论研究和应用研究的双重性质。

理论性研究主要是通过对社会现象和问题的调查来检验和发展社会理论及其分析概念，通过建立或发展各种理论假设并通过经验研究加以检验，试图发现或解释社会现象之间的相互关系，并从理论上解析现实生活中的各种问题。理论性研究通常采用"假设演绎法"，即从理论出发，建立与理论相联系的研究假设，然后根据研究假设演绎成一套系统的测量指标，对根据测量指标收集的调查资料进行分析和综合，最后对研究假设及其理论进行检验。也有的学者是在占有和分析大量第二手资料的基础上，建构自己的理论。作为对理论的探索，有时候理论性研究也可以采用**归纳方法**，即在对大量现象观察的基础上，从中归纳出社会现象的基本特征和现象之间的相互关系，最后上升为理论。

社会研究中的理论研究不是纯理论研究，它是一种采用实证方法的理论研究，需要通过经验资料来验证某种理论，或者从经验资料中归纳出理论，是一种"**经验性的理论研究**"。而**纯理论研究**主要是对社会理论进行评述和批判，探讨理论范畴和概念体系，以思辨和逻辑推理为基础对抽象概念和理论命题进行抽象分析。当然，纯理论研究也需要解释社会现实中的问题，接受社会实践对理论的检验，但是这种解释和理论检验的方法和"经验性理论研究"是不同的。

应用性研究主要侧重于对社会现实问题的研究。一方面它要在一定的理论指导下对社会问题进行科学的解释，另一方面，也是最为重要的是，应用性研究必须在经验研究的基础上提出解决社会问题的建议和对策，或者为改善社会状况、解决社会问题提供咨询。从这个意义上说，应用性研究往往和"社会诊断""政策研究"相联系的。随着现代化的发展，建立系统的社会发展测量指标体系也属于应用性研究。从社会学经验研究的发展来看，以解决社会问题或者描述社会问题状况为目的的研究是社会学的重要使命。这是因为社会学的建立和发展在很大程度上和研究社会转型带来的社会阵痛有关，无论是中世纪向资本主义的社会转型，资本主义制度建立以后的改良和完善，还是当代中国由社会主义计划经济向社会主义市场经济转型，都会产生很多社会问题。因此，研究社会问题，为解决社会问题提供对策和建议就成为社会学经验研究的重要使命和任务。需要指出的是，应用性研究也是在一定理论指导下进行的，而不是一种纯描述性研究。研究者只有揭示社会问题产生的各种原因和条件，才能有效地提出相应的对策和建议，才能做到"标本兼治"。同时，在不同理论指导下，借助理论概念并结合经验研究所得出的结论和对策也会有较大差别。

理论性研究和应用性研究既有联系又有区别。首先，理论性研究的目的是为了建构理论或验证理论或者分析概念，应用性研究往往需要从一定的理论出发，运用理论工具分析具体的社会问题。其次，有些研究课题可以具有理论性研究和应用性研究的双重特征，即它在研究具体问题时，既希望对社会理论的发展有所贡献，同时也企图对所研究的问题提出解决的办法。例如，"农民工的城市适应问题"，既涉及城市社会学中的"城市性状态"理论，研究这一问题可以验证和丰富"城市性状态"理论，同时也要为解决"农民如何成为市民"提供政策上的帮助。第三，理论性研究和应用性研究的区别在于它们的侧重点不同。理论性研究关注的是通过经验研究检证或发展出某种一般性的社会知识，应用性研究关注的是有效地解决社会问题。相同的研究课题，它们的关注点不一样，所做的贡献也是不同的。以"农民工的城市适应问题"为例，若是作为理论性研究，就要关注"农民工的现代产业工人转型""农民工与城市生活方式""农民工与城市文化的再建构""农民工与城市居民在功能上的依赖性""农民工与市民的社会区隔"等问题。若是作为应用性研究，就要关注"农民工成为市民的政策障碍及其对策""农民工的社会保障制度和对策""保障农民工的合法权益，提高农民工的生活水平""关注民工子弟的就学问题""增加农民工融入城市的机会"，等等。因此，理论性研究和应用性研究的区别主要在于它们的侧重点不同。从研究的逻辑来说，理论性研究一般遵循的是"理论→经验→理论"或者"经验→理论"的过程，应用性研究则是"理论→经验→对策"的过程。但是，总体上看，理论性研究和应用性研究还是有着密切的关系。

3.2.2 研究目的或作用：探索性研究、描述性研究和解释性研究

科学研究的目的一般来说有三种，即探索、描述和解释。因此，根据研究目的社会研究可以分为探索性研究、描述性研究和解释性研究。三者在研究要求、研究对象和研究方法，以及具体的程序和技术方面，存在比较大的区别。

　　探索性研究是研究者对于确定的研究课题和研究对象进行初步了解和熟悉的过程，通过初步考察，获得对研究对象的感性认识，引发理性思考。探索性研究大致可以分为两种形式：第一，独立的探索性研究。如同对大自然的探险一样，社会研究中也存在"探险"性质的探索性研究。例如，人类学家到一个与世隔绝的原始部落进行考察，就属于"探险"性质的探索性研究；或者对某个刚刚发现的、人类对它的认识几乎是空白的社会领域进行研究。这些研究如同哥伦布发现新大陆，不仅是地理上的发现，而且还有对"人"的发现。但是一般来说，这样的探索性研究是比较少的，尤其是在社会研究领域中。第二，作为正式研究的组成部分——先导性研究，社会研究中的探索性研究更多的是一种辅助性研究，为后续研究提供研究思路或研究假设。

　　通常在下列三种情况下需要进行探索性研究：一是研究者所涉及的研究课题或现象非常独特，很少有人进行这方面的研究，是新的研究领域，是一个研究"空白"。二是研究者本人对所涉及的研究课题不太熟悉，了解不多。例如，一个长期从事老年问题研究的学者要研究青少年不良行为，显然他需要先进行探索性研究才能把握有关青少年不良行为的问题。还有社会上存在一些受到社会排斥甚至隔离的边缘性群体，如同性恋者、艾滋病患者、吸毒者、乞丐、妓女等。一般人包括研究者在内对这些群体都不太熟悉，只有经过探索性研究才能了解他们的初步情况。三是为进一步研究提供研究思路和研究假设，或者从中尝试和发展一种新的研究方法，或者对研究方法进行"预演"，以便发现问题，形成和完善研究设计。

　　根据以上所述，实际上任何社会研究都必须经过探索性研究。因此，探索性研究有时也称为"初步探索"，并被看作是社会研究过程中的一个重要步骤。探索性研究的具体方法主要有三种：第一，查阅文献，即根据研究课题收集与课题有关的文献资料，并在对文献资料分析的基础上提出具体的研究问题。第二，咨询"专家"，这里的专家是广义的。它既包括这一研究领域中的学者和科研人员、政府管理人员，也包括访问对象中"知情者"和"会讲故事"的人。咨询专家的目的就在于了解他们对问题的看法和思路，被研究现象的最新动态和特点及其背景，以及不见诸于文献的信息。第三，现场观察，即到调查现场观察和访问若干个对象，初步了解调查对象的具体情况。例如，他们的表达能力和理解能力怎样，被访问对象的基本情况等。

　　作为辅助性研究的探索性研究是一种非正式研究，研究方法的规范性要求不高，比较简单。通常采用非参与观察和非结构性访问收集资料，样本规模很小，并采用非概率抽样方法抽取样本。因此，探索性研究所获得的资料或"结论"在大多数情况下只具有参考价值，不能作为正式的研究成果。

描述性研究是系统地了解社会问题或社会现象的状况及其发展过程，通过对现状的准确、全面的描述，反映总体的特征及其分布，解答社会现象"是什么"的问题。描述性研究是科学研究的基础和起点。也就是说，任何科学研究都是从描述开始的，人们只有全面清楚地了解和掌握社会现象的状况、特征及其分布，才有可能发现和揭示社会现象变化和发展的方向或趋势，才有可能解释社会现象之间的相互关系。一般来说，当某种学科在刚刚建立的时候，或者对一个新问题、新领域刚刚开始研究的时候，往往以描述性研究为主，因为这个阶段还处于认识和资料积累时期。同时，一门学科的研究对象越是复杂多变，越容易受到各种因素的影响和干扰，越是不稳定，它停留在描述性研究的时间就越长。从这个意义上说，社会科学包括社会学基本上还处于描述性研究的阶段。

　　描述性研究是正式研究。从科学研究的逻辑来说，描述性研究方法基本上以归纳法为主。人们必须通过对大量现象的反复观察，才有可能获得对现象的认识。描述性研究可以是实地研究也可以是调查研究。实地研究中的个案调查基本上就是以归纳方法为主。研究者在对个案的长期观察过程中，搜集大量资料，经过分析和综合，反映研究对象的基本状况及其特征。调查研究方法中的普查和抽样调查也可以用来做描述性研究，其中应用最为广泛的是抽样调查。研究者在探索性调查的基础上，提出需要调查的项目或研究设想，然后采用问卷调查的方法收集资料，研究者经过统计分析可以在综合的基础上获得对事物基本状况的认识。与探索性研究不同，描述性研究采用的抽样方法以概率抽样为主，资料的收集必须采用以封闭式问题为主的问卷，以当场自填、结构式访问等方法收集资料，以统计方法作为分析资料的主要方法。同时，描述性研究一般都是大样本调查，这样才能获得具有普遍意义的结论。

　　描述性研究的科学逻辑基本上是归纳推理，一般来说不需要以研究假设（如果把研究假设仅仅理解为解释性的）作为研究的导向，但是它仍然需要以研究设想为基础，尤其是大规模的抽样调查。有的时候，研究者也可以采用"描述性"的研究假设，运用统计分析的方法检验社会现象在质和量上的差异性。

　　由于现代社会研究中的描述性研究都是大规模的抽样调查，因此它要求做到描述的准确性和概括性。也就是说，能够定量地、精确地描述和说明社会现象的基本状况和分布特征，能够反映总体及各个部分的一般状况或普遍现象，而不是个别的、片面的。根据样本调查的结果，能够反映出总体的一般水平和趋势。它所得出的结论或对某种特定事物的状况和特征的分析应该具有相对的普遍意义。

　　解释性研究是要说明社会现象发生的原因，探索社会现象的发展趋势，揭示社会现象之间的相互关系和因果关系，解答社会现象"为什么"的问题。它是在描述性研究的基础上进行的。正如上面指出的那样，没有对社会现象的状况及其特征的准确了解，就不可能深入地发现社会现象的内在关系，也不可能探索社会现象变化和发展的趋势。

由于解释性研究是回答社会现象"为什么"会产生，是解释原因、说明关系，因而它往往是一种理论性研究，或者更多地是和理论性研究结合在一起。当然，应用性研究也可以是解释性研究，但是理论性研究必须是解释性的。因此，解释性研究通常是根据一定的理论，从与理论相联系的研究假设出发，经过对社会现象的调查，收集资料并通过对资料的分析来检验假设，最后达到对社会现象进行理论解释的目的。也正因为如此，解释性研究除了与描述性研究一样，具有准确性和概括性的特点之外，还必须更严谨、更周密。从方法论看，解释性研究比较接近于社会研究方法中的实验研究，都是以揭示和解释社会现象之间的因果关系为目的。在研究设计中，解释性研究必须提出明确的研究假设，运用操作化的方法设计测量指标，然后根据测量指标设计问卷，因此在解释性研究中，问卷设计必须紧紧围绕所要验证的研究假设。例如，对"农民工的城市适应"这个主题，描述性研究只要调查农民在城市适应中遇到的问题和障碍，全面、准确地描述农民工主要特征的分布。而解释性研究则需要深入地探讨农民工在城市适应过程中遇到问题和障碍的原因，并且要在理论的高度上进行解释和分析。

解释性研究也可以采用实地研究的方法，研究者可以在个案研究的基础上，通过个人的主观判断和洞察能力，运用理论分析的方法，解释社会现象之间的相互关系和因果关系及其变化发展。但是，实地研究所得出的结论和观点的正确性主要取决于研究者的悟性和洞察能力，依靠研究者对资料的把握能力。而调查研究所得出的结论和观点主要是根据客观资料，主要采用理论演绎的方法，最后根据统计分析的结果验证研究假设及与研究假设相关联的理论。在分析方法上，解释性研究往往采用双变量和多元变量的统计分析模型，以使因果关系的模拟和表达更贴合现实中多事物互相影响的复杂状态，更具有普遍意义。

探索性研究、描述性研究和解释性研究具有内在的联系，它们之间是一个逐步递进的关系。从探索性研究、描述性研究到解释性研究构成了一条科学研究链，也就是说任何科学研究都必须从探索性研究开始，然后过渡到描述性研究，在此基础上才能深入发展到解释性研究。当然，解释性研究也可以他人的描述性研究成果为基础进行。但是无论如何，探索性研究是不可缺少的，因为只有经过探索性研究，研究者才能找到问题之所在；而解释性研究必须建立在描述性研究的基础之上。

3.2.3 调查对象范围：普遍调查、抽样调查和个案调查

根据调查对象的选取范围，社会研究（调查）方法可以分为普遍调查、抽样调查和个案调查，其中普遍调查和抽样调查属于量化研究的具体方法，个案调查是质性研究或实地研究的具体方法。

3.2.3.1 普遍调查

普遍调查是一种专门组织的全面调查，简称普查，即对构成总体的每个个体进行毫无遗漏的逐个调查，以准确地了解在一定时点或时期状态下的总体情况。普遍调查经常被用来进行全国性调查或者地区性调查，如人口、土地、经济调查以及其他各种资源调查。一般来说，社会学经验研究很少采用普遍调查的方式。

（1）普遍调查的意义

普遍调查一般是用来收集覆盖面很广、比较全面、精确的资料，借以掌握全国性的或地区性的基本情况。例如人口调查一般都要采用普遍调查的方式。这些资料一般不能或不宜采用抽样调查的方式，抽样调查虽然具有统计推论的功能，但这毕竟不是经过全面调查所取得的精确性程度较高的资料，而且，抽样调查无论怎样周密，都不可避免地存在着抽样误差。因此，全国性或地区性的基本情况调查主要采用的是普遍调查*。

普遍调查大多数由政府及其职能部门主持，以了解全国性或地区性的某种社会现象或其他情况的现状，为掌握国情，制定切合实际的方针政策服务。由于普遍调查很多是在全国范围内进行，因此许多人误以为普遍调查就是全国性调查。其实，凡是在一定范围里，对全体对象所进行的全面调查，都是普遍调查。例如，在一个县、一个市或一个省的范围里，对全部商品价格或者全部企业的调查，都是属于普遍调查的性质。在社区研究中，对一个村庄或一个居民住宅小区每个家庭进行的毫无遗漏的调查，也属于普遍调查。因此，普遍调查主要不是指调查范围，而是指在这个范围内的全部对象是否全部都被调查。但一般来说，普遍调查的范围都比较广，因为范围很小的普遍调查，如一个村庄、一个居民住宅小区的调查对于行政工作研究来说意义就不是很大。

20 世纪 50 年代以来，我国曾进行许多次全国性的普遍调查，这些普遍调查主要有如下三种类型：

第一，为了了解基本情况，制定社会主义革命和经济建设的方针和政策而进行的普遍调查。如 1950 年进行的全国国营、公私合营、合作社营的工矿企业普查；1954 年个体手工业和全国 10 个职工以上私营工业企业普查；1955 年私营商业及饮食业普查；1956 年公私合营工业及私营工业的资产、利润及投资情况调查，等等。这些普查为党和政府制定当时的社会主义经济建设计划和

* 我国也有人口抽样调查，这种抽样调查或是对全国人口基本状况的估计或估算，或是在两次间隔时间较长的人口普查中调查人口的基本状况，或是为了获得更为全面的资料。例如，从第五次人口普查开始采用的"长表"调查，就运用了抽样调查方法，用以了解更全面的人口情况。

私营工商业的社会主义改造政策提供了事实依据和详尽的数字资料。

第二，能够满足多方面需要的最基本的国情普查。属于这种性质的调查主要有人口调查、土地调查、资源调查，等等。例如我国在 1953 年、1964 年、1982 年、1990 年、2000 年、2010 年进行的全国人口普查，为制定我国国民经济发展规划提供了基础资料。从 2005 年 1 月开始，我国每隔五年都要进行全国经济普查。经济普查的目的，是为了全面掌握我国第二产业、第三产业的发展规模、结构和效益等情况，建立健全基本单位名录库及其他数据库系统，为研究制定国民经济和社会发展规划，提高决策和管理水平奠定基础。此外，国家普查项目还有农业普查、工业普查、第三产业普查和基本单位普查等。

第三，根据社会主义建设过程中出现的问题或者某些专门问题所进行的一次性调查。例如，1978 年进行的全国基本建设项目和挖潜、革新、改造措施项目普查；1985 年 7 月开始的全国城镇房屋普查；2001 年北京在全市范围内开展的住房普查工作等都是根据社会主义建设和改革过程中出现的问题进行的调查研究。

（2）普遍调查的原则

普遍调查是一种周详、严密而又极其繁杂的调查，它不仅要求具有较高的时效性和准确性，而且要求在短时期内调查空间上分布广且随着时间不断变动的对象。因此，普遍调查更强调调查的集中领导和统一行动，它的组织和实施必须遵循如下四个基本原则：

第一，统一组织。普遍调查必须有一个专门的组织机构负责指导全部普查工作。从普查方案的制定、调查的实施，一直到资料的整理、计算、公布都必须在普查组织机构的领导下进行，任何个人或单位都不得擅自改变调查方案或公布调查结果。并且在普查组织机构公布调查结果以前，不得把资料挪作他用。因此，普查组织机构具有极高的权威性。在调查的实施过程中，调查人员和基层单位必须在普查组织机构的统一安排下进行工作，做到步调一致、行动统一、同时开始、按时完成。

第二，统一步骤。普遍调查是一种大规模调查，调查范围较广，调查对象情况复杂、数量巨大，调查队伍庞大。因此，必须制定严密的调查方案，在规定的时间里，按照调查要求完成任务，调查工作中出现的任何延误都有可能导致调查的失败或损失。特别是由于调查队伍庞大，如果缺乏严密的工作步骤必然会导致整个调查的紊乱和失控。

第三，统一时间。任何调查研究都十分强调调查的时效性，调查的时效性是和科学性相联系的。普遍调查的时效性要求更高，因为它所涉及的对象会随着时间的变化而变化。因此，在普遍调查中，必须严格规定时点或时间，以及调查所必须完成的时期。规定调查的时点或时间可以保证资料的高度的准确性，从而使调查资料具有相对稳定性和可比性。第五次全国人口普查的标准时间是2000年11月1日零时，即在这个时间点以后出生的人口不予登记。规定调查所必须完成的时间，可以使调查工作在尽可能短的时间完成，保证资料的时效和统一。按第五次人口普查的规定，人口普查的现场登记工作，从2000年11月1日开始到11月10日以前结束；复查工作在2000年11月15日以前完成，质量抽查工作在2000年11月30日以前完成；各地方的汇总结果于2000年12月31日以前报送国务院人口普查办公室，国家统计局和国务院人口普查办公室于2001年1月31日以前发布公报；编码工作于2001年4月30日以前完成；国务院人口普查办公室于2001年12月31日以前完成全国人口普查汇总工作，公布汇总资料。

第四，统一项目。普遍调查还要规定统一的调查项目和指标，并对调查项目和指标中的主要概念做出统一的解释。任何人都不得随意增加或删减任何项目和指标，不得随意解释指标或概念，杜绝由于对概念理解的不一致而出现的调查口径的混乱。而且，同一性质的普遍调查，在每次调查时，都应力求调查项目的基本一致，以使调查资料具有可比性。

（3）普遍调查的形式

我国在长期的社会主义建设过程中，已经逐步形成了比较严密的普查制度和网络。我国普遍调查的形式主要有两种：第一种就是建立专门的普查机构，组织专门的普查队伍，根据统一的调查项目和时间对调查单位直接进行调查登记。它能够收集一般调查所不能获得的资料。人口普查等都是属于这种类型。1994年7月20日，国务院正式批转了国家统计局《关于建立国家普查制度改革统计调查体系的请示》，从而明确了普查在统计调查体系中的基础地位，要求实行周期性普查制度，并规定具体的普查类型：人口普查、农业普查、工业普查、第三产业普查和基本单位普查等。同时该文件还指出："这些普查都属于重要的国情国力调查，必须在国务院和地方各级人民政府的统一领导下，由政府统计部门会同有关业务主管部门共同组织实施。"第二种形式是结合企业、机关团体的日常登记和核算，通过定期的报表进行普遍调查，也就是我们日常说的"填报"。这种普查形式无须建立专门的机构，只是在日常工作的基础上，通过正常的渠道，逐级上报、汇总有关资料。最为典型的就是各个单位的财务报表，还有组织人事部门的干部普查、各种专业人员普查，劳动部门的劳动力普查等。

这两种普查形式各有其特点，第一种普查形式是一次性调查，一般要相隔若干年再重新调查。调查项目相对更多一些、更全面一些，还可以根据需要增加一些特殊的调查项目，调查的要求也可以根据实际情况加以规定。而且，它是由专门的调查人员直接面对调查对象进行调查和核实。第二种形式实际上是一种制度化的普查方式，它可以使政府有关部门定期得到重要的数据资料，及时了解经济建设、社会变化的基本情况，以及存在的各种问题。

两种普查形式中，第二种形式已经成为经常性的日常工作，基本上有一个固定的工作要求、步骤和模式。第一种形式则要根据普查的组织原则和调查的要求，规定专门的调查步骤，甚至要制定专门的法规或条例。

（4）普遍调查的特点

第一，成本高。由于普遍调查的范围很广，访问对象非常多，调查时间比较长，参与调查的人员也很多，因此工作量大，费时、费力、费钱。例如，第三次人口普查从开始到最后全部结束历时六年，有518万名普查员、109万名普查指导员、13万名编码员、4 000多名数据录入员、1 000多名计算机技术人员直接参与，得到了1 000多万名基层干部、群众、积极分子的支持和帮助，全部经费约4亿元人民币和1 560万美元（联合国资助），还不包括普查工作人员的工资和劳务费等。

第二，资料的准确性较高，适合反映总体的基本情况。由于普查涉及总体的全部个体，获得的资料非常全面、准确，因此普查资料不仅是国家和政府制定政策的重要依据，而且也是科学研究尤其是社会科学研究重要的参考资料。

第三，统一组织和统一安排。由于普查是一种大范围的调查，涉及的人员、单位很多，必须建立有效的组织机构和管理制度，以保证调查工作的顺利进行。

第四，调查项目不宜过多，相关普查的项目尽可能统一。由于普查的访问对象数量众多、情况复杂，资料处理的工作量很大，因此普查的调查项目一般不会很多。例如，2000年我国第五次人口普查按户调查的项目23项，按人调查的项目26项，共49个项目；1990年人口普查有21个项目；1982年人口普查项目有19项。第五次人口普查主要是增加了住房和人口素质方面的项目[*]。同时，同一类型的普遍调查，调查项目要尽可能统一，便于比较分析。一般人口普查项目主要包括姓名、性别、年龄、民族、文化程度、行业、职业、婚姻状况、生育状况、家庭人口、非在业人口状况等。

3.2.3.2　抽样调查

抽样调查是一种非全面调查的方法，它是按照科学的原理和计算，从若干个体组成的总体中，抽取部分个体进行调查，并把调查的结论或数据推及或推算到总体中去。人们在日常生活、生产乃至科学研究中，经常采用抽样的方法来认识事物的特性，例如，要检查一批产品的质量就从中挑出几件来检验，诸如此类的现象是不胜枚举的。抽样调查作为一种方法，是通过对于部分事物的考察达到对总体的认识，这种由个别到一般，由局部到整体的认识途径，符合认识论的一般逻辑，因而是一种科学的认识方法。

抽样调查方法在20世纪初随着抽样理论、统计学、问卷设计技术以及计

[*] 从第五次人口普查开始，还采用抽样调查方法进行"长表"调查，其内容除了短表所含的人口基本状况项目以外，还有迁移、受教育、经济活动、婚姻家庭、生育和住房等情况的项目。

算机技术的发展而逐步成熟和普及。尤其是计算机技术的发展，使得抽样调查能够实现大样本调查资料的处理和多元变量的统计分析。因此，抽样调查已成为人们认识社会的最主要方法。虽然从理论上说，普遍调查是获得对各种现象的数据资料的最好方法，但普遍调查的调查项目有限，成本很高。有些调查，例如家计调查，项目很多，不适合普遍调查，从一开始采用的就是抽样调查方法；有些调查，例如产品的破坏性试验，只能采用抽样的方法。因而，抽样调查的应用范围要比普遍调查大得多。

（1）抽样调查的特点

第一，抽样调查是非全面调查方法中用来推论总体的最完善、最具科学根据的方法。抽样调查中从总体中抽取出来作为调查的样本按随机原则抽取，不得任意选择。因此，被抽取的单位在总体中的分布能够反映总体的结构，对总体具有充分的代表性，不至于出现倾向性误差。同时，抽样调查是以抽取的全部样本单位来代表总体，而不是用个别单位来代表总体。因此，抽样调查的结果只能推论到样本所在的总体，不能用样本单位的个别特征来说明总体特征，更不能把样本的结论推及总体之外的社会现象。当样本数足够大时，个别单位的差异趋于互相抵消，因而样本平均数接近总体平均数。

第二，与普遍调查相比，抽样调查的成本低、时间短、资料详细、应用范围广泛。由于抽样调查是一种非全面调查，它只是在总体中按一定方法抽取部分个体作为调查对象，因此不需要花费特别多的时间、人力、物力和财力。对于那些需要很快获得数据资料的研究，抽样调查可以迅速地达到这个目的，而不像普遍调查需要很长的时间。例如，当发生某些突发性事件时，抽样调查可以迅速地了解事件的基本情况和人们的意见或评价。抽样调查的对象有限，因此便于了解比较深入的问题，诸如人们的行为方式、行为过程、价值观念，等等。它所获取的资料要比普遍调查多，不仅可以做描述性研究，也可以做解释性研究。抽样调查不仅用于社会学的研究，也应用于其他社会科学和生产、生活、经济、自然等多个方面的调查，它的应用范围也要比普遍调查大得多。

第三，准确性高。抽样调查的资料和结果的准确性较高，虽然抽样调查不像普遍调查那样对总体的所有个体都要进行调查，但是抽样调查的准确性在于它是建立在对抽样误差估计的基础上，研究者可以根据置信水平和置信区间等方法判断抽样调查的结果或数据的准确性程度。另外，尽管抽样调查也不可避免地存在着非抽样误差，但由于抽样调查涉及的调查对象和参与调查的人员要比普遍调查少得多，因此发生非抽样误差的可能性以及误差的大小也要比普遍调查小，从而提高了资料的准确性。

（2）抽样调查的作用

第一，可以对无法进行普遍调查，而又需要量化研究的事物进行研究。例如有破坏性质或损耗性质的产品质量检查，农作物的产量预测调查等，由于不可能把所有的产品一件一件地试验，把农作物预先收割进行调查，只能用抽样调查的方法。

第二，对那些难于进行普遍调查的或不需要普遍调查的研究提供了一个简便、科学的方法。由于社会现象面广量大、错综复杂，虽然在理论上来说都是可以进行普遍调查的，但是具体工作时困难很大，甚至不可能做到，而且做这样的全面调查也并不需要，这时就可以通过抽样调查，取得接近总体的资料。有些调查很难获得以个体为单位的总体资料，就不可能进行普遍调查，只能借助于抽样调查的方法（整群抽样、多段采样）进行调查。例如，对于一些敏感的、个人隐私问题的调查，如针对同性恋、吸毒人员、艾滋病患者、乙肝病毒携带者的调查，也是采用抽样调查的方法。

第三，能够检查和修正普遍调查的资料质量。普遍调查虽然是对总体每个单位逐一调查，但是由于资料容量大，工作环节多，调查人员的工作能力差异等因素，使得普遍调查的资料总会出现一些误差。为了检查和修正普遍调查的资料，可以采用抽样调查的方法。例如，为了检查人口普查资料的准确性，在普查完毕后需要抽取一定比率的人口，对一些最重要的指标进行详细复查，用复查结果修正普查资料。

由于具有上述作用以及它较高的时效性、工效性和经济性，抽样调查在社会学经验研究和其他社会科学研究中得到广泛应用。

（3）普遍调查和抽样调查的异同比较

普遍调查和抽样调查虽然有比较大的差别，并且适用于不同的调查领域，但两者仍然具有共同点：①普遍调查和抽样调查都要采用统计分析方法。但相对而言，普遍调查的统计分析方法比较简单，使用最多的是描述统计；抽样调查不仅需要采用描述统计，而且也要采用推论统计；由于抽样调查的项目很多，要进行因果性分析或解释性分析，它的统计方法也要比普遍调查更为复杂。②无论是普遍调查还是抽样调查，它们的目的都是用来说明总体的基本情况和特征。普遍调查是通过对总体所包含的全部个体无一例外、毫无遗漏的调查，说明总体的基本情况和特征；抽样调查是从一个确定的总体中按概率抽样的方法抽取部分个体进行调查，并采用统计推论方法把调查结论推广到总体中去。③普遍调查和抽样调查所获得资料的准确性程度都比较高。普遍调查是通过对总体所有个体的调查而获得准确性比较高的资料或结论；抽样调查的准确性建立在对抽样误差的精确估计和较小的非抽样误差上（理论上可以把非抽样误差减小到最低程度）。④普遍调查和抽样调查的资料收集工具都具有结构性、标准化和可量化的特点。普遍调查的资料收集工具通常是各种登记表或调查表，抽样调查通常采用由封闭式问题构成的问卷收集资料。

3.2.3.3　个案调查

个案调查也称为个案研究，它是从整体上对一个研究对象进行详细考察的研究方法，其中的研究对象就是"个案"。个案研究源自医学，医学上的个案研究是指对个别病例进行详尽的临床检查和病史考察，以对疾病进行诊断。社会科学中成为个案的对象可以是个人、家庭、小群体，也可以是一个小型社区、组织、社会事件等。个案研究广泛应用于心理学、社会学、政治学、经济学等学科。在社会学中，个案研究就是通过个案调查分析一个个案的全部情况，甚至反映一类个案的整体情况。个案研究方法是探索性地"遵循一套预先设定的程序、步骤，对某一经验性、实证性课题进行研究的方式"（罗伯特·殷，2004a：19）。一般认为，个案研究是探索性的，实际上个案研究不仅可以用来探索性研究，也可以用于描述性研究和解释性研究（罗伯特·殷，2004a：5）。

与一般社会研究方法相似，个案研究设计主要关注以下五个方面：需要研究的问题；理论假设；分析单位；资料的分析和假设的证明；对研究结果的解释及选择标准。个案研究可以分为单个案和多个案两种类型。单个案研究的作用主要是：一是对一个被很多人认可的理论或观点进行批评或检验；二是对一个独特的或极端的个案进行研究（如临床心理学中发现的极为少见的心理失调）；三是研究具有代表性的典型个案；四是研究具有启示性的个案（一些原来无法研究的现象，现在恰逢机遇）；五是纵向研究中对在不同时点上的同一个案进行追踪研究（罗伯特·殷，2004a：44~47）。多个案研究虽然被认为推导出来的结论更具有说服力，但是适用于单个案研究的方法并不全部适用于多个案研究。多个案研究的作用类似于多元试验，即通过重复实验方法对某项重大实验发现进行验证或检验。因此，多个案研究的个案选择遵循的是复制逻辑（replication logic），而不是抽样逻辑——要么是被仔细选择的个案经过研究后能够产生与以往同一研究相同的结果，即逐项复制（literal replication）；要么是在可预知的原因下，产生与以往同一研究不同的结果，即差别复制（theoretical replication）。因此，在多个案研究中（6~10个），一些个案（2~3个）可以用来逐个复制，而另一些个案（4~6个）可以用来差别复制（罗伯特·殷，2004a：52）。个案研究的具体方法主要有文献研究（包括档案、日记、照片等）、访谈法、观察法、实物证据等。

3.2.4　时间性：横向研究和纵向研究

时间维度是任何科学研究设计中不可缺少的。除了社会研究本身具有时间性以外，研究方法本身也具有时间的方向性，即是截取时间的横断面还是按照时间的序列进行调查研究。因此，当研究课题确定以后，研究者就要围绕研究目标，从时间的角度选择相应的研究方法。一项研究或者是用来描述特定社会事件的状况，或者是考察特定的社会现象在发展过程中的变化。例如，对于大学生价值观念的研究，既可以描述现在大学生价值观念的状况，分析大学生价值观念受到哪些社会因素的影响，也可以研究在 20 世纪 80 年代、90 年代以及本世纪以来等不同时期大学生价值观念的变化过程，以及大学生价值观念的变化与当时的社会背景有哪些关系。因此，时间维度意味着研究者在研究过程中，是选择一个时间点还是选择几个成序列的时间点进行调查研究。根据时间点的选择，研究方法分为横向研究和纵向研究。

3.2.4.1 横向研究

横向研究（cross-sectional study）也称为横剖研究或截面研究，是调查研究最常见的一种形式，它指的是在一个时间点上收集资料，用以描述调查对象在这一时间点上的状况，或者探讨这一时间点上各个变量之间的关系。各种类型的民意测验和全国人口普查是横向调查的典型例子。时间点可称为"时点"或标准时点，它是指研究资料的所属时间。例如第五次全国人口普查的时间点是 2000 年 11 月 1 日 0 点整，具体规定：2000 年 11 月 1 日 0 时以后出生的人口，不要申报登记；死亡时间在 2000 年 11 月 1 日 0 时以后的人口必须申报登记；在标准时点后迁入本户的人口应当回到原户口迁出地进行普查登记，反之，在标准时点后迁出本户的人口则应当在本户普查登记。因此，人口普查标准时间的作用，一是在时间上保证被调查人口的不重不漏；二是准确地反映标准时间点上全国人口的数量及主要特征状况。根据汇总，当时我国大陆总人口是 126 583 万人，这个数字只能说明在这个时间点上的人口，过了这个时间点哪怕是 1 秒，人口数就会发生很大变化。

时间点的精确性主要根据社会现象的变化速度而定，如果变化速度很快，时间点就很精确。如人口普查，它的时间点严格地说是以"秒"为单位的，因为每分每秒都有很多人出生，也有很多人死亡。但是，有些调查研究中资料的变化速度不是很快，例如人们的住房情况、职业、收入、婚姻状况等不会总是在变化，都有一个相对稳定的时期，而人们的价值观念更具有相对的稳定性。这种情况下，调查研究的时间点不是 1 天，更不是 1 分 1 秒，而是相对比较短的一段（连续的）时间，比如说 1 个星期、1 个月、3 个月，甚至 1 年等，通常以"月""年"为单位。

需要说明的是，与时间点有关的还有调查时间，它是指资料收集的时间。在社会研究中，调查时间和资料的所属时间即时间点基本上是一致的。例如调查 2014 年全国大学生的生活状况，调查时间安排在 2014 年 12 月。但是有些研究的调查时间和时间点是可以分离的。例如，有关资源普查的时间点和调查时间就是分离的，最为典型的就是人口普查，它的时间点一般都规定为午夜 0 点整，但是人口资料登记的时间是安排在这个时间点以后。再如第二期全国妇女社会地位抽样调查的标准时点是 2000 年 12 月 1 日，但是调查不可能在当天就能完成，一般来说是在这个时间点以后实施的。

横向研究通常用于探索性研究和描述性研究，也可以用于解释性研究。但是，横向研究用于解释性研究总是存在一定的局限性。由于解释性研究的目的通常是为了解释社会现象之间的因果关系和分析社会现象变化发展的过程，但是原因因素与结果因素在时间上有先后之别，即原因发生在前，结果发生在后，而且不少社会现象之间的因果关系需要在一个比较长的时间里才能表现出来，要对一个比较长的时间段里发生的社会现象进行考察，才有可能发现社会现象之间的因果关系。例如，成人的价值观基本上是稳定的，不会发生很大的变化，但是分析成人价值观形成的原因时，不可能在一次性的横向研究中就得到准确的、全面的因果性解释。因为在成人价值观形成的过程中，已经发生过很多能够对个人价值观的形成产生影响的重大生活事件，甚至是个人的初级社会化的影响。在解释性横向研究中，一般通过调查个人生命周期不同阶段的问题，建立因果关系，以弥补这方面的局限。例如，在做社会阶层研究时，不可缺少的问题就是本人 14 岁时家庭的基本情况。

3.2.4.2 纵向研究

纵向研究（longitudinal study）也称为纵贯研究，指的是在比较长的时期内的若干个不同时间点上收集资料，用以描述社会现象的发展过程，解释社会现象之间的相互关系，分析社会现象产生的历史背景和社会条件，探讨社会现象的前后联系，力图揭示社会现象的发展趋势。纵向研究有三种类型：

趋势研究（trend study），它指的是对一般总体随时间推移而发生的变化的研究。例如，通过对我国 1953 年、1964 年、1982 年、1990 年、2000 年和 2010 年六次人口普查结果的比较，分析我国人口发展变化的趋势和规律，就是趋势研究的一个典型的例子。联合国每年公布的人类发展报告中关于我国的人类发展指数，如果按照不同的年份（如 1995—2000 年）进行比较分析，可以发现这五年来我国社会发展和生活质量变化的一般趋势及存在的问题。在美国总统选举过程中，通过对连续几次民意测验的结果进行分析，可以预测不同候选人当选的可能性。

趋势研究的目的是通过对一般总体在不同时间点的资料比较分析，揭示和发现现象的变化趋势和特征。对某一总体的趋势研究，就是利用对这一总体所进行的、按时间序列的若干次横向研究的结果，分析和探寻其发展变化规律的研究。

利用一般总体在不同时间点的资料进行趋势研究，一个最重要的条件是，在不同时间点所进行的若干次横向研究必须具有同样的调查项目、采用同样的测量方法，即每一次调查研究基本上是同质的，甚至每次调查的问题都应该是一样的。如果问题不同，就无法进行比较。

同期群研究（cohort study），又称为同龄群研究、世代研究、人口特征组研究。它关注的是某一特定人群随时间推移而发生的变化。在这种研究中，每次调查的样本并不相同，即每次调查的具体对象可以不一样，但他们必须都同属于这一特定人群。这种特定人群通常都与时间或年代相关。

例如，以 1968 年上山下乡的"老三届"学生为一特定人群，分别调查他们在 1978 年和 1998 年的情况，以反映这一特定人群在我国几个特定历史时期所发生的变化，就是一个同期群研究。又如，美国社会学家曾做过一项关于出生于 20 世纪 30 年代初大萧条时期的人的经济态度的研究。这一研究的基本方式是每隔 10 年进行一次全国性调查。1950 年，他们从 20～25 岁的人中抽取调查样本；1960 年，从 30～35 岁的人中抽取样本；到了 1970 年，他们再从 40～45 岁的人中抽取样本。虽然这三次调查的样本都是由不同的人组成，但却代表了出生于 1930—1935 年的那一代人（艾尔·巴比，2000a：132）。

同组研究（panel study），又称为定组研究或追踪研究，它关注的是同一组人随时间推移而发生的变化。同组研究与同期群研究比较相似，二者的区别在于同组研究每次调查时都是同一批受访者或样本。即第一次调查了这些人，以后每次再调查时，依旧还是找这些人作样本，并在样本替代率范围内控制样本的变化。

同组研究主要用来探讨人们的行为、态度或意向的改变模式和变化过程，分析影响这种改变的各种因素。例如，关于城市居民消费方式的研究，采用趋势研究或同期群研究的方法，人们也许发现消费习惯并没有很大的改变，城市居民的食物结构中肉食类偏好比率基本上是在 60% 左右，素食类偏好比率在 40% 左右。但是当采用同组研究的方法时，就可以非常具体地了解哪些人的食物结构由原来肉食类偏好转变为素食类偏好，哪些人的食物结构由原来素食类偏好转变为肉食类偏好。这样的研究也可以详细描述人们食物结构的变化及其过程和内在原因。

同组研究每次调查时都使用同一个样本，但被调查者随时间推移所发生的各种变化是难以预料的，因而进行同组研究最大的困难往往是，在第二次、第三次等后续的调查中无法找到或获得首次调查样本中的全部被调查者。越是后面的调查，找全样本就越难。因此，同组研究很多采用小样本进行调查，当然在条件允许的情况下，也可以进行大规模的抽样调查。例如，北京大学中国社会科学调查中心实施的《中国家庭动态跟踪调查》（Chinese Family Panel Studies,CFPS）就是带有同组研究特点的大样本调查，CFPS 样本覆盖 25 个省/市/自治区，目标样本规模为 16 000 户，调查对象包含样本家户中的全部家庭成员，调查目的"旨在通过跟踪收集个体、家庭、社区三个层次的数据，反映中国社会、经济、人口、教育和健康的变迁，为学术研究和公共政策分析提供数据基础"。由于同组研究要与样本的所有成员保持联系，经常写信和打电话，或者在过节、过生日时寄送贺卡（即样本维护），因而是一种成本较高、难度较大的研究。

综上所述，纵向研究不但可以描述事物变化的过程，而且相比横向研究更能解释和探索不同现象相互之间的因果关系。但是，纵向研究（尤其是同期群研究和同组研究）的这种优点是以比横向研究更高的时间和费用成本为代价的，因此较少被研究者采用。

横向研究和纵向研究的三种类型以及它们之间的关系（见图3-2），如果以1990年和2000年为两个时间点，横向研究就是比较1990年时间点上不同年龄组在某个变量（如消费观念）上的差别；趋势研究就是比较两个不同时间点相同年龄组之间在某个变量上的差别，如1990年时20~29岁和2000年时20~29岁两组青年在消费观念上的差别；同期群研究和同组研究都是比较两个不同时间点上，某一年龄组随时间变化而发生的变化，如比较1990年时20~29岁青年到了2000年时，即他们到了30~39岁时在消费观念上会产生哪些变化。不过，在同期群研究中，只需要符合年龄段的要求，所以每次调查的样本会发生变化；而在同组研究中，每次调查的样本是不变的，即1990年调查的和2000年调查的是同一批对象。

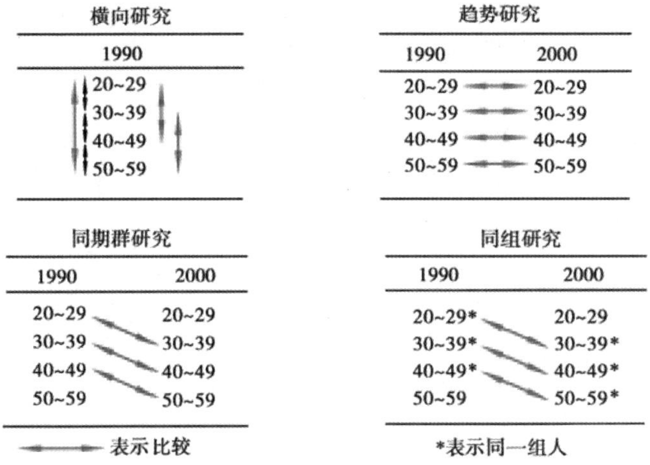

图3-2　横向研究和纵向研究的基本逻辑比较
资料来源：艾尔·巴比，2000：36

3.2.5　应用领域：行政统计调查、学术性调查、民意调查、市场调查

从行政统计调查发展到市场调查的过程，实际上也是社会研究（调查）的发展历史。社会研究（调查）方法最早运用于行政统计调查，18世纪以后，

随着资本主义制度的建立，社会研究方法开始进入学术领域，学者们对现实社会中人们的生活条件、生活状况和社会问题进行了大量的调查和研究，试图探索和讨论隐藏在社会现象背后的本质和特点。20 世纪二三十年代以后，社会研究（调查）涉及的领域进一步扩大，在民意调查中大量应用，也开始用于市场调查，分析各种产品的市场需求、市场销售、产品评价以及消费者的各种消费行为，成为制订营销策略、产品方案和生产规划的重要方法。

行政统计调查是由国家或者各级政府组织的大规模的国情或地区情况调查，涉及人口、经济、产业、资源和社会概况等。行政统计调查的主要目的是了解和掌握社会或自然的全面情况，为制定有关法规、政策提供依据，它的调查方法主要是普遍调查，有时也采用大规模的抽样调查。最为典型的行政统计调查是人口普查、资源调查、企业调查、产业普查、房屋普查以及由国家统计局组织的国民经济调查等。

学术性调查一般由科研机关或大学组织，是学术研究的一种形式。早期的学术性调查以描述性调查为主，旨在研究工业化过程中出现的大量社会问题，以及底层民众的生活状况，并对改善社会状况、解决社会问题提出建议和对策。随着社会理论和社会研究方法的发展，学术性调查除了描述性、对策性研究之外，开始进入解释性研究，分析社会变迁过程中社会现象之间的因果关系，并尝试理论的建构和解释，及运用统计方法检验社会理论。学术性调查广泛应用于社会科学的各个领域，如社会学、人类学、政治学、经济学、教育学、心理学、新闻传播学等，它的主要方法是调查研究和实地研究，有的也采用文献研究和实验研究。

民意调查也称为舆论调查。它主要采用抽样调查方法，调查人们对各种社会问题、社会现象或社会热点问题的看法和评价。民意调查可以采用入户面访、座谈会、街头询问、网络调查等方式，广泛收集资料，但最主要的方式，还是国际流行的计算机辅助电话调查。通过这种方式，调查者可用更短的时间，更少的费用，得到更加优质的调查数据。世界上最早的规范的民意调查是由 1936 年盖洛普成立的"美国民意调查所"进行的。它是第一个独立于媒体的专业性民间调查组织，并成功预测了 1936 年的总统大选。最为典型的民意调查是对国家或政府领袖、公众人物、社会公共政策的民意测验。我国的民意调查主要侧重于公众人物民意测验、社会热点问题和社会公共政策的评价等。

市场调查是企业制订营销计划的基础。市场调查或者委托专业市场调查公司进行，或者由企业的市场研究部门负责实施。市场调查的对象一般为消费者、零售商、批发商。主要调查各种产品的市场需求、市场销售、产品评价，以及消费者的各种消费行为。市场调查中常用的资料收集方法有调查法、观察法和实验法。一般来说，前一种方法适宜于描述性或解释性研究，后两种方法适宜于探索性研究，其中调查法又可分为面谈法、电话调查法、邮寄法、留置法等。20世纪80年代中期以后，市场调查在我国得到了大规模的发展，成为咨询产业的重要组成部分。目前我国的市场调查主要涉及各类生活消费品调查，如化妆品、女性用品、儿童用品、营养品、服装、饮料、旅游产品、家用电器等。

>> 3.3　科学研究的逻辑和社会研究的一般过程

著名科学家贝弗里奇说："逻辑学家将归纳推理（即从个别事例到一般原则，从事实到理论）和演绎推理（即从一般到个别，将理论运用于具体事例）区分开来。进行归纳的时候，人们从观察到的资料出发，加以概括，从而解释观察到的事物之间的关系。而在运用演绎推理时，人们从某种普遍法则出发，将其运用于具体事物。"（W.L. 贝弗里奇，1979：89）因此，归纳和演绎是科学研究中最基本的方法，科学研究是由归纳和演绎两个逻辑推理过程构成的。在近代科学研究中，归纳和演绎不是相互对立的，而是相互结合的，反映了科学研究的一般逻辑或过程，即假设演绎法。

3.3.1　归纳推理

归纳推理是从特殊事实中概括出一般原理的推理形式和思维方法。它是从个别的、单一的事物的性质、特点和关系中概括出一类事物的性质、特点和关系。因此归纳过程是由感性认识上升到理性认识，由个别到一般，由具体到抽象，由特殊到普遍。

在社会研究中，归纳推理就是从经验观察出发，通过对大量客观存在的某一类型的社会现象进行观察和描述，概括出这一社会现象的共同特征或一般属性，由此上升到一定的理论或者从中建立理论来说明观察到的具体社会现象或事物之间必然的、普遍的联系。因此，社会研究中归纳的作用在于，以观察（调查）到的大量客观资料为依据，概括出社会现象的共同特征和性质，并得出理论结论。

例如，要研究学生的学习成绩为什么会有比较大的差异，可选择一个班级的学生进行观察，试图发现影响学生学习成绩的因素。在观察过程中，研究者发现学生的学习时间和学习成绩之间存在一定的关系，然后他又选择了另一个班级进行观察，发现存在着相似的情况。由此，得出一个结论，学生的学习成绩和学习的时间投入有关，学生在学习上花的时间越多，他的学习成绩也越好。从上例可以看到，归纳推理的过程是：a. 观察→b. 发现模式→c. 获得暂时结论（见图3-3）。

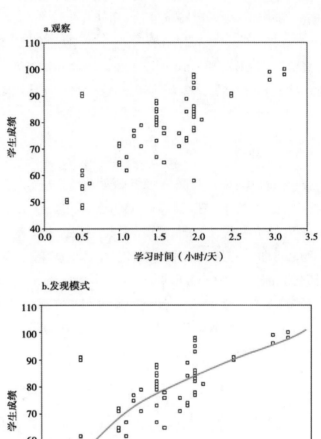

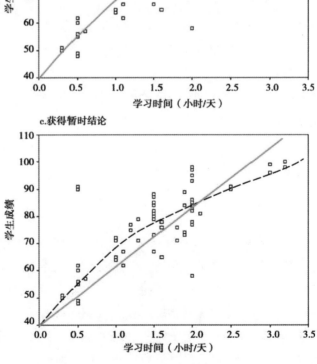

图 3-3　归纳推理过程

归纳推理之所以可以从个别事实中得出一般原理，是因为在客观事物中，个别中包含着一般，一般存在于个别之中，因此同一类事物总是存在着相同的属性、关系和本质。并且在客观世界中，事物之间存在着因果关系，可以根据已有的原因推断出一般性的结果。

归纳推理根据前提是否包括所研究的某一类事物的全体，可以分为完全归纳法和不完全归纳法，其中不完全归纳法又可以根据是否揭示某类事物具有某一种属性的原因，分为简单枚举法和科学归纳法。

完全归纳法是在观察、研究了某一类事物中所有个体的某一属性的基础上，推断出该类事物全体都具有某一属性的归纳法。由于完全归纳法考察了一类对象中的每一个事物，因此它的前提是结论的充足理由，结论是必然的。例如，数学上某些定理的证明就经常采用完全归纳法。例如，几何学中"圆周角等于它所对的圆心角的一半"的定理证明，证明了在三种情况下（圆心在圆周角两边之间、圆心在圆周角一边上、圆心在圆周角之外）圆周角都等于圆心角的一半，就是完全归纳法。在社会科学研究中，很少能够采用完全归纳法，无论是对现象总体来说，还是就事实本身来说，要做到完全归纳法几乎是不可能的。

简单枚举归纳法是在观察、研究某一类事物中一些个体具有某种属性的基础上，推断出该类事物总体具有这种属性的归纳方法。由于简单归纳法的依据是，在有限的观察中没有观察到相反的事实，因此它得出的结论是不充分的，只能是或然的。因为它没有考察同类的所有事物。例如，上述学习时间和学习成绩关系的研究，经过观察之后之所以只能得到暂时的结论，就在于它的观察是有限的、局部的。只有经过反复观察、大量观察才能获得可靠的结论。

科学归纳法是根据观察或实验分析出某一类事物一些个体具有某种属性的原因，概括出一般性结论。它建立在对某类事物中部分对象的必然属性或必然联系的认识基础上，由于因果之间存在着必然的联系，有了某一原因必然会产生某一结果，因此就可以根据已有的原因来推断出一般性的结果。由科学归纳法得出的结论一般被认为是确实可靠的，在科学上就表现为定律。

归纳推理对科学的发展和探索具有很大的作用，尤其是在科学还处于描述性的阶段时，不仅可以认识研究对象的基本状况，还可以在大量观察的基础上提出假设，做出猜想，发现规律。但是归纳推理也有其局限性。

第一，归纳推理结论的可靠性来自于观察的全面性和观察对象的穷尽性，如果观察对象是有限的，它所得出的结论就是可靠的、确实的。但当观察对象是无限时，由归纳推理得到的结论就有一定的局限。由于社会现象的复杂性，研究者一般很难运用完全归纳法，更多的是采用简单枚举法，因此在社会研究中通过归纳推理获得的结论通常具有或然性，而不具有必然性。由于科学归纳法是以因果关系的必然性为基础的，当研究者无法认识和把握因果关系时，就很难采用科学归纳法。

第二，事物总是处于发展之中，事物的发展需要一个过程才能呈现出它的本质和发展趋势。因此，在较短的时间里（有时哪怕是几年），归纳推理难以发现事物的本质和发展趋势，并且由于观察的局限性，通过观察而获得的结论至多只能说明观察期间事物的发展和变化，很难根据观察结论去推断将来的发展趋势。

第三，在归纳推理中，由观察而得到的结论通常是经验性的，很难上升到一定的理论高度，很难建立一种具有普遍意义的、高度概括的理论。这一方面是因为观察对象的有限性，另一方面是因为由感性认识上升到理性认识不仅需要归纳推理，还需要分析和综合，这依赖于科学的想象和猜想、抽象的理论思维能力。

3.3.2 演绎推理

演绎推理是从一般到特殊，它是根据一类事物都具有的一般属性、关系、本质来推断这类事物中的一些个体所具有的属性、关系和本质的推理形式和思维方法。在社会研究中，演绎推理就是从一般原理或理论出发，通过逻辑推理来解释具体的事件或现象。

演绎推理依据形式逻辑的推理规则，最为著名的就是亚里士多德的演绎三段论，是由大前提、小前提推导出结论，即"所有 M 都是 P，所有 S 都是 M，所以所有 S 都是 P。"

例如，大前提：所有社会改革（M）都是利益的再分配（P）；小前提：所有住房制度改革（S）都是社会改革（M）；结论：所以，所有住房制度改革（S）都是利益的再分配（P）。根据前面关于学习时间和学习成绩的研究，按照演绎推理，大前提：任何人取得的成就差异（M）都是时间投入多少的结果（P）；小前提：学习成绩（S）也是一种成就（M）；结论：所以，学习成绩的差异（S）都是时间投入多少的结果（P）。

演绎推理最主要的作用是可以用一般原理或理论假说指导科学研究，例如在调查研究中，由概念到指标的过程就是一种演绎推理，由理论假设到经验假设也是采用演绎推理的形式。其次，演绎推理还使人们产生新的创意或新的发现，在科学研究中，可以从抽象的理论推导出具体的、未知的现象。如一种被称为"铜草"的植物，是铜矿的"指示剂"，因为它们之间相互依存、相伴而生。当发现生长良好的"铜草"时，往往就能找到铜矿。水是组成生命物质最基本的成分，水圈是地球生命的起源地，人类只要在火星上发现存在水资源的证据，就可以推断火星上存在着生命现象。同样道理，如果"任何社会改革都是利益的再分配"是社会变革的一般原理，那么不管是宏观的社会改革，还是微观的一个单位的规章制度的设计，都是利益的再分配，都涉及每个人的利益和不同人的利益博弈，而不管它是以什么样的名义进行的。第三，演绎推理可以帮助我们论证或反驳某种理论。例如，亚里士多德曾经断言，物体从高空下落的"运动快慢与其重量成正比"这一断言直到一千八百年之后，伽利略运用演绎推理的方法才得到纠正*，并通过实验方法加以证明：在真空中，物体的下落速度与重量无关。

毫无疑问，演绎推理也有它的局限性：第一，如果大前提或者一般理论是错误的，那么由此推导出来的结论也可能是错的。如果"任何人取得的成就差异都是时间投入多少的结果"是错误的，那么它所推导出来的结论也是错误的。实际上我们也知道，一个人取得的成就，并不仅仅取决于时间投入的多少，还要受到其他各种因素的影响。第二，纯粹的演绎推理不能发现一般原理或理论的错误，需要把演绎推理和观察或实验结合在一起，通过观察或实验来发现其中可能存在的错误，或者证明理论的正确性。

因此，在科学研究中，往往需要把演绎推理和经验观察结合在一起，它不仅可以证实或证伪某种理论，还可以在检验理论的基础上，通过大量观察做出新的归纳，建构或得出新的理论认识。与经验观察结合在一起的演绎推理步骤是：a. 一般理论或假设 → b. 观察 → c. 证实或证伪理论或假设（见图 3-4）。

用形象的语言表述归纳推理和演绎推理的意思。归纳推理意味着："这些豆子是从这个口袋倒出来的，这些豆子是白的，所以这个口袋里的所有豆子都是白的"。演绎推理意味着："这个口袋里的所有豆子都是白的，这些豆子是从这个口袋里倒出来的，所以这些豆子是白的"。

由于纯粹演绎推理是将一般原理推广应用于其他事例，因此不可能推导出新的概括，但是它对科学研究仍然具有很大的意义，可以起到证实或证伪作用。归纳过程虽然可靠程度不够，却较富于创造性，归纳过程是得出新理论的一种方法，而其可靠性不足则是由于获得的事实往往可以引出好几种可能的理论。其中有些是互相矛盾的，所以不可能全部正确，甚而可能全部都不正确。

因此，为了克服纯粹归纳推理和演绎推理的不足，科学研究把归纳推理和演绎推理结合起来，成为一种重要的方法，即"假设演绎法"，它反映了现代科学研究的一般逻辑。

3.3.3 假设演绎法

假设演绎法又称假说演绎法，它发端于近代自然科学，笛卡尔在古代演绎方法的基础上创立了一种以数学为基础的演绎法，即以唯理论为根据，从自明的直观公理出发，运用数学的逻辑演绎，推出结论。这种方法和培根所提倡的实验归纳法结合起来，经过惠更斯（Christian Huygens）和牛顿的综合运用成

* 伽利略设物体A重于物体B，现在A与B捆绑在一起成为物体A+B，因为A+B重于A，按亚里士多德的说法，A+B先于A落地，但是由于A比B落得快，B应该减慢A的下落速度，所以A+B又应比A后落地，这样就得到了自相矛盾的结论。

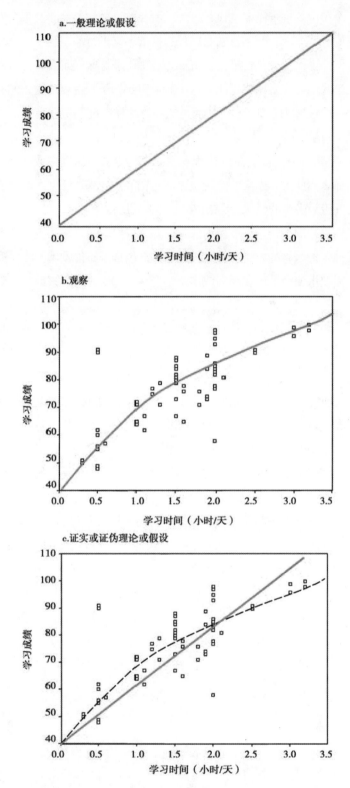

图 3-4　与经验观察相结合的演绎推理过程

为物理学特别是理论物理学的重要方法。假设演绎法在《辞海》（2001）中是这样解释的："由发明假说演绎出推论，到实践检验和修正的方法。是科学研究中形成科学理论体系的基本方法之一。"严格意义上的假设演绎法首先是在实践中发现新问题或者新关系，这些问题或关系已经不能用已知的理论进行解释或者不能得到完全的解释；然后通过数学或逻辑推理，对这些新问题、新关系的原因及其变化规律做出初步的假定性说明；运用有关理论，在大量、反复的观察和实验的基础上对假设进行广泛的验证，使它不断完善而形成科学理论。现代科学研究中，假设演绎法不仅可以验证或完善某种理论，还可以起到对理论"证伪"的作用。

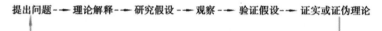

图 3-5　假说演绎法的研究逻辑

　　在社会研究中，假设演绎法是根据所要研究的社会现象或社会问题，提出理论解释（这种理论解释可以是已有的理论，也包括采用与原先研究所不同的理论，或者是尚待验证的新理论或理论假设），然后从理论或理论假设中推导出研究假设（一般来说，研究假设比较接近于经验，也可以称之为"经验假设"），再在大量观察的基础上检验假设。假设如果被验证，就能够对被研究的社会现象或社会问题进行有效的理论解释，或者建构一种新的理论；假设如果被证伪，就要对原有的理论进行修正，甚至推翻原有的理论，为发展新的理论奠定基础。假设演绎法的步骤见图 3-5。

　　例如，关于家庭婚内暴力的研究有五种理论分析框架，即心理学、社会生物学、社会结构、社会关系和社会文化。其中社会关系的视角（又名资源理论）强调夫妻关系中讨价还价的过程，认为夫妻间的相对资源对暴力冲突的发生有着重要的意义，即夫妻在家庭决策过程中的地位是由双方带入夫妻关系中的资源所决定的，资源多的一方在决策过程中处于有利的控制地位。运用资源理论解释婚内暴力，也就意味着夫妻资源的多寡是导致婚内暴力的重要原因。王天夫（2006）的研究根据资源理论具体分析婚内暴力"男打女"的现象，提出如下假设：

　　　　假设 a：低收入女性更易受到伤害，而高收入女性不易受到伤害。
　　　　假设 b：高收入的女性更易受到伤害。

　　最后根据调查所获得数据对假设进行验证，并证明上述假设是成立的。但是上述研究结果实际上也提出了需要进一步研究的问题，如仅仅从经济收入界定"资源"是否全面？为什么有些高收入女性还是要受到丈夫伤害？因此，进一步的研究恐怕要对"资源"做出全面、准确的界定，并且需要引入社会文化理论解释高收入女性为什么会受到丈夫伤害。

美国社会学家华莱士（Walter L.Wallance）在假设演绎法的基础上，提出了被人们称为"科学环"的社会研究过程，其中包含了归纳法和演绎法两种推理方式（简化后的"科学环"见图3-6）。他指出，任何研究都是从提出问题开始，并尝试对问题进行理论解释（可以是已有理论，也可以是新理论）；根据理论解释提出和经验相联系的研究假设，这一过程是一般到特殊的过程，即演绎推理；然后进行观察，并根据观察的资料进行概括，从而对理论解释进行验证，这一过程是特殊到一般的过程，即归纳推理；最后在对理论解释进行验证的过程中，还会发现需要进一步研究的问题，或者无法证实或证伪原来的理论解释，从而开始新的研究。因此，"科学环"所含有的社会研究过程实际上说明科学研究是一个周而复始的过程，但是这个"始"已经不是原来的"始"，而是问题研究的新起点。

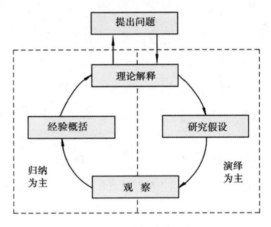

图 3-6　科学环（假设演绎法步骤）

3.3.4　社会研究的一般过程

任何科学研究都有自己特有的步骤程序，这种步骤或程序构成了科学研究的过程，在具体的社会学研究中，根据假设演绎法的研究步骤，社会研究一般过程可以分为五个阶段：选题阶段、准备阶段、资料收集（调查）阶段、分析阶段、总结阶段。每个阶段还分为若干个步骤（见图3-7）。

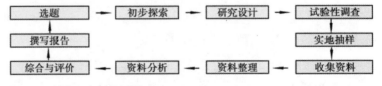

图 3-7　社会研究一般过程

选题阶段，研究者主要根据社会实践的需要和自身的研究能力以及物质条件的许可，选择恰当的研究课题。

准备阶段，也称为计划阶段或研究设计阶段。准备阶段主要包括初步探索、研究设计和试验性调查三个步骤。当研究课题确定并进入准备阶段之后，首先要做的一件事就是初步探索，即探索性研究或先导性研究，经过文献梳理、访问专家、实地观察等方法确定研究课题的具体问题。研究设计是准备阶段最主要、最困难的工作。它要在初步探索的基础上提出研究假设或研究设想以及相关的理论解释，确定研究方式和方法，拟订调查提纲，建立测量指标，设计各种量表或调查问卷，确定资料收集和分析方法，以及抽样方案、研究计划等。研究设计完成以后，并不意味着直接就可以进入收集资料阶段，尤其是量化研究一定要经过试验性调查，检验问卷和量表的有效性，修正问卷或量表中存在的问题。因为，量化研究的成本很高，并且通常是一次性调查，如果先期的研究设计存在很大缺陷，将会导致调查研究的完全失败。

调查阶段即资料收集阶段，它包括实地抽样，通过访问、观察或者问卷调查收集有关资料。在调查阶段中，要实施具体的抽样方案，根据抽样方案，落实经抽样获得的调查单位，并进一步抽取第二阶段样本或调查对象。如果是入户调查，还要做好大量的组织工作。如访问员的训练还要获得基层组织的支持，才能从调查对象那里搜集资料。量化研究通常采用概率抽样方法，质性研究通常采用判断抽样等非概率抽样方法选择调查点。在质性研究中，进入现场是一个非常重要的问题，也需要基层组织的支持和帮助。在收集资料过程中要注意资料的完整性、可靠性和正确性。

分析阶段主要包括资料的整理和分析。对问卷资料要进行编码、审核、复查、输入、汇总等，并进行统计分析。质性研究也需要对资料进行整理和审核，尤其是访谈记录或观察记录都要整理成专门文档，并进行分类、建档、编码等。但要注意：质性研究的资料整理和分析一般是同步进行的，也就是说，资料的整理过程就是资料的分析过程，主要的分析方法是类属分析、比较分析、因果分析、理论分析等。

总结阶段的任务主要是对资料的综合和评价，并在此基础上撰写研究报告。一份规范的学术性研究报告，无论是量化研究还是质性研究，都要包括文献述评，以显示本课题从一开始就是在文献述评的基础上提出新的问题，并作为研究起点；详细介绍自己的研究方法，包括调查对象的选取方法、理论分析框架等；研究报告中获得的结论或成果，都要有相应的实证资料的支持；对研究中的主要问题进行讨论，分析研究取得的成果和不足。

社会研究一般过程主要有四个特征。

第一，研究过程的每一个步骤都是相互依赖的，任何一个步骤都必须在前一步骤完成之后才能进行。

第二，研究过程是一个不断循环的过程。任何课题在经过一轮研究循环之后，除了取得研究成果以外，还可以提出需要进一步研究的问题，这些问题就成为新的研究循环的起点，形成新的研究课题。它可以使我们对某些特定社会现象或问题的认识不断深入，提高社会研究的水平。

第三，研究过程保证了研究结论的可验证性。研究结论是否科学，一个重要的判断标准就是研究结论是否可以验证。特别是那些经过周密调查而得出的具有重大社会意义的研究结论，都应该能够让其他研究人员进行检验。这种验证就是按照原研究设计的步骤，即原研究的过程重复研究。因此可以通过重复进行原研究的过程或步骤检验研究结论的科学性。

第四，无论是量化研究还是质性研究，它们的研究过程基本上是一致的，但是每个具体步骤还是有很大的差别。一般而言，在准备阶段，量化研究的研究设计是比较精细的，质性研究的研究设计相对比较"简单"或"开放"，因此量化研究的准备时间比较长，质性研究的准备时间相对较短；在调查阶段，量化研究一般是"一次性"的，质性研究是"反复"的，也就是说，质性研究需要经过反复调查、反复观察，才能获取有价值的资料，因此量化研究的调查时间相对较短，而质性研究的调查时间相对较长；量化研究每个阶段都有比较明确的时间节点，调查的阶段性特征比较明确，而质性研究的各个阶段有时是重叠的，也就是说，在质性研究过程中，研究设计有时需要根据资料的收集情况加以调整和完善，根据调查资料修正自己的理论框架，在调查阶段同时要进行资料的整理和分析，并且资料的整理和分析也基本上是同步的。量化研究和质性研究的上述区别主要在于量化研究基本上采用的是假设演绎法，而质性研究虽然有时也尝试采用假设演绎法，但是比较多的是采用归纳法。

思考与练习

1. 说明社会研究方法体系的构成及其相互关系。
2. 社会研究的分类标准有哪些？不同标准下的社会研究类型分别是什么？
3. 一般社会学理论研究和社会学经验研究中的理论性研究之间的关系如何？
4. 如何理解探索性研究、描述性研究和解释性研究之间的关系？
5. 试述普遍调查和抽样调查之间的共同特征。
6. 普遍调查和抽样调查准确性的意义分别是什么？
7. 什么是时点（时间点）？时点的精确性和什么因素有关？
8. 同期群研究和同组研究有什么关系？
9. 请在学术刊物上寻找一篇研究报告，说明该研究的方法是什么，属于哪种类型的研究。
10. 什么是归纳推理和演绎推理，它们的作用和局限分别表现在什么地方？
11. 请根据学术刊物上发表的一篇量化研究报告，说明假说演绎法的意义。
12. 请根据学术刊物上发表的一篇研究报告，说明社会研究的一般过程。
13. 量化研究和质性研究在研究过程的各个阶段有什么差别？

第Ⅱ部分
问题和设计

人们在日常生活中会遇到很多问题，从某种角度上看，生活就是由遭遇问题和解决问题构成的。所有的科学研究也都是从"问题"开始的。那么社会研究中的"问题"是些什么呢？应该怎样提出呢？

提问似乎是非常简单的事，稚龄的孩童每天都能够提出很多问题，虽然那些孩子气的问题常常令人发笑。然而，随着长大成熟，很多人变得有知识了，慢慢地"改掉"了像孩子那样不断提问的习惯。其实，提问，哪怕像孩子般地提问，并不是一件尴尬的事，因为人类对知识的追求就是从"观察、怀疑、思考"开始的。正如笛卡儿所说，"我疑故我思，我思故我在"。如何观察？如何提问？如何思考？这是本部分内容想要回答的问题。也许你对书中给出的答案感到不满意，那么，正好可以就此提出新的问题继续探索。

4 选题和问题

一般来说，社会研究过程是从选题开始的。能否选择一个恰当的课题，直接影响到社会研究的结果。研究者需要在掌握各种信息的基础上，选择需要研究或解决的重大问题或理论问题，同时选择的研究问题又要适合自己的研究条件和能力，从而使研究具有一个良好的开端。在这个意义上，选择课题是社会研究非常重要的一个阶段。

确切地说，选择研究课题是一个过程。研究者在选题过程中必须要找到想要回答的问题，要有"问题意识"。"研究课题"并不完全等同于"研究问题"。研究者需要在对社会现象大量观察和阅读相关文献的基础上，提出研究课题需要解决的问题。它的关键之处在于"观察""思考"和"怀疑"。这里的"观察"含有"解读"之义，它不仅包括对现实生活的观察，也包括对文献资料的"观察"。观察既是一个学习的过程，也是一个反思的过程。在反思过程中提出的问题，通常来自于研究者对已有结论及研究成果、研究方法的"解读"，或者是对研究方法、结论及研究成果的怀疑。因此，没有观察就不会有反思，没有怀疑就不会有问题。

4.1 选题的意义和标准

4.1.1 选题的意义

爱因斯坦曾经讲过："提出一个问题往往比解决一个问题更重要，因为解决问题也许仅是一个数学上或实验上的技术而已。而提出新的问题、新的可能性，从新角度去看旧的问题，却需要有创造性的想象力，而且标志着科学的真正进步。"（A. 爱因斯坦,L. 英费尔德,1962:66）在科学史上，一个重大研究问题的提出和解决，往往会极大地推动整个科学研究的发展，甚至会给科学发展带来革命性的变化，开创新的学科，导致整个科学体系的重新组合。在自然科学史上，从伽利略的重力加速度定律的发现，牛顿经典力学的建立，一直到爱因斯坦相对论的创造性贡献，不仅使发现者本人成为科学史上的一代巨匠，而且也极大地促进了现代科学的发展，使人类的科学技术产生了空前的飞跃。在社会科学中，马克思在批判地改造黑格尔唯心主义哲学体系的基础上，通过自己的研究，建立了辩证唯物主义和历史唯物主义的哲学体系。马克思在批判资本主义的基础上建立起来的社会学理论直到现在，仍然是西方社会学理论的重要源泉之一。同样，马克思及其同时代的许多学者对资本主义的批判，推动了资本主义制度的改革和完善，促进了人类社会的进步。这些重大理论的突破，首先都是从提出问题开始的。当然，并不是所有研究课题的提出和解决都会对科学研究产生巨大的作用，但是它们对于人类探索未知领域，对于深化人类的认识来说是不可缺少的。许多重大问题往往是在许多"小问题"逐步积累或者这些"小问题"无法得到破解的基础上而提出的。离开对"小问题"的研究，就不会有重大问题。

有关"问题"的讨论在我国始于 20 世纪 80 年代中期，当时的讨论主要是在哲学或认识论、科学逻辑层面上进行的。所谓"问题"，一类是对科学知识背景无知的"知识性疑难"，一类是产生于对科学知识背景分析的"科学探索性疑难"（林定夷，1988）。"'问题'是主体意识到自己在某一方面无知的结果"，因此"问题"可以分为"研究的问题"和"学习的问题"（童世骏，1991）。"问题"也可以分为科学问题与非科学问题，以及正确的科学问题与错误的科学问题、常规问题和非常规问题（李祖扬，1996）。学界后来的讨论基本上都是围绕上述问题展开的，并且都是在一般科学研究的层面上进行的。但是即使如此，"什么是问题"也是很清楚的——在科学研究中，所谓"问题"就是需要进一步探索和研究的疑问。也就是说"问题"是相对于现有的"知识库存"*而言的，是现有的"知识库存"不能解决或解答的问题。

从教学的角度看，选择研究课题的重要意义在于培养学生提出问题的能力。尽管有人认为提出问题很简单，小孩子都会，但其实"提出问题"并不简单。例如，一个天真烂漫、心智正常的幼童可能会向他的爸爸妈妈提出各种稀奇古怪的问题："老虎为什么要吃人？""为什么打雷会把人打死？"这些在孩子看来都是"问题"，但是这些问题仅仅是在孩子的"知识库存"里才构成问题，而在成人的知识库存里已经不再是一个问题。但是，当一个孩子问"为

* "知识库存"或"库存知识"原来是指个体经过社会化后获得的认识和行为模式（舒茨）。本文借用这个概念，意指经过科学研究获得的知识体系。

什么马戏团里的老虎不吃人？""为什么我们不能把雷电收集下来？"时，人们往往会称赞这个孩子很聪明，因为他提出了许多人不能回答的问题，或者说这样的问题在人类的知识库存中还没有有效的解答。

社会科学中"问题"的范围显然要比爱因斯坦所说的更大。相对于自然科学，社会科学中不仅"提出问题"是问题，"解决问题"有时候也是"问题"，尤其是对社会问题的解决。解决问题的方法有的是现存的，有的是需要研究的；对"解决问题方法"的研究本身也是一个"问题"，即使是已经存在的"解决问题的方法"也可能是"问题"，现有的解决问题的方法可能无法解决问题或者会带来不良的结果（其实何谓"不良结果"也是一个问题）；也有可能"解决问题的方法"有多种多样，怎样选择又成为一个问题。因此，说到底无论是提出问题还是解决问题都是"问题"。

科学研究中的问题还有它特定的规定。从人的认识来说，问题的形成和提出往往是人的认识实现新的飞跃的开始。在选择和确定研究课题的过程中，寻找自己的研究方向或具体问题，使得自己的研究能够为课题所在的学术领域增加新的知识*。科学知识是累积的，任何科学研究都不能只是简单地重复他人的研究，须在前人研究的基础上有所发展。一切重复他人研究的问题，哪怕他的研究设计做得非常周密，资料的收集和分析做得非常规范，但是所获得的结果只要是现有"知识库存"中存在的，那么其研究成果就不会被承认。除非这样的研究是为了验证某些具有重大发现、重大意义的研究成果。从这个意义上说，任何研究课题都应该具备创新或学术贡献的特点。因此，社会研究作为一种科学的认识活动，它的每一项具体研究都必须能够在某些方面增加人们对现实世界的认识，能够为人们了解、理解、熟悉和掌握现实社会生活中的各种现象、各种问题、各种规律，提供新的知识，而不能总是在同一领域、同一范围、同一层次上重复别人的研究，重提已有的结论。

在社会研究过程中，人们对具体社会的研究，总是从提出问题开始，然后建立研究假设或提出研究设想，经过资料的收集和整理，最后通过对资料的分析和综合，对研究假设进行验证或从具体的经验事实中概括出一般的结论，并且在这个基础上提出新的研究课题。新研究课题的确立又能够推动人们对社会现象的进一步研究，开始进入一个新的研究过程。因此，研究阶段既是人们学习阶段的进一步发展，又是一个周而复始的过程。

从社会研究方法的角度看，选择和确定研究课题的首先意义在于，它实际上决定了研究的方向或目标，即研究课题一旦确定之后，就具体地规定了研究范围、研究对象、研究内容等，整个研究的方向也就此决定。现实生活中的每一项社会研究，都应该是针对特定社会生活领域中的特定社会现象或社会问题的。例如，一项关于城市居民消费行为的研究，研究者首先面对的是城市范围

*为了创造人类知识，人们就要不断地探索和研究，这就形成了学习知识和创造知识两个阶段，即学习和研究两个阶段。作为探索和研究的起点就是问题的提出，它是科学研究的向导，是提高人类认识水平的开始。因此，问题的产生和形成也标志着人们从学习阶段转向研究阶段。当然，学习阶段也不是纯粹的知识传授。学习者在学习过程中也需要积极的思考，在学习过程中提出问题，在学习过程中培养自己提出问题和研究问题的能力。因此，学习阶段和研究阶段有的时候是很难区分的。

大小的选择，是以全国所有城市为总体，还是以其中几个特大型的城市为对象；城市居民是指具有城市户籍的，还是指常住人口，是否包括在城市化过程中纳入城区的郊区人口。在确定课题以后还要考虑消费行为具体包括哪几个方面。因此，选择研究课题解决的是整个研究活动的基本方向问题。

其次，一项研究课题的选择反映了研究者的研究水平。在选择和确定研究课题的过程中，研究者往往受到四个基本因素的影响：专业理论知识；研究方法知识和各种操作技术；对社会生活的观察；个人对问题的洞察力。一项具体的研究课题从开始选择到最终确定，都是上述几方面因素共同作用的结果。例如，关于城市居民消费行为的研究课题，如果一个研究者在上述四个方面能力是有限的，他就可以选择从消费行为的某个方面着手，而不应该追求全面的研究；如果是对一种新的城市消费行为进行研究，首先采取的应该是描述性研究，先把基本情况搞清楚。当然，有的时候，评价一项研究课题水平的高低往往是根据研究课题是否涉及一些重大理论问题或重大社会问题。但是不能就此认为选择宏观问题的研究，追求"宏大叙事"问题的水平就高，研究微观问题的水平就低。实际上一项研究课题所反映的研究水平的高低是看这种选题能否在比较深入的层次上揭示社会现象的内在联系，是否在比较高的层次上概括社会现象的整体状况、发展变化规律，是否回答了人们在社会中遇到的、普遍关心的新问题，而不是在比较低的层次上简单地列举社会现象的个别状况和具体表现，在比较浅显的层次上描述社会现象的表面特征，甚至重复研究已经明了的事实、状况和结论。

再次，一项研究课题的选择和确定还影响到研究的过程及方法。对于社会研究来说，研究课题的确立，也就意味着研究目标和研究方向的确立。如何达到目标又与具体的研究过程和研究方法有关。例如关于城市居民消费行为的研究，可以有不同的课题类型：全国城市居民消费行为研究；城市青年"月光族"现象研究；小城镇居民的闲暇消费研究；城市居民的消费行为和地位象征研究等。上面四种类型的研究课题对于研究对象、内容、方法、规模等要求是各不相同的。它们或者是以全国城市居民为总体的抽样调查（全国城市居民消费行为研究），或者是在一定范围内的抽样调查（城市青年"月光族"现象研究，城市居民的消费行为和地位象征研究），或者是以个案研究、非参与观察为主（小城镇居民的闲暇消费行为研究）；或者是以描述性研究为主（全国城市居民消费行为研究，城市青年"月光族"现象研究），或者是以解释性研究为主（城市居民的消费行为和地位象征研究）；或者以结构式问卷作为收集资料的工具，或者采用深度访问法收集资料；或者以单一的调查对象为主（城市青年），或者调查对象异质性程度较高（城市居民）。显然，不同的研究性质，选取样本的方法、收集资料的方法是有很大区别的，相应的研究过程也完全不同。

毫无疑问，研究课题的选择是否恰当直接影响到研究质量和研究结果。不适当的研究课题本身就意味着它的研究质量不会很高，它的研究结果和结论可能是重复的。例如，前几年我国各地乃至全国开展了大量的有关老年人问题的调查，取得了不少研究成果。但是也有不少老年人问题的调查结果是重复的，基本上是以描述性研究为主，缺少理论分析工具，并且定量分析的技术也比较简单。如果研究者再选择有关老年人问题的研究课题，要么是有把握能够在前人研究的基础上有所突破，要么是有关老年人问题出现了以前没有的新问题，例如老龄化浪潮和独生子女时代的联袂到来。

研究课题与研究者能力、社会生活的经验积累以及各种客观条件不相符合，也容易导致研究质量不高。尤其是大学生，在选择研究课题时应该选择与自己生活关系密切的问题进行研究。如在上述四个研究课题中，大学生最容易把握的问题是"城市青年'月光族'现象研究"，其他三个问题对于大学生来说相对较难把握。同时，学生经费有限，要做规模很大的抽样调查也是不现实的。

4.1.2 研究领域、研究主题和研究问题

研究课题的选择和确定是一个过程，其核心是确定在研究课题中你想解决或探索的问题是什么，也就是人们通常所说的"问题意识"。选择和确定研究课题的**逻辑过程**应该是：研究领域→研究主题→研究问题。

研究领域一般是指研究课题所在的学术领域。日本社会学家富永健一曾经在讨论经济社会学的研究对象时分析了"学科"和"领域"之间的关系。他认为，所谓"领域"是指认识和系统化的对象的特定化，"学科"是指认识和系统化原理的特定化；一个对象领域可以由几个不同的学科从多方面进行研究，一个学科也可以研究各个不同的对象领域。"经济""社会"都是领域，经济学和社会学都是学科，经济学不但可以研究经济领域的问题，也可以运用经济学的原理研究社会领域的问题。同样道理，社会学不但可以研究社会领域的问题，也可以研究经济领域的问题（富永健一，1984:5-6）。因此，更为确切的说法是，研究领域是指研究课题所在的"对象范围"。例如关于城市居民消费行为的研究，从对象范围来说应该是"经济领域"。在明确消费行为所在的研究领域之后，首先就要搞清楚经济学中关于消费行为的理论有哪些，社会学中关于消费行为的理论有哪些。这就是人们通常所说的文献述评或文献综述。它要求研究者在选择和确定研究课题的时候，首先要梳理所选课题在其所在研究领域中已经取得的研究成果；已经采用的研究方法是什么；已经获得的研究成果与当下的状况相比发生了哪些变化，对于现在的社会现象是否仍然具有解释意义；此前研究存在的问题是什么，等等。经过对文献的梳理，研究者可以找到需要进一步研究的问题，以便自己的研究能在这一领域中作出创造性的贡献，而不是

简单的重复劳动。

所谓研究主题，顾名思义就是研究的主要问题，是研究领域的进一步收敛，是在一定的学科视角下确定的研究课题中需要提出的具体问题。例如，关于城市居民消费行为的研究主题就是"消费"，这个主题所在的学科视角可以是经济学、社会学，或者心理学，也可以是多学科视角的。明确研究主题可以使研究者确定研究主题所在的学科领域，为在一定学科视角下确定研究问题奠定基础。研究者可以在对文献资料梳理和对社会生活观察的基础上，提出自己在这一研究课题中希望回答的具体问题。例如，关于城市居民消费这个主题，经济学通常运用一些经济变量解释人们的消费行为，或者从"经济人"假设出发，把消费行为看作是交换双方的一种计算；社会学则更多的是从消费的象征性功能考虑，既可以是对城市居民消费行为基本状况的调查，也可以是对这一领域中新出现的消费行为的调查，某一社会阶层消费行为的调查；在我国还可以研究公务领域的消费如何被转变为私人消费，医疗保障的社会性消费如何转变为家庭成员共享的消费，等等。因此，研究主题就是一项课题在其确定的学科领域内需要讨论和探索的具体问题。

研究问题主要是指在研究主题的范围内确定需要研究的新"问题"。一般来说，一项研究提出的问题是否是"真问题"，主要取决于以下四方面：

首先，所研究的问题在现有的"知识库存"中还无法找到答案，是"史无前例"、"填补空白"、开创性的。这样的课题在研究我国社会转型过程方面特别多。当一种社会结构被另外一种社会结构所替代时，会产生很多需要研究的问题。当然，有些研究课题放在人类整个"知识库存"中也许不是问题。但是当社会科学理论还不具有高度"普适性"、不能"放之四海皆准"时，在社会文化、社会形态多样化的情况下，每个国家在社会转型中出现的新问题都具有自己的独特性。在这种情况下，任何一个具有悠久历史文化传统的国家在其社会转型过程中出现的问题都是新问题。作为一个社会研究者要有良好的敏锐性和洞察力，要善于"捕捉"本国、本民族在社会转型中出现的新问题。有些问题虽然是人类的基本问题，如婚姻、家庭、性等，在人类的"知识库存"中已有很多研究，但是不能说对这些主题的研究已经穷尽了。因为这些现象一方面会受到一个国家历史和传统的影响，另一方面也会受到社会的发展、人类性观念的改变、人类繁衍技术革命的影响。

其次，"问题"也可以是指采用不同理论对一个已经被大量研究的问题给予新的诠释，或者采用新的方法对一个旧的问题进行研究。例如，针对早期资本主义国家存在的"人口过剩"现象，马尔萨斯提出了著名的"人口规律"，即：人口过剩是因为"粮食的增长是算术级数增长，而人口的增长是几何级数增长"，人类只有自觉地节制性行为才能防止人口过剩，否则战争、瘟疫、自然灾害将会自发地调节人口再生产；马克思从制度层面上提出了"产业后备军"的重要概念，认为"产业后备军"是资本主义生产的必要条件，只有推翻资本主义制度，实现社会主义，才能做到有计划的人口再生产。又如，当很多研究把自杀仅仅看作是个人原因导致时，法国社会学家涂尔干则从社会整合的角度揭示自杀规律。一门学科或者一个新的问题刚刚开始研究时一般运用质性研究方法，通过归纳演绎，获得对问题的认识，也能达到一定的理论深度。但是当知识积累到一定阶段，量化研究方法将会使原有的研究得到提升，并在理论解释的"普适性"方面获得更大的说服力。有的时候，研究者也可以采用比较研究的方法使得一个旧的研究课题获得新的活力，诸如城乡比较、历史比较、代际比较、国内外比较、文化比较、理想类型法等。

再次，"问题"还表现为，随着社会的发展，已经做过的研究发生了新的变化，或者原来的理论已经不能有效地解释已经发生变化的社会问题、社会现象。例如，同样是"大龄女青年结婚难"的社会问题，在 20 世纪 80 年代初是由于大批知识青年从农村回城，因为传统的男女婚配"婚龄差"的原因，一大批女青年超过了"最佳"的适婚年龄，因此无法找到适龄的婚配对象。而 21 世纪开始，大城市中一些"三高"（高学历、高收入、高资历）大龄女青年无法找到自己满意的配偶，除了传统的择偶标准的影响之外，更主要的原因是女性社会地位提高，获得了与男性一样甚至更高的教育，加上婚姻观念的变化，不少"三高"女青年宁可独身，也不愿意"苟合"。也许再过二十多年，由于现在的性别比不协调，男女婚配现象将会发生新的变化。又如，在社会主义市场经济时期，我国的社会阶级和社会阶层发生了新的变化，很多学者认为按照马克思的阶级理论无法正确地解释变化中的社会阶级、阶层状况，主张结合西方的社会分层理论分析中国的社会阶级、阶层结构。这就是一个企图用新的理论解释正在发生变化的社会现象的典型例子。*

最后，就如前面说的，在社会科学中解决问题的方法本身能否成为"问题"也是一个需要研究的问题，而不仅仅是一个技术问题。在社会科学中，任何解决方法的背后都隐藏着理论或者方法论的选择，这样的选择无疑是一种价值关联下的价值选择。社会科学大量面对的是社会问题，对于某个社会问题是否成为"问题"就是一种价值判断。例如，婚外恋、同性恋在我国一度被看作是淫乱甚至是犯罪。从社会学的角度看，任何所谓的社会问题都是一种"标签"，是一定价值判断下对一种非主流文化的界定。同样，西方社会保障制度实际上背后具有一定的理论选择，就如有的学者概括的那样，西方社会保障理论分为三大流派，即国家干预主义、经济自由主义和中间道路学派，不同理论影响下的社会保障制度的政策安排是不一样的（徐丙奎，2006）。从我国社会保障制度的改革过程中，不难看出不同理论的影响。因此，何谓社会问题以及如何解

*但是从 21 世纪开始，随着社会矛盾的加剧，贫富差距日益扩大，有些学者又转向马克思或新马克思的阶级或阶层理论，企图根据马克思理论解释当前我国社会结构和社会分层的变化。（冯仕政，2008）

决社会问题，本身也是一个需要研究的"问题"。

概而言之，所谓问题一般至少具有以下四个特征中的一种：新现象、新理论、新方法、新变化。解决问题的方法作为问题来研究，实际上也与上面四个特征有关。我们之所以强调解决问题的方法也应该作为问题来研究，就在于"解决问题的方法"往往会被人忽视。社会问题很多是因为社会政策不合理造成的。人们往往只看到问题，却没有注意到这些问题产生的原因。

除此以外，社会科学研究中的"问题"还必须能够运用科学的方法进行研究。例如，上帝是否存在？人有没有灵魂？这样的问题是不能够采用科学方法加以研究的。科学方法的重要特点是能够运用经验资料加以证实或证伪。并且，在问卷调查中不宜对历史问题进行调查。诸如"近代城市居民消费行为的比较研究"一般不采用问卷调查的方法收集资料，而更多的是采用文献研究方法。

4.1.3　选题的标准

怎样选择一个合适的研究课题？评价一个课题是否合适的标准是什么？一般来说，课题的评价标准实际上是一种价值选择。研究者可以根据自己的学术旨趣、自己的研究能力和研究条件，抑或自己的价值偏好做判断。因此，在评价一项课题的意义时，不同的学者可能都会有自己的看法，但这并不是说完全没有共认的评价标准。在实践中，人们通常采用下列几条标准作为选择研究课题的依据：重要性、创造性、可行性。

重要性是指研究课题所具有的意义或价值，即所选择的研究课题具有的理论意义，或实践意义和社会意义，当然也可以兼具理论意义和实践意义。理论意义主要是指研究课题对一门学科的发展，对某种理论的形成、拓展或检验，对社会现象的解释等所做出的理论贡献。实践意义主要是指研究课题对现实社会中存在的社会问题进行科学的回答，并能对解决或改善这类社会问题提出建议和对策。根据这两种意义，研究课题分为理论性研究和应用性研究。前者注重的是理论贡献，后者主要是一种对策性研究。例如，"关于现阶段中国社会分层研究"，其理论意义在于通过对中国社会分层的研究，探讨中国社会结构的特点；"城市未成年人越轨行为研究"，则主要针对城市未成年人中存在的亚文化行为、反文化行为，甚至犯罪问题进行调查研究，并且提出相应的对策和建议。需要强调的是，理论意义和实践意义是相对的，仅仅是指研究课题的理论偏好或实践偏好，或它的主要倾向，实际上任何研究都是在一定理论指导下进行的，都需要相应的理论分析工具，即使偏向于实践意义的研究课题也是如此。

重要性还表现为课题具有重要的社会意义。我国社会主义改革开放过程中出现许多需要研究的重大问题，例如，三农问题、基层政权的建设、城市社区建设、社会结构等，这些问题的研究对于社会发育、体制改革具有很大的意义。当然，有时候很难确定研究课题当下所具有的理论意义、实践意义和社会意义，但是所要调查的现象可能会随着调查对象年老、死亡而消失，对这种现象的"记录"本身就有很大的意义。例如，20世纪50年代中国农村集体化和土地制度变革的"口述史"研究就有很大的意义，诸如此类带有"抢救历史"意义的研究还可以有很多。

创造性的含义在于首创和创新，能够为课题所在的学术领域增加新的知识。众所周知，科学知识是累积的，任何科学研究都是在前人的基础上有所发展。从这个意义上说，任何研究课题都应该具备创新的特点。因为，社会研究作为一种科学的认识活动，它的每一项具体研究都必须能够在某些方面增加人们对现实世界的认识，能够为人们了解、理解、熟悉和掌握现实社会生活中的各种现象、各种问题、各种规律提供新的东西，而不能总是在同一领域、同一范围、同一层次上重复别人的研究，重提已有的结论。

创新研究首先取决于前面所说的"问题"规定条件，一项研究是否有创新在很大程度上是由"问题"决定的，除了针对重大研究成果进行验证以外，重复性研究都不具有创新价值。

在社会科学研究中，创新性主要表现为理论创新和方法创新，也包括对西方中国研究中发现的新理论或新概念的证伪性研究，以及这些研究在推动社会发展和进步中起到的作用。例如，中国社会改革和开放，是一种社会结构被另外一种社会结构所替代的过程，会产生很多需要调查和研究的问题，其中既有理论问题也有实践问题，更为重要的是，中国的改革开放实践既不同于传统的计划经济下的改革，也不同于西方现代化曾经走过的道路，很难直接套用西方理论进行分析和解释，因此，中国的改革开放实践为社会科学的创新研究提供了巨大的空间。

综上所述，"创新性"和前面所讲的"研究问题"的意义是一致的，都是科学研究的基本要求。

可行性是指选择的研究课题要与研究者的研究能力、研究条件和各种社会因素相匹配。研究者在选择和确定研究课题时一方面要考虑自身的各种因素，另一方面也要衡量各种社会因素。研究能力是一个综合性的概念，它不仅包括研究者的社会经验、知识结构、研究经验、组织能力、分析能力等，甚至还包括研究者的性别、年龄、语言、体力等纯生理因素。其中最为重要的是研究者的知识结构、社会经验、对问题的洞察力以及组织能力。一般来说，研究者在选择课题时最好不要超越自己的知识结构，在自己的学术领域内选择相应的课题是最能把握的，也是最容易出成果的。申报课题能否成功最为重要的依据就是申报者在课题所在领域的学术积累。需要指出的是，从事社会学经验研究必须具备相应的社会研究知识，尤其是量化研究必须掌握问卷设计技术、抽样技术和统计技术。一个人在自己的学术经历中所获得的社会经验，包括对社会生活的观察对于研究课题的选择也很重要。一个长期从事城市问题研究的学者，很难进入关于农村问题的研究领域，因为他的研究经历缺少对农村生活的了解。一个人的洞察力不仅表现于他对整个研究课题的宏观把握，而且也表现为对一些具体资料保持较高的敏感性，善于从资料中"解读"出它的特殊意义，有灵敏的问题导向和问题意识。除此之外，一项大型研究课题的负责人还应该具有较强的组织能力。能够根据研究课题的性质，组织一支具有较强研究能力的学术团队；善于协调和沟通各方面的关系，尤其是善于利用社会上的各种资源*；合理地分配好团队成员的工作，使他们的工作和他们应该分享的数据资料以及学术水平相一致。

研究条件主要是指研究经费、研究时间、研究队伍的组织以及有关文献资料的获取。一项研究尤其是经验研究没有经费是不能完成的。一般来说，研究经费来自于政府，尤其是在我国；也可以来自各种社会基金或企事业单位的赞助。研究经费的多少直接决定了研究规模的大小，甚至研究水平的高低。同样，研究时间是否充裕也会影响研究课题的质量。对于大型研究课题来说还必须组织一支研究队伍，它在年龄结构上、知识结构上以及地域结构上要有合理的配置**。

社会因素包括经济的、政治的、文化的和道德的因素。由于研究课题的经费一般都来自政府或各种基金，因此研究者所选择的课题须符合政府或基金的宗旨。政治的因素包括法律、法规、政策以及意识形态等因素。如果选择的课题不符合所在社会的法律、法规和政策，研究就难以进行，不易收集到所需要的资料，无论国内还是国外都是如此。同样，研究课题的选择还要考虑社会的文化和道德。例如，有的课题采用那种危害当事人利益的欺骗的方法去收集资料，这样的课题从一开始就隐含了失败的可能。此外，在有些国家能够采用的研究方法，并不意味着在另外一些国家也能够使用。社会因素还包括，研究课题能否获得有关方面的配合，能否通过入户调查的方法收集资料等，这些问题在选择课题时也要加以重视。

对于大学生或者初学者来说，最为关键的是选题不宜太大，要在自己熟悉的生活领域中选择研究课题***。选题时人们比较容易轻视"小课题"，所犯的通病是课题太大、太泛，既超出研究者本身的经验，又无足够的时间和能力，到头来反而让大课题束缚住自己的手脚，用主观推论来补充甚至代替了客观的调查研究。其实，社会意义的大小并不在于课题的大小，一些有成就的社会研究者往往比较重视致力于一个"小课题"来说明某种社会现象。这就是所谓宏观和微观相结合的研究方法，即从大处着眼，小处着手。例如，在常人方法论

* 在我国，大型社会研究在很大程度上离不开地方行政的配合

** 许多调查是多个单位共同合作的

*** 对于大学生来说，由于生活阅历还不够，他们对社会生活的了解还是比较欠缺的，因此应该在自己比较熟悉的生活中选择研究课题。诸如"大学生的生活方式研究""社会转型时期青年人择偶观调查""大学教育和大学生就业""青年人的时尚消费调查"等，要比"离婚妇女的心理冲突与调适研究""外来务工者的城市适应研究""城乡社会支持系统的比较研究"这样的课题，更容易把握。其实不仅大学生如此，一般的研究者甚至那些学术造诣比较深的研究者，一般也不会轻易地在自己不太熟悉的生活中选择研究课题。

那里，一般都是选择日常生活中的琐事进行研究，从而揭示隐藏在其背后的社会生活规则的建构。当然，主张初学者选题不宜太大，并不等于完全反对选择比较大的课题，但是要把握"大课题"和"小课题"之间的关系。可以把要研究的"小课题"纳入到具有长远发展方向的"大课题"中去，使现在的"小课题"成为"大课题"研究过程的一个阶段、一个方面或组成部分。

>> 4.2 选题的方法和来源

4.2.1 选题的思维方法和"问题意识"

选择研究课题就是确定问题的过程。选题的思维方法和"问题意识"与教育模式有着非常密切的关系。在中国的教育模式中，无论是学校教育还是家庭教育，教师和家长教给孩子的都是"确定性"的知识，很少对"知识"本身进行讨论、提出疑问。而且，这种"确定性"知识深深地扎根在国家的意识形态之中。中国学生可以是一个学习刻苦、成绩优秀的学生，但是他们要成为一个"研究者"往往要经历一个很长的过程。中国教育模式培养的是一个"优秀"的学生，而不是一个"研究者"或者是对问题的"探索者"。

从选题的思维方法来说，根本的一点在于思考与怀疑。如果人们不能对社会生活的各种现象加以思考，不能提出问题，不能怀疑，就无所谓问题。科学精神的一个基本要素就是"怀疑"，有怀疑才能有问题，有怀疑才能推动科学进步。从某种意义上说，马克思如果没有把"怀疑一切"作为自己的座右铭，就不可能引发他对资本主义制度的思考，创立以他命名的社会理论。但是，"怀疑一切"不是无端怀疑，不是乱加怀疑，怀疑是建立在科学理性基础之上的，是在对研究对象的周密思考中提出问题。**怀疑是思考的起点，思考过程是怀疑的理性化过程，最后形成研究问题。**这里所谓"怀疑"是"科学的、理性的"怀疑。

科学的、理性的怀疑首先与"问题意识"有关，即人们通常说的：什么是问题，你能不能提出问题，从什么角度提出问题，在什么样的理论背景下提出问题，问题的意义是什么，等等。什么是问题意识？到目前为止学界还没有一个明确的、规范的说法。

有的国内学者从教育学的意义上来理解问题意识："所谓问题意识，是指人们在认识活动中，经常意识到一些难以解决或感到疑惑的实际问题及理论问题，并产生一种怀疑、困惑、焦虑、探索的心理状态"（姚本先，2001）。但是这样的理解只是问题意识的一个方面，对于科学研究来说，更为重要的是问题背后的理论意识，就如当代国际关系批判理论学者罗伯特·科克斯（Robert

Cox）所阐述的，问题意识虽然仍以问题为基本内容，即原有理论和客观事实之间的矛盾，但是它更是一种客观事实作用于某种特定环境中的主观意识的产物，具有更强的意识能动作用和行动者的阐释因素，问题意识是在特定历史时期对某些问题或事件的意识（转引自秦亚青，2005）。科克斯的问题意识深化了我们对"问题"的认识，也就是说，问题不仅是"科学探索性疑难"，也不仅是强烈的对问题的探索欲望，更为重要的是理论对问题的能动的阐释，即问题意识要建基于研究者提出问题的理论背景，或者研究者能动地选择一种理论观照一个社会问题。因此，任何问题的产生都与特定的理论或方法论有关。

按照笔者的理解，社会研究中有三种认识方法对"提出问题"富有启发：涂尔干的社会事实论，米尔斯的社会学的想象力，以加芬克尔等为代表的常人方法论。这三种认识方法也就是通常所说的"范式"*。依托这些方法，研究者可以从一些平凡的小事情中发现需要关注的大问题，或者能够对一些人们习以为常的小事情提出全新的诠释。

涂尔干的**社会事实论**认为，社会事实是先于个体的生命而存在的，是由先行的社会事实形成的。社会事实是以外在的形式对个人的"强制"，并塑造了人的意识（《中国大百科全书（社会学）》，1991：29）。显然这是一种典型的实证主义的认识，即人们的行为和观念都和一定的社会背景有关，个人生活在社会里实际上是非常无奈的，正所谓"人在江湖，身不由己"。

米尔斯的**社会学想象力**认为，社会学的想象力是一种心智的品质，这种品质可以帮助人们利用信息增进理性，从而使他们看清世事以及发生在他们之间的事情的清晰全貌，即"个人只有通过置身于所处的时代之中，才能够理解他们自己的经历并把握自身的命运。他只有变得知晓他所身处的环境中所有个人的生活机遇，才能明了他自己的生活机遇"（米尔斯，2001：3-4）。并且米尔斯认为，人们所面对的"问题"可以分为两类：一类是"个人困扰"，它只关系到个人直接体验的有限的社会生活领域，个人感到所珍重的价值受到威胁；另一类是"公众问题"，它常常包含制度上和结构上的危机。以离婚为例，如果离婚仅是个别人的行为，那么它仅是"个人困扰"，但是如果一个社会里有许多人离婚，甚至1/4以上的家庭发生了离婚，那么离婚就不仅是个人困扰，而是公众问题。这么多的家庭离婚说明这个社会的婚姻制度存在着问题。社会学的想象力给人的启发是，社会生活中的问题并不都是社会问题，只有那些和社会制度、社会结构有关的问题才是社会问题。同时，对于属于"个人困扰"问题的认识需要超越个人所处的局部环境，发现可能隐藏的结构性问题。

常人方法论的最大特点是不把"理所当然"看作是"理所当然"，认为人类是在一种持续的基础上，不断地在实践上创造和重塑这个世界，当这种"理所当然"的常规被打破之后，人们可以发现这种常规背后所隐藏的潜在的社会

* 美国学者艾尔·巴比所著的《社会研究方法》中提出了更多的"范式"（艾尔·巴比，2000：55），但是根据笔者的体会，从提出问题的角度看，"社会事实""社会学的想象力""常人方法论"对研究者的"问题思维"也许更有启发。

事实。例如，乘电梯按照通常的规则是进入电梯的乘客不会脸对着脸，除非是恋人，或者密友，一个陌生人如果在乘电梯时对着你的脸，将会是非常尴尬的（艾尔·巴比，2000b：62-63；马尔科姆·沃特斯，2000）。问题在于这样的游戏规则是怎样被建构的，显然它不是明文规定的，而是千百人通过自己的行为建构起来的。

社会事实论、社会学的想象力、常人方法论给人们提供了思考问题的方法。一般认为，社会事实论和社会学的想象力被看作结构主义的认识方法，常人方法论被看作建构主义认识方法。当把这两种认识方法结合在一起，也许就是吉登斯的"结构化理论"或"结构二重性"理论的认识方法，即"人们在一个受制约的社会里建构一个制约自己的社会"，"社会"是理论或意识形态和行为者之间双向互动的结果。

接下来我们以一个例子来讨论这个问题。从 20 世纪末开始，困扰中国教育界的一个问题就是"教学减负"和"素质教育"。其实这个问题并不是现在才出现的，20 世纪 60 年代中期，教育革命曾经是"文化大革命"的导火线之一。当时毛泽东提出"教育要革命，学制要缩短"，"要减轻学生负担，不要把学生当敌人"。"文化大革命"期间确实开展了轰轰烈烈的"教育大革命"，后来直接导致"教育无用论"，中小学不上课，停课闹革命，并取消高等教育，中国教育受到史无前例的摧残。然而，问题在于经过二十多年的改革开放，学生负担为什么反而会越来越重，为什么千军万马都要走"独木桥"？每个家庭都希望自己的孩子能上大学，上大学成为每个孩子最大的人生追求。人们曾经用经济学的供给—需求理论进行解释，认为我国的大学招生规模太小，不能满足人们上大学的需求。因此，在 20 世纪末到 21 世纪初，中国高校开始大规模地"扩招"。毫无疑问，随着我国现代化建设的发展，高等教育的发展也是必然的，但是企图通过大学"扩招"来减轻学生的学习负担，最终达到把应试教育转变为素质教育的目的，实践证明并不完全成功。很多中学仍然在素质教育的名义下我行我素，实质上还是应试教育，或者用应试教育的方法进行所谓的素质教育。在"不让孩子输在起跑线"的名义下，学生的负担仍然没有减轻，"金色的童年"变成"灰色的童年"。读大学的竞争又在一个更高的层次展开，很多学生和家长已经不满足于仅仅考上大学，而是要考名牌大学，非名牌大学不上。这里要问的问题是，为什么千百万家庭要把孩子上大学看成是人生的唯一道路？为什么大家都知道现在的学生负担太重了，但是人们又不得不去做？人们碰到了一个悖论：大家都知道这是一件不对的事情，但是又不得不去做！

从上面的情况看，"教学减负"和"素质教育"可以成为一个"研究问题"。首先，这是一个"社会事实"。中国古代文化积淀下来的"万般皆下品，唯有读书高"，"书中自有黄金屋，书中自有颜如玉，书中自有千钟粟"，"学得文武艺，货与帝王家"等观念仍然制约着人们的读书行为；千百年形成的"官本位"制在改革开放后没有得到抑制，反而越演越烈；社会底层要想改变自己的社会地位，只能通过获得大学教育。社会的外在制约使很多人唯恐让自己的孩子输在起跑线上。从社会学的想象力角度去考虑，当人们都去做一件大家都认为不好的事情时，这个问题毫无疑问是一个"公众问题"。我们的问题是：中国的社会安排（制度和结构）中到底是什么因素使得每个家庭都希望自己的孩子上大学？而从常人方法论的角度看，这样一套制度、行为规范是怎样被建构的，无数参与者在建构这样的制度和行为规范中发挥了什么样的作用？值得考虑的还有，中国人的读书观念和动机会对中国的社会分工体系产生什么样的影响？在大城市，一般青年人都不愿意去当工人，更不愿意当农民，都想做白领，最好是一夜暴富，那么谁去当工人，谁去当农民？这个社会还需要工人和农民吗？显然这些问题都可以形成研究这个问题的导向。

从社会学的角度看，所谓"问题意识"就是人们在考虑任何问题时都将其放在一定的历史的、社会的背景下，分析无数个人是怎样主动参与和"共谋"一定的行为规范，用什么样的理论才能解释或诠释人们的行为或观念。其实，这样的思想在马克思那里也可以看到，只不过马克思使用了不同的话语表达而已。

如果继续讨论"城市居民的消费行为研究"，这个研究课题可能有的"问题意识"有哪些？其一，消费是人类生活中最基本的行为，是维持人类生存或基本生活的必要手段。但是，在现代社会里，消费不仅仅具有这样的作用，更多的消费不是为了满足个人生存的需要，而是一种"被强制的消费"。在消费主义浪潮的席卷下，消费是被制造出来的——被生产和传媒制造出来的。生活水平的提高实际上是"强制消费"的结果。其二，按照结构功能主义的理论解释，家庭消费具有非常重要的象征意义。家庭消费具有实现目标、模式维持和紧张处理、地位评价等功能（富永健一，1984）。其三，从"身体社会学"的角度看，消费实际上是"身体消费"，现代社会的消费更多的是为了适应周围的环境，或只是为了取悦于他人（或环境），尤其是时尚消费。"女为悦己者容"就是这个道理。"体面""美丽"反映了他人依赖的社会认同，同时又在个体差异的基础上反映了自我认同。广义上的"身体消费"包括知识的习得、礼仪的训练、身材的控制、营养的摄取、外在的衣饰等，是一种"由内而外"的全方位的消费。其四，还可以关注消费中的新现象，例如前面提到的城市青年的"月光族"现象，青年夫妇家庭消费 AA 制等。打开思路，人们可以发现很多有趣的"问题意识"。

"问题意识"的形成依赖于研究者的知识结构，尤其是理论知识结构。没有理论，就不可能有科学的、理性的怀疑。因此，"问题意识"又是和"理论意识"密切关联的，即要在一定的理论概念下思考和分析特殊的社会现象。同时，怀疑是建立在对社会生活观察的积累之上的，是在对社会生活的观察过程中提出自己的质疑。但是，在对社会生活观察基础上提出的疑问还必须考察其在人类的"知识库存"中是否已经得到解释，或者随着社会的变化，原有的解释是否已经失效。确定问题的具体方法就是查阅文献资料。因此，观察社会生活和查阅文献是找到研究问题的重要方法。

4.2.2　选题和经验生活

研究课题最主要的来源是生活实践，"理论是灰色的，实践之树常青"，也就是说，千变万化的生活实践会给人们提出很多问题，理论往往是对生活实践的事后解释或诠释，虽然理论具有一定的预测作用，但是这种预测也是建立在已有事实的基础之上的。从改革开放到现在，我国一直处于社会转型之中，存在着许多需要研究的社会问题。社会研究主要采用的是实证研究方法，它要比其他研究方法更为关注生活实践所发生的变化。可以说，生活实践是研究课题的源泉。因此，研究者，尤其是实证研究者要善于观察、勤于思考。在对日常生活的观察中，要养成经常对各种社会现象、社会行为、社会心理、社会问题问"为什么"的习惯。这样做往往可以使人们从纷繁复杂的生活大潮中，从变化无穷的社会现象中，找出值得研究和探讨的研究课题。

经验生活中的日常琐事看似简单，但实际上背后隐藏着需要研究的问题。因此，一个研究者要善于从**每时每刻发生的、"司空见惯"的，甚至是"熟视无睹"的现象中发现需要研究的问题**。例如，许多大城市像上海、北京等都存在歧视外地人的不良现象，人们仅仅从道德层面上谴责那些城市人。其实这类"歧视"并不仅仅发生在城里人身上，城里人到乡下也会被乡下人"歧视"，城里人的五谷不分也有被乡下人讥笑的时候。那么这类现象的背后是什么？有没有城里人和乡下人生活规则的冲突？由此可以提出一个研究问题：外来务工者进城以后的社会适应，是要适应城里人的生活规则，还是在与城里人的互动过程中建构新的生活规则？从某种意义上说，从农民到市民就是农民不断适应城市生活规则的过程，这是城市化过程的一个方面。同样，今天上课，各位同学的座位安排有什么"规律"呢？如果大家观察几天，也许可以发现一些有趣的、值得研究的问题。再如，还有人与人之间的空间距离必须保持一定的"尺度"，老板和雇员、同学与同学、教师与学生、男生与女生、父母与子女、恋人之间的空间距离都不一样，这种距离事先并没有明文规定，为什么人们在接触时能够做到保持适当的距离？它的背后又有什么东西在起作用？诸如这样的问题还有"中国人为什么没有排队的习惯""中国人一些生活陋习，如随地吐痰、乱扔垃圾等为什么不能改掉""为什么中国人喜欢大声说话"，等等。这些都是生活上的一些琐事，但是如果大家仔细观察、认真思考都会找到可以研究的问题[*]。至于在人们生活中发生的重大社会事件或社会问题，更是属于需要调查和研究的问题，这些例子在前面已经提到了。

研究者刚开始可能受到某种社会现象的启发，产生了"灵感和火花"，但是要使"灵感和火花"成为对研究课题的理性思考，还需要对这样的社会现象进行一段时间的观察，看一下它是偶然发生的、昙花一现的，还是在这段时间经常发生的。一项好的研究课题的发现，既需要"深入生活"，也需要"灵感和火花"。这里所说的"深入生活"，主要指的是广泛地接触社会，而"灵感和火花"则指那些可以发展成为研究课题的最初的想法和思路。应该指出的是，没有广泛的与现实社会生活的密切接触，这种"灵感和火花"也就成了无本之木、无源之水。

经验生活是研究课题的源泉。经验生活主要包括三个方面：个人的生活经历、个人对周边世界的观察和通过阅读而获得的各种信息。

个人生活经历和在生活中获得的知识是经验生活的重要方面。人们对一些问题的看法在很大程度上受到个人生活经历的影响，研究者往往从个人的生活经历中受到一定的启发，发现需要研究的问题。例如，前面提到的"教学减负""素质教育"等涉及教育改革的问题，如果没有经历"文化大革命"，也就不可能知道在"文化大革命"中所发生的"教育革命"，也许就不能从"历史有惊人的相似之处"受到启发，从而从更广阔的历史和社会背景中考察"教学减负""素质教育"等有关教育改革的问题。因此，个人的生活经历乃是人们观察各种事物，理解各种现象的基本视角和出发点。

每个人的生活经历似乎差不多，出生以后和父母住在一起，经历了初步社会化的过程，然后上学，从小学、中学乃至大学、就业。有的人可能会参军或者完成中等教育之后直接参加工作，然后恋爱、结婚、生子，最后养老送终。但是，实际上每个人不同的出生地、家庭及教育背景等，会给他的一生带来重要影响。每个人的一生都会发生一些重大生活事件，这些生活事件会影响一个人的一生。例如，教育、就业、婚姻、入党、提干、参军等。人们在自己遇到的生活事件中都会受到一些启发，都会有一些感悟。把个人生活经历与对周边生活的观察结合在一起的时候，就会发现个人所经历的事情也许发生在很多人身上，这时就可以作为一个问题来研究。

丰富的个人生活经历可以更好地理解或把握研究课题。一个没有婚姻经历的人，也许很难研究有关家庭婚姻方面的问题；一个出生在城市，并且很少下乡，没有农村生活经历的人，也很难从事有关农村问题的研究。当然，个人的生活经历与他想要研究的问题有的时候也可以是分离的，但是至少作为研究者要花费一段时间去了解与研究课题有关的社会生活背景，有的时候甚至要在这

[*] 要学会观察生活，必须要热爱生活，要关心周围发生的事件，并且能够对周围发生的事件保持高度的敏感性，不要以为我们周边发生的事情都是"理所当然"的，如果能像小孩一样对周边的世界有一种"好奇心"，就能发现很多需要探讨的问题。

样的"场景"中生活一段时间，如一些研究者在进行有关乞丐、犯罪问题的研究时采用"参与观察"的方法。

对于纷繁复杂的社会生活来说，个人的生活经历毕竟是"沧海一粟"。经验生活里更为重要的是人们**对周边世界的观察**，把他人的人生经历化为自己经验生活的一部分。人是社会动物，离开了群体，单个的人是难以生存的。因此，个人在与他人的接触和互动中，可以感受到很多社会经验。其实，这里所讲的"个人生活经历"也是在与他人发生关系以后才会有的。但是，只有许多个"他人经历"和个人经历相融合才是比较完整的经验生活。作为一个研究者，除了可以从自己的个人生活经历中寻找对研究课题有意义的启发，更为重要的是要观察发生在其周边的活生生的事实。

人们在与自己的父辈、老师、同学、朋友交流的过程中，会听到很多精彩的"故事"，这些"故事"可以成为自己人生经验的一部分，也可以成为研究课题的重要来源。例如，每个年轻的朋友刚开始工作时，他的长辈、老师都会千叮万嘱："到单位要尊敬领导、工作要主动""碰到委屈该忍就忍"，等等。这是长辈们在自己的生活经历中所"悟"到的经验，也许他们还会现身说法，举很多例子说明如果不这样做的危害。长辈谆谆教导无非是希望后辈不要重蹈覆辙，但有心人则可以从中发现一些需要研究的问题。这种行为规则是因为中国人的行为规范，还是心理上的"首因效应"？将国内外"办公室中的行为"相比较等都可以成为值得研究的问题。同样，人们还可以从新闻媒体中找到更具有社会价值的重大社会问题作为研究课题。例如，每当中国足球队进行重大国际比赛时，为什么我们的球迷总感到那么"受伤"，而且会导致一些"无益"的"集体行动"？因此，球场上的或者比赛结束后的集体行动就可以成为研究问题，研究者可以比较英国球迷的集体行动和中国球迷的集体行动之间有什么联系和区别，这样的集体行动是怎样发生的，它的过程又是怎样的，结果又如何，等等。

中国每年的"春运"，那种牵涉几亿人的人口流动，也蔚为"壮观"。从每年春运的变化，我们能追寻现代化发展的足迹；从"乡愁"的难以消解，我们能看到从传统到现代要经历一个漫长的过程；真的到了"乡愁"消解的时候，我们将会真正遇到现代化带来的"冰冷"。

人们的经验生活一方面包括自己能够直接体验到的，其中包括个人自己的和他人的。另一方面，更为广阔的社会空间是个人无法直接体验的。因此，构成一个完整的经验世界必须要"**阅读**"，通过"阅读"来了解这个世界正在发生的事情。人们通过媒体包括报刊杂志、电视，尤其是网络来获得各种各样的信息，从而使人们的经验世界更加丰富、完满，地球也就成为一个"村庄"。这样的"阅读"包括文艺小说，尤其是纪实类小说。有些"阅读"甚至可以直接成为研究课题。例如，社会研究方法中的"内容分析"、"二次分析"就是在"阅读"文字资料、统计资料的基础上进行的。社会学中的名著《自杀论》就是法国社会学家涂尔干在分析法国官方公布的有关自杀的统计资料的基础上研究成文的。不少经济学家和社会学家在进行研究时，引用或分析国家统计局公布的资料。也有一些学者甚至把"阅读文本"作为分析的文本，例如通过对经典小说的社会学分析，能够对那个时代的社会生活进行结构性或非结构性的研究。

4.2.3 选题和查阅文献

人们不仅可以从经验生活中寻找研究课题，也可以从文献资料中找到。查阅文献与前面所讲的"阅读"略有区别。前面的阅读可以起到丰富人生经验的作用，是一般人都可以做到的，这样的阅读也比较轻松，而且它的阅读对象没有严格的规定，只要读者感兴趣的都可以 *。但是科学研究中的文献与一般文献相比还有自己特殊的规定，它是学术文献，即指具有历史意义和研究价值的著作、论文或资料，一般发表在学术刊物上或者由出版社公开出版，而且学术著作和论文的撰写格式和要求是有严格规定的。换句话说，并不是所有的文字符号都是学术文献。

> * 广义的文献是记录知识的一切载体的统称，即用文字、图像、符号、声频、视频等手段记录人类知识的各种载体（如纸张、胶片、磁带、光盘等）（《辞海》，2000：1860）。

研究者一般都有良好的阅读习惯，经常会浏览有关的学术刊物或著作。人们阅读这类文献一方面可以了解学术界的动态，收集学术信息。另一方面，在阅读学术文献时往往会进行深刻的思考，获取其中有价值、有启发的观点或资料，探索其中可能存在的问题。因此，人们阅读学术文献，实际上是和作者对话的过程。通过阅读，研究者可能从中受到启发，从而为选择研究课题奠定基础。但是，它的前提是学会思考，只有学会思考，研究者才能从阅读文献中找到问题，体会阅读的愉悦。例如，国内一部有关社会分层的著作中提到我国计划经济时期就存在着中产阶层，即国营单位职工。引发思考的是"什么是中产阶层？中产阶层是一个历史范畴，还是存在于任何社会？"，这个问题既是一个理论问题，也可以作研究课题来做。因此，只有思考，才有收获。在阅读学术文献时一个比较好的方法是在心里"隐去"作者的姓名，先不要看作者的权威性，而是注重论文或著作的学术质量。用"平视"方法阅读文献要比用"仰视"的方法阅读文献更能发现问题，对自己更有启发。文献阅读可以帮助选择研究课题的基础就在于，在你阅读文献的过程中会发现需要进一步研究的问题，或者感到现有的文献对正在发生变化的社会现象缺乏有效的解释。

文献阅读不仅可以帮助人们找到研究课题，也是科学研究中不能缺少的一个重要步骤，尤其是在选题阶段。要使研究课题成为研究的问题还要查阅文献，了解所选择的课题的研究状况如何。经此步骤，在经验生活中发现的研究课题才能真正成为研究的问题。真正的"问题"就如前面所讲的那样,必须是学术文献还没有涉及的,或者是已有的研究存在不足,或者是由于社会的变化已有的研究无法解释和说明新的社会现象。

一般来说,查阅文献主要有三大作用:

第一,可以使研究者详细了解研究课题所在领域的学术成果。绝大多数研究课题在学术史上都或多或少被涉猎过,因此研究者在选择研究课题的时候,第一步就必须了解这个领域中已有的研究成果,它们的理论贡献和实践贡献分别有哪些?是偏向于理论研究还是偏向于实证研究?这些研究成果与当下的社会现象或者你要研究的问题关系如何?通过查阅文献要知道已有的研究成果有哪些,它们对现实状况的解释或说明存在哪些不足,以及已有的研究本身是否存在某种理论上或方法上的缺陷或不足。换句话来说,如果你不能发现已有研究存在的问题,那么你所选择的研究课题就没有研究的必要。因此,通过查阅文献可以把自己的研究放在已有的学术背景中,明确自己的研究在这个领域中的地位,说明自己的研究对本学术领域的理论贡献或实践贡献是什么。

第二,通过文献查阅可以为研究者寻找自己的研究思路和研究方法提供启发。在分析已发表研究成果的研究思路、研究方法时,需要注意以下一些问题:①研究者的理论分析工具或概念是什么,研究假设或设想是什么,重要的理论概念是怎样解释的;理论分析概念是怎样和经验事实(经验指标)结合在一起的,或者是怎样从经验资料上升为抽象的理论。②研究方法是量化的还是质性的,或者是两者兼有。如果是量化研究,需要注意它的抽样方法是否规范,是概率抽样还是非概率抽样,样本规模是多少,是否具有统计学上的推论意义;测量指标的设计是否合理;采用的统计方法是什么,统计方法的使用是否符合变量的测量层次,对统计结果是怎样解释的。如果是质性研究,需要注意研究者是怎样选择个案的,选择个案的依据是什么;访谈对象有哪些,是否反映了与个案有关的所有情况,个案资料是否翔实,个案资料能否支撑研究者想要诠释的理论或概念。如果是把质性研究和量化研究结合在一起的,则要注意两者是怎样结合的。③要注意这些研究在方法上、思路上有哪些独到之处或者有哪些创新,哪些可以为自己的研究所借鉴。比如参考量化方法中合理的、有效的测量指标。当然也要注意已有研究在研究思路上、研究方法上存在的不足,尽量避免重走弯路。

需要强调的是,研究者尤其是大学生在查阅文献时往往比较关注理论文献。毫无疑问,理论文献是非常重要的,但是从经验研究的角度看,实证研究的文献资料可能更为重要。一方面它与你选择的研究课题直接有关,另一方面现代实证研究不再是简单的描述性研究。一份有质量的、具有学术价值的研究报告往往是在一定理论指导下进行的,有自己的理论分析工具。中国也许有不少优秀的社会学理论家，也有不少擅长实证研究的学者，但是真正能够走通理论研究和经验研究两极的，能够把理论研究和经验研究有机地结合在一起的恐怕不多。即使在社会学发达的西方国家，能够把理论和经验有机结合的学者也不多。而涂尔干的《自杀论》堪称社会学理论研究和经验研究相结合的典范。

　　第三，查阅文献可以帮助构建自己的理论框架，在更大的理论和研究背景下分析、解释自己的研究成果。通过查阅和阅读文献，可以使研究者从已有的研究所采用的理论分析框架得到启发。前面说过，一份高质量的研究报告应该是理论研究和经验研究的结合，实证研究中总会有自己的分析框架。阅读时要注意分析它们是怎样把理论和经验有机地结合在一起的，怎样把理论概念演绎成在经验上可以操作的测量指标，两者是否存在问题？如果存在比较大的问题，这些问题就可以成为自己研究的起点。另外，解释同一具体的社会对象时可以有不同的理论。因此，对相同的研究课题，需要通过查阅文献才能知道在课题对应的各种理论分析框架。例如，国内非常热门的社会分层研究，一般都是采用西方的多元分层理论，并且也取得了很多成果。但是，进一步思考的话，可以提出这样的问题：这样的研究能否解释我国社会分层中深刻的结构性矛盾？还可以问一下，马克思的社会阶级理论真的已经过时了吗？显然，现在还不能下这样的结论。甚至可以质疑中国的社会分层是否一定就像西方社会学包括马克思的阶级或阶层理论所说的那样？查阅文献的作用还包括，通过浏览和阅读相关理论著作发现可以与研究课题相匹配的理论概念或工具。需要注意的是，在我国，社会学经验研究中使用的理论概念或工具往往会成为一个时期的"热点"，也就是说，在一段时间里，学术界往往会把关注的焦点集中在某个学者或理论上，使得研究者在使用理论概念或工具时过于"狭窄"。一般来说，形成这样的"热点"的往往是西方最新的理论，或者是刚刚介绍到国内不久。关注国外最新的理论动态，企图用它们来解释中国的实际状况是可以尝试的，但是也要注意，采用西方的"后现代"理论解释和分析还处于工业化阶段的中国的实际情况，有的时候并不一定适合。其实，按照笔者的理解，社会科学理论有时很难用"先进"和"落后"加以判断，更为重要的是"适合"和"不适合"。任何理论的产生都和特定的时代背景有关，研究者在选择"理论"时，必须注意"理论"所处的时代背景。社会科学理论的"普适性"并不太高，任何理论解释都有其局限性。中国的社会变迁在世界上是非常独特的，当今的中国社会既有"农业社会"的因素，也有占有主导地位的"工业社会"的因素，还有正在发展起来的（在一部分地区）"后工业社会"的因素，因而在对"理论"的选择和把握上的难度可能会更大。

4.2.4　查阅文献和文献述评的方法

如何查阅文献基本上是一个技术上的问题。首先是如何找到文献，这些内容属于"文献检索"课程，这里仅做简单的介绍。前面已经说过社会研究的文献具有严格的规定，它是指具有历史意义和研究价值的著作、论文或资料，即学术文献。具体来说，社会研究的文献形式主要是：著作、论文或研究报告、统计资料、档案资料等。

现代社会的文献除了私人档案之外，绝大部分都集中在图书馆、档案馆和互联网上，研究者可以运用不同的检索工具从图书馆、档案馆和互联网查找自己所需要的文献。在图书馆，现在主要利用计算机检索工具，输入"书名""作者""主题词""索书号"等进行检索和查询。网上的查询更为简单，可以在网上专门的搜索工具如 Google、百度等，输入所要查询的主题词或关键词，或者进一步根据条件设置输入所要查询的"题目"或"摘要""作者""发表时间"等，就可以获得相当多的文献条目。打开后，可以在浏览以后把有价值的文献下载下来。网上检索一般可以采用逐步"收敛"的方法，即开始从比较大的范围里搜索，然后逐步缩小范围，也可以在与研究课题有关的几个不同的主题范围内进行搜索。例如，要查阅未成年人的思想道德建设，就可以在"青少年教育""未成年人教育""思想道德教育""学校教育""家庭教育""社会化""青少年犯罪"等不同的主题范围里搜索。此后，可以根据已经搜索到的结果，聚集到更为具体的"主题词"，扩大搜索的范围。根据上面的例子，还可以在"网络犯罪""网络游戏"等主题范围里找到所需要的资料。

学术论文和研究报告是社会研究查阅最多的文献。研究者通常使用各种检索工具查找自己所需要的文献资料。英文论文检索工具主要有 Social Science Index（SSI，社会科学索引）、Social Science Citation Index（SSCI，社会科学引文索引）。此外，社会科学的各门学科也有自己的索引工具或是具有索引功能的论文摘要期刊。例如，人口学的 Population Index（人口索引）、社会学的 Sociological Abstracts（社会学摘要）、政治学的 Political Science Abstracts（政治学摘要），以及更为广泛的 Social Science Abstracts（社会科学摘要）等。中文论文检索工具主要有每月出版的《全国报刊资料索引》（哲学社会科学版）、中国人民大学书报资料中心编辑出版的各门社会科学的《复印报刊资料》及其索引。此外，《新华文摘》《中国社会科学文摘》《高等学校文科学报文摘》等兼有索引功能和论文摘要。最近 10 年来我国已经建立了中国知网、CSSCI等哲学社会科学等中文数据库，给中国学者搜索文献带来了很大方便，但是因为信息过于丰富，有的时候不免鱼龙混杂，也要求研究者学会识别和筛选文献。同时，在规范性的学术论文所附的参考文献或注释中也能找到更多的文献目录。通过文献查阅一方面能够全面了解已发表的论文对文献的理解；另一方面，也能发现参考文献中没有被引证的观点。

此外，可以在图书馆或互联网上查阅有关的统计资料、统计年鉴等，这些资料往往是社会研究资料的来源或补充，因而也是文献的重要组成部分，也可以从政府档案馆那里获得有关历史资料，包括曾经发表的和还没有发表的。对研究需要的私人档案，如日记、家谱、照片等，一般通过"购买"或者个人捐赠获得。

面对浩如烟海的文献，如何得到与研究有关的、质量比较高的、具有学术价值的文献呢？这就涉及如何选择文献。下列因素可以作为衡量一篇**学术文献价值质量**的参考：①研究的相关性，即所选择的文献必须和你的研究课题有关；②发表的时间，相对而言，相关文献发表或出版的时间越近，其价值相对较高，尤其是研究报告；③作者的学术地位，相对而言，作者的学术地位越高，文献的权威性、影响力相对也大*；④学术刊物上发表的论文、研究报告等文献；⑤刊物或出版社的级别，虽然我国学术刊物的等级评定在学术界有不同的认识（如中文核心期刊），但是还是有一个约定俗成的标准：一般发表在国家级刊物（如《中国社会科学》和中国社会科学院各研究所办的学术刊物）、专业刊物、国内一流大学的社会科学学报上的，质量一般较高；在专业的学术出版社或大学出版社出版的专著，学术价值也较高。

＊当然这个关系不是绝对的。

其实，以上所讲的衡量标准仅仅是表面的，还不足以完全凭此判断学术文献的质量。文献质量评价的最好方法是通过自己的阅读来把握。优秀的学术文献评价标准基本上有两条。

第一，文献的学术贡献。评价一篇论文、研究报告或一部学术著作的学术贡献的要素有三个：理论、方法和问题。三个要素的组合按学术贡献由大到小的程度大致如下：①采用新理论、新方法解决新问题；②采用新理论、老方法解决新问题；③采用老理论、新方法解决新问题；④采用老理论、老方法解决新问题；⑤采用新理论、新方法解决老问题；⑥采用新理论、老方法解决老问题；⑦采用老理论、新方法解决老问题；⑧采用老理论、老方法解决老问题。其中第①种的学术贡献最大，第⑧种只是重复过去的研究，没有什么学术价值。当然，中间部分的学术贡献大小的程度有时很难区分，这依赖于一定的价值判断，如，以问题为标准，还是以理论或方法为标准。

第二，文献的学术规范性。所谓学术规范主要是指作者的研究起点是什么（即前人在这一领域中的贡献），他是在什么样的基础上开展自己的研究。具体而言就是研究者引用他人文献的程度。一般来说，一篇论文、研究报告或一本专著引用他人文献越多，引用文献的权威性越高，它的学术质量就越高。因为文献反映出研究者的起点高低。如果以较高水平的文献资料作为研究的起点，通常研究的水平也不会太低。

在选择并确定对自己研究有参考价值的文献之后，需要通过浏览、泛读、精读等方法了解和掌握各篇文献的主要观点、研究方法和研究思路,发现其中存在的各种问题,并加以整理,形成一篇文献报告,即文献述评。文献述评在重大课题申报、学位论文尤其是硕士和博士学位论文的开题报告中是不可缺少的。文献述评就是研究者在阅读与研究课题有关的全部文献之后,对以下问题做出回答:①与研究课题有关的已有研究的理论背景、研究框架;②这些文献中,尤其是研究报告的研究方式、研究方法有哪些,其中包括研究对象选取、抽样设计、样本规模确定、资料收集和分析的方法,以及理论框架和经验资料之间通过什么样的形式进行演绎和归纳,研究假设验证的精确度和可靠性;③与研究课题相关的以往研究中有哪些成果,这些研究成果达到怎样的水平;④文献中存在的问题或研究的局限性,其中包括理论和方法的局限性以及资料的时效性,从而为自己提出研究提出问题奠定基础。以上问题都必须在文献述评中进行回答,也是一篇规范性文献述评的基本要素。

需要注意的是文献述评不是简单的文献摘要,也不能只有"述"而没有"评"。一篇有质量的文献述评有的时候本身就是一篇有质量的论文。文献述评的撰写首先需要做文献摘要,然后对文献摘要进行归纳和整理,尽量用自己的语言概括文献中的主要成果和研究方法等,并加以条理化。撰写文献述评时,不要一篇文献一篇文献地单独进行述评,而是要把所有的文献综合起来。最后,还要对以往的研究加以评论,肯定取得的成果,指出研究存在的问题和局限。文献述评的格式可以按照观点进行整理,也可以按照以上四个要素逐条归纳,详见本章第 4 节。

>> 4.3　研究课题的具体化

研究课题含糊、宽泛、笼统,是社会研究初学者在选择研究课题时容易产生的问题。其实,如果真正按照本章所讲的方法选择和确定研究课题,这样的问题是可以避免的。

4.3.1　什么是研究课题的具体化

从本质上说,研究课题具体化涉及如何提出问题。因此,所谓研究课题具体化就是指对研究课题的具体界定,把比较含糊的想法变成明确的问题,把比较宽泛的研究范围变成特定范围或特定领域,把笼统的研究对象变成具体的可以操作的具体对象(风笑天,2001:56)。从这个意义上说,从一个含糊的、宽泛的、笼统的研究课题到一个具体的、明确的研究课题的过程是一个逐渐"收敛"的过程。

通常研究课题的含糊、宽泛、笼统首先表现为研究范围过于宽泛。例如,有的学生非常关注我国社会结构的问题,选择诸如"中外社会结构比较研究""我国社会结构的调查研究"这样的课题。这样的研究课题不是说不能做，但就大学生本身的知识结构和能力来说，做起来相当困难。第二种表现为研究内容不清楚。以社会结构研究为例，这是一个相当大的研究领域，研究它不仅需要非常深厚的学术功底和丰富研究经验，而且这一领域所包含的问题相当多。从社会学的角度看，社会结构可以从不同的层面进行研究，其中包括个人与角色、家庭和家族、群体和组织、阶级与阶层、国家与社会。现在通常是从社会分层的角度研究社会结构。而且社会分层本身也包含很多问题，既有理论层面的问题，也有经验层面的问题。因此，对于初学者，一方面虽然提倡青年人应该敢于思考，敢于研究，但是同时也应该以科学的研究方法为基础，把大胆的想象和细致的研究方法结合在一起。第三种表现，研究对象不明确。还是以社会结构研究为例，如果从社会分层的角度研究社会结构，它既可以从整体上研究社会分层的基本状况，所涉及的研究对象包括全体成年人，也可以单独研究某个具体社会阶层的状况，例如白领阶层、产业工人阶层、农民阶层等。

4.3.2 研究课题具体化的方法

从操作上说，研究课题具体化的方法或途径实际上就是界定研究范围、明确研究内容、确定研究对象。界定研究范围就是把一个很大的调查范围，如一个国家，缩小到一个省市、一个地区，甚至一个单位。明确研究内容就是把比较抽象的研究主题变为经验研究中可以操作的具体问题，有的时候可以把一个比较大的课题分解为若干个子课题。确定研究对象就是具体规定分析单位及资料收集的对象。如果是大学生选择有关社会结构问题进行调查研究，建议大家不妨从自己比较熟悉的生活中进行选择。例如，可以选择"产业化背景下的高等教育阶层化"作为研究课题。

从研究思路上说大致可以从两个方面进行：第一，采用文献研究方法，分析"我国高等院校阶层化"的状况。从经验上看，我国的高等院校已经开始出现"贵族学校"和"平民学校"甚至"穷人学校"的倾向。它不仅表现为国家主导下的各种资源分配的不平等，也表现为不同高校生源结构的分化。例如，大学实行收费教育之后，相当多的农民子弟、贫家子弟只能报考师范类、地矿类、农林类高校。第二，采用抽样方法选择若干所不同类型的大学，调查最近十年来这些高校生源结构发生的变化，以及来自不同家庭、不同地区的学生的生活状况和价值观念。这样的课题可以做文献研究，也可以采用调查研究或实地研究方法。这样，所选择的研究课题就不是一种非常宏大的、很难把握的"社会结构"，而是从"产业化背景下的高等教育阶层化"的角度研究"教育分化"对整个社会结构带来的影响。

从操作上说，"产业化背景下的高等教育阶层化"可以分为两个子课题。①"我国高等院校的资源分配和生源结构"。以文献研究方法为主，可以采用分层抽样方法从全国高校中随机抽取若干所不同类型的学校，然后在这些学校里收集有关档案资料。当然有条件的话，可以直接从国家教育部那里获得这些资料。② "我国大学生生活状况和价值观念调查"。以实证调查为主，采用多段分层抽样方法随机抽取若干所不同类型的学校，然后在这些学校中随机抽取一定规模的大学生作为调查样本。根据研究目的，人们可以从大学生的生活和价值观念的角度分析大学生的阶层化倾向。由于大学生还没有就业，主要依靠家庭提供生活和学习资助，因此它又从侧面反映了社会的分层现象。这样的课题，以大学生的条件来说也许很难成为一个比较规范的、正式的研究课题，但是作为学习来说，学生可以在自己的学校进行调查。如果你能联络你在外校学习的同学也进行同样的研究，虽然不符合随机性原则，但是对于社会结构的初步研究也是非常有意义的，更重要的是这样的选题比较符合大学生的实际情况，而且有条件去做。

总的来说，研究课题的选择和确定是一个过程，它不是简单确定一个题目就可以了。它必须来自研究者对经验生活的观察，通过查阅文献使它成为一个需要研究的"问题"，并通过"具体化"的方式，明确规定研究范围、研究内容和研究对象，从而使一个比较含糊的、宽泛的、笼统的研究题目变为在实际上可以操作的具体问题。

>> 4.4　如何撰写文献综述

对文献进行检索，并获得与自己研究相关的文献之后，经过对文献的阅读，做好摘录和对有价值的段落缩写，这样就形成了和自己将要研究的问题的文献资料。在此基础上，开始撰写文献综述。

4.4.1　文献综述的意义和类型

文献综述一般是"较为详细的独立研究工作，或是以新的对原始数据研究报告简介的形式出现"（哈里斯·库珀，2010：4），将与读者一道分享那些早已完成的与本研究紧密相关的其他研究成果；它能使研究超越时空就相关问题进行对话；它为确定研究的重要性提供了一个框架，也为与其他相关研究成果进行比较提供了一个基准（约翰·克雷斯维尔，2007：23）。简言之，文献综述是一份对以往研究成果进行分析的研究报告，其目的在于总结以往研究获得的成果、研究方法，通过讨论与对话分析新研究问题的基础。或者指出以往研究存在的不足，或者基于社会变化，以往研究成果的解释力需要进一步延伸或扩展，甚至需要修正，从而为新的研究奠定基础，避免低层次的重复性研究。文献综述的另一种作用，就是对本研究理论依据进行综述，通过"概念化"方法，为自己的研究提供理论依据和分析概念。

文献综述从写作目的来说有多种类型，例如"最佳证据综合法（best evidence synthesis）、批判性综述（critical reviews），甚至元分析（meta-analysis）"。这些综述作为独立研究成果，有的是对以往研究的进一步深入，对其进行科学评估；有的是对以往研究的批判性回顾，这些都可以作为研究成果公开发表。选题阶段或研究方案中的文献综述，虽然也具有评估和批判的特点，但是主要是"把研究问题或假设放在前人研究的背景下来解释并论证自己的选择"（劳伦斯·洛柯，等，2009：64）。因此，这样的文献综述更注重说明自己研究的问题与以往研究有什么不同，有哪些新的意义和价值，以便"说服"项目评审专家接受你的研究申请。

选题阶段或研究方案的文献综述主要分为两种：第一，以实证研究成果综述为主。"通过从已有独立研究中，推导出用来描述相关或相同假设的整体结论，寻求总结以往的研究成果"，"期望能描述出相关领域知识的全貌，并强调以往研究中遗漏的或尚未解决的重要问题"，说明新的研究必要性。第二，以理论综述为主。"用给定的理论解释一种特定的现象，并比较它们的外延、内在一致性"，对现象发展作出预测；"在对以往研究进行描述时，评估哪种理论与已知的关系联系最紧密"，其中"还包括不同理论、摘要、观点进行综合、总结和创新"（哈里斯·库珀，2010：4-5）。在研究方案设计中，这两种文献综述都是必不可少的。以实证研究为主的文献综述，可以帮助我们认识新的研究问题成立的基础，或者说你所提出的问题与以往同类研究相比，具有哪些新的意义或价值。以理论研究为主的文献综述，一方面能帮助我们了解以往研究的理论基础，为自己的研究建立理论框架提供启发，同时在对以往理论综述和分析的基础上，通过"概念化"方法，提炼自己的分析概念，不仅使自己的研究具有"问题意识"，而且还能以实证检验推进理论研究。

4.4.2 文献综述常见问题

无论是本科生还是研究生，在撰写文献综述时通常在以下几个方面存在困惑。

1. 文献综述和研究论文的区别。文献综述虽然也可以看作是论文的一种形式，如前面所说的"最佳证据综合法、批判性综述、元分析"，但这些以文献评论为主的论文与一般研究性论文是不一样的。一般而言，研究论文也会运用文献资料（他人研究）说明或旁证自己的观点，但这不是文献综述。文献述评是就某一个专题搜集到的文献进行概述和分析乃至批评。不少学生在练习中往往会将研究论文和文献综述混同起来。

2. 如何阅读文献。会识字并不一定会阅读。有不少学生只是简单地看看论文摘要，将摘要摘录下来作为文献资料整理的依据。显然这样的阅读方法是不对的。在阅读文献时，一般可以通过阅读摘要、快速浏览等方法进行筛选，对那些有价值的文献应该精读，做好读书笔记和摘录，包括对长段文字的缩写，并在做笔记时写下文献出处备用。

3. 写作技巧。文献综述是否"像"文献综述，还与写作技巧有关。一些学生的文献综述习作之所以不像文献综述，往往和他的叙述方法有关。文献综述一般采用第三人称，不会用"我认为"或者"本文认为"这样的说法，而是"对这个问题的讨论，主要有以下观点"或者"×××认为……"；在文章承上启下的一句话通常是"通过对相关文献的检索和分析，对这方面的研究主要有以下几种观点或理论"等。在叙述时，尽可能将对一个问题讨论的不同观点勾连在一起，很多文献虽然不会非常明确地提出对某个观点存在异议或与某学者进行"商榷"，但是在行文中往往会委婉地表达出对某个观点的不同意见。因此，在阅读和分析文献过程中，要善于发现研究同一问题的若干文献中对同一问题的不同认识，即使很委婉甚至是无意识的，也要将它们"匹配"在一起，形成不同文献之间的"对话"，而不是简单地描述。

4. 规范性。这里的规范性主要是指文献综述的格式或条理、注释方法等。文献综述的格式与一般论文差不多，大致可以分为以下几部分：

（1）开始语，主要说明文献综述的目的和意义，也可以简要介绍文献综述的方法等，但不要单列为文章的一级标题，不少学生往往会写上"一、前言"等。一级标题主要用于文章的主体部分。

（2）主体部分，可以分为两个部分展开，一是在对文献分析的基础上，将主要观点作为一级标题，然后分门别类地介绍各种认识或讨论。二是有关研究方法的讨论，在对以往研究的分析中，尤其是实证研究的文献分析，方法的综述是必不可少的。在学生的练习中，往往对研究方法的讨论或概述不是很详细，不少学生只是停留在资料收集方法上，往往只简单地说明以往研究是质性研究还是定量研究。其实，实证研究文献综述有关研究方法的分析是很重要的，它直接影响到研究结论的可靠性，因此在概述研究方法时，要具体叙述每种研究方法的细节。比如，采用抽样方法收集资料的，不仅要说明样本量的大小，还要说明具体的抽样过程，并对可能存在的误差进行评估；还有问卷设计中的指标是否有依据，概念操作化是否合理，指标与概念之间是否一致等；采用质性研究方法的，要分析个案的获得方式，深访资料是否达到了对研究的要求，甚至包括访谈时间长短、观察时间长短等。

需要说明的是，主体部分是文章的主要部分，可以根据文献主要观点的归纳分为若干个一级标题，研究方法可以作为单独的一部分列为一级标题。

（3）主要结论和讨论。这是文献综述最后一部分，也是最主要的一部分，除了简单概括以往研究的主要结论和方法外，更重要的是要指出以往研究存在的不足，或是未尽的研究空间。作为讨论，项目申请书或学位论文应该对以往研究的结论或方法提出不同看法，可以进一步讨论以往研究存在的不同意见，因此讨论部分的重要作用在于为自己提出的研究问题提供重要依据。如果说前面的叙述基本上是对以往研究的文献进行分析和整理，那么讨论部分就应当完全是研究人自己的观点，它是进一步研究中提出的研究假设或研究设想的重要基础。

在部分学生的文献综述习作中还存在注释不规范的现象，有的没有注释，有的在行文中直接将论文标题作为人称代词，如"《×××》一文是这样说的：……"。一般而言，社会科学文献综述的注释方法主要是夹注加参考文献，具体方法请看本书最后一章。

4.4.3　文献综述常见格式和参考模式

与其他文章一样，文献综述也有其基本格式或结构，虽然教科书式的格式或结构往往是程式化的。文献综述研究报告格式，基本分为介绍、方法、结果及讨论四个部分。介绍部分需要非常详细地描述所要研究的问题，其中包括理论、实践和方法的历史；概念来自哪里，是以理论为基础还是以经验分析为基础；问题是在什么样的背景提出的；对以前研究的观点进行概述，分析存在的争议及遗留下来尚未解决的问题，指明新的研究应该关注的方面，等等。方法部分主要介绍文献检索的细节（如信息来源、关键词、涵盖年份）；选用文献的标准，包括概念讨论的文献和概念操作的文献；原始研究中使用的方法；独立调查结果的确定。结果部分简要说明描述的文献、文献综述研究的结果以及相关依据等；讨论部分主要是综述结果概括；重要变量及其解释力；本综述与以往综述的差异，并讨论其原因；对研究结果一般性评估的分析以及讨论后续研究的主 题。（哈里斯·库珀，2010：161-177）

质性研究的文献综述还具有个性化的特点，"分散于不同的具体主题领域，对阐述的中心现象的各个方面予以探究"（约翰·克雷斯维尔，2007：35）。而现代定量研究基本上已标准化，被称为"洋八股"的研究定式（彭玉生，2010），其文献综述也具有标准化的特征，通常分为以下几部分：（1）序言，简要说明文献综述包括哪几个部分；（2）综述主题Ⅰ，主要是关于自变量或多个自变量的学术文献；（3）综述主题Ⅱ，主要是关于因变量或多个因变量的学术文献；（4）综述主题Ⅲ，主要是关于自变量与因变量关系的学术文献；（5）总结，主要强调文献中最重要的研究，揭示以往研究最重要的主题，从而说明对这个主题继续研究的原因。（约翰·克雷斯维尔，2007：35）

虽然程式化的文献综述格式为我们撰写文献综述提供依据，但是在撰写文献综述时，具体格式或结构也会有所变化，尤其是一个研究主题兼有定量研究和质性研究的文献时，就很难采用标准化的定量研究文献综述的格式。

针对以上问题，包括文献综述叙述方式，笔者试就某一研究主题，提供一份文献综述的模拟格式，给各位参考。

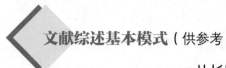

文献综述基本模式（供参考）

从长距离流动到短距离流动：

社会阶层流动文献述评

社会分层与流动是社会学研究的重要领域，它一方面能够反映社会的不平等状况，另一方面也是社会活力的重要表现。改革开放30多年来，尤其是20世纪90年代后，社会阶层流动是我国最为活跃的时期。……本文就最近10年来社会学关于社会阶层流动的研究做一个简单的回顾，以期发现需要进一步研究的问题。

从20世纪80年代中期开始，随着我国改革开放的深入发展，社会阶层分化已经成为一个令人关注的社会问题和学术问题。在国内社会学中，众多学者展开了有关社会分层与流动的研究，其中在学术界影响最大的主要是×××、××、×××、××和×××，他们对中国社会分层研究做出了重要贡献，其学术成果至今对后人仍然具有很大影响。

最近10余年来，我国经济发展十分突出，取得了举世瞩目的成就，同时也加剧了社会阶层分化，加快了社会流动。根据笔者对最近10余年有关中国社会阶层流动研究的学术文献梳理，学术界对社会阶层流动的研究主要集中在以下三个方面。

一、社会阶层流动基本状况或趋势研究

有关……的研究，反映了学术界对社会阶层流动的基本评价。主要观点如下：第一，××（年份）认为社会阶层流动是……，对社会发展起着……作用；但是另外一种观点则认为……（×××，年份）；与上述观点不一样的还认为社会阶层流动是……（×××，年份）；还有的研究主要是对××（年份）研究的进一步拓展和完善，从而使这个研究更具有……特点。

根据笔者对上述文献的理解，产生这些不同观点的主要原因在于：（1）……；（2）……；（3）……。

二、社会阶层流动与社会不平等研究

（叙述方式同上）

三、社会阶层流动的制度性障碍

（叙述方式同上）

四、社会阶层流动理论研究或分析（也可以在上面三个问题下分别阐述）

西方社会阶层流动理论主要有：……理论（×××，年份；×××，年份），……理论（×××，年份；×××，年份），……理论（×××，年份；×××，年份）等。

我国很多学者直接运用西方的社会阶层流动理论研究中国的社会阶层流动，以验证西方社会阶层流动理论的可复制性，其中最有代表性的是××（年份）、×××（年份）和×××（年份），他们主要运用……理论进行研究，这种理论的基本观点是：①……；②……；③……；④……。显然，上述学者对这些理论的运用，侧重是不一样的。××（年份）侧重于……。×××（年份）和×××（年份）的研究侧重于……。这类研究多以定量研究为主。

还有不少学者基于中国的经验研究，试图概括出本土化的社会阶层流动理论，并以此诠释或解释中国社会阶层流动机制。例如×××在最新的一项研究中（年份），通过深入访问和观察，获得大量的有关社会流动的生动具体的资料，在此基础上，他认为中国的社会阶层流动不能完全照搬西方的社会阶层流动理论。他（年份）认为，影响中国社会阶层流动的主要是……。但是，另一个研究得出的结论与此相反，认为我国的社会阶层流动虽然不能照搬西方的理论，但也不是如×××（年份）所说的那样，影响社会阶层流动的更深刻的原因在于……（×××，年份）。同时，还有不少研究则把西方的社会流动理论与自己在研究中概括、提炼的理论或分析概念结合在一起，认为在社会阶层流动的……方面与西方曾经的社会阶层流动具有一定的相似性，因而是可以运用……理论进行解释的（×××，年份）。×××（年份）的研究发现，在社会阶层流动的……方面，如……、……等和早期西方的社会流动的特征（×××，年份；×××，年份）基本上是一致的。但是，在有关社会阶层流动原因、……等方面，很难运用西方的社会阶层流动理论进行解释。××（年份）认为社会阶层流动是……。×××（年份）则认为……。还有的认为社会阶层流动是……（×××，年份）。

五、研究方法

总体上来说，上述研究主要采用……方法，具体来说，主要有以下几类：……。在定量研究文献中，样本规模一般是……；采用的测量指标主要是……；抽样方法主要是……。在质性研究文献中，采用的方法主要是……。

在这些文献中，研究方法各有利弊，主要特点如下：……。

六、总结和讨论

通过以上梳理，笔者认为，最近10余年来的社会阶层流动研究，主要成果或观点概述如下：

1.……。
2.……。
……

虽然我国社会阶层流动研究取得了很大的成绩，一方面推动了社会阶层流动研究学术发展，丰富了社会阶层流动理论，但是，笔者认为，上述研究还存在很大的研究空间：

1.……。
2.……。
……

最为重要的是，笔者认为，在我国社会转型进入新的阶段，即制度建设和制度定型时（实际上也可以认为是社会定型），社会阶层流动方式也将发生很大的变化，即从长距离社会流动进入短距离社会流动，或由跨阶层流动转变为台阶式阶层流动。所谓长距离流动是指……；短距离流动是指……（×××，年份；×××，年份；×××，年份）。从西方国家有关社会流动的经验研究文献看，同样也存在从长距离社会流动进入短距离社会流动。例如美国学者×××（年份）、×××（年份）的研究发现……。英国学者研究同样如此：……（×××，年份；×××，年份；×××，年份）。

影响社会阶层流动从长距离流动转变为短距离流动，或如布迪厄（年份）所说的社会阶层的生产和再生产，主要原因是如韦伯（年份）所说的财富分配模式相对稳定。虽然韦伯原来的观点认为从阶级分层到阶层分层取决于社会是处在制度革命或技术革命阶段，还是处在财富分配模式相对稳定的阶段。由于阶层流动本身就是在社会相对稳定的环境下发生的，从西方的经验研究看，当财富分配模式相对稳定的时候，社会阶层流动基本上是台阶式的或短距离的（×××，年份；×××，年份；×××，年份）。

笔者认为当财富分配模式相对稳定的阶段，社会阶层流动必然是短距离或台阶式的。这是因为：①……；②……；……

因此，本研究将从社会阶层生产和再生产的视角研究我国当下的社会阶层流动，并与社会固化理论（×××，年份；×××，年份；×××，年份）进行讨论。

思考与练习

1. 为什么说观察、思考、怀疑是选题和提出问题的基础? 试举一例说明。

2. 为什么说在社会研究中, "解决问题" 也是需要研究的 "问题"?

3. 选择一个研究课题, 分析影响选题的具体因素。

4. 举例说明选题的逻辑过程。

5. 什么是 "问题" 和 "问题意识"? 并从社会学专业刊物上选择一篇研究报告, 分析其中的 "问题" 和 "问题意识"。

6. 从社会学专业刊物上选择一篇研究报告分析选题的重要性和创新性。

7. 试举一例社会问题或社会现象, 并运用社会学的理论进行分析。

8. 请介绍在你成长过程中, 对你或你的家庭影响最大的生活事件, 它所具有的 "问题意识" 是什么?

9. 怎样查找文献? 并选择一个题目学习撰写文献述评。

10. 请举例说明如何进行研究课题的具体化。

5 研究设计

研究设计一般来说是在选择、确定研究课题后进行的，但是两者在时间上的前后间隔不会很长，有的时候研究者在选择和确定研究课题及研究问题的同时就要考虑具体的研究方法。正如第 4 章所讲的选择和确定研究问题是一个过程，在这个过程中已经含有对研究设计的考虑。所谓**研究设计**是指对研究课题的意义、目的、性质、研究方式、研究设想、研究过程和研究方法的详细说明；或者说是按照研究课题的目的和任务，预先制订的研究方案和计划。它是社会研究实施的可靠依据，涉及研究特定社会现象或问题的具体策略，确定研究的最佳途径，选择合适的研究方法以及制订具体的操作步骤、研究方案。研究设计在社会研究中，以及向有关方面申请研究项目和研究经费有着非常重要的作用，它既是一份研究计划的说明书，又是有关研究设想的阐述，并对研究步骤、研究方法作了详细的规定。因此，它对指导和监控社会研究全过程以及向有关方面申请研究项目和研究经费有着非常重要的意义。

研究设计差不多涉及本教材的全部内容，有些内容将在其他章节作详细介绍。本章涉及的内容主要是：研究方式（详见第 8，9，10 章）、研究性质和研究目的（详见第 3 章）之间的关系；理论与假设；分析单位和研究内容；研究方案设计。

>> 5.1 研究方式、研究性质和研究目的

从研究设计的角度看，把握好研究方式、研究性质和研究目的之间的关系是很重要的，研究者只有确定研究课题在研究方式、研究性质和研究目的中的

位置，才能提出自己的研究思路，设计研究方案。

5.1.1　研究课题的定位

　　在社会研究中，研究方式是指一项课题在研究时所采用的具体形式和方法，可以分为调查研究、实地研究、文献研究和实验研究；研究目的或作用可以分为探索性研究、描述性研究和解释性研究；研究性质可以分为理论性研究和应用性研究。一项研究课题在研究方式、研究性质和研究目的中的位置是相互联系的，而不是独立和分割的，也就是说，一项研究课题可以同时是"调查研究""理论性研究"和"解释性研究"或者其他[*]，三者之间的关系见表 5-1。

* 探索性研究一般是一种非正式研究，并且是任何科学研究的前提，所以不包含在内。

表 5-1　研究课题中研究方式、研究目的和研究性质的关系

研究目的		研究方式							
		调查研究		实地研究		文献研究		实验研究	
		描述	解释	描述	解释	描述	解释	描述	解释
研究性质	理论	—	√	—	√	—	√	—	√
	应用	√	√	√	√	√	√	—	√

　　根据表 5-1，一项研究课题的定位有十一种类型，其中常用的有七种类型[*]：

* 应用性研究是以经验研究为主，文献研究通常作为先导性研究的一部分。

　　（1）调查研究、理论性研究和解释性研究；

　　（2）实地研究、理论性研究和解释性研究；

　　（3）文献研究、理论性研究和解释性研究；

　　（4）调查研究、应用性研究和描述性研究；

　　（5）调查研究、应用性研究和解释性研究；

　　（6）实地研究、应用性研究和描述性研究；

　　（7）实地研究、应用性研究和解释性研究。

5.1.2　研究方式、研究性质和研究目的之间的关系

　　由于理论性研究最重要的作用是通过对社会现象的调查来检验和发展社会理论，是一种建立或检验各种理论假设的研究，试图理解和解释社会现象之间的相互关系和社会运行的规律，并从理论高度分析现实生活中的各种问题。因此，理论性研究从研究目的或作用来说不属于描述性研究，或者至多是以描述性研究为前提，解释社会现象之间的因果关系。从研究方式看，调查研究、实地研究和文献研究都可以进行理论性研究，但是，调查研究一般是通过假设演绎方法，在对资料进行量化分析的基础上验证某种理论假设；实地研究一般是运用归纳推理方法，根据对质性资料的分析，从中概括出某种理论，或者对某种理论进行诠释；文献研究是在二手资料分析的基础上，对理论假设进行验证，或者通过对二手资料的进一步分析，概括出新的理论以及对理论进行诠释。

与理论性研究相对应的应用性研究更侧重于对社会现实问题的研究。一方面它要在一定的理论指导下对社会问题进行科学的解释，另一方面，也是最为重要的是，应用性研究必须在经验研究的基础上提出解决社会问题的建议和对策，或者为改善社会状况、解决社会问题提供咨询。应用性研究既可以采用调查研究方式，也可以采用实地研究。文献研究方式虽然也能采用，但对于重大社会问题的对策性研究，一般还是采用经验研究的方法。一般来说，应用性研究主要是描述性的，即通过对现状的分析，提供相应的对策和建议。不过，笔者认为应用性研究尤其是涉及重大决策的应用性研究实际上是建立在解释性研究的基础上，是以一定的理论为取向的，或者说任何重大决策背后都掩藏着一定的价值取向和利益博弈，这类研究既是一种理论性研究，也是一种解释性研究。近年来，在我国教育改革、医疗改革、住房改革政策研究的背后，实际上充满着"市场"导向和"社会"导向的争论，或者说是"自由主义"和"福利主义"两种不同理论的对峙，其背后又反映了国家、市场、社会三者之间的关系和博弈。因此，任何政策都是一定理论具体化的表现，从而使某种理论通过相应政策得以实施或落实。

在研究设计中，除了要注意研究性质、研究方式和研究目的之外，还要考虑时间性因素，即是采用横向研究还是采用纵向研究方式。从宽泛的意义上说，调查研究或量化研究主要是横向的，实地研究或质性研究主要是纵向的，但是调查研究有时也采用纵向研究方式，如趋势研究、同期群研究、同组研究；实地研究从它的特点来说一般不会采用横向研究方式，当然并不排除对某一时间横断面的社会现状进行深入的调查（如对突发事件的研究），实地研究采用纵向研究方式，也仅仅是指对社会现象进行深入的历史考察，一般不会拘泥于纵向研究中的趋势研究、同期群研究和同组研究那样的严格规定。

我们在前面很多地方强调理论对社会研究的重要性，那么，到底什么是理论？在社会研究中如何将理论和经验结合在一起？

>> 5.2 理论和假设

5.2.1 何谓理论

理论往往被看作是高高在上的、不可触摸的，"理论家"的形象往往是一位严肃的、威严的"教化者"，他告诉你什么是对的，什么是错的，什么是应该做的，什么是禁止的。那些玄辩的、空洞的、抽象的言词，形成了"说教"的"话语霸权"，只好使普通老百姓采取"他说他的，我做我的"行动策略。其实理论并没有那么"可怕"，贩夫走卒的日常言说有时也会有意无意地运用一些"理论概念"。有一次在公交车上笔者听到两位刚刚离开麻将桌的乘客说话，其中一位似乎在总结经验，说打麻将一定要集中精力，要盯牢"上家"，看住"下家"，但是有时也要"放只码头"*，这样你的牌才能做活。"盯牢上家，看住下家，放只码头，你活我也活"，不就是中国人活生生的生活伦理或生活逻辑吗？当然，在一些"理论家"那里也许只是不登大雅之堂的"草根理论"。

> *"放只码头"，沪俚语，意为放条活路，不要逼人太甚。

理论之所为被看作高高在上，一个重要的原因是把理论和意识形态"捆绑"在一起，虽然意识形态也可以视为理论，或者任何理论都具有意识形态的倾向，但是作为科学的理论和作为意识形态的理论是有很大区别的**。意识形态的理论的特点是：提供绝对肯定的答案，能对所有问题做出回答，并且是不变的；无视对理论不利的证据，回避对理论的检验；坚守某个特定的立场和某种特殊的道德信念，即使充满矛盾或不一致。科学理论具有的特点是：对问题的回答是有条件的，它的解释不是唯一的，意识到不确定性的存在；愿意根据证据修正理论和接受经验的检验；超越社会立场，努力保持中立的态度，积极寻求逻辑上的一致性和连贯性（劳伦斯·纽曼，2007：57）。

> ** 理论具有意识形态的倾向和作为意识形态的理论是不同的。

社会研究的理论是科学理论，而不是意识形态理论，虽然社会研究不免要受到意识形态的影响。所谓理论是概念、原理的体系，是系统化了的理性认识，具有全面性、逻辑性和系统性的特征。理论的产生和发展一方面是由社会实践决定的，另一方面又有自身的相对独立性：理论必须与实践相结合，离开实践的理论是空洞的理论。科学的理论是在社会实践的基础上产生并经过社会实践的检验和证明的理论，是客观事物的本质、规律性的正确反映***。科学理论最大的特点是，任何理论都来自社会实践，只有经过社会实践检验和证明的才是理论。任意杜撰一个"概念"不是理论，在它没有经过社会实践的检验之前，最多是一种假设。科学意义上的理论也不是教科书式的。

> *** 参见《辞海》。

理论来自社会实践，并要接受社会实践的检验和证明。那么什么是社会实践？对社会实践虽然存在不同认识，但一般被认为是人类认识社会和改造社会的各种活动。作为科学研究活动的社会实践，自有其认识社会的逻辑，即科学研究的一般逻辑，主要是归纳法和演绎法（详见第3章）。科学研究的一般逻辑规定了科学研究认识社会的基本方法和程序，揭示了经验和理论之间双向互动的关系，表明了社会科学理论研究绝不是关在书斋里生造几个概念，当然也不是一些学者所讲的实证性理论研究只需满足于对经验现象的描述。恰恰相反，实证性理论研究更注重对经验现象的观察，强调按科学研究的一般逻辑，从中概括出理论，或者运用"假设"（一种尚待证明的理论）的方法，通过对经验现象的观察去证实或证伪理论。

5.2.2　理论的层次

理论根据抽象程度和分析单位，可以分为宏观理论、中观理论和微观理论。

宏观理论关注的是大型社会，如国家、社会、种族等，理论的抽象程度最高，解释度最广，理论体系十分庞大、复杂，涉及的理论概念通常与文化、制度、结构、功能、系统等有关，诸如社会进化论、社会有机体论、马克思社会理论、帕森斯结构功能主义理论、结构化理论、风险社会理论、现代性理论（反身性现代性理论）等都属于宏观理论。当人们研究一个国家的社会变迁、社会结构、社会文化或者进行国家之间、种族之间、文化之间的比较研究时都会涉及宏观理论。宏观理论能够提供对社会的总体性解释，但是难以和经验研究直接勾连起来，因此宏观理论很多是属于形式（formal）理论，即"提出一个由一些概念和陈述组成的图式，能够说明社会或整体上的人际互动"，具有范式化的特征，从而为社会研究提供基础性说明或方法论导向（马尔科姆·沃特斯，2000：4）。

　　中观理论尝试把宏观理论和经验现象结合起来，即在宏观理论的范式下，运用相对抽象的、能够和经验现象结合起来的理论对特定领域的社会现象或社会活动进行研究。比较接近中观理论的是美国社会学家默顿（Robert K. Merton）提出的中层理论（theories of middle range），他认为宏大社会理论建立的条件还不成熟，主张以中层理论作为战术目标的具体形式 *，解释社会现象的有限部分，通过对有限现象的理论描述和经验实证，最终会形成更加复杂的理论。按照中层理论研究方法，社会学理论的概念和命题应该更加紧密地组织起来，理论要关注经验研究，要对理论的概念和命题进行澄清、阐述和表达（罗伯特·K.默顿，2006：第2章）。中层理论被认为在理论框架与经验研究之间、认识意义和实践意义之间架起了桥梁。在默顿那里，典型的中层理论是角色冲突、参照群体、社会调适、行动规范、越轨行为、社会控制等。比较接近中观理论的还有实质理论（substantive theory），它不追求说明一切，只是想说明比较具体、特定但又比较复杂的事件，或者社会过程的特殊类型，例如工业社会或后工业社会理论及现代社会中的工人异化、政治支配、阶级关系、集体行动、宗教信仰、女权主义以及各种亚文化现象等（马尔科姆·沃特斯，2000：4）。与中观理论有关的还有社区研究、社会运动、组织理论等，因而它所关注的是"中型社会"，如群体、社区、组织等。

　　微观理论关注的是个人和小群体的社会生活议题，主要研究较短时间和较小空间内的少数人行为或心理，例如社会互动、人的社会化、小群体结构等，其中包括大量的生活小事，如约会、师生关系、角色扮演等（艾尔·巴比，2000a：58）。微观理论非常关注具体的经验关系，往往从经验现象中概括出一些命题或假设，例如，教育程度越高，希望生育的子女数就越少；家庭收入越高，用于子女教育的费用也越多；气候的变化与人们的工作情绪有关；小团体之间争吵次数的增加会促进小团体内部成员谈话次数的增加；人的长相和亲和力之间的关系等。这些对经验现象之间关系的假定非常直观，也很容易为实证研究所证明或证伪，但是这些对经验现象之间关系的假定如果不能和比较抽

* 他认为功能主义不仅能够建立中层理论，并能最终建立包括中层理论在内的宏观理论。

象的理论概念勾连起来，最多是一种经验描述，很难上升到一定的理论高度，对理论建构的意义不大。

从逻辑上说，从宏观理论到中观理论再到微观理论应该是一个完整的"理论链"，也就是说，理想的社会学经验研究，应该与抽象程度不同的三种层次的理论相耦合，但正如默顿认识的那样，社会学还是一门年轻的学科，还很难奢望发展出一些统一的理论，建立宏大理论体系必需的理论和经验基础还没有完成（罗伯特·K.默顿，2006：第2章）。现在，尽管离默顿时代已经有五十多年了，但是，社会学在某种意义上还是处于经验积累时期，或者说还处于"描述性研究"阶段。甚至可以认为建构宏大的、统一的、具有高度解释力的、普适性的社会学理论只能是一种理性主义的"奢望"，因为社会现象要比自然现象复杂得多。相对于西方社会学，中国的社会学可能还处于"童年"，中国改革开放三十多年所积累的"中国经验"，却对中国社会学乃至世界社会学提出了挑战。不能以现有社会理论解释的"中国经验"只能使中国社会学在很长的一个时期里还只是一门"走向实践的社会学"，如果不能搞清楚"中国经验""是什么"，就不可能建立中国的社会学理论。这一过程并不排斥某种理论尝试，但是它的基础仍然是要搞清楚"中国经验""是什么"。因此，从这个意义上说，中国社会学还处于描述性研究阶段。

对于社会研究来说，目前所能达到的理论高度是中观理论，许多研究都在尝试把中观理论和微观理论结合起来，形成从理论概念到研究假设再到测量指标的过程，把理论假设和经验假设（工作假设）结合起来；或者从经验事实中尝试概括出比较抽象的理论。宏观理论对于实证性研究来说无论是量化的还是质性的，还只是一种方法论或范式。

5.2.3　理论的形式

从研究方法的角度看，任何理论都是一组在逻辑上相互联系的命题（林南，1987：18）。命题通常是指表达判断的句子，是反映事物情况的思维形态。因此，理论实际上可以分解为几个相互联系的命题。例如，根据美国社会学家乔纳森·特纳（Jonathan H.Turner）的提炼和归纳，布劳（Peter M.Blau）的交换理论隐含了五大交换原则及其命题（见表5-2）。

命题是由概念组成的，概念是反映现象特有属性的思维形式，是人们通过实践，从对象的许多属性中抽出其特有属性概括而成的。概念的形成，标志人的认识已从感性认识上升到理性认识，科学认识的成果都是在形成各种概念的基础上总结和概括的。由于理论对经验现象具有解释或诠释的作用，因此理论概念在社会研究中往往又被称为"分析概念"，例如布劳交换理论中的"理性、互惠、公正、边际效用、不均衡"就是分析概念。

表 5-2　交换理论的原则和命题

理性原则:人们在从事某种行动时,越是期望从对方那里得到更多的报酬,就越有可能从事这种活动。
互惠原则:A. 人们之间交换报酬越多,越有可能产生互惠的义务并以此来支配以后人们的交换;
B. 越是违反交换关系中的互惠义务,被剥夺者就越会倾向于消极地制裁违背规范的人。
公正原则:A. 人们建立的交换关系越多,就越有可能受到"公平交换"规范的制约;
B. 在交换中,越是不能实现公平规范,被剥夺者就越会倾向于消极地制裁那些违背规范的人。
边际效用原则:人们从事某一特定行为得到的期望报酬越多,则该行动的价值越小并且越不可能从事此活动。
不均衡原则:在社会单位中,某些交换关系越是稳定和均衡,其他交换关系就越可能变得不均衡和不稳定。

资料来源:[美]乔纳森·特纳,2001:284

命题的形式主要是定律、公理、定理、假设等。定律是客观规律的概括和表达方式,它体现事物之间在一定条件下的必然关系;公理是指在一个演绎系统中不需证明而作为出发点的初始命题,它经过了人类长期反复实践的考验,被认为是"真",是理论所依据的基本主张;定理可以从公理的演绎中获得,通过理论证明能用来作为原则或规律的命题,是可以被检验的(也可以说是已经被检验的命题);假设是尚待检验的命题。

科学理论尤其是自然科学理论通常以定律、公理、定理的形式表现,例如"牛顿运动定律""能量守恒定律""等量加等量其和相等(公理)""整体大于部分(公理)""三角形中,若两角相等,则对边相等(定理)"。但社会科学理论很难达到"定律"这样形式化程度很高的认识,定律必须具有普适性的特点,而不是在偶然状态下出现的模式,因此社会科学对社会的认识远没有达到"定律"的认识水平,甚至也不太可能达到。即使一些学者采用"定律"的表述方式,也只是"借用"而已*。虽然如此,有的社会理论的发展还是取得了一些"公理"性的认识,可以从公理演绎出定理。因此,也可以说,现有的相对成熟的社会理论也可以以"公理"的形式表述,并有可能从中演绎出"定理"(见例 5-1、例 5-2**)。

> * 例如吴思所著《血酬定律》一书中提出的"血酬定律"。"强盗、土匪、军阀和各种暴力集团靠什么生活? 靠血酬。血酬是暴力的酬报……不过,暴力不直接参与价值创造,血酬的价值,决定于拼争目标的价值。如果暴力的施加对象是人,譬如绑票,其价值则取决于当事人避祸免害的意愿和财力。这就是血酬定律。引入这条定律,可以更贴切地解释一些历史现象。"

> ** 肯尼思·D. 贝利,1986:635。

例 5-1:马克思关于社会冲突的公理和定理

公理 1:稀缺性资源分配越不平等,越容易产生社会冲突。

公理 2:社会冲突越激烈,越容易导致阶级斗争。

定理 1:稀缺性资源分配越不平等,越容易导致阶级斗争。

例 5-2:M. 韦伯关于组织理论的公理和定理

公理 1:集中化程度越高,形式化越高。

公理 2:形式化越高,效率越高。

定理 1：集中化程度越高，效率越高。

一般而言，社会科学采用"公理""定理"的表述方式是一种借用，即采用这种形式化的语言，清晰、明了，并且简单地表达出理论的主要内涵*。但是大多数社会理论还没有达到这样的高度，或者说社会发展越复杂，就越不可能采用这样高度概括的形式化表述方式。但是，社会科学理论家都在试图使他们的理论达到对社会的高度认识，试图取得类似于"公理"或"定理"的形式，并具有一定的普适性，因此，某些社会理论或者理论命题或许可能采用"类公理"或"类定理"的形式。

*例如被称为"科斯定理"的理论也并非一条真正的定理，而是科斯所表达的一种制度经济学观点。

5.2.4 研究假设

假设是尚待检验的命题，或者是理论的潜在形式，是需要实证研究加以证明的理论。所谓假设就是以已有事实材料和科学理论为依据而对未知事实或关系所提出的一种推测性说明。提出假设必须从事实材料出发，根据一定的理论进行逻辑论证。假设提出后还须得到经验的证实，才有可能成为科学理论。简而言之，假设就是研究者对社会现象之间或者变量之间关系的推测或尝试性解释，是社会研究中最常用的命题形式。

例如，美国社会学家艾尔·巴比（Earl Babbie）、葛洛克（Charles Glock）、林格（Benjamin Ringer）研究了美国圣公会教徒参与教会活动的程度，其中有一个被称为"慰藉假设"（comfort hypothesis）。该研究依据马克思的观点——宗教是人民的鸦片，认为"教区居民中无法在世俗社会中得到满足和成就的人，会转向教会寻求慰藉和代替物"。在此假设下，研究者建立了如下具体假设，并把下列假设综合在一起，证实了"慰藉假设"，即具有不满特性越多的人，卷入宗教的程度应该越高（艾尔·巴比，2000：76-77）：

例 5-3：慰藉假设

假设 a. 女性应该比男性在宗教上更虔诚**（假设基础是：一个男权占主导地位的社会中，女性无法在世俗社会中得到满足。）

假设 b. 年龄与对宗教的虔诚是正比关系（假设基础是：以青年人为导向的社会，年龄大的人要比年龄小的人更易有失落感。）

假设 c. 社会阶级较低者比上流社会更经常地卷入宗教活动（该假设表明社会阶级地位较低者在世俗社会中无法得到满足。）

假设 d. 单身且无子女者在宗教上更虔诚（假设暗示已婚有子女家庭在世俗社会中更容易得到满足。）

**"虔诚"表现为参加宗教仪式、宗教组织和获取宗教知识等。

通过量化方法对假设进行证实或证伪，可以对比较抽象的理论进行验证，从而使实证研究不再是经验上的描述，成为理论性研究。艾尔·巴比等人的研究结果表明宗教对社会弱势群体是一种"精神鸦片"，可以起到如同鸦片那样的"慰藉"功能。

虽然质性研究似乎很少采用"假设"的形式（量化研究中假设是以演绎推理为基础的，并在研究之前产生），但是实际上有些质性研究仍然采用"假设"的形式，只是它的理论假设产生于研究之后，是在已有的研究结果上建立的初步结论，并经过个案研究来证实或证伪，从而验证和发展研究者的初步结论。另外，依笔者看来，质性研究中研究设计的概念框架体系实际上也带有研究假设的性质，虽然它没有用明确的语言阐述概念之间的关系，但是概念之间的箭头指向实际上暗含了它们之间的逻辑关系（陈向明，2000：11，92，109），并且质性研究同样具有构造理论或诠释理论的作用。

美国社会人类学家流心（Xin Liu）《自我的他性》，以华南某一沿海城市的商业实践逻辑为研究对象，通过对三类人（官员、商人、小姐）的民族志描述，阐述他们所讲的故事，试图揭示当代中国人的自我结构，并以"自我的他性"阐释当代中国社会具有的"魅力"——"中国社会似乎拥有某种神力，能够出其不意地自我改换，来回换挡，屡变方向"，即在剧烈的社会变革中，中国人的性格发生了极大的变化，随时会改变自己，甚至在性格上很容易变为另外一个人（流心，2005：2）。

因此，无论是量化研究和还是质性研究，研究假设都是对所研究的问题或现象提出的一种带有推测和假定意义的理论解释，它是用来说明某种现象但还未经资料证明的理论命题。不过，量化研究的假设更加细致和精确，通常采用变量的语言表述，并且能够由理论假设演绎成可以测量或操作的经验假设。

研究假设主要来自一定的理论和经验，也就是说，当研究"问题"确定之后，并有了一定的"问题意识"，研究者才能在理论演绎的基础上建立可以操作或观察的经验假设。因此，一定的理论是建立研究假设的重要来源，研究假设只有在一定的理论指导下，才有可能使调查研究免于成为纯经验的琐碎描述，或者说，建立在一定理论基础上的研究假设实际上也决定了研究的"观察"范围，被"观察"到的事实总是和一定的理论有关的 *。而且，如果研究假设在原有理论的基础上有所突破或创新，那么，对假设的验证实际上就成为对新理论的证实或证伪。研究假设除了必须以一定的理论为依据之外，还需要研究者具有比较丰富的经验知识，这种经验知识不仅可以使研究者受到启发，从中提炼出研究假设，而且可以使比较抽象的理论假设转换为经验层面的"操作性假设"，即具有操作性的、可以观察的经验假设。

笔者根据马克思社会冲突理论和韦伯组织理论的公理和定理，建立了若干个模拟性质的经验假设（见例5-4、例5-5）。其中"定理"实际上就是根据一般理论而演绎的理论假设，然后根据笔者对理论假设中主要概念的认识，设计

* 爱因斯坦说过，"你能不能观察到眼前的现象取决于你运用什么样的理论，理论决定着你到底能观察到什么"，以笔者的认识来说同样适用于社会科学研究，尤其是量化研究。

了在经验上可以操作的"变量"或"指标"。例如，"稀缺性资源"在经验假设中主要是"劳动者的收入和保障"，"阶级斗争"包括"消极怠工、跳槽、破坏机器、罢工、骚乱"等一些具体行动；"集中化程度"主要是"工厂化生产和家庭作坊生产，流水线作业和单件生产，工人社区等"，"效率"主要是"产量"。

例 5-4：马克思关于社会冲突的公理和定理及衍生假设

公理 1：稀缺性资源分配越不平等，越容易产生社会冲突。

公理 2：社会冲突越激烈，越容易导致阶级斗争。

定理 1：稀缺性资源分配越不平等，越容易导致阶级斗争（理论假设）。

假设 1：员工对收入分配越是感到不公正，就越有可能采取消极怠工的方式。

假设 2：员工的社会保障水平越低，越有可能发生"跳槽"行为。

假设 3：当企业企图提高生产自动化水平时，工人有可能采取破坏机器的行为。

假设 4：员工的生活如果一直处于绝对贫困化状态（工资收入无法维持劳动力的生产和再生产），就有可能采取罢工的方式反抗。

假设 5：员工希望增加工资的要求如果受到暴力镇压，就会产生大规模的骚乱。

例 5-5：韦伯关于组织理论的公理和定理及衍生假设

公理 1：集中化程度越高，形式化越高。

公理 2：形式化越高，效率越高。

定理 1：集中化程度越高，效率越高（理论假设）。

假设 1：工厂化生产要比家庭作坊能生产更多的产品。

假设 2：流水线作业要比单件生产的生产效率更高。

假设 3：在工厂周围建造工人社区，能够提高生产效率。

需要说明的是，我们在表述假设时，不会采用从"公理""定理"到"假设"这样的叙述。所谓"公理"实际上是研究假设的理论基础，"定理"可以看作是比较抽象的研究（理论）假设。因此，在社会学经验研究中，一组假设包括了一个或几个比较抽象的研究（理论）假设和若干个与之相匹配的经验假设（见例 5-6）。假设建立后，需要用文字说明研究（理论）假设的理论基础，例如，"集中化程度越高，效率越高"是一个研究（理论）假设，我们可以这样解释它的理论基础：因为现代组织结构是一种科层制组织，是一种集中管理的组织，如工厂。这种集中化程度很高的组织，需要严格的管理，即采用现代科层制这样形式化程度很高的管理形式，只有在这样的组织形式下才能发挥较高的工作效率或生产效率。

例 5-6：M. 韦伯关于组织理论的假设

假设 1：集中化程度越高，效率越高。

假设 1a：工厂化生产要比家庭作坊能生产更多的产品。

假设 1b：流水线作业要比单件生产的生产效率更高。

假设 1c：在工厂周围建造工人社区，能够提高生产效率。

在社会研究中，假设的形式主要是条件式假设和差异式假设。**条件式假设**是假定某个变量或现象发生变化时，另一个变量或现象也随之发生变化，它的**表述形式**基本是：如果 X，则 Y。例如，马克思的社会冲突理论和韦伯的组织理论中的理论假设就是典型的条件式假设。**差异式假设**是假定一个变量的若干个范畴或值在另外一个变量上存在着差异，它的**表述形式**基本是：变量 X 的若干个范畴或值（A，B…）在变量 Y 上存在着显著差异，或者 X 不同，Y 也不同。例如，韦伯的组织理论中的经验假设 1a，1b 就是采用差异式假设的表述形式，经验假设 1a 表明"生产方式（X）的两种形式，工厂化生产（A）和家庭作坊（B）在产量（Y）上存在着显著差异"；经验假设 1b 表明"生产流程不同，产量也不同"。

有的时候，研究假设会以"**研究设想**"的形式表现，它只表明两个概念或变量可能存在一定的关系，但是并不明确指出概念或变量之间的变化方向。例如，"稀缺性资源分配越不平等，越容易导致阶级斗争"，"集中化程度越高，效率越高"也可以分别表述为"阶级斗争与稀缺性资源分配之间存在比较密切的关系"，"效率与集中化程度有关"。显然，"研究设想"的表述只是研究者需要研究的现象或变量之间的相互关系，但不能肯定研究对象的变化趋势。因此，简单地说，假设的表述方式带有预测的功能，比较严谨；"研究设想"的表述方式不具有预测的功能，但是可以给研究者更多的思考空间。

需要注意的是，条件式假设主要用于解释性研究或分析因果关系，差异式假设主要用于描述性研究或分析相关关系。但是，如果从假设的形式上看，有时很难区分出它们是因果关系还是相关关系，因为任何假设的基本形式都是差异性的。例如，韦伯的组织理论中的经验假设 1a 和 1b 虽然采用的是差异式假设的表述形式，但分析的却是因果关系，即从生产方式和生产流程的变化预测它们对产量的影响。即便是条件式假设也是如此，例如，"稀缺性资源分配越不平等，越容易导致阶级斗争"显然是条件式假设，是用来分析因果关系的，即导致阶级斗争的原因是什么，但是它也可以采用差异式的方式表述："稀缺性资源分配（X）不平等的三种状况高（A）、中（B）、低（C）导致的阶级斗争在强弱程度上存在着显著差异（激烈或缓和）"；同理，"集中化程度越高，效率越高"也可以表述为"集中化程度不同，效率也不同"。当然这并不表明所有的差异式假设都可以转换成条件式假设。例如："男生和女生在消费方式上存在着显著差异"；"人们的年龄不同，生活方式也不同"。如果单就性别在消费方式和年龄在生活方式上的差异来说，它们是描述性的。如果只是分析消费方式或生活方式在不同性别和年龄上的分布状况及其特征，就不能采用条件式假设的表述方式。但是，如果"性别"和"年龄"作为某个特定概念如"性别理论"或"身份理论"中的一个指标，就很难说它们是描述性的，而且性别和消费方式、年龄和生活方式也不仅是相关关系，而是条件关系。因此仅仅以研究假设的表述形式来判断它是解释性的或因果关系的，还是描述性的假设，是不够的。

相关关系是两个变量之间一方变化的同时，另一方也会变化，因果关系实际上是相关关系的特殊形式，即单向或不对称相关关系。因此，相关关系有两种类型，即共变关系和因果关系。判断假设所表述的概念或变量之间的关系是因果关系还是共变关系，主要不在于假设是采用条件式还是差异式的表述方式，而是取决于研究者对假设中变量或概念之间关系的判断。首先，一个概念或变量（X）的变化是否会引起另外一个概念或变量（Y）的变化是判断因果关系的前提，如果是的话就有可能是因果关系。其次，判断一个假设描述的状况是否是因果关系除了统计上的规定之外（详见 11 章），更需要理论上的解释。第三，如果假设描述的关系不仅表现为 X 变量的变化会引起 Y 变量的变化，而且 Y 变量的变化同样会引起 X 变量的变化，那就是共变关系或者互为因果关系了。例如，"人与人的交往越多，他们的感情就越好"，反过来"感情越好，他们的交往也越多"。第四，任何假设即使是因果关系假设也具有描述性的作用，例如，"员工对收入分配越是感到不公正，就越有可能采取消极怠工的方式"，作为描述来说，也可以说明消极怠工在分配不公正（主观评价）不同状态下的发生率。

研究假设作为科学研究的一种方法在调查研究中具有重要意义。第一，可以为调查研究指明具体的方向。假设所包含的具体指标或变量，实际上已经说明了调查研究的具体内容，它是问卷设计的基础。例如，马克思社会冲突理论中的经验假设，"劳动者收入和保障""对收入分配的评价""绝对贫困化状态""生产自动化水平""劳资互动方式（暴力镇压或其他）"，以及阶级斗争的具体方式："消极怠工""跳槽""破坏机器""罢工""骚乱"等是问卷设计中不可缺少的内容或项目。第二，假设可以成为建构社会理论的方式，它在建构社会理论中起着桥梁的作用。虽然假设在未得到证实或者充分证实前还不能成为科学理论，但它毕竟是科学理论的潜在形式。第三，应该指出的是，在社会研究中假设即使被证实，也并不一定马上成为科学理论。一方面是因为任何科学理论的证实都不是一次性的，只有通过反复的研究，并且在反复研究中所得到的结论基本上是一致的，我们才有可能说假设被证实了。另一方面，根据理论假设演绎出来的经验假设并不能达到对理论概念全部内涵的说明，例如，在对马克思社会冲突理论的经验假设中，笔者仅以"收入和保障"测量"稀缺性资源"，对于"阶级斗争"也仅限制在被雇佣者与资本所有者之间，这显然是不全面的（暂且不考虑是否正确）。因此，经验假设即使被多次证实，它的解释力也是有限的。不仅量化研究是如此，质性研究也是如此。当然，如同我们在前面所讲的，随着研究的深入和发展，通过对更多经验假设的证实，人们能够逐步达到或者接近对理论概念全面、正确的认识。

由理论假设和与此相应的若干个经验假设组成的假设体系也可以称为"**理论结构**"（见图 5-1），其中 X，Y 分别代表两个抽象的理论概念，X 概念影响着 Y 概念，$x_1 \cdots x_n$，$y_1 \cdots y_n$ 分别代表与 X，Y 对应的变量或指标。由此可以看到，一个比较抽象的概念需要由多个在经验上可以观察或操作的变量或指标加以界定，而不是一两个，虽然从方法论的意义上说，这些指标或变量不可能穷尽一个抽象概念的全部内涵，但是它们可以逐步"逼近"对概念的认识。从测量的角度看，采用多个指标或变量对一个抽象概念进行测量，可以提高测量的信度，即稳定性。

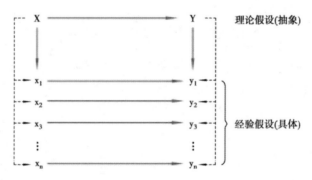

资料来源：林南，1987：45

图 5-1　理论结构和假设体系

>> 5.3　分析单位和研究内容

在研究设计中，除了要根据研究课题的研究性质、目的以及一定的理论选择相适应的研究方式、建立研究假设或研究设想之外，还要确定一项研究的分析单位和研究内容。例如，当确定以"农民工的城市适应研究"为研究课题后，就要明确它的分析单位是个人还是群体，研究内容有哪些，收集资料的对象是谁，等等。

5.3.1　分析单位

分析单位顾名思义是指一项研究中用来观察、描述和解释的单位。它可以考察和归纳相同事物的特征，解释分析单位中社会现象之间的差别；还可以通过对具体现象和个人行为的观察、描述和解释，在综合的基础上，描述更大的群体或解释被研究的社会现象。在社会研究中，分析单位的具体形式主要有五种：个人、群体、组织、社区、社会产品和社会事件。

5.3.1.1　个人

在社会研究中，把**个人**作为分析单位是最常见的，也是最多的，尤其是调查研究、实地研究等研究方式。这是因为社会是由相互联系的个体组成的，研究者一般是通过对个人的研究，概括出由个体所组成的群体的特征。同时，社会研究的自身性质也决定了它所用的分析单位比较多的是社会中的个人。因为社会研究，尤其是调查研究一般都是通过个人收集资料，并通过对一定数量个人的描述，在概括、分类和综合的基础上，描述和解释由个人所组成的各种群体，以及由个人的行为和态度所构成的丰富多彩的社会生活。把个人作为分析单位根据不同的研究课题，它的具体形式是不同的：它既可能是大学生、中学生，也可能是工人、农民、军人、个体经营者，或者是城市居民、老人、女职工、不良青少年，等等。

例如，关于"未成年人的社会化和不良行为"的调查研究中，每一个年龄在 14 ～ 17 岁的未成年人都是该课题的分析单位，同时也是收集资料的对象。研究者可以从初级社会化的角度描述他们在家庭中获得的教育，分析他们的行为特征和行为规范；考察家长的教育程度、职业、家庭收入、父母关系、亲子两代人的关系和家庭教育方式等因素对孩子社会化的影响；以及不同的家庭背景、家庭关系、家庭结构下未成年人的行为规范和特征；采用年龄、性别、学习成绩等变量分析它们与未成年人不良行为之间的关系或分布。

以个人为分析单位的描述性研究一般旨在描述由某些特定个人所组成的总体及其特征，以个人为分析单位的解释性研究则是为了揭示总体中社会现象之间的关系，分析研究对象变化发展的可能或趋势。就如上例所示，作为描述性研究，研究者需要准确地描述未成年人不良行为的实际表现、类别和特点，以及他们在性别、年龄、学校、家庭和社区上的分布；作为解释性研究，主要是以"社会化"作为解释性变量，并以家庭背景、家庭关系、家庭结构分析未成年人社会化的不同结果。需要强调的是，作为分析单位的个人实际上具有社会群体的特征，是以个人所隶属的社会群体指示其特征。一个未成年人可以被描述为"出生于知识分子家庭"或者"出生于工人家庭"，也可以划分为在"重点学校就读"或在"一般学校就读"。研究者得出的结论也许是知识分子家庭的不良少年的比率要低于工人家庭的不良少年的比率；也许是"在重点学校"就读的未成年人不良行为发生率要低于"在一般学校"就读的未成年人。但是，它们的分析单位仍然是"个人"，而不是家庭或学校。这或许从语法修辞上可以理解，主语是"未成年人"，"知识分子家庭""工人家庭""重点学校""一般学校"都是定语，是修饰主语的。

5.3.1.2　群体

群体是通过某种社会关系联结起来，进行共同活动和感情交流的集体。由若干个人所组成的各种社会群体，本身也可以成为社会研究的分析单位。例如，由若干个有着姻缘关系或血缘关系的个人或小家庭所组成的家庭；由若干个居住在一起的个人或家庭所组成的邻里；由若干名学生所组成的班级；由若干个有着共同兴趣和爱好的人所组成的团体；由若干个长期在一起工作的同事所组成的非正式群体；由若干个长期共同从事盗窃犯罪的人所组成的团伙，等等，都可以成为社会研究的分析单位。

以群体为分析单位和以个人为分析单位进行的相类似的研究课题，描述的对象是不一样的。假如研究"未成年人团伙的越轨行为"，那么研究者主要是从越轨行为的角度分析比较不同未成年人团伙的特点和类型。首先可以把它们分为"罪错团伙"和"犯罪团伙"，罪错团伙又可以分为"性罪错团伙""轻微违法团伙"和"恶少团伙"等；"犯罪团伙"则可以根据它们的犯罪类型分为"盗窃团伙""暴力团伙""诈骗团伙"等。研究中，既可以分析不同未成年人越轨团伙的特点和它们内部的结构以及团伙之间的联系和矛盾，也可以比较不同城市，甚至不同国家未成年人越轨团伙之间的共同特点和差别等。如果仅以"未成年人越轨行为"为研究课题，或者仅仅单独研究某个特殊的团伙内部成员的越轨行为，不和其他团伙进行比较分析，那么它们的分析单位就是"个人"。

以群体为分析单位时，群体的特征与群体中个人的特征有关，或者说群体的特征可以从其成员的特征中抽象出来。例如，可以从未成年人犯罪团伙成员的年龄、性别、教育程度、犯罪手段、对社会的危害性概括出未成年人犯罪团伙的特征。但是需要注意的是，群体的特征和个人的特征是不同的。以未成年人犯罪团伙作分析单位时，可以用团伙的规模、结构，以及团伙之间的关系等来描述团伙的特征，但却不能用同样的特征去描述团伙中的个人。**分析单位的层次越高，它能使用的分析单位也越多**，因此，对群体内部的分析可以采用"个体"作为分析单位。例如，可以分析未成年人犯罪团伙领袖的个性对团伙成员的影响。但是在作重要结论时，一般要以"群体"为分析单位。研究者可以说"具有个人魅力的领袖所领导的团伙具有更高的凝聚力"，但是不能说"凝聚力比较高的团伙领袖要比凝聚力比较低的团伙领袖更具有个人魅力"。因为作这样的描述时，实际上是把分析单位由"群体"降为了"个人"。

5.3.1.3　组织

组织是指具有特定目标和正式分工的，有计划建立的结构严明的制度化群体，即正式组织。公司、机关、学校、商店、医院等都是现代社会组织。组织也是社会研究重要的分析单位。例如，前几年在我国社会学界比较热门的研究课题"中国的单位制"，许多实证研究的分析单位就是国有企业。把组织作为分析单位主要是研究不同组织之间的特点和差别，可以比较计划经济下的企业和市场经济下的企业的组织结构，也可以比较工业社会企业和后工业社会企业的组织形态和结构，或者比较跨国公司和本土企业组织，或者比较事业单位组织和企业单位组织之间的差别。通过这样的研究，可以在更高程度上发现社会结构的特点。

组织与群体一样，都是由若干个个人组成的，因而作为分析单位的组织所具有的某些特征，也在一定程度上与组织成员的个人特征有关，但是组织的特征和个体的特征还是不同的。由于组织是一个层次较高的分析单位，因而在具体研究时可以采用个人、群体、组织多个分析单位，从而增加了分析单位的复杂性。例如，在研究组织时可能会涉及正式团体和非正式团体之间的关系，也会分析组织领导的素质对组织目标实现的影响。因而在以组织作为分析单位时，就有可能同时采用"个人""群体"作为分析单位，尤其是在对组织内部结构进行分析时，回避这样的分析单位是不可能的。如同前面"群体"的分析单位一样，采用"个人""群体"这些低于"组织"的分析单位时，一般仅适用于对组织内部的分析，在做结论时，尤其是通过比较做结论时，仍然要以"组织"作为分析单位。否则，就有可能把分析单位降为"群体"或"个体"。例如，以组织为分析单位时，研究者可以说"存在一些非正式团体的组织要比只有正式团体的组织更具有工作效率"。但是，不能说"组织中的非正式团体对工作效率有积极影响"，因为这样的结论实际上是以"群体"作为分析单位，它要研究的问题可能是"非正式团体对工作效率的影响"。

5.3.1.4　社区

社区作为一定地域中人们的生活共同体，也可以作为研究中的分析单位。虽然调查研究也有一些是以社区为分析单位的，但是实地研究中以社区为分析单位的似乎更多一些，也许这与社区本来就是文化人类学的研究对象有关。社区的概念可大可小，一般来说，城市与乡村就是两个不同的社区，但是作为分析单位的社区范围一般不是很大，通常一个街区、小区（里弄、胡同）、小镇、村庄都是典型的社区。研究者也常以这样规模的社区作为分析单位。三十多年来，中国社会学一些比较有影响的研究成果多是以小城镇、村庄或街区为分析单位的。当然在规模很大的宏观研究中，也可以以城市为分析单位，比较不同城市之间文化上的差别。最为著名的就是所谓"京派文化"和"海派文化"的比较研究，如果从比较的角度研究两个城市的文化、居民的行为模式等，那么它的分析单位就是城市。

以社区为分析单位是在对社区各种要素抽象的基础上，综合地反映社区的特征。研究者可以从人口规模、社区性质、社区文化、社区习俗、社区经济、社区地理和环境等各个方面描述社区的特点，分析不同社区之间的关系等。社区是一个最高层次的分析单位，因此它在具体研究时，可以同时采用"个人""群体"和"组织"这样一些分析单位。但是，如同在前面所说的那样，低层次的分析单位一般用于对社区内部特征的描述，对不同社区进行比较和分析，或在得出主要结论时，分析单位还应该是"社区"。

5.3.1.5　社会产品和社会事件

上面介绍的分析单位都是可以把握的"社会实体"，是在社会研究中使用最多的分析单位。但是，在社会研究中还是有不少现象无法在个体、群体、组织和社区中找到自己的分析单位。这类现象的分析单位主要有**社会产品**、**社会事件和社会制度**等。书籍、报刊、歌曲、图片、公告、建筑、服饰等就是社会产品。例如，有的学者以我国中小学教材为分析单位，研究教科书上反映出来的性别歧视，这里的分析单位是"书籍"而不是读者个人。社会事件可以是个人发生的重大生活事件，例如婚姻、考试、学习、求职、死亡等；也可以是社会上发生的重大事件，例如球迷闹事、群殴、上访、抢购、游行、欢庆等。对个人生活事件的研究可以揭示在一定的社会背景下，发生在个人生命历程中的重大事件怎样影响他 / 她的成长、价值观念及行为规范；对社会事件的研究主要是从集体行动出发，分析集体行动是怎样产生、传染、扩散，以及联系当时的社会背景揭示集体行动产生的社会原因。在这里，分析单位都是"事件"。在社会研究中，还可以把"制度"作为分析单位，既可以分析社会层面的各种制度，例如考试制度、生育制度、家庭制度等，也可以比较不同单位的管理制度。以"制度"作为分析单位是最复杂的，需要比较高的理论素养和概括能力。

虽然个人、群体、组织、社区和社会产品、社会事件、社会制度是两种不同类型的分析单位，在以社会产品或社会事件、社会制度为分析单位时，也可以根据需要同时采用个人、群体、组织、社区作为分析单位，以分析不同产品或事件分析单位之间的差别。但是，在做结论时仍然要以社会产品或社会事件、社会制度为分析单位。

分析单位是社会研究中非常有用的工具，对于研究者从具体上升到抽象有很大的帮助。综合起来，分析单位的意义和需要注意的问题主要有以下四点。

第一，从微观研究到宏观研究，人们使用的分析单位是不同的。在微观研究中，研究者常采用的分析单位是个人、群体等；宏观研究的分析单位多为国家和社会，甚至世界。例如，"当代中国社会结构和社会分层"就是以"国家"

为分析单位的宏观研究，它旨在考察中国在改革开放以后，社会分层和社会流动的基本状况，它以其他工业化国家为比较对象，分析中国社会结构的自身特点。但是，当研究某个具体的社会阶层的变动状况时，如中产阶层、工人、农民等，它的分析单位可能就是"群体"。当研究某个社会阶层的具体情况时，例如"当代农民工的生存和发展研究"，它的分析单位可能就是"个人"。由于社会分层实际上是社会资源分配的结果，因此当研究一个单位或者一个社区内部的资源分配及其规则时，其分析单位就是"组织"或"社区"。因此，微观研究和宏观研究的区别除了理论抽象程度的差别之外，它们的分析单位也是不同的。

第二，在社会研究中，一项研究可以同时运用多种分析单位，人们可以在不同的背景下分析社会现象的不同特征，并且可以在微观的分析单位基础上，通过综合的方法，描述和解释更大分析单位的社会特征。例如，"当代中国社会结构和社会分层"在实际研究过程中可以采用多种分析单位。在"个人"层面上，可以具体描述某个特定社会阶层的生活状况；在"群体"层面上，可以分析不同社会阶层之间的流动；在"国家"层面上，可以概括我国社会分层及社会结构的特点。当然，这个课题最主要的分析单位是"国家"，其他分析单位处于次要的位置。因为它的最终研究目的是要通过与其他工业化国家比较，或是以它们为参照体，说明我国社会结构的特点。但是，应当注意的是，这种包含多种分析单位的研究，要求研究范围和资料本身能够达到这样的要求。也就是说，研究者不能仅通过若干个个案研究，就试图说明一个国家或一个很大地区的状况。

第三，同样性质的研究课题，它的分析单位可以是不同的，或者说一个具有相同研究内容的课题可以采用不同的分析单位。例如，同样是研究未成年人的不良行为，当研究课题是"未成年人的社会化和不良行为"，它的分析单位就是未成年人，即"个人"；如果研究课题是"未成年人团伙的越轨行为"，它的分析单位就是"群体"。虽然在"未成年人的社会化和不良行为"的研究中也会涉及家庭和社区状况，但是它的分析单位还是"个人"，例如，它可能分析的是"生活在单亲家庭的未成年人"或其他家庭背景下的未成年人。需要强调的是，不管你是采用一个分析单位还是几个分析单位，主要的分析单位应该是得出最重要结论的单位。也就是说，如果你主要是以"个人"为分析单位，那么你的重要研究结论就只能落在"个人"身上，其他也是如此。

第四，由于分析单位是一项研究用来观察、描述和解释的单位，因此分析单位和调查对象、研究内容是有一定关系的。调查对象是研究者收集资料时所直接询问的对象。在"调查研究"和"实地研究"中，收集资料的对象主要是个人，是通过对个人的访问来了解各种情况，因此当分析单位是"个人"时，它和调查对象是一致的，就如"未成年人的社会化和不良行为"，它的分析单位和调查对象都仍然是未成年人，即"个人"，研究内容是未成年人的社会化过程和不良行为及其属性和特征。但是，如果研究课题是"未成年人团伙的越轨行为"，分析单位就是"群体"，调查对象仍然是未成年人个人，研究内容则是以团伙为"载体"的分析单位的属性和特征以及越轨行为。

5.3.2　区群谬误和简化论

研究者在使用分析单位概括研究结论时要注意避免区群谬误（ecological fallacy）和简化论（recductionism）两种错误。"区群"是指在个人之上大于个人的群体、组织和社区。**区群谬误**又称为层次谬误或体系错误，它意指从层次比较高的"区群"分析单位得到的结果似乎也可以在层次比较低的"区群"或个人中得到证实，也就是说在社会研究中，研究者用一种比较高的（或区群的）分析单位做研究，而用另一种比较低的（或非区群的）分析单位做结论。前面在分析"群体"作为分析单位时，所举"凝聚力比较高的团伙领袖要比凝聚力比较低的团伙领袖更具有个人魅力"的例子；分析"组织"作为分析单位时，在"组织中的非正式团体工作效率有积极影响"的例子，都把原来的分析单位下降到了一个比较低的层次，犯了区群谬误。区群谬误同时还表现为研究者在一个比较高的"区群"中收集资料，但是用一个比较低的"区群"或非区群分析单位做结论。例如，当研究者收集若干个国有企业的企业人数、生产率、利润率、职工对企业的归属感等资料时，发现企业规模较大、经济效益较高的企业，职工对企业的归属感也较强，但是不能在做结论时说"企业的规模越大、经济效益越好，职工对企业的归属感越强"。比较正确的说法应该是"职工归属感较强的企业主要是因为企业的经济效益比较好、企业规模比较大"。因为，企业人数、生产率、利润率是反映企业整体特征的资料，不能用来描述职工个人特征，职工对企业的归属感虽然是通过对职工的调查而得到的，但是它已经被抽象出来反映职工的整体状况。因此，**区群谬误的主要原因**在于采用层次较高的"区群"为分析单位时，实证资料大部分来自于对个人的调查。如果研究者不注意这些来自于个人的调查资料是用来说明更高层次分析单位的整体特征时，就容易犯区群谬误。涂尔干的《自杀论》研究曾经因为区群谬误而受到批评。以下是两个区群谬误的典型例子：

> 例 5-7：当以城市为分析单位研究居民的消费行为时，研究者发现居民收入比较高的城市，消费水平要高于居民收入比较低的城市，呈现出"城市的居民收入越高，它的消费水平也越高"的趋势。如果研究者就此得出结论说："居民收入越高，居民的消费水平也越高"，那么就犯了区群谬误。如果他是从政府统计部门那里获得的以城市（分析单位

是社区）为单位的统计资料，所得出的也只能是有关城市的结论，而不能直接以居民的收入（分析单位是个人）解释他们在消费水平上差异。比较正确的结论应该是"居民收入较高的城市，城市消费水平也较高"。它所表达的潜在意思是与"居民收入较低的城市"做比较。

例5-8：研究者在某个县进行村民选举的调查，发现农村外出打工的情况有比较大的差异，有的村庄外出打工的农民比较多，有的村庄比较少。调查结果发现外出打工比较多的村庄很多是选举在外打工归来的农民当村长，外出打工比较少的村庄往往选举原来的村干部为村长。如果就此认为"外出打工者群体往往选举打工回归者为村长"，或者得出结论说"资料表明，外出打工农民和非外出打工农民在对村长的选举上是有差异的"，那么也是犯了区群谬误。因为该项研究是以村庄为分析单位（社区）的，正确的结论应该是"外出打工者较多的村庄，选举打工回归者为村长的也比较多"，或者说"资料表明，外出打工者多的村庄和外出打工者少的村庄对村长的选举结果是有差异的"。因为调查资料主要来源于对各村打工者人数和当选村长背景的统计，或者来自于以村为单位的统计调查，因此不能从打工者群体和非打工者群体的角度解释他们的选举结果。如果以外出打工者和非外出打工者为分析单位（群体），那么首先要把农民分为打工者和非打工者两大群体，调查他们选举村长的情况，统计两大群体选举村长的结果，然后运用比较分析的方法得出相关结论。

简化论又称作简约论、还原论。简化论包含两层意思：第一，任何复杂的事物都可以"还原"为构成事物的若干个"元素"，整体等于部分的总和。因此，在对整体的研究中，只要取其一部分研究就可以了，最为典型的就是"解剖麻雀"。第二，可以把社会现象分割成各自独立的几个方面，例如政治的、经济的、社会的、心理的、文化的，企图只用其中一个方面的特征解释和说明复杂的社会现象，并且强调自己解释的重要性和特殊性，没有意识到社会现象的各个组成部分是相互关联的，整体大于部分的总和。

在社会研究中经常有两种简化论错误。

第一，研究者仅仅用十分特殊的个体资料来解释宏观层次的现象，或者说用比较低的（或非区群的）分析单位来进行测量，而在比较高的（或区群的）分析单位上得出结论。因此，它在形式上正好与区群谬误相反。人们可以在很多研究报告中看到这样的例子，它的主标题是对某个省，甚至全国农民问题的研究，例如"三农问题"，但是副标题却是以某某村庄的研究为例。在这里它的分析单位是一个村庄（社区），要解释的却是一个更大的社区（一个省），甚至一个国家。这种简化论在现在的经验研究中还是比较多的。

第二，用一组特殊的、比较狭窄的概念或变量来解释社会现象或问题。社会学主要采用价值、规范、角色、功能、结构等社会学的概念工具；经济学主要考虑供给、价格、边际效应等经济学的概念工具；心理学主要考虑人格、气质、智力、认知等概念工具。例如，就像在前面讨论过的"教学减负"问题，经济学家看到的是教育的供给和需求；社会学家看到的是教育可以改变个人的地位，达到向上流动的目的；心理学家看到的是教育负担给学生的心理压力从而造成的人格扭曲，等等。而且，所有的简化论都认为只有自己采用的分析单位或变量更有效。关于"教学减负"的研究，经济学家的分析单位可能是国家、城市、乡村（分析单位是社区），社会学家更愿意采用阶级、阶层作为分析单位(群体)，而心理学家由于注重对人格的分析，它的分析单位毫无疑问是个人。

要避免简化论的错误，最主要是在选择层次较高的分析单位时，注意资料来源单位和得出结论单位的一致性。例如，研究者要做全国"三农问题"的研究，所采用的分析单位是社区。在实地研究时，应该在全国农村选择比较多的村庄作研究，而不是一两个村庄，在被选择的多个村庄里收集有关资料，然后才能在社区的分析单位上得出结论。如果采用调查研究的方式，就可以以全国为总体，采用多段抽样的方法，从地区（市）、县、城镇、村再到农民，抽取调查对象。由于是多段抽样，它的分析单位可以有多个，但是仍然要注意资料来源单位和得出结论单位的一致性，因为有些资料可能来自于"群体"或"社区"的分析单位。同时，为了避免解释的片面性，社会学的研究要综合地考虑其他学科的研究成果，善于把其他学科的研究成果和社会学的研究融合在一起，达到对复杂事物的全面认识。

无论是区群谬误还是简化论，都是选用不恰当的分析单位而产生的。但是，有时候人们很难判断在研究具体问题时分析单位的适用性，因此，分析单位成为研究者在研究中，尤其是跨学科的同主题研究中经常讨论的问题。

5.3.3 研究内容

研究内容和分析单位是有一定关系的。**研究内容**是分析单位的属性或特征，是以分析单位为"载体"的，是社会研究需要收集的资料。因此，在研究设计中需要确定研究的具体内容。不同研究课题的研究内容会有很大的差别。例如，关于未成年人的不良行为研究，围绕作为分析单位的"个人"，研究者需要收集能够反映个体特征的资料，例如调查对象本人和家庭的基本情况，其中包括本人的性别、年龄、教育程度，其父母的年龄、教育程度、职业、收入等，还需要了解未成年人不良行为的具体表现以及他们的价值观念等。对于城市家庭消费行为研究，围绕作为分析单位的"家庭"（分析单位属于群体），研究者需要收集能够反映家庭情况和特征的资料，除了前面提到的有关调查对象本人和家庭的基本情况之外，还要了解调查对象的家庭日常消费情况和与消费有关的价值观念和态度等。尽管不同研究课题具体的研究内容会有很大差别，但是，任何研究课题的研究内容都可以归为三类：社会特征或社会背景、行动、态度和意见。

5.3.3.1 社会特征

社会特征也称为社会背景或社会状态资料，它可以描述分析单位的基本状况和特征，属于客观性资料。在分析资料时，社会特征类资料是基础性的资料，通常可以描述某类现象在某个特征上的分布状况，或者用来解释和分析某种特定的社会现象。例如，可以用家庭收入的高低解释家庭消费支出和消费结构，用性别作为自变量描述未成年人不良行为在不同性别上的分布特征。

根据分析单位的不同，社会特征类资料的内容是不一样的。社会研究中最常用的分析单位是"个人"，并且个人也是调查对象。因此，绝大多数经验研究课题包括实地研究类、实验研究类课题，有关个人基本属性的资料是不可缺少的。个人属性的资料包括反映个人自然属性的资料，如性别、年龄等，以及反映个人社会属性的资料，如婚姻状况、教育程度、收入、职业、党派、宗教信仰等。以群体（如家庭）为分析单位时，需要反映有关家庭特征的资料，如家庭规模、家庭结构、家庭收入，有的时候根据研究需要还要收集有关能够描述家庭主要成员特征的资料。以组织（如企业）为分析单位时，需要反映企业基本状况的资料，如企业的规模、组织结构、产品、产量、产值、利润等。以社区（如村庄）为分析单位时，需要反映村庄基本状况的资料，如村庄的地理环境、气候、土地、人数、产业结构、经济状况等。社会产品的分析单位需要反映"产品"的形式、类型、质量、色彩、数量等特征。

有些资料虽然与分析单位没有很大的关系，但是也可以归属于社会特征。例如，在研究生活质量时，分析单位虽然是个人，但仍然需要收集其家庭住房特征类的资料，如住房面积、住房类型（商品房、公房、老式里弄、简陋房等）、住房间数、住房设施等。

5.3.3.2 行动

行动（action）通常被理解为发生在两个人以上，能够满足各自欲望的活动。行动可以是能够被直接观察到的个人活动或社会活动，也可以是指已经发生的各种活动。行动属于客观性资料。行动是社会研究直接研究的对象或内容，因此也是最重要的实证资料。按照分析单位的不同，行动可以分为个人行动、群体行动、组织行动和社区行动。例如，个人出行就是个人行动，个人可以自主地选择出行的时间、工具、地点、路线；但是如果是旅游团体的出行就是群体行动，它规定了具体的出行时间、工具、地点、路线，要求群体成员必须严格遵守；组织行动与群体行动相类似，但是它是为了完成特定目标的有组织、有计划的行动，要比群体行动更为严格和规范，如传统的企业行动就是为了达到利润最大化目标而发生的有组织、有计划的生产和经营活动；社区行动往往是需要社区成员共同参与、共同完成的集体活动，如社区的居民自治组织，社区组织的业主委员会的选举，社区举办的各种公益活动等，它与组织活动有一定的相似性，但不像组织活动那样带有强制性。

在研究"行动"时一般需要收集与研究有关的特定行动方面的资料，包括行动的内容、特点、过程、时间、地点，行动产生的原因和行动结果，有关行动过程中的重大事件等。不同的研究课题，它所需要研究的"行动"也是不同的。例如关于未成年人不良行为研究，研究者需要收集具体的不良行动的资料，如盗窃、斗殴、欺压小同学、网络痴迷等，描述它们的过程和特征，解释现象之间的关系。再如，城市家庭消费行为（"行动"）研究则需要收集有关家庭消费行动的资料，如支出和储蓄的分配、消费结构、实际消费支出、购买行动、购物习惯等，描述这些行动的过程和特点，用于解释消费行动和其他因素之间的关系。

5.3.3.3 态度和意见

态度和意见属于主观性资料，它们和观念、信仰、动机、行动偏好一般归之于价值取向类的研究内容。由于观念和信仰反映了深层次的价值取向，需要通过长期的观察才能获得，因此，研究者往往通过了解人们的态度和意见来间接测量人们的价值取向。

不仅个人和群体有自己的价值取向，组织、社区，甚至于社会产品也有自己的价值取向。例如，现代企业不仅具有获得利润的价值取向，也有承担社会责任的价值取向；社区通过自己的规章制度、公约和风俗反映自己的价值取向；社会产品，如报刊杂志反映了一定时期的社会规范和政治取向；社会事件本身就带有深刻的价值取向，诸如闹事、斗殴本身就被视为一种负面的现象。态度和意见很难直接观察到，研究者通常设计一组与特定态度和意见有关的指标或量表进行测量。

5.3.3.4 社会特征、行动、态度和意见之间的关系

掌握社会特征、行动，以及态度和意见三者之间的关系可以帮助研究者设计具体的研究思路。社会特征和行动属于客观性资料，态度和意见属于主观性资料。一般来说，人们的行动总是和他们的社会特征和价值取向有关，特定的社会特征总是影响到人们的行动和价值取向，人们的价值取向又会受到特定行动的影响*。它们之间的关系见图 5-2。

*实际情况会更复杂一些，社会特征在一定意义上也是被建构的，受到行动和价值观念的影响。

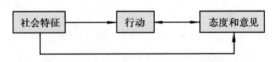

图 5-2 社会特征、行动、态度和意见之间的关系

研究者可以根据三者之间的关系，按照具体的研究课题思考自己的研究思

路，设计具体的研究框架。需要说明的是，在社会研究中，尤其是在调查研究中，有些研究者往往比较关注价值取向类的资料，设计大量的态度量表或主观性问题测量人们的价值取向。但是，除非研究课题是以研究价值取向为主，一般来说在调查研究中，研究者需要收集的资料应尽可能以客观性的行动类和社会特征类资料为主。因为，在调查研究中单独测量人们的价值取向是最难的，它的效度和信度相对较低。而且，研究者还要分析由对价值取向的测量所获得的资料和由对行动测量所获得的资料之间的关系，两者具有较高的相关，才能说对于价值取向的测量是有效的和稳定的。按照韦伯的社会研究方法论的观点，行动本身具有主观意义，只有联系具体的社会背景和历史背景建立某种概念工具，深入行动的主观方面理解其意义和动机，才能说明行动的原因、过程和结果，因此行动本身就内隐着行动者的价值取向。通过对行动的测量来反映人们的价值取向，要比单独测量价值取向更隐蔽，也更有效。

5.4　研究方案的设计和撰写

社会研究准备阶段及申请研究课题时的一个重要任务是设计和撰写研究方案，它在社会研究中有着重要的作用。它既是一份研究计划的说明书，也是对某项研究的意义、目的、研究设想、研究过程和研究方法的详细说明和规定，是社会研究实施的可靠依据。同时，它在向有关方面申请研究项目和研究经费，指导和监控社会研究全过程方面有着非常重要的作用。

5.4.1　研究方案设计的作用、原则和类型

在社会研究的准备阶段，研究者在初步探索之后，必须确定具体的研究课题，阐述研究项目的意义和作用，提出自己的研究设想或研究假设，其中包括有关概念或术语的操作化定义、调查项目和测量指标，研究步骤、研究方法等。在正式的方案中，还要设计规范的调查问卷或调查说明。因此，方案设计的作用首先在于是研究者对研究项目总体设想的概括和详细说明。

其次，方案设计的作用还在于向有关方面申报研究项目和申请研究经费。作为是社会研究主要方法的，经验研究需要比较多的经费投入，尤其是规模较大的经验研究。按照通常的做法，研究者必须向政府、有关部门或各种基金会提出申请，提供有关研究项目的研究设计、经费预算，并说明该研究对社会和学科发展的重要意义和作用，然后由这些部门组织专家对申报项目进行评审。如若通过，则由这些部门提供经费，并根据项目申报书对研究项目予以监督，研究者有义务定期向这些部门汇报研究的进展情况。

第三，研究方案的设计便于对整个研究过程实施监督、管理和控制。一般

来说，规模较大的社会研究涉及的研究对象比较复杂，参与研究的人员比较多，经费的使用和安排要有详细计划，项目实施要有具体的步骤和程序。因此，研究方案不仅包括研究项目总体构想的说明，而且还包括具体的工作计划。不仅提供研究经费的有关部门要依据研究方案对研究项目实施监督，并评估研究成果的实际意义和作用，研究者本人也必须按照研究方案对研究过程实施监督、管理和控制。例如，在研究方案中应说明，每个阶段的研究成果是什么、怎样完成、成果的形式是什么等。

研究方案的设计要遵循系统性、规划性、可行性和灵活性的原则。大规模的经验研究本身就是一项系统工程，因此在设计研究方案时首先要确定研究所要达到的目标，即该项研究将要达到什么水平，是要在理论上有所创新，还是着重于解决实际问题，分析为达到此目标需要的各种条件或环境因素。其次，社会研究都有自己的步骤和时间上的安排，以及在每个阶段上应该达到的目标，因此，方案设计又要有规划性。即在设计研究方案时，要阐述每个阶段的任务、方法和目标，并要注意每个阶段的联系和衔接以及研究时间的总体安排。同时还必须建立统一组织，指挥和安排项目成员或各研究单位的研究活动，督促和检查研究方案的实施。第三，方案设计应该具有可行性，即在方案设计时，应该充分注意到方案的操作性和方案实施的具体条件，要具体分析研究的主观条件和客观条件，例如研究队伍的构成、研究队伍的总体素质、研究成果可能引起的正面或负面影响、研究过程中可能遇到的障碍等。可行性的另一方面是研究方案应该是可操作的，因此方案中目标的确定，采取的各种措施都应该是具体的、详细的。最后，设计方案时应该留有余地，或者说具有一定的灵活性。因为，人的认识能力是有限的，任何表面看似圆满的方案，在实施过程中总会碰到问题，尤其是实地研究方案。由于实地研究的特殊性，研究方案一开始往往不是很具体，随着实地研究的逐步深入，研究者会发现很多新问题，产生新的思想，因此实地研究方案一般会随研究的深入逐步完善。这种情况在调查研究中也会发生，而且，在调研过程中出现的新情况也可能要求对原有方案进行修正。因此，在设计方案时留有一定的余地，保持一定的灵活性可以使研究适应周围环境或条件的变化，有的时候甚至可以使研究水平、研究构想达到更高的层次。

研究方案可以从方案的作用、性质、研究方式等划分为不同的类型，但主要是以研究方案的作用分成项目申报书和正式研究方案。

项目申报书用于向有关方面申报课题和申请经费资助。例如国家社科基金项目申请主要包括以下几个部分：数据表（主要说明项目申请者的基本情况和课题组成员）；课题论证（国内外研究现状述评，选题的价值和意义，本课题研究的主要内容、基本观点、研究思路、研究方法、创新之处，前期相关研究成果，本课题研究的主要参考文献）；完成项目研究的条件和保障；经费预算等。

正式研究方案是在对研究课题初步探索的基础上产生的，它包括：研究课题的说明，其中包括研究的意义、目的和问题；研究假设或研究设想的具体说明；调查提纲或调查问卷；抽样方案；分析方法；调研人员的培训；工作计划等。

项目申报书和正式研究方案的内容基本上是相似的。但是前者带有论证性质，研究者的很多设想是以文献资料为基础的，认识也较为抽象。后者则是在初步探索基础上产生的，因此它的研究设想或研究假设更加具体，计划也更为周密，更具有操作性。而且在正式研究方案中，有时还必须根据实际情况对原来项目申报书中的设想进行修正或充实。

5.4.2　研究方案设计的具体内容

研究方案的具体内容涉及从确定研究课题开始，直到资料收集、分析、报告撰写为止的整个过程。因而在设计具体方案时，应将它与研究过程中的各个阶段、各个方面联系起来统筹考虑，既使各个阶段相互衔接，又使各方面内容都紧紧围绕研究的总目标。一般来说，具体的研究方案应当包括下述几方面的内容。

（1）研究课题的目的和意义的说明

即说明为什么要进行这项研究，这项研究在理论上或在应用上的价值是怎样的。研究者在说明研究课题的目的和意义时必须对自己的研究有一个清楚明确的认识，即研究课题的社会背景和学术背景是什么。只有在这样的前提下才能知道项目对学科理论或社会实际的应用会有什么贡献，也就是说要把自己想要研究的问题真正认识清楚，研究要想探讨和回答的问题及其意义是什么。

（2）研究假设或设想的说明

研究假设或设想是方案设计中最重要的内容，甚至可以说是研究课题的"灵魂"或导向。无论是研究假设还是研究设想，研究者都必须详细阐述本项研究中主要研究哪些问题，这些问题是怎样形成的，应该从哪几个方面着手研究，并具体提出详细的研究框架，以及对不同社会现象或变量之间的相互关系提出自己的认识。对于那些必须有研究假设的社会研究尤其是理论性经验研究来说，则应该在研究方案中对研究假设进行具体的陈述和说明。如果暂时无法形成研究假设或者研究本身并不需要研究假设，则必须要有研究设想，即要说明准备从哪几个方面展开研究，具体的研究项目和内容是什么。

在对研究假设和研究设想说明时，必须对理论假设和研究设想中涉及的主要概念加以界定，量化研究还要按照操作化的原则，提出具体的测量指标。

（3）研究方式、性质、目的和研究方法以及成果形式的说明研究者需要根据研究课题特点说明具体的研究方式、研究性质和研究目的及研究方法。其中包括调查对象的选择及抽样方法、收集资料的方法、分析资料的方法。需要注意的是，研究方法受到研究方式的制约，研究方式的不同，具体的研究方法会有比较大的差别。例如调查研究以抽样调查为主，实地研究是以观察、个案研究为主。如果综合运用调查研究方法和实地研究方法，要解释两种方法在研究中的作用，为什么要采用两种研究方法，以及如何把两种方法结合在一起。因此，在研究方案中要根据不同的研究方式选择相适应的研究方法，并说明按照所选择的研究方法所能达到的研究水平或要求 *。研究方式和研究方法是研究方案的重要部分，有的时候可以把研究方法作为独立的部分撰写，详细说明具体的研究方法、技术等。

* 例如，在抽样方案中要具体规定抽样误差和置信水平。

在研究方案中还要具体说明研究的成果有哪些，其中包括中期成果和最后成果；成果的具体形式是专著、论文，还是研究报告等。

（4）分析单位和具体内容的说明

在研究设计中，要对研究课题的分析单位加以严格规定，从而使研究者根据分析单位的规定收集研究需要的资料，并且在既定分析单位的基础上阐述研究结论。

研究内容是与分析单位有关的，但从另外一个角度看，研究内容实际上是研究假设或研究设想的具体化。虽然研究者在对研究假设或研究设想说明时，已经对与假设或设想有关的主要测量指标或调查项目作了说明，但这些不是全部测量指标或调查项目。尤其是在正式方案中，对研究内容的说明，实际上是在操作化的基础上详细说明全部测量指标或调查项目，这些指标或调查项目可以为问卷设计或访谈、观察提纲奠定基础。当然不同的研究方式，对于研究内容的说明要求是不同的。一般来说，调查研究的内容说明要求比较细致、周密；实地研究的内容说明开始时相对宽松，但在研究过程中需要逐步细化；文献研究的内容说明可以随着文献搜索范围的扩大而深入；实验研究的内容要明确、具体，概念要清楚。

（5）研究人员的组成、组织结构及培训安排的说明

对于一项较大规模的社会研究来说，往往需要很多研究者的共同参与才能完成。在抽样调查中需要一些符合要求的调查员收集资料，因而，还要挑选、培训调查员。在研究方案设计中，必须根据研究课题的需要组织一支研究队伍，说明研究队伍的构成，通盘考虑研究人员的素质和特点，给每个课题组成员分配研究任务，制定相应的组织管理办法。对调查员的挑选、培训工作也要事先进行规划，制订出切实可行的培训方案，以保证调查工作的顺利进行。

（6）确定研究的时间进度和经费使用计划

一项研究从选择课题到完成报告，必须要有时间上的限定或要求。为了在规定的时间范围内完成研究任务，顺利达到预定的研究目标，研究者应该在研

究开始之前，安排好整个研究工作的时间分配和进度。每一阶段所分配的时间要合适，要留有一点余地。特别要注意给研究的设计和准备阶段多安排一些时间，不要匆匆忙忙开始收集资料的工作。此外，对于研究课题的经费使用，也应有一个大致的考虑和合适的分配，其中包括差旅费、资料费、印刷费、资料收集和统计费用、劳务费、项目策划费、咨询费、交际费、仪器设备费（折旧费）、文具用品费用、出版费用等。

5.4.3　研究方案的撰写要求

在撰写研究方案时，首先应该知道方案的阅读者除了研究者自己和课题组成员之外，还有评审研究课题、提供研究经费的有关部门或某个基金会及其聘用的专家、学者。方案撰写的基本要求是：文理通顺、重点突出、逻辑清楚、简明扼要。不同的研究方案虽然可以有自己的特点，但通常总有一定的格式，这种格式固然不是一成不变的，但是大多数研究方案结构基本是相似的，归纳起来，方案的文体结构和每一部分的撰写要~~~~

（1）提出和阐述研究的主要问题

以简洁明了的词语提出研究的~~~~问题；提出所要检验的假设或要研究的具体问题、~~~~写作的语气一般是以第三者的身份，通常是以~~~~本研究的假设是……"的语气写作。有些研究方案的阅读~~~~家，或许不专攻研究课题所在的学术领域，因此使用的语句必~~~~清晰，以便一开始就深深地引起评阅者的注意。

（2）有关文献资料的整理和评介

整理和评介文献资料的主要目的是向评阅者表明研究者对有关领域的研究水平，以及该领域最新研究动态的认识；揭示本研究将要突破的地方，本研究如何改善，修正或扩展以前的知识，即本研究的理论或实际贡献是什么。不要因为文献太少或太多而回避对文献资料的评介，对文献资料的评介可以反映出研究者的学术功底和造诣，可以使人们了解研究者在研究中将要做出的贡献，以及这些贡献对该研究领域的重要性。有些研究者把这一部分置于末尾，笔者认为，将其放在前面的效果更好一些，而且为提出问题和假设做了铺垫。

（3）问题与假设

应详细介绍本研究的假设或问题，其中包括概括程度较高的理论假设和经过概念操作化后得到的经验假设，或者本课题研究的具体问题，问题之间的相互关系以及产生这些问题的原因；解释研究假设或具体问题的理论基础和经验事实，并对研究的可能结果进行尝试性解答；如果是以研究假设的形式提出本课题所要研究的具体问题，则应说明假设中主要概念的测量指标，并具体说明哪些是用来解释或说明变量（自变量），哪些是被解释或被说明变量（因变量）以及变量之间的逻辑关系。

这部分内容虽然在方案的开始部分有过简单的提示，但仍需详细解释，它反映了研究者的研究思路和总体设想，是方案中最重要的部分。一个理想的研究假设或设想既要做到理论上的逻辑自洽，又要和经验事实相符。

（4）研究方法的说明

研究方法的介绍主要包括抽样方法的说明，其中包括样本或个案的意义、抽样的精确度、样本数量、具体的抽样方法；调查方法或收集方法的说明、为什么要采用这种方法、怎样保证资料的准确性和真实性等；统计方法说明，其中包括具体的统计分析技术和统计软件；概要地介绍研究中使用的各种测量工具，如问卷、调查表格、量表、测验表、观察表等。研究方法的说明亦是研究方案的重要内容，须详细说明。方法的介绍应使评阅者体会到项目申请者对于具体研究方法使用所表现出来的科学性、逻辑性和可行性。

（5）研究步骤的说明

需要指出研究中的具体步骤，分几个阶段进行；说明每个阶段应该完成的任务和应该达到的目标；具体规定每个阶段所必需的时间，建立工作流程图。

（6）研究的重要意义

需要指出本研究在该领域的重要作用，它将如何改善、修正或扩充现有的知识，包括理论和方法上的重要突破。一般而言，任何研究都可能在学科理论和实际应用方面有所贡献，因此研究者要说明自己的研究在理论或应用上的潜在意义，它在社会上将产生哪些影响，对政府或有关部门的决策会起到什么作用。还要具体说明这项研究对本单位学科方向和本人的学术研究的作用，例如，它是否符合单位和本人的科研方向，是否有助于本单位或本人的科研发展，它在哪几个方面会促进本单位或本人的学术研究*。

对于研究重要性的解释仍然是研究方案的重点，仅靠研究方案开始部分的简要说明是不够的，需要在项目申报书中更加详细地解释。在对研究重要性的解释中，要注意课题发布和评审单位的性质。例如，在向政府或有关工作部门申报课题时要强调研究的应用作用，强调研究对于具体决策的重要意义。此外，很多研究者较少注意自己的研究对于本单位或本人研究的重要意义，其实审批部门有时很注意个人研究是否会对所在单位或本人的研究起到促进作用，是否是单位或本人比较擅长的研究领域。因为这些不仅可以给研究提供坚实的基础，同时也可以深化这一领域的研究，形成这一领域研究的特色和权威，甚至形成一个学派。

* 研究课题对于本单位或本人的学术影响，现在在很多项目申请中不受重视，但它能够使评审者从侧面了解申请者的学术基础和发展潜力。如果项目申请者自己都不清楚自己的学术发展空间，恐怕也很难提出真正有价值的研究问题。

（7）经费概算

在经费概算中，除了对研究经费的各项支出做出具体计划之外，还要说明筹措经费的各种渠道，除了向审批部门提出经费申请之外，最好还要说明自己筹措经费的能力，包括本单位对自己研究的经费资助，从而显示研究者的个人"信用"和本单位的重视程度。此外申请经费要实事求是，不要虚列支出，并具体说明经费使用的办法。

思考与练习

1. 请自行检索一篇规范性研究报告，说明该项研究的研究方式、研究性质和研究目的分别是什么。

2. 简述意识形态理论和科学理论之间的区别，并试举一例说明。

3. 什么是科学理论，理论分为哪三个层面，它们之间的关系是怎样的？

4. 为什么说社会研究并不是纯经验现象的描述？

5. 命题有哪些类型或形式，它们在理论中的作用是什么？

6. 什么是研究假设，它与理论和经验存在什么样的关联？

7. 请自行检索一篇规范的量化研究报告，说明其中的研究假设，并评价假设的合理性。

8. 请根据某项研究课题拟出若干个研究假设。

9. 什么是条件式假设和差异式假设，它们之间是什么关系？研究假设的类型与因果关系、相关关系之间的关系是怎样的？

10. 研究假设和研究设想的区别是什么？

11. 研究假设的意义和局限是什么？

12. 什么是分析单位，分析单位有哪几种类型，分析单位、调查对象、研究内容之间的关系是怎样的？

13. 在一项研究中是否允许采用多种分析单位，如何处理好多种分析单位的关系？

14. 请自行检索一篇规范的研究报告，并说明其中的分析单位、调查对象、研究内容是什么。

15. 什么是区群谬误和简化论，它们产生的原因是什么？如何避免研究中可能出现的区群谬误和简化论？

16. 研究内容包括哪些？它对于研究框架的设计有什么意义？

17. 研究方案设计包括哪些内容？它的撰写要求有哪些？

6 抽样方法

抽样调查是调查研究或者社会学实证研究中最常用的方法。从认识论的角度说，人们的认识能力是可以达到对社会客观现象的全面认识的。但在特定的条件下，人们不可能在较短的时期内通过对全部对象的调查达到对社会现象的全面认识，因此，人的认识能力又是有限的。抽样调查就在于通过对部分社会单位的调查，达到对社会现象整体的认识。

抽样调查是一种非全面调查的方法。它是按照科学的原理和方法，从若干单位组成的事物总体中，抽取部分单位进行调查研究，并把调查的结论或数据推及或推算到总体（见图6-1）。抽样是抽样调查的一个过程，即从总体中按一定方法抽取一部分单位的过程。抽样方法按照是否根据等概率的原则抽取样本，可以分为概率抽样和非概率抽样。但是，只有根据概率抽样方法或随机抽样方法抽取的样本调查才能推论样本所在的总体。

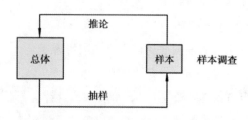

图6-1　抽样和抽样调查过程

>> 6.1 概率抽样方法基础

6.1.1 概率抽样的意义

概率抽样也称为随机抽样，它是按照概率原理进行的，能够保证在一个确定的总体内每个单位被抽取的机会是一样的，根据概率抽样所获得的样本能够代表样本所在的总体。例如，我们经常在电视新闻中看到记者在街头进行采访，记者说"根据我们在街头的随机采访……"。实际上这样的采访并不符合概率原理，不是概率（随机）抽样。但是，如果在一个城市中根据概率原理抽取 500 人进行调查，这样的方法就是概率抽样。通过对概率抽样所获得的样本调查，可以达到对于现象总体的认识。抽样原理认为，如果按照科学的抽样方法，所获得的部分单位能够再现或者接近事物的总体结构。因此，我们对社会的认识和研究可以通过对局部的认识达到对整体的认识。

通过概率抽样所获得的样本调查并不仅仅是用来说明样本（即部分单位）的情况，而是根据样本调查的结果来说明或者推断样本所在总体的一般情况，它所关注的是总体的情况，而不是样本的情况。例如，某城市约有 400 万个家庭，从中按照概率抽样的方法抽取 1 000 个家庭进行调查，调查结果显示，平均每户家庭的年收入为 4 万元。抽样调查关注的是根据样本调查的家庭年均收入 4 万元，能否推广到总体中，即在 400 万户家庭中，它们的年均收入是否也是 4 万元。

美国及西方发达国家经常要进行民意测验，主要是为了调查当政者在公民中的信任度，这种民意测验就是采用抽样调查的方法。最为典型的是每当美国总统大选时，美国的主要媒体或民意调查机构都要对民主党和共和党的总统候选人进行民意测验。由于采用比较规范的抽样方法，民意测验和实际当选的结果基本上是一致的。例如，1996 年 11 月美国总统大选中，民主党候选人克林顿以 49% 的得票率当选为总统，共和党候选人多尔的得票率为 41%。在这之前的 10 月底到 11 月初大选前夕的全国民意调查中，主要媒体或民意调查机构，如美国广播公司（ABC）、国家广播公司（NBC）、纽约时报、有线电视新闻网（CNN）、今日美国、华尔街日报、盖洛普民意调查中心、哈里斯民意测验等对克林顿的民意调查结果为 49% ~ 54%，多尔的民意调查结果为 35% ~ 41%（艾尔·巴比，2000a：243）。可见，抽样调查是通过部分调查推论总体的非常有效的方法。

6.1.2 概率抽样的基本原理和抽样分布

我们面对的各种现象，无论是自然现象还是社会现象都可以分为确定性现象和非确定性现象（随机现象）。确定性现象是指在一定条件下必然会发生某种结果的现象。例如，在一个大气压下，纯水在 100 ℃时必然沸腾；在中国传统社会中，婚姻的目的就是为了传宗接代，因此结婚就要生孩子，而且必须生男孩，纳妾或休妻的一个重要原因就是"不孝有三，无后为大"。因此，**确定性现象**所服从的规律叫做必然规律或肯定性规律，这类现象可以根据已知的事实推算或预测它的结果。

随机现象是在一定条件下可能出现这样的结果，也可能出现那样的结果，但是究竟出现哪种结果事先是不能肯定的。例如，抛掷一枚硬币，事先无法确定是正面向上还是反面向上；结婚后生孩子，孩子的性别事先是无法确定的。

随机现象中的事件在条件实现时，有可能发生也有可能不发生，因此，在一定条件下，可能发生也可能不发生的事件是这个条件下的**随机事件**。例如，硬币正面向上是抛掷硬币这个条件下的随机事件；生育女孩是结婚生孩子这个条件下的随机事件。与此对应，确定性现象中的事件就是**必然事件**，即在一定条件下必然发生的事件是这个条件下的必然事件。

社会研究中的社会现象大多是随机事件，很少有必然事件。从表面上看，随机事件好像捉摸不定，纯粹是偶然性在起支配作用，很难预测现象的结果。其实不然，在研究了大量同类的随机现象后，通常会发现一种确定的规律性，即在各种随机事件背后，存在着事件发生的客观概率。

曾经进行过的抛掷硬币的实验发现了硬币"正面向上"这一事件发生的规律。三位实验者分别抛掷硬币 4 040 次、12 000 次、24 000 次，其中正面向上的次数分别为 2 048 次、6 019 次、12 012 次，频率分别为 0.506 9，0.501 6，0.500 5。根据一项利用电子计算机进行的模拟试验，观察"由 0，1，2，…9 中任意取出一个数字"的随机试验中，事件为"取出的数字是 1"发生的规律。在 10 组 2 000 次的观察中，"1"出现的频率由低到高分别为 0.091 5，0.092 5，0.097 0，0.101 5，0.102 0，0.102 0，0.102 5，0.102 5，0.109 0，0.106 0（严士建，王隽骧，徐承彝，1982：2-3）。

由此可以看出，在多次反复试验中，同一事件发生的频率虽然并不完全相同，但却在一个固定的数值附近摆动，并且呈现一定的稳定性，抛掷硬币正面向上的频率是围绕 0.5 摆动，并且抛掷次数越多，频率摆动幅度越小；计算机模拟实验的结果发现，出现"1"的频率是围绕 0.10 摆动。

所谓**概率**就是事件发生频率所接近的固定数值，它是相应事件发生的可能性大小的一个客观、定量的度量。因此，频率的稳定性，揭示出一个随机事件发生的可能性的大小。频率稳定于较大数值，表明相应事件发生的可能性较大；反之，则表明相应事件发生的可能性较小。

上述现象就是概率论中的**"大数定律"**，又称为"大数法则"或"平均法则"，是概率论的主要法则之一。它的意义是：在随机事件的大量重复出现中，往往呈现几乎必然的规律，这类规律就是大数法则。通俗地说，这个定律就是，在试验条件不变的情况下，重复试验多次，随机事件的频率近似于它的概率。例如，乘飞机旅行，个人出事的概率是未知的，对个人来说，安全与事故具有随机性。但是对每年 100 万人次所有乘飞机的旅行者来说，如果将 100 万人理解为 100 万次的重复试验，其中，总有 20 人死于飞行事故。那么根据大数定律，乘飞机出事故的概率大约为十万分之二。

因此，抽样所依据的原理是概率论中的大数定律。就是说，事物总体中的每一单位都有均等的机会被抽取，即等概率抽样，这是概率抽样最重要的原则。按随机原则从事物总体中抽取的每一个样本单位的数值，对于总体的平均数来说，可能大，也可能小，而抽样数目越多，样本平均数越接近总体平均数。

例如，对于 1 000 名全部由女生组成的总体，出现事件为"女"的概率永远等于 1，对于 1 000 名由男女生组成的总体来说（其中男生 400 名，女生 600 名），出现事件为"女"的实际概率应该是 0.6。如果抽取 10 组 100 人的样本，并且严格按照等概率的原则抽样，则出现事件为"女"的频率会围绕 0.6 左右摆动；如果在 1 000 人中抽取 5 组分别为 100 人、200 人、300 人、400 人、500 人的样本，出现事件为"女"的频率稳定性是不一样的，样本人数越多，出现事件为"女"的频率越是接近 0.6。这就涉及抽样原理的第二个问题，即抽样分布。**抽样分布**表示在一个既定的总体中不断抽取样本时，各种可能出现的样本统计值的分布情况。因此，抽样分布是根据概率原则而成立的理性分布。

对于随机现象来说，变量取值上的次数分配就是概率分布。例如，生男生女是随机现象，性别变量的取值"男"或"女"就是两个随机事件。如果 100 个新生儿中"男"事件的出现次数为 55、"女"事件出现次数为 45，则男婴的概率为 0.55，女婴的概率为 0.45，这两项概率就是性别这一变量的概率分布。

抽样分布的变化与样本容量有关。当样本容量持续扩大时，在同一总体中抽取的 m 组样本的平均值范围逐步缩小，出现相同平均数的数量会相应增加，所有样本的平均值分布呈现出向总体平均数集中的趋势。例如，对于一个由 10 个孩子组成的总体，他们的年龄从 1 岁到 10 岁，平均年龄为 5.5 岁。从中可以分别抽取出 m 组 1，2，3，…10 人组成的样本。若从中抽取 1 人作为样本来估计总体平均值，显然，全部可能的"10"组样本所得到的估计值区间是 1 ~ 10 岁；若从中抽取 2 人作为样本，根据排列组合公式 $\left(C_m^n = C_{10}^2 = \dfrac{10 \times 9}{2 \times 1} = 45 \right)$ 可以抽取 45 组不同的样本，根据全部样本平均值所得到的估计值区间为 1.5 ~ 9.5 岁，并会出现不少相同的平均数，如 1 岁和 9 岁、2 岁和 8 岁、3 岁和 7 岁、4 岁和 6 岁，4 组样本的平均年龄都是 5 岁；同理，若从 10 人分别抽取 3 人或 4

人或 5 人组成的样本，根据排列组合公式，分别可以抽取 120 组、210 组、252 组样本，根据全部样本平均值所得到估计值区间分别为 2.0 ~ 9.0 岁、2.5 ~ 8.5 岁、3.0 ~ 8.0 岁，并且相同样本平均值的数量也随着样本容量的扩大而增加。这种抽样分布即为均值抽样分布。

根据中央极限定理，在一个含有 N 个单位并且均值为 μ、标准差为 σ 的总体中，抽取所有可能的含有 n 个单位的 m 组样本组合，样本平均值 $\bar{x}_i$ 的分布是一个随着样本数 n 越大而越趋向于由均值 μ 和标准误 $\left(\frac{\sigma}{\sqrt{n}}\right)$ 组成的正态分布（见图 6-2）；并且当 n 足够大时（$n \geq 30$），无论总体的分布如何，样本平均值所构成的分布都趋于正态分布。**正态分布**的曲线呈钟型，具有单峰和对称的特点，因此，在正态分布中，众数、中位数和均值是相同的；正态分布曲线两端逐渐降低，但不会接触底线，即 x 值与均值 $\bar{x}$ 的差异越大，其次数就越少，但不会等于零；正态分布曲线下的全部面积恒等于 1。

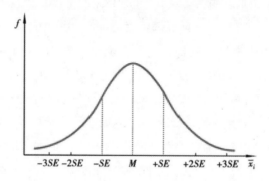

图 6-2　均值正态分布

在正态分布中，所有 m 组样本组合的均值的平均数等于总体的平均值 $\left(\frac{\sum \bar{x}_i}{n} = \mu\right)$，所有 m 组样本组合的平均值的标准差，即为标准误（SE），它等于总体标准差除以 $\sqrt{n}$，即：

$$SE = \frac{\sigma}{\sqrt{n}} = \sqrt{\frac{\sum (\bar{x}_i - \mu)^2}{n}} \times \frac{1}{\sqrt{n}}$$

在抽样分布呈正态分布的条件下，其平均数的次数所占的比率就是正态曲线下的面积。按照概率统计理论，正态分布曲线下的任何面积是可以计算的。例如，有 68.26% 的样本平均值是落在 $\mu \pm SE$ 的区间内，有 95.44% 的样本平均值是落在 $\mu \pm 2SE$ 的区间内，有 99.73% 的样本平均值是落在 $\mu \pm 3SE$ 的区间内。但在实际的统计推论（参数估计）中，经常采用的置信度是 90%，95%，98%，99%，与此相应的区间范围是（其中的数字即 z 值，即标准分数，可以从正态曲线下的面积表查找）：

90% → $\mu \pm 1.65SE$

$$95\% \rightarrow \mu \pm 1.96SE$$

$$98\% \rightarrow \mu \pm 2.33SE$$

$$99\% \rightarrow \mu \pm 2.58SE$$

上述数字实际上就是参数估计中的置信度（90%，95% 等）和置信区间（$\mu \pm SE$ 等），它们的大小对于样本规模的确定和统计推论具有重要意义。

抽样分布的另一种形式是二项分布。二项是指变量的取值只有两个，例如性别的取值有男和女，婚姻状况的取值有已婚和未婚，对某种意见的态度有同意和反对。二项中的一项概率为 p，另一项的概率即 $1-p$，设为 q。假定某大学男女学生各占一半，则男女的概率均为 0.5，即 p（m）=0.5，q（w）=0.5。若在该大学中任意抽取 1，2，3…n 人，抽取男生和女生的可能性将如何？

若抽取 1 人，则有两种可能：p=0.5（男），q=0.5（女）。

若抽取 2 人，则有三种可能：2 男、1 男 1 女、2 女，出现的概率分别为 0.25，0.50，0.25。

若抽取 3 人，则有四种可能：3 男、2 男 1 女、2 女 1 男、3 女，出现的概率分别为 0.125，0.375，0.375，0.125。

若抽取更多的学生，概率分布就比较复杂。二项分布和代数中的二项式是一致的。二项式（$a+b$）^{n} 中的 a 与 b 分别改为 p 与 q 即可。代入二项式并展开：

$$(p + q)^n = C_n^0 p^n + C_n^1 p^{n-1} q + C_n^2 p^{n-2} q^2 + C_n^3 p^{n-3} q^3 + \cdots + C_n^n q^n$$

$$\left(组合公式: C_n^m = \frac{n!}{m!(n-m)!} \right)$$

二项分布也可以计算一组特殊样本被抽取的概率以及对统计推论的意义。例如，假定某大学男女生的比率是一样的，都各占 50%，如果从该大学中抽取一个由 10 人组成的样本，并要求该样本中有 3 ~ 7 人是男生，该样本被抽取的概率根据上述公式计算如下：

$$C_{10}^3 p^3 q^7 + C_{10}^4 p^4 q^6 + C_{10}^5 p^5 q^5 + C_{10}^6 p^6 q^4 + C_{10}^7 p^7 q^3 =$$

$$\frac{120}{1\,024} + \frac{210}{1\,024} + \frac{252}{1\,024} + \frac{210}{1\,024} + \frac{120}{1\,024} = 0.89$$

计算结果表明，若要抽取含有 3 ~ 7 位男生的 10 人一组样本的可能性为 89%；也可以说，如果我们抽取 100 组 10 人一组的样本，那么将有 89 组的样本中男生的人数在 3 ~ 7 人。

但是，若要抽取 10 人全部是男生的样本，由于该大学男女生的比率是一样的，即 $p=q=0.5$，如果严格按照概率抽样的原则，这样的样本被抽取的可能性极小，即 $C_{10}^0 p^{10} = \frac{1}{1\,024} = 0.098\%$，最多只有 1‰ 的概率。所以一般是不会被抽到的，是小概率事件。如果被抽到的话，就存在两种可能：一是没有按照概率抽样的方法抽取样本；二是我们原先对这所大学男女生各占一半的假定是错误的。概率分布的这一意义构成了统计推论的基础之一，即小概率事件的发生，对假设鉴定具有重要意义。

从二项分布的图形来看，当 $p=q$ 时，两项分配是对称的。但是当 $p \neq q$ 时，二项分布是偏态的，但是当 n 趋向于无限时，$p \neq q$ 的二项分布也趋向于对称。例如，若我们抽取许多组由 100 位学生组成的样本了解他们的性别，可以发现有更多的样本会产生相同的估计值，形成如图 6-3 显示的正态分布曲线图。

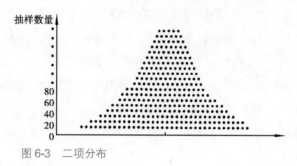

图 6-3　二项分布

因此，概括地说概率抽样具有以下特点：第一，从总体中抽取出来作为调查的样本单位是按随机原则抽取的，是不得任意选择的。因此，能够被抽中的单位在总体中呈均匀分布，对总体具有充分的代表性，不致出现倾向性误差。第二，它是以抽取的全部样本单位来代表总体，而不是用个别单位来代表总体。因此，抽样调查的结果只能推论到样本所在的总体，不能用样本单位的个别特征来说明总体特征，更不能把样本的特征推论到总体之外的社会现象。当样本数足够多时，个别单位的高低差异趋于互相抵消，因而样本的平均数接近总体平均数。第三，抽样误差和总体各单位或元素之间的差异程度成正比，与样本规模成反比。但是，抽样误差可以根据总体中各单位或元素的差异程度与样本规模，控制在一定的范围内。因此，抽样调查是非全面调查方法中用来推论总体的最完善、最有科学根据的方法。

6.1.3　抽样术语

在前面的介绍中可能已经涉及一些大家还不清楚的概念，例如总体、样本、抽样误差，等等。这些概念都和抽样方法有关，因此在介绍抽样方法之前，先解释一些与抽样方法有关的专业术语。

大家都知道，抽样调查的目的在于通过对样本的调查说明一个比较大的总体的情况。因此，在抽样之前，首先要确定在什么范围内抽样，如何确定范围的大小，被抽取的调查对象应该有多少，调查对象的数量能否达到说明总体某一变量的可信度和精确度。我们需要了解一些基本的专业术语，例如总体和样本、抽样框、抽样误差、置信度和置信区间、参数值和统计值等，否则有些内容就无法理解。

6.1.3.1　总体和样本

所谓总体就是构成总体的全部单位或元素，这些单位或元素在调查研究中可以是个人，也可以是群体或组织甚至是社区。例如，研究某城市大学生的生存和发展以及他们的价值观念，构成总体的单位或元素就是个人，即大学生；调查国有企业和非国有企业的生产和管理方式以及生产效率，此时构成总体的单位或元素就是企业，即组织；调查不同类型的家庭结构对子女教育的影响，此时构成总体的单位或元素就是家庭，即群体；我们要调查北方农村和南方农村的村庄宗族活动，此时构成总体的单位或元素就是村庄，即社区。由于现代社会调查大多数是以个人为分析单位，因此，在很多情况下，构成总体的基本单位或元素是个人。

从总体中按照随机方法抽取出来作为收集资料的对象，就是样本，因此样本是总体的一部分。按照概率理论，被抽取出来的样本是可以代表总体的。例如，如果在 2006 年某城市全部大学生中抽取 1 000 名学生作为调查对象，这 1 000 名学生就是样本。

总体实际上就是研究对象的范围，有着具体的时空界限，是可以界定的。通常一个总体包括三大要素，即地域（地点）、时间和对象。例如，我们是在 2006 年调查某城市大学生，那么总体就是 2006 年某城市全部大学生（具体的规定见 6.1.4.1）。在抽样调查中之所以对总体进行严格的规定，在于通过样本调查所得到的数据或结论只能推论到样本所在的总体，而不能推论到总体以外的情况。就如上例，通过对某城市 1 000 名大学生的调查，所得到的数据或结论，就不能说明 2005 年的该城市大学生的情况，也不能说明其他城市或全国大学生的情况。这种对推论的严格规定，显然要比其他调查方法严谨得多。

6.1.3.2　抽样框和抽样单位

抽样框就是根据总体的具体规定（时间、地点、对象）所包含的全部单位或元素的名单，也可以称为抽样范围。对于抽样框的一个通俗说法就是"花名册"。例如，上述关于某城市大学生的调查，它的抽样框就是 2006 年全部在校大学生的名单。如果当时的大学生有 50 万名，且从大学生中直接抽样，从理论上说，必须把全部大学生的名单都要搜集到，建立一个"花名册"，然后按一定方法抽样*。显然，以个人为单位的抽样框只能适合于总体比较小的情况，因为对于一个比较大的总体，在制定抽样框时，很难避免总体的一些单位或元素被丢失的可能**。

因此，在一个比较大的总体中抽样时，例如，一个国家、一个省或某个大城市，根据我国现有的条件，一般采用多阶段抽样的方法。即在总体中分成几个阶段抽样，分别建立几个抽样框。例如，关于某城市大学生调查的抽样，可以建立三个抽样框：第一级抽样框是全部大学；第二级抽样框可以是学院，即

* 之所以说是理论上的可能，在于这样的抽样成本很高。我国的公安部门实际上有非常完善的个人或户籍统计，原则上是可以利用公安部门的资料进行抽样，但是很难做到。即使得到公安部门的同意，花费也很大。

** 在城市入户调查中，现在较多采用地图法编制抽样框。它是以住宅类建筑为载体，将各类建筑物绘制在图纸上并对实际住户进行编号形成抽样框，因而不同于依靠户籍、门牌等信息编制样本框，是目前世界公认的、较为精确的方法。

在被抽取的大学中，收集所含学院的全部名单；第三级抽样框是大学生，即在全部被抽取的学院中，收集全部大学生的名单。

在抽样过程中要确定抽样单位是什么。抽样单位就是在一次抽样中具体使用的单位。在以个人为单位的总体中，若在总体中直接抽取个人，它的抽样单位就是个人。但是在多阶段抽样中，由于要制定多级抽样框，它们的抽样单位是不同的。按上例，从第一级抽样框到第三级抽样框，抽样单位分别是学校（组织）、学院（组织）和大学生（个人）。由此可见，抽样单位与构成总体的单位或元素有时是一致的，有时是不一致的。显然，若在个人为单位或元素的总体中直接抽样，抽样单位和构成总体的单位或元素是一致的，而多阶段抽样时，抽样单位和构成总体的单位或元素只是在最后一级的抽样框中才是一致的。

前面曾经介绍过分析单位和调查对象，它们和抽样单位之间的关系是怎样的呢？应该说，抽样单位有的时候和分析单位、调查对象是一致的，有时候是不一致的。例如，在一所大学里进行有关大学生就业意愿的抽样调查，并且直接在大学生中抽样，此时分析单位、调查单位和抽样单位是一致的，都是大学生，即个人。如果调查课题变成该大学理科学生和文科学生就业意愿抽样调查，采取以班级为单位的整群抽样方法，此时抽样单位就是班级，即群体，分析单位是不同专业的学生，即群体，调查对象是大学生，即个人。因此，抽样单位和分析单位、调查对象之间的关系，要根据调查课题的特点和具体的抽样方法确定。

6.1.3.3　参数值和统计值

参数值是指总体中某个变量的数值，即总体值；统计值是指样本中某个变量的数值，即样本值。它们分别是关于总体或样本某个变量的综合描述。例如，某大学共有 10 000 名学生，通过对全部大学生的调查，男生和女生的比例为 100 ∶ 108，即每 100 名女生，就有 108 名男生；若从 10 000 名学生中抽取 500 名学生进行调查，男女性别比为 100 ∶ 105，即每 100 名女生，就有 105 名男生。100 ∶ 108 就是这所大学即总体性别比变量的综合描述；100 ∶ 105 就是调查样本性别比变量的综合描述。

问题在于，为什么有了参数值后还要有统计值？显然两种数值的获取方法是不同的。参数值必须对总体的所有单位或元素进行调查以后才能得到，即所谓的普遍调查之后才能得到；统计值来自于对样本的调查结果。由于调查研究的特殊性，其中的很多变量值是不可能通过对总体全部单位的调查而获得的。因此，对于这类数据通常是采用抽样调查的方法而得到的。例如，上例关于大学生就业意愿的调查，如果在一所大学进行的话，也许可以采取普遍调查的方法获得有关大学生就业意愿的有关信息：工作地点、职业选择、工作要求、行业选择、薪金期望、单位性质、择业观念等。但是，如果要做一个省、一个直辖市，甚至全国范围的普遍调查，不仅难度很大，成本很高，不易获得比较深入的资料，而且也没有必要。因此，通常采用抽样调查的方法收集相关数据。但是，通过抽样调查获得的数据并不仅仅是用来描述样本的情况，更为重要的是说明样本所在总体的状况。因此，抽样调查的一个重要作用就是可以运用统计方法，为样本的统计值推论总体的参数值提供条件。

虽然，参数值和统计值都是有关某个变量的综合描述，都是一个具体的数值，但是两者有着重要的区别：参数值是唯一的、不变的；统计值是可变的、多样的。对于一个确定的总体来说，关于某个变量的参数值只有一个。例如上述有关大学生就业意愿调查中性别比，在总体（一所大学）中是 100 ： 108。只要你的调查中没有发生遗漏，调查所获的资料是正确的，哪怕进行多次调查，这个变量值也是不会变的。但是，抽样调查则不同，因为抽样调查可以从总体中抽取无数个由 500 名学生组成的样本，每次调查得到的性别比数值都会发生变化，都会围绕 100 ： 108 而上下波动。其次，参数值通常是未知的（除非进行普遍调查）、统计值是可以通过样本调查而得到，是已知的，未知的总体参数值只能由样本统计值的推论才能成为已知。

6.1.3.4　置信度和置信区间

参数值经由统计值推论获得，那么参数值的准确性和可信度如何呢？例如，在观看世界杯决赛时，人们对于 A 队和 B 队之间的胜负会有自己的判断：甲同学认为 A 队战胜 B 队的可能性是 80%，并且会以 2 ： 1 胜出；乙同学认为 B 队战胜 A 队的可能性是 90%，并且会以 2 ： 0 胜出。两位同学所讲的"胜率"可以大致理解为置信度，对于两队之间比分的判断大致可以理解为置信区间。

因此，置信度是指总体参数值落在样本统计值某一区间内的概率，也称为置信水平；置信区间是指在一定的置信度下，样本统计值和总体参数值之间的误差范围。置信度反映的是推论的可信度或可靠性，置信区间反映的是推论的准确性。例如，上例大学生就业意愿抽样调查中有关家庭平均月收入的统计值是 5 000 元。在统计推论中，对于参数值的估计，即参数估计，通常是采用区间估计的方法。经由标准误的计算，统计值的区间如果是 4 500 ～ 5 500 元，此时，总体参数值落在 4 500 ～ 5 500 元的可能性假如为 95%，95% 就是置信度，4 500 ～ 5 500 元就是置信区间。在此例中，我们可以说，通过抽样调查，该大学大学生家庭月平均收入落在 4 500 ～ 5 500 元区间的概率是 95%，也可以说，我们有 95% 的把握认为，该大学大学生家庭月平均收入是 4 500 ～ 5 500 元区间内的任意数值。在 95% 的置信度下，样本统计值和总体参数值之间的误差为 10%。

由图 6-2 可知，M 即为平均值，$-SE$~$+SE$ 即为置信区间，由 $-SE$ 到 $+SE$ 在正态曲线上所包含的全部面积即为置信度；同理，$-2SE$~$+2SE$ 也为置信区间，由 $-2SE$ 到 $+2SE$ 在正态曲线上所包含的全部面积为置信度。可以看出，一方面，置信区间越小，误差越小，参数值的准确性就越高；反之，则越低。置信区间在正态曲线图上所对应的面积越大，置信度就越高，即可靠性就越大；反之，则越小。另一方面，置信度和置信区间之间存在着对应或相互影响的关系，即被推论的参数值的准确性越高，即置信区间越小，它的可靠性，即置信度就越低；反过来，被推论的参数值的准确性越低，即置信区间越大，它的可靠性，即置信度就越高。因此，人们通常在置信度和置信区间的选择上采取折中的方法。置信度和置信区间的高低和大小对样本规模都具有直接或间接的影响。

6.1.3.5　抽样误差、标准误和非抽样误差

置信区间被认为是在一定的置信度下，样本统计值和总体参数值之间的误差范围，实际上已经含有对抽样误差的解释。抽样误差是指当用样本统计值推论总体参数值时产生的偏差。由于抽样调查是部分调查，相对于总体来说，样本是总体的组成部分，是局部的。因此，任何抽样调查都会存在或大或小的抽样误差，不管它的样本有多大。在抽样调查中，研究者可以事先规定抽样误差的大小，常用的抽样误差可以规定为 1%、5%、10% 等，大于 10% 的抽样误差对抽样调查来说意义不大。在抽样调查中，还存在系统误差或非抽样误差，其中包括度量误差，它主要发生在测量、记录、填答、汇总等过程中，或者是指标设计有误以及一些人为的差错，如观察不当、造假、回答不实等。抽样误差是客观存在的、不可避免的，但可以通过扩大样本降低抽样误差，但不可能归零；而非抽样误差是主观的，是可以避免的，它可以通过我们的工作降低到最低程度，也可以通过一些技术方法发现和修正。

由于抽样误差主要受到总体的差异性或分布方差和样本规模的影响。因此，对实际上存在的抽样误差的估计通常是标准误（标准误差），即本章所讲的总体标准差除以 $\sqrt{n}$。由于总体标准差实际上是不可能知道的，因此只能以样本的标准差代替总体标准差。标准误（标准误差）是直接影响置信区间大小的一个因素。如图 6-2 所示，SE 代表一个标准误，$2SE$ 代表 2 个标准误，$3SE$ 代表 3 个标准误。

6.1.4　抽样步骤

各种抽样方法虽然都有自己的抽样过程或步骤，但是就其一般情况而言，抽样主要包括界定总体、编制抽样框、选择抽样方法、抽取样本和样本评估等步骤：

6.1.4.1　界定总体

一个明确的、具有清晰边界的、可以操作的总体对于抽样是非常必要的。界定总体就是根据构成总体的三大因素：地域（地点）、时间、对象，对总体

的边界进行具体、详细的规定，从中抽取样本。对总体的具体规定关键在于对构成总体的三大要素给予明确、详细的说明，力图达到可以操作的要求。例如，上例关于 2006 年某城市大学生生存与发展及价值观念的调查，首先要确定总体的所属时间，一般可以按照时间点（时点）的规定确定总体的时间。在本例中，虽然已经确定为 2006 年，但是在对总体的时间规定中最好精确到月，例如调查是在 2006 年 10 月进行，总体的时间规定也应该是这个时间。其次，要明确总体的所在地域或地点。对于某城市大学生的调查，它的地点或地域是比较明确的，即凡是在某城市行政区域内的大学都属于总体的范围[*]。但是有些调查的总体地域或地点的规定稍微复杂一些，例如调查某城市市民的生存、发展及价值观念。由于近几年来城市化的发展，原来的市郊农村都规划为市区，绝大多数农民也成为具有城市户籍的市民。此时调查对象是某城市市民，就要根据课题的需要确定调查总体的是指该城市全部行政区，还是指该城市中心城区。第三，对象的具体规定。根据前例，构成总体的单位或元素是个人，即大学生。但是，仍然需要规定什么是大学生。是仅仅指全日制学校的在校大学生，还是包括成人教育学校、电视大学或自学考试在内的全部大学生？如果仅指全日制学校在校大学生，那么民办大学大学生是否包括在内？大学生仅仅是指本科学生，还是包括专科、高职、研究生在内的全部学生？以上所讲的"城市市民"也有这样的问题（例如，市民是否包括长年居住在城市的外来务工者），也要具体规定。

* 不过实际上也有一个是否需要把民办大学、成人教育学校包括在内的问题。

如果对大学生的调查假定其总体为公办大学的本科学生，本例的总体就是：2006 年 10 月在某城市行政区划内的公办大学的全部本科学生，即 2006 年 10 月在册的（不包括休学）、尚未毕业的全部在校本科学生。这样的规定既可以包括某些特殊的专业如医科（本科是五年制）以及因为各种原因推迟毕业的学生，也把那些提前毕业或者因为各种原因除名的学生排除在外。

对于总体的详细规定可以保证在一定的时空条件下，确保构成总体的单位或元素不被遗漏。因为总体单位或元素的遗漏有可能会破坏等概率抽样原则，使抽样产生偏差。

6.1.4.2　编制抽样框

编制**抽样框**就是在明确规定的总体内，搜集总体中全部抽样单位的名单，并按序编号，为实施抽样做好准备。一次抽样结束后，还要对样本质量进行评估，因此在编制抽样框时，还要注意搜集那些可供评估的资料。例如，在抽样单位为个人的情况下，需要收集能够反映抽样单位属性的资料，如年龄、性别等；若抽样单位为组织或群体，需要同时收集反映组织或群体属性的资料，如人数、组织或群体性质等。

根据大学生调查的例子，若总体是一所有 2 万名本科生的大学，抽样单位是大学生，就必须收集 2 万名学生的名单及他们的年龄、性别、专业等资料，然后按序编号。但是对于总体很大的调查来说，通常是采用多段抽样方法，根据抽样的阶段性，分别编制相应的多级抽样框。

例如，关于大学生调查的例子，若总体是某城市全部公办大学所有在册本科学生，假如某城市共有 50 所大学，当年在册大学生有 50 万名。若以个人为抽样单位，并且假定能够获得以个人为抽样单位的抽样框，抽样框字数就近 200 万。显然这是一个非常庞杂的工作。这种情况下，一般会采用多段抽样的方法，即把抽样分成几个阶段进行。如果抽样分为三个阶段"学校→学院→学生"，首先要把该城市全部 50 所公办大学的名单收集到，建立第一级抽样框；若从 50 所大学里抽取 10 所大学，就要收集 10 所大学所有的学院名单，建立第二级抽样框；若从被抽取的大学里所有学院，即第二级抽样框里抽取 30 个学院，就要收集 30 个学院所有在册本科学生的名单，建立第三级抽样框。

在编制抽样框时，最为关键的是根据总体的规定，毫无遗漏地搜集构成总体单位或元素的名单，否则会造成严重的抽样偏差。20 世纪 30 年代，美国总统大选前的结果预测就曾经发生过严重的抽样框编制错误，造成预测的失败。1936 年，美国民主党的候选人是在任总统富兰克林·罗斯福，共和党的总统候选人是阿尔夫·兰登。大选结果表明，罗斯福以 61% 的得票率获得第二届任期。但是，当时美国一家非常流行的新闻杂志《文学文摘》在大选之前进行了一次大规模的总统候选人的民意测验，所获调查结果显示，有 57% 的选民支持共和党候选人阿尔夫·兰登，有 43% 的选民支持民主党的候选人富兰克林·罗斯福。事实证明，《文学文摘》民意测验的结果与选举结果大相庭径。但是这家著名杂志在 1920、1924、1928 和 1932 年总统候选人的民意测验中都是成功的，即民意测验的结果和实际的总统当选人是一致的。是什么原因造成了 1936 年《文学文摘》总统候选人民意测验的失败？最后发现是在编制抽样框时发生了严重错误。1936 年的民意测验，《文学文摘》仍然按照以前的民意测验方法，根据电话簿和车牌登记名单编制抽样框。但是，它没有注意到 1936 年美国还处在最严重的经济萧条后期，很多中产阶级沦为贫民，汽车、电话对于不少人来说成为奢侈品。因此，以电话簿和车牌登记名单作为编制抽样框的基础，显然会将很多贫困选民排除在外。同时，罗斯福的新经济政策显然受到贫民的支持。因此，《文学文摘》根据电话簿和车牌登记名单编制的抽样框，它的民意测验实际上只能反映富人的意愿，贫民中的很多人已经被排除在它的抽样框之外，最终必然导致民意测验的失败，该杂志也因此于 1938 年倒闭（艾尔·巴比，2000a：245）。这个事例说明，编制抽样框并不仅仅是一个技术性问题，它还要求研究者了解社会经济的变化状况，根据现实状况的变化编制相应的抽样框。

对于一些特殊问题的研究，编制抽样框仍然是一件很困难的工作。例如，对于中间阶级或中产阶级的调查，首先涉及如何界定中产阶级。即使从职业的角度去理解中产阶级的属性，也很难获得与中产阶级有关的职业所构成的抽样框。一些边缘性群体的抽样框也很难获得，如吸毒者、艾滋病患者、同性恋者、乞丐等也很难编制抽样框。因此，编制抽样框本身就是抽样方法中一个值得研究的问题。

6.1.4.3　选择抽样方法

概率抽样的基本方法主要有：简单随机抽样方法、系统抽样方法、分层抽样方法、整群抽样方法和多段抽样方法。研究者可以根据研究目的、调查对象特点以及总体规模采用适当的抽样方法。一般来说，影响抽样方法选择最为直接的因素主要是总体规模的大小、调查对象的特点及总体的差异性。如果总体的规模比较小，例如一所学校、一家企业，可以在以个人为抽样单位的抽样框中，采用简单随机抽样方法、系统抽样方法和分层抽样方法直接在总体中抽样；对于规模很大的总体，一般采用的是多段抽样方法或 PPS 抽样方法；对于总体单位或元素差别不大，即同质性较高的总体，可以采用整群抽样的方法。

同时，在多段抽样中，可以把不同的抽样方法组合在一起。对于整群抽样，既可以采用简单随机抽样方法，也可以采用系统抽样方法或分层抽样方法。此外，分层抽样方法在同等条件下，更能提高样本的代表性；简单随机抽样方法最符合抽样随机性要求；系统抽样方法相对来说比较方便。

6.1.4.4　实施抽样

所谓抽样就是按照一定的抽样方法，从总体中（抽样框）抽取调查样本的过程。一般来说，抽样最好由研究者亲自实施或者在研究者指导下进行，因为抽样实施直接影响着样本的质量，关系到抽样偏差的大小。虽然在抽样方案中对于抽样方法作了非常详细、具体的说明，但是在实际抽样中，总会遇到一些预先没有估计到的问题。例如在大城市实施抽样时，会遇到基层组织不能配合，不愿意提供与抽样有关的资料，或者已经编制好的抽样框与实际状况不太相符等情况。如在大城市抽样，一般要依赖居委会的帮助根据户口簿抽样，但由于城市人口的流动较大以及户籍管理上的问题，经常会发生人户分离的情况。

在规模较大的总体中抽样时，一般由研究者负责第一级和第二级抽样，最后一级的抽样有时由调查员或者督导员实施。因此，调查员或督导员要具备有关抽样的具体知识。同时，在收集资料的过程中，总会遇到拒访或者调查对象由于特殊情况不能接受调查。因此，在抽样时，还要根据实际情况抽取一定比率的预备样本。

6.1.4.5　样本评估

虽然从理论上说，概率抽样可以获得一个能够代表总体的样本。但是，在一次抽样中，有时并不一定能够达到这个要求。例如，如果总体所有对象的平均年龄是 40 岁，在一次抽样中，样本的平均年龄是 50 岁或者 30 岁。虽然是遵循严格的概率抽样方法，但是可以看到样本存在较大的偏差。如果贸然进行调查的话，调查结果或资料就会产生很大的误差，并且由于抽样调查的成本一般很高，不可能再进行第二次调查，从而造成无法弥补的损失。因此，在一次抽样中并不一定能够获得一个代表性程度比较高的样本，往往需要进行多次抽样，通过对各种抽样结果比较，选择一个相对于总体来说代表性比较高的，或者偏差比较小的样本。

为了能够获得一个代表性比较高、偏差比较小的样本，在一次抽样后，要对样本质量进行评估。评估样本质量的方法是：将能够获得的反映总体一般状况的指标（通常是年龄、性别等）与样本的同类指标进行比较，差异较大的就需要重新抽样。两者的差异一般控制在 5% 以下；对于那些精确度有更高要求的抽样调查来说，误差应该更小。根据上例，样本的平均年龄最好控制在 $40 \times (1 \pm 5\%)$ 以内，即 38 ~ 42 岁。为了能够对样本质量进行评估，在编制抽样框时必须同时收集与评估指标有关的资料或数据。

>> 6.2　概率抽样的具体方法

本节介绍的概率抽样方法除了最基本的简单随机抽样、系统抽样、分层抽样、整群抽样和多段抽样之外，还包括近年来使用较为广泛的、属于多段抽样的特殊抽样方法 PPS，以及适合于入户调查中选择被调查对象的入户抽样法和生日法。任何概率抽样方法都有一个基本的要求，必须保证总体中每个单位或元素被抽取的概率是一样的，即等概率原则。不同的抽样方法都有自己的特点，研究者可以根据自己的需要和客观条件选择比较合适的抽样方法。

6.2.1　简单随机抽样

简单随机抽样方法亦称为纯随机抽样方法。它是直接从总体中完全随机地抽取样本，是概率抽样的最基本形式。这种抽样方法，并不要求对总体的单位或元素进行排队或分组，可以直接从总体中抽取样本。从理论上来说，简单随机抽样方法最能保证总体中各个单位或元素同等被抽取的机会，因此是最符合概率抽样原则的。

简单随机抽样的具体方法主要有两种，即抽签法和查对随机号码方法。

抽签法就如日常生活中的"摸彩"，事先把总体中每个单位或元素编号，将号码分别写在一张小纸条上，折叠好后放入一个容器里，如盒子、袋子，搅拌后就可以直接从容器里任意抽取，直到抽取完规定的样本数为止。例如，某年级有学生 300 名，准备抽取 50 人作为调查对象。按照抽签法，只要把 300

名学生的姓名编上号码，分别写在 300 张小纸条上，即编制抽样框；折叠好后放入一个纸盒内，搅拌均匀，然后由专人从纸盒内一张一张抽取 50 张小纸条，即实施抽样；把抽取的小纸条上的号码与总体的 300 名学生的号码相对应，找到 50 名学生的姓名，即为调查样本。接下来还要分析被抽取的 50 名学生的基本状况，如性别、年龄、学习成绩等，与 300 名学生情况是否差不多，如果差距较大的话，就要重新抽样，这个步骤即为样本质量评估。

但是，抽签法仅适用于总体规模不大，样本比较小的情况。如果一个总体的人数有 5 000 人，样本数为 200 人，虽然也可以采用抽签法，但是工作量就比较大。因此，大多数情况下采用查对随机数表的方法 *。随机数表也称为乱数表（见本书附录 B），表中数值的排列都是随机生成的，没有任何规律。查对随机数表抽取样本的步骤如下：

* 有条件的话可以在计算机上运用专门的软件进行抽样效率更高。

（1）在界定总体的基础上，编制抽样框，其中包括给总体每个成员编上号码。

（2）按照总体规模的位数，在随机数表中查对相同的位数。例如总体有 5 000 人，就是 4 位数，我们就在随机数表中从任意 4 位数开始查对。

（3）在随机数表中由上到下或从左到右抽样，只要小于或等于总体规模数的数值就是样本号码，直到抽满规定的样本数为止。

（4）把抽取出来的样本号码与抽样框中的名单相对照，与样本号码对应的单位名或个人姓名就是样本。

如果我们在一个 5 000 人的总体中抽取 200 人作为样本，在编制好抽样框后，就可以在随机数表中直接抽样。表 6-1 就是随机数表的节选，我们可以按任意方向在表中取 4 位数，如果是从左到右取前 4 位数，被抽取的样本号码是：1009，3754，0842，1280，3106（参见表 6-1）；如果取后面 4 位数，被抽取的样本号码是：0973，4226，0190，0657，0601，2697，4264；也可以从第二个数字开始取 4 位数，被抽取的样本号码是：0097，2807，1060，3573。需要注意的是，在一次抽样中，只能选择一种标准确定位数，不能一会儿取前面的 4 位数，一会儿取后面的 4 位数，一会儿取中间的 4 位数。

在简单随机抽样中，重复抽样（回置抽样）和不重复抽样（不回置抽样）是一个需要讨论的问题，即总体的单位或元素能否被重复抽取。如果在总体所含的 300 个学生中，抽取 50 名学生，可能会发生某些学生被重复抽到。假如有 10 名学生被重复抽到，按 50 个样本计算，其中的 10 名是重复的，实际调查的学生数是 40 名，其中 10 名作为重复样本计算，即一个样本作为两个调查对象，仍然是 50 名学生。但是，这样会给样本的代表性带来很大影响。这种方法就是重复抽样或回置抽样。如果遇到重复的号码就跳过，一直抽取到 50 个样本为止，其中被跳过的重复号码，即重复对象有 10 名，虽然实际抽取的样本或次数就是 60 名（次），但是 10 名重复对象被舍去后，实际的调查对象还是 50 名。这种方法就是不重复抽样或不回置抽样。两种方法如何取舍？以笔者所见，主要决定于抽样比率或概率的变化。在本例中，规定的样本是 50 名学生，抽样比率是：$\dfrac{\text{样本数}}{\text{总体数}} = \dfrac{50}{300} = \dfrac{1}{6} = 0.167$。但是，采用重复抽样的话要承受由此而产生的抽样误差偏大的风险。如果采取不重复抽样方法，由于实际抽取的样本或次数是 60 名（次），虽然实际调查样本为 50 名，但是抽样比率是：$\dfrac{\text{样本数}}{\text{总体数}} = \dfrac{60}{300} = \dfrac{1}{5} = 0.20$。因此，已经明显改变了原来的抽样比率，即抽样概率。

表 6-1　随机数表抽样节选

随机数表中号码	选用号码	不选用的原因
100973	1009	
375420	3754	
084226	0842	
990190		前 4 位数 > 5 000
128079	1280	
660657		前 4 位数 > 5 000
310601	3106	
852697		前 4 位数 > 5 000
635733		前 4 位数 > 5 000
084264		与第三个号码重复

如果在 5 000 名学生组成的总体中抽取 200 名学生作为样本，抽样比率或概率为 $\dfrac{\text{样本数}}{\text{总体数}} = \dfrac{200}{5\,000} = \dfrac{1}{25} = 0.04$，假设其中 10 名是重复样本，实际抽取的样本数或次数是 210 名，由于 10 名重复的调查对象被舍去，实际调查的样本数还是 200 名。虽然抽样比率或概率为 $\dfrac{210}{5\,000} = \dfrac{21}{500} = 0.042$，抽样概率发生了变化，但基本上可以忽略不计。如果在总体规模很大，样本相对较小的情况下，不重复抽样可能带来的概率变化是微不足道的。设想一下，若在一个 500 万人口的城市中抽取 1 000 名样本，即使其中有 100 名重复样本被舍弃，实际抽样次数或样本数是 1 100 名（即调查样本仍为 1 000 名），对于 500 万人口的总体来说，1 000 名和 1 100 名样本对于概率产生的影响是很小的（分别为 0.000 2 和 0.000 22），是可以忽略不计的。

实际上，重复抽样和不重复抽样关系到抽样的独立性，即在一个规定的总体中，任何一个单位或元素的抽取都不能影响到其他单位或元素的抽取。由于调查研究的总体规模都比较大，抽样比率都比较小，即使采用不重复抽样的方法，对概率的影响也很小。因此，抽样调查一般采用不重复抽样方法。但在抽样比率或概率较大情况下，比较稳妥的方法是经过多次抽样获得几组样本，选择一个没有重复对象或重复对象较少的样本。

6.2.2　系统抽样

系统抽样方法亦称机械抽样或等距抽样。它将总体各单位或元素按序编上号码后，计算抽样间距，然后从间距以内的任意一个数字开始，按这个间距抽取样本，直到抽满规定的样本为止。例如从 5 000 人抽取 200 人，先将 5 000 人从第一人开始依次从第 1 号编到 5 000 号，用总体单位数 5 000 除以样本数 200，求得抽样间距为 25，然后采用抽签法或随机号码表，从 25 以内的数字中随机抽出一个数字，作为起抽号，以此数起，按 25 为间距开始抽样，直到抽满 200 人为止。如果开始抽出的数字为 15，即从 15 开始，每隔 25 抽取一个样本，直至抽满 200 个样本。其过程如下：

第 1 个样本号：15

第 2 个样本号：15+25 ＝ 40

第 3 个样本号：15+2×25 ＝ 65

第 4 个样本号：15+3×25 ＝ 90

⋮

第 199 个样本号：15+198×25 ＝ 4 965

第 200 个样本号：15+199×25 ＝ 4 990

根据上例，系统抽样的步骤如下：

（1）编制抽样框，并对总体的单位或元素按序编号。

（2）计算抽样间距，即 $D = \dfrac{N}{n}$，其中，D 为抽样间距或间隔，N 为总体数，n 为样本数。

（3）确定起抽号，即第一个样本的号码；起抽号一般按随机方法在抽样间距内获得，可以保证起抽号小于或等于抽样间距值，如果大于的话，最后一个样本号码必然就会超出总体数。如果上例起抽号为 26，第 200 个样本号就是：26+199×25 ＝ 5 001，已经不在总体范围之内。

（4）从起抽号（F）开始，按抽样间距抽取样本，直到抽满规定的样本数。即 F，$F+D$，$F+2D$，$\cdots$，$F+(sn-1)D$。其中，F 为起抽号，D 为抽样间距，sn 为样本序号。上例第 199 个样本，F，D，$sn-1$ 分别为 15，25，198。

但是，在实际生活中，一个确定的总体数并不一定是尾数为零的数值。例如某单位有 5 012 人，样本数仍为 200 人，此时抽样间距为 $D = \dfrac{5\ 012}{200} = 25.06$*，如果抽样间距仍然按 25 计算，那么 5 000 以后的 12 位个人，就永远不可能被抽取到，这是违背抽样原理的。因此，起抽号仍然要在抽样间距内按随机方法

* 带小数的抽样间距和起抽号不宜按四舍五入方法进位。

选取。由于现在的抽样间距值是带有小数的，已经不能直接在这个数值内获得，一个变通的办法是在总体数值中抽取一个数字，然后除以样本数，或者把带有小数的抽样间距值中的小数点去掉，在这个数值内抽取起抽号后，再恢复小数点。例如，按第一种办法，直接在 5 012 内随机选取起抽号，如 4 842，除以 200，起抽号为 24.21；按第二种办法，把 25.06 看成 2 506，按随机方法选取一个数字，如 2 502，再除以 100，起抽号即为 25.02。两种方法实际上都要求做到，按随机方法抽取的起抽号，都必须在抽样间距内或者最多等于抽样间距值。

问题是当获得的起抽号带有小数时，在总体中无法找到相对应的数值。因此，一般情况下，可以采用直接进位法或者四舍五入法。本书采用的是直接进位法，即不管小数的大小一律进位到整数。因为从理论上说，带有小数的某个样本在总体中的号码，实际上意味着作为整数的那个号码已经被超过了，失去了被抽取的资格。例如，若起抽号为 24.21，按直接进位法，第一个样本在总体中的号码应该是 25，而不是 24，因为 24.21 大于 24，24 已经失去了被抽取的资格。同理，如果样本在总体中的号码带有小数，一律直接进位到整数，而不考虑它们小数的大小。但需要注意的是起抽号和抽样间距在本例中仍然是带有小数的，不能进位到整数。如果起抽号为 24.21，在 5 012 人中要抽取 200 人，其过程如下：

第 1 个样本号：24.21 ⟶ 25

第 2 个样本号：24.21+25.06=49.27 ⟶ 50

第 3 个样本号：24.21+2×25.06=74.33 ⟶ 75

第 4 个样本号：24.21+3×25.06=99.39 ⟶ 100

⋮

第 199 个样本号：24.21+198×25.06=4 986.09 ⟶ 4 987

第 200 个样本号：24.21+199×25.06=5 011.15 ⟶ 5 012

显然，系统抽样方法与简单随机抽样方法相比，两者差别不大，但是更加简便，比较适合总体和样本比较大的情况。

在系统抽样方法中，有两个问题需要讨论。

第一，在对抽样框的名单编号时，是否可以按照一定的标准编号？例如，在 5 000 人的总体中，如果在编号时按照收入的高低，由高到低进行编号。由于起抽号要在抽样间距值 25 中随机抽取，如果抽到处于极端位置的数值，如 1 或者 25，按照系统抽样的方法，就会得到一个误差比较大的样本。以 1 为起抽号所组成的样本平均值会大大高于总体的平均值；反过来，以 25 为起抽号所组成的样本平均值会大大低于总体的平均值。因此，在一般情况下，对于初学者来说，最好不要按照一定的标准编号，以免出现比较大的抽样误差。

但是，根据一定的标准对总体成员编号，然后按间距抽样，在特定的情况下可以得到一个代表性程度较高的样本。也就是说，既然知道在抽取起抽号时，如果抽到处于抽样间距值中两个比较极端的值，会产生较大的抽样误差，就可以采用多次抽样的方法，选择一个处在抽样间距中间位置的数值，即中位数，或者是接近于中位数的数值作为起抽号，抽取的样本的平均值就与总体平均值的差异不大。就这个意义上说，系统抽样方法能够比简单随机抽样方法获得代表性更高的样本。

第二，系统抽样方法在理论上会出现所谓的"周期性误差"，即总体单位或元素的排列与抽样间距和起抽号出现对应性的周期性分布。在这种情况下也会出现很大的抽样误差。例如，在城市中调查居民对环境噪声的评价，如果被调查的居民小区住房都是标准化的"公房"，每幢楼都是六层，每层有四户（见图6-4）。在这种情况下，如果不小心的话，调查样本就会由沿马路居住的住户所组成，或者大部分调查对象是住在沿马路的。根据这个样本所得到的资料就会有较大的偏差。其原因在于，抽样时所确定的起抽号以及抽样间距正好与住房的排列存在着对应。当然这样的情况是非常极端的，一般很少出现。但是我们在抽样时一定要注意因为"周期性误差"的存在而产生较大的抽样误差。

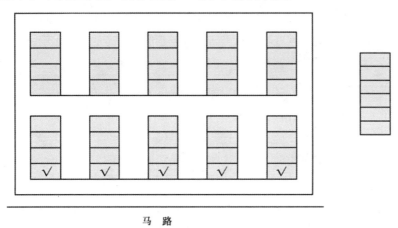

图6-4　标准化"公房"住宅小区示意图

6.2.3　分层抽样

分层抽样方法亦称类型抽样。它是将总体单位或元素按其属性、特征分为若干个层次或类型，然后在各类型或层次中按随机原则抽取样本，而不是从总体单位或元素中直接抽取样本。例如，在一个5 000人的总体中，男性有3 000人，女性有2 000人，样本为200人。根据总体中的男女性别比率（分别为3/5，2/5），在200人的样本中，男女也应分别占3/5和2/5，即分别为120人和80人。我们只要在3 000名男性和2 000名女性中按简单随机抽样方法或系统抽样方法分别抽取 120 名男性和 80 名女性。样本中的性别比和总体中的性别比是完全一致的。

因此，分层抽样方法的一个最大的优点就是在同等条件下可以大大提高样本代表性。现代社会调查中，总体往往比较复杂，即总体的异质性程度较高。总体的异质性程度越高，它对样本的要求也越高，也就是说，在总体异质性较高的情况下，样本对总体的代表性将会受到很大影响。在这种情况下，除了增加样本量之外，最好的方法是采用分层抽样方法。如果在编制抽样框时能够获得反映总体特征的一些资料，如年龄、性别、职业、收入等，根据研究的需要选择适当的标准进行分层或分类，然后抽样，就可以在同等条件下，获得一个代表性程度较高的样本。因此，分层抽样比较适合研究那些情况复杂、总体单位或元素之间差异较大、范围较广的总体。

显然，在分层抽样中，如何选择一个合适的标准进行分层或分类是最为关键的。分层标准的选择既要能够反映总体最主要的特征，并且与研究密切相关，同时又要能够比较方便地获得，并且能够把总体分为不同的层次或类型。因此，**分层标准的选择主要有三个原则**：

第一，把需要研究的主要变量或相关变量作为分层的标准。因为这样的分层标准能够直接满足研究的需要。例如，当研究大学生的生活状况时，最能解释大学生生活状况的是家庭收入；当研究大学生的学习方法时，比较能够反映大学生学习方法差异的主要是专业。因此，家庭收入和专业是研究大学生生活状况或学习方法比较好的分层标准。需要注意的是，研究变量虽然最能满足研究的需要，但是在很多情况下，这些资料是无法获得的，它们本身需要通过抽样调查才能知道。例如，调查大学生的阅读情况，最好的分层标准无疑是大学生的读书量或者是读书类型，但是这些资料是事先没有的，需要通过调查才能知道。因此，在大多数情况下，只能选择与研究有关的变量。由于反映抽样单位属性的变量与研究有着非常密切的关系，这些变量在研究中往往起着解释或说明的作用，如个人的性别、年龄、教育程度、党派关系等，并且这些变量一般容易获得，因此研究者往往选择那些能够反映抽样单位属性，又容易收集到的变量作为分层标准。

第二，选择的分层标准能够反映层次或类型的主要特征，也就是既能保证层次内部具有较大的同质性，又能保证层次之间具有较大的异质性。例如，研究大学生的学习方法，可以将"专业"作为分层标准，不同专业的学习方法是不同的，并且相同专业的大学生具有较高的同质性，不同专业之间的大学生又有明显的差异。但是，如果要研究大学生的价值观念，采用专业作为分层的标准显然不如采用大学生的生源地（大城市、中等城市、小城镇、农村）、党派关系（中共党员、共青团员、无党派）或者家庭背景（父母职业等）。虽然就专业本身来说，能够保证层次内部的同质性和层次之间的异质性，但是相对于大学生的价值观念来说，还不能说不同专业大学生的价值观念有明显的差异，或者说专业分层不能保证相同专业的大学生在价值观念上有较大的同质性。相反，大学生的生源地分层或者党派关系分层、家庭背景分层比较能够反映相同生源地或党派关系、家庭背景的大学生在价值观念上有较大的同质性。因此，判断层次内部的同质性和层次之间的异质性，不能单纯根据分层标准的本身，还要考虑研究目的。把两者结合起来，才能全面判断被选择的分层标准对于层次内部同质性和层次之间异质性的影响。

第三，在选择分层标准时还要考虑所选择的标准能否把总体明显地分为不同的层次，或者说要选择总体单位或元素中差异较大的变量作为分层的标准。例如，年龄通常是分层的主要标准，但是如果研究的是大学生的价值观念，年龄就不足以把大学生总体明显地分为不同的层次。就年龄本身来说，大学生群体一般处于 18~23 岁，属于青年期，也很难区分青年前期、青年中期和青年后期。因此，如果以年龄作为分层的标准，最好能区分出老年、中年和青年。另外，处于大学生阶段（本科）的年龄变量对于他们的价值观念来说一般不具有明显的层次，哪怕把每个年龄分为一个层次，也不能区分出大学生价值观念的差异。又如，对一些地质、煤矿、石油、农林院校的大学生来说，如果以大学生生源地作为分层标准是不能把大学生明显地分为不同层次的，因为在这些学校中，生源地主要是农村或小城镇，来自大中城市的学生相对较少。

从以上的分析可以看到，分层标准的选择最重要的原则是第一条，即尽可能选择研究的主要变量或相关变量作为分层的标准；同时，再考虑分层标准能否使层次内部和层次之间具有同质性和异质性，能否明显地区分出不同的层次。分层变量的选择主要与研究目的有关，单独地考虑所谓的同质性和异质性或者层次性意义不大。

分层抽样的具体方法主要是等比抽样，即按比率抽样。前面所举的男女性的例子就是等比抽样。在等比抽样中，首先要计算总体中不同层次或类型的数量占总体的比率；然后在样本中也按这个比率进行分配；最后，在总体的各层次中按比率直接抽样。

但是，在某些特殊情况下，为了能够有效地获得在总体中所占比率较低的某些特殊层次的样本资料，可以谨慎地采用异比抽样方法，即不按比率抽样或异比抽样。例如，在 5 000 人的总体中，男性有 4 500 人，女性有 500 人，男女比率为 9 ∶ 1，样本为 200 人。按等比抽样方法，男女在样本中的人数分别为 180 人和 20 人。无疑，只有 20 人的女性样本对于深入分析女性群体的状况是不够的。因此，为了能够增加分析的有效性和可信性，可以适当增加女性样本的数量，即采用异比抽样的方法，男性和女性在样本中各为 100 人。

但是这样的抽样方法实际上违背了抽样的等概率原则，男女抽样概率是不同的，由原来的男女一样的概率即 0.04（1/25），变为男性为 0.02（1/45），女性为 0.2（1/5），女性被抽取的概率大大高于男性。如果以异比抽样方法所获得的样本资料直接推论总体，将会产生极大的误差。假如在 5 000 人的总体中，男性的平均收入是 2 000 元，女性的平均收入是 1 000 元，其平均收入应为 1 900 元 $\left(\dfrac{2\,000 \times 4\,500 + 1\,000 \times 500}{5\,000} = 1\,900\right)$。但是如果利用异比抽样方法所获的样本收入资料去推论总体平均收入的话，总体平均收入将会被大大低估，样本调查的平均收入只有 1 500 元 $\left(\dfrac{2\,000 \times 100 + 1\,000 \times 100}{200} = 1\,500\right)$。因此，在异比抽样的条件下，如果要利用样本的资料推论总体，需要对各层次的资料作加权处理，即重新调整样本中各层次所占的比率，使数据资料恢复到原来总体中各层次所占的比率。加权处理的公式为：

$$权重 = \dfrac{等比抽样人数}{异比抽样人数}$$

在本例中，男性权数是 1.8 $\left(\dfrac{180}{100} = 1.8\right)$，女性权数是 0.2 $\left(\dfrac{20}{100} = 0.2\right)$；以各自的权数分别乘以异比抽样的男女各自的总收入，加总后平均数即为样本平均收入，以此才能推论总体的平均收入 $\left(\dfrac{1.8(2\,000 \times 100) + 0.2(1\,000 \times 100)}{200} = 1\,900\right)$。由于异比抽样违反了等概率抽样原则，因此在一般的情况下不宜采用，即使采用的话必须充分地估计到推论总体时所产生的偏差。

6.2.4　整群抽样

整群抽样方法是把总体若干单位或元素集合在一起的群体作为抽样单位，并在总体中按随机方法抽取若干个群体，凡是抽取到的群体，其所包括的所有成员或元素都要进行调查。整群抽样方法与前三种抽样方法相比较，它的最大特点是抽样单位是群体，而不是个体，并且对被抽取的群体中的所有成员都要进行调查。需要注意的是，在整群抽样中，作为抽样单位的群体都是小群体，通常是学校里的班级，企业中的生产班组、科室，公司里的部门，以及居委会中的居民小组等。如果群体规模过大，例如一个学校或者一个居委会，有的要达 1 000 多人或 1 000 多户家庭。假如样本规模本来就不很大，只有一两千个，群体规模过大，实际上就失去了抽样调查的意义。

例如，在一所大学中调查大学生的生活状况，就可以直接在这所大学的班级中抽样。如果该学校有大学生 10 000 名，从中抽取 1 000 名学生作为调查对象。事先要做的工作是编制以班级为单位的抽样框，大致了解每个班级的平均人数。如果平均是 50 人，共有 200 个班级，我们从中抽取 20 个班级即可。但是，如果以学院为抽样单位，一个学院的学生就有近千名，也就失去了抽样的意义。

整群抽样的具体方法可以是前面三种方法中的任一种。由于整群抽样方法的误差比较大，建议采用分层抽样为好。这样可以在同等条件下尽可能地减少抽样误差。

整群抽样的最大优点是简便易行，调查成本比较低，比较容易控制调查质量。首先对于抽样框的编制来说，不需要像简单随机抽样方法、系统抽样方法和分层抽样方法那样，编制一份以个人为单位的抽样框。就如上面提到的例子，如果在 10 000 名大学生的总体中直接抽样，最重要的工作就是要把这些大学生的名单一一抄录下来，编上号码。其工作量要比抄录 200 个班级的名单大得多，而且还有可能会出现漏抄、误抄的差错。其次，调查成本比较低。社会学的调查很多采用入户访问，由访问员通过面对面的访谈获得资料，成本比较高。整群抽样的优点是可以把被抽取的小群体集中在一个地方，例如，教室、会议室，只要有一两个访问员就可以了，面对几十个被调查者，他们可以对问卷上的问题进行解释，也可以当场检查问卷填写情况，从而有效地控制调查质量。

整群抽样方法虽然有其他抽样方法所没有的优点，但是这些优点是和它的缺陷相伴随的。在同等条件下，依据整群抽样方法所获得的样本代表性程度相对较低。相对于简单随机抽样方法、系统抽样方法和分层抽样方法，整群抽样方法所获得的样本是分布在总体内的几个点上的，而另外三种方法所获得的样本则"弥散"于总体之中。我们可以从直观上感觉到整群抽样所获得的样本分布和其他三种方法所获得的样本分布是不同的。因此，为了弥补整群抽样方法所获得样本代表性相对较低的弱点，可以采用扩大样本规模的方法。

整群抽样方法一般适合于总体同质性程度比较高的群体，调查对象便于集中。例如，中学生、大学生、老年人群体、白领群体、蓝领群体等。这些调查对象所组成的总体都具有同质性比较高的特点。有些调查虽然也具备整群抽样的条件，如我们以城市居民小组为抽样单位，在一个城市中抽取 20 个居民小组（假定一个居民小组有 100 户家庭）调查市民的生活方式。但是由于调查对象所构成的总体的复杂性或者异质性程度较高，采用整群抽样的样本可能产生的误差相对较大、代表性相对较低。因为，由市民组成的总体中，总体单位或元素之间的差别较大，城市市民无论在年龄、职业、收入、教育程度等方面都有较大的差异。采用整群抽样方法就有可能产生较大的偏差。而如果调查 20 个居民小组所有老年人的生活方式，总体的同质性程度相对较高，就比较适合采用整群抽样方法。另外，在采用整群抽样方法时，最好要考虑调查对象是否有集中填答的条件，如果没有就不能发挥整群抽样方法调查成本较低的优势。对于一般市民的调查，要在一个专门时间把他们集中在一个场所内进行集中填答，难度很大。而老年人、学生集中填答的可能性就比较大，我们可以把他们集中在教室或者居委会会议室。此外，对于整群抽样所获得的样本进行调查一般都采用集中填答的方式，这就要求被调查者具有一定的文化水平，否则，就得采用面对面访谈方法收集资料，调查成本仍然比较高。

6.2.5 多段抽样

在实际调查中，我们经常会碰到由于总体太大，无法收集总体单位或元素的全部名单，或者即使能够收集，花费的精力和成本也很大。正如前文讲述编制抽样框所提到的，社会学实证研究的总体都比较大，一般都是以省、市，甚至全国为总体，在我国现在的信息条件下，虽然在理论上可以编制以个人为抽样单位的抽样框，但是成本极高。例如，调查某城市全部在校大学生的生存与发展及其价值观念，虽然不能排除可以从教育主管部门获得全市在册大学生的全部名单，直接在大学生中抽样。但是，编制这样一份包括全部在册大学生的(假定全市有 50 万名大学生)花名册本身就是一件很烦琐的、工作强度很高的工作。更何况，在很多研究中，即使在一个确定的总体内，也无法编制一份没有遗漏的以个人为抽样单位的抽样框。例如，近年来，很多部门和研究单位都非常关注我国改革开放以后新阶层的发育和发展，但是直到现在为止，我们都不能编制出一份以个人为抽样单位的有关新阶层的抽样框。

因此，在总体特别大、很难偏制以个人为抽样单位的抽样框的情况下，通常采用多段抽样方法。多段抽样方法以整群抽样方法为基础，采用多级整群抽样，即从大群体（组织）开始抽样，再抽到比较小的群体（组织），最后抽到个人。它的抽样过程是：大群体（组织）→小群体（组织）→个人。也就是说，多段抽样方法是把抽样分成几个阶段进行。一般而言，根据我国的特点，在进行多段抽样时，开始阶段的抽样单位主要是行政单位或组织。例如，关于某城市全部在册大学生的生存与发展及其价值观念的调查，在抽样时，可以先从大学开始抽样，再在被抽取的学校中抽取学院，最后在被抽取的学院里抽取大学生。由于学院的学生人数相对有限，可以在学院很方便地编制以大学生为抽样单位的抽样框。对于某城市新阶层的调查，可以先从街道和镇开始抽样，再在被抽到的街道和镇抽取居委会和村，最后在被抽取的居委会和村编制出居委会和村所属的全部新阶层成员名单，由于新阶层的数量不是很多，可以对被抽取的居委会和村所属的全部新阶层成员进行调查。

需要注意的是，多段抽样编制抽样框时，事先要大致了解每个抽样阶段所含有的抽样单位规模或数量，从而安排好每个抽样阶段需要抽取的样本数。例如，前例某城市大学生调查样本人数为 2 000 人，全市有公办大学 50 所，平均每所大学有 10 个学院，全市大学生共 50 万名。在具体抽样时，事先需要知道该城市中大学所属学院的平均学生人数，以及最少和最多的学生人数。假定平均每个学院的学生人数大约为 1 000 人，准备在每个学院平均抽取 50 名学生，就需要抽取 40 个学院；依此类推，如果每所大学准备抽取 2 个学院，那么第一级以学校为单位的抽样就需要在全部大学中抽取 20 所大学。它的抽样过程是：大学→学院→大学生（见图 6-5）。在具体抽样时，当从 50 所大学抽取 20 所大学后，可以在被抽取的每所大学中各抽取 2 个学院，最后平均每个学院抽取 50 名大学生，为了保证每个学院被抽取大学生的概率一致性，一般采用系统抽样方法。例如，被抽去的 40 所学院学生总人数为 40 000 人，样本数为 2 000 人，抽样间距为 20，即在被抽取的学院中，每隔 20 人抽取 1 人，如果甲学院有学生 2 000 人，乙学院有学生 800 人，按系统抽样，甲学院应抽取 100 名学生，乙学院应抽取 40 名学生。如果采用简单随机抽样等方法，需要根据抽样比率（40 所学院学生总人数为 40 000 人，样本数为 2 000 人）确定每个学院的样本人数，而不是平均分配样本人数，例如，甲学院样本人数 ＝ $0.05 \times 2\,000 ＝ 100$（人），乙学院样本人数 ＝ $0.05 \times 800 ＝ 40$（人）。

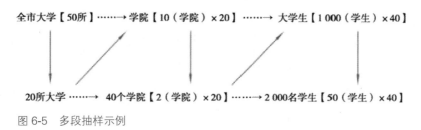

图 6-5　多段抽样示例

在多段抽样时，如果总体的异质性程度比较高，在开始阶段抽样时，即抽取大群体（组织）时，要适当扩大抽样比率。如果总体的异质性程度比较低，例如对传统农村进行调查，在开始阶段抽样时，可以采用比较适中的抽样比率。

由于多段抽样是把抽样分成几个阶段进行，每个阶段的抽样都会产生抽样误差，因而它的抽样误差比任何抽样方法都大得多。而且，改革开放以后，不仅是城市，即使在农村，总体的复杂性是计划经济时期不能相比的。因而，对于不同的研究课题和调查对象，总体的异质性程度，即总体单位或元素的差异程度只有高低之分。因此，无论就多段抽样本身所具有的局限性，还是就当代中国的社会分化程度来说，多段抽样方法都会产生比较大的抽样误差。

从经验上说，在同等条件下，为了降低多段抽样方法产生的抽样误差，常用的方法主要是：

第一，提高开始阶段的抽样比率，适当降低最后阶段的抽样比率，从而保证样本能够在总体中得到比较广泛的分布。按上例，第一阶段，即对大学的抽样比率是 $0.4\left(\dfrac{20}{50}=0.4\right)$；第二阶段，即对被抽取的学校所属学院抽样比率是 $0.2\left(\dfrac{20 \times 2}{20 \times 10}=0.2\right)$；第三阶段，即对被抽取的学院所属大学生的抽样比率是

$$0.05\left(\frac{40\times50}{40\times1\,000}=0.05\right)。$$

第二，由于多段抽样方法是多种抽样方法的组合，即在每个抽样阶段可以根据研究需要分别采用简单随机抽样方法、系统抽样方法和分层抽样方法。为了降低多段抽样的抽样误差，可以在开始阶段采取分层抽样方法，例如在本例中，第一阶段和第二阶段抽样就可以采用分层抽样方法，最后阶段采取系统抽样方法：第一阶段可以把所有大学分为综合性大学和非综合性大学两种类型，采用等比分层抽样抽取大学；第二阶段可以在被抽取的学校中根据文科学院和理工科学院的分布情况抽取规定的学院，在具体抽样时，既可以规定每所大学各抽取 2 个学院，也可以根据学校的规模，即学生人数多少抽取学院数；第三阶段就可以在被抽取的学院中按系统抽样方法直接抽取大学生。

第三，由于多段抽样方法的每个阶段都有比较明确的抽样框，可以获得用来评估样本质量的资料或变量，因此在每个阶段抽样结束时都可以根据有关指标评估样本质量。

但是多段抽样方法存在一个明显的缺陷，即它假定总体是正态分布的，如果总体分布是偏态的话，就会产生很大的抽样误差。假如全市大学生一半集中在 5 所大学，还有一半学生分散在 45 所大学中，即使按 0.4 的概率抽取大学，那些规模很大的学校最终入选样本的大学生也是较少的，按 0.4 的概率，可以抽到 2 所规模很大学校，共 4 个学院 4 000 名学生，最终被抽取的学生只有 200 名（按学生的分布，规模很大学校的样本数应该占一半，即 1 000 人）。为了弥补上述缺陷，可以采用经过修正的多段抽样方法，即 PPS 抽样方法。

6.2.6　PPS 抽样

所谓 PPS 抽样就是"概率与元素的规模大小成比例的抽样"（sampling with probability proportionate to size，PPS），是多段抽样方法的特定形式。在多段抽样中，假定总体中的每个单位都具有同等被抽中的机会，并不考虑每个单位规模的大小和人数的多少。例如，在假定的 50 所大学中，有的是国家重点大学，有的是地方性学校；有的学科门类齐全，科研教学水平显著，有的只是专业性的学校或者科研教学水平一般；有的学校学生数达数万人，有的只有几千人。在多段抽样中，那些水平较高、影响较大、规模较大的学校很有可能不被抽中，这样的结果对于样本的代表性是有影响的。因此，PPS 抽样方法的最大特点是单位规模的大小影响到被抽取的概率，也可以说，单位的规模越大，被抽中的概率也越高。因此，就单位规模对概率的影响来说，PPS 抽样方法是一种不等概率抽样。

PPS 抽样方法的步骤如下（具体示例见表 6-2）：

表 6-2　PPS 抽样方法举例

学校序号	学生人数	累积人数	号码范围	入选号码①	入选元素①	入选号码②	入选元素②
01	5 000	5 000	000001—005000				
02	35 000	40 000	005001—040000	033340	元素 1	010097 035097	元素 1 元素 2
03	40 000	80 000	040001—080000	040881	元素 2	060097	元素 3
04	24 000	104 000	080001—104000	093433 089923	元素 3 元素 4	085097	元素 4
05	12 000	116 000	104001—116000	113990	元素 5	110097	元素 5
06	10 000	126 000	116001—126000	116877	元素 6		
07	6 000	132 000	126001—132000				
08	8 000	140 000	132001—140000			135097	元素 6
09	50 000	190 000	140001—190000	164234 177082	元素 7 元素 8	160097 185097	元素 7 元素 8
10	9 000	199 000	190001—199000				
⋮	⋮	⋮	⋮	⋮	⋮	⋮	⋮
48	15 000	454 500	439501—454500				
49	38 000	492 500	454501—492500	476493 489439	元素 19 元素 20	460097 485097	元素 19 元素 20
50	7 500	500 000	492501—500000				

注：①代表通过查对随机数表获得的入选号码和入选元素；②代表通过系统抽样方法获得的入选号码和入选元素，系统抽样的间距为 $\frac{500\ 000}{20}=25\ 000$，起抽号为 10097。

（1）在确定的总体内，编制单位（或组织）的抽样框，给每个单位按序编号，并且统计好每个单位的人数。例如，某城市共有 50 所高校，收集好每所学校的学生数，给每所学校编上号码。

（2）把每个单位的人数累积相加，根据累积人数确定每个学校的号码范围。例如，02 学校的累积人数：5 000+35 000 = 40 000；03 学校累积人数：40 000+40 000 = 80 000；两学校的号码范围分别为 005001—040000，040001—080000。

（3）根据规定的抽样元素数量，按照选择号码范围，查对随机数表抽取单位，也可以根据系统抽样方法抽取单位。一个单位的抽样元素内含若干个被调查对象。例如，在某城市如果有 50 所大学共 50 万名大学生，样本为 2 000名学生，如果一个抽样元素内含 100 名调查对象，则一共有 20 个抽样元素。一所学校被入选的抽样元素越多，也就意味着被调查的学生越多。抽样元素内含的调查对象数量，主要根据第一级抽样单位覆盖面的大小来决定，也就是说，如果适当增加第一级样本的数量，抽样元素内含的人数就相应减少。在完成第一级抽样时，需要对样本质量进行评估，发现样本具有较大的偏差，可以重新抽样，直到抽取出代表性较高的样本。从抽样实践来看，在一次抽样中，系统抽样要比简单随机抽样更能体现总体结构，或者说对总体更具有代表性。

（4）在被抽取的单位中，按照抽样元素的多少进行第二次抽样，直接抽到大学生。当然单位规模很大，被抽取的调查对象很多时，也可以通过多段抽样方法抽取被调查对象。例如，09 学校有 50 000 名学生，被抽到两个抽样元素，即 200 名学生，直接抽取大学生存在一定的困难，可以通过多段抽样方法抽取大学生，当然也可以继续采用 PPS 方法抽样。

虽然就单位规模对概率的影响来说，PPS 抽样方法是一种不等概率抽样，但是由于单位规模较大被抽取的概率较大，在单位内部抽取样本时，概率较小；而单位规模较小被抽取的概率较小，在单位内部抽取样本时，概率较大。两相抵消，PPS 抽样方法仍然是等概率抽样。

例如：

08 学校按学生人数被抽中的概率：8 000 ／ 500 000 ＝ 0.016

08 学校内部学生被抽中的概率：100 ／ 8 000 ＝ 0.012 5

09 学校按学生人数被抽中的概率：50 000 ／ 500 000 ＝ 0.1

09 学校内部学生被抽中的概率：100 ／ 50 000 ＝ 0.002

08 学校学生被抽中的概率：20（0.016×0.012 5）＝ 0.004

09 学校学生被抽中的概率：20（0.1×0.002）＝ 0.004

6.2.7　入户抽样

在入户调查采用面对面的访谈或者当面填写问卷是收集资料的常用方法，但事先需要确定在被抽取的家庭中选取哪位家庭成员作为访问对象。例如，调查某城市居民的消费方式，采用的是入户调查方法，进入被调查家庭后就需要确定谁是访问对象，即收集资料的对象。如果直接以户主作为访谈对象，则不能全面反映市民的消费方式，因为户主的年龄一般以中年人为主，而且大多数户主都已结婚。

入户抽样方法就是进入家庭后，在确定调查对象范围的基础上，随机确定一个调查对象。如果事先能够获得有关家庭资料，如户口资料，也可以在入户前确定。

入户抽样方法主要有 Kish 方法和生日法。Kish 法是根据事先设计好的抽样表（选择表），按照家庭成员的顺序随机选择一个符合调查要求的对象。假定市民消费方式的调查，规定访问对象必须年满 18 岁，以此为例，Kish 抽样表有 8 种类型，具体见表 6-3。

表 6-3　Kish 入户抽样表

A 式抽样表		B1 式抽样表	
≥18 岁家庭成员及序号	访问对象编号	≥18 岁家庭成员及序号	访问对象编号
1	1	1	1
2	1	2	1
3	1	3	1
4	1	4	1
5	1	5	2
6	1	6	2

B2 式抽样表		C 式抽样表	
≥18 岁家庭成员及序号	访问对象编号	≥18 岁家庭成员及序号	访问对象编号
1	1	1	1
2	1	2	1
3	1	3	2
4	2	4	2
5	2	5	3
6	2	6	3

D 式抽样表		E1 式抽样表	
≥18 岁家庭成员及序号	访问对象编号	≥18 岁家庭成员及序号	访问对象编号
1	1	1	1
2	2	2	2
3	2	3	3
4	3	4	3
5	4	5	3
6	4	6	5

E2 式抽样表		F 式抽样表	
≥18 岁家庭成员及序号	访问对象编号	≥18 岁家庭成员及序号	访问对象编号
1	1	1	1
2	2	2	2
3	2	3	3
4	4	4	4
5	5	5	5
6	5	6	6

Kish 抽样方法的具体步骤是：

（1）调查以前，先由研究主持人将 8 种类型的抽样表 A，B1，B2，C，D，E1，E2，F 按照一定的比率分配到问卷，即指定每一份问卷采用哪一类抽样表；从 A—F，8 种类型的抽样表分别占问卷总数的 $\frac{1}{6}$，$\frac{1}{12}$，$\frac{1}{12}$，$\frac{1}{6}$，$\frac{1}{6}$，$\frac{1}{12}$，$\frac{1}{12}$，$\frac{1}{6}$，并印制若干套（一套 8 种）抽样表发给调查员，每人一套。

（2）调查员进入被调查家庭后，首先询问符合条件的家庭成员。

（3）以性别、年龄为标准，将合乎条件的家庭成员记录下来。性别、年龄的排序是男在前、女在后；年龄大的在前、年龄小的在后。

（4）根据排序后的最后一位家庭成员与右边相交的编号，查找左边的对应的家庭成员序号，该序号所对应的家庭成员即为访问对象。例如，某份问卷指定的是 C 表，该家庭符合条件，即年满 18 岁及以上的调查对象有 4 人：父亲（50 岁）、母亲（45 岁）、女儿（20 岁）、外公（70 岁），按性别、年龄排序为：外公、父亲、母亲、女儿。根据 C 表，家庭成员排序后最后一位是女儿，与右边相交的编号是 2 号，查找左边序号为 2 号的家庭成员，即父亲，因此该家庭的访问对象是父亲。同理，如果指定的是 D 表，与右边相交的编号是 3 号，访问对象即为母亲。

为了调查方便，也可以把 8 种类型的抽样表合成一张表，直接印在问卷封面上，仍然由研究主持人指定问卷采用某种类型的抽样表（见表 6-4），调查员入户后按照上述步骤选取访问对象。

表 6-4　Kish 入户抽样表合成

≥18 岁家庭成员及序号	访问对象编号							
	A	B1	B2	C	D	E1	E2	F
1	1	1	1	1	1	1	1	1
2	1	1	1	1	2	2	2	2
3	1	1	1	2	2	3	2	3
4	1	1	2	2	3	3	4	4
5	1	2	2	3	4	3	5	5
6	1	2	2	3	4	5	5	6

另外，还有一种更为简单的方法，即生日法。它是根据调查实施的具体时间和家庭成员出生时间的匹配程度选择访问对象，家庭成员中谁的出生时间越是接近调查的实施时间，这个人就是访问对象。例如，某项调查的具体实施时间是从 2006 年 9 月 1 日开始到 9 月 30 日结束，研究主持人可以指定其中的一天，如 2006 年 9 月 1 日为生日法抽样的对照时间，某家庭有 4 人，其中父亲的出生时间为 1956 年 8 月 9 日，母亲为 1961 年 2 月 8 日，女儿为 1986 年 11 月 3 日，外公为 1936 年 3 月 18 日。比较他们的出生月与出生日，最为接近 9 月 1 日的是父亲，因而父亲就是该家庭的访问对象。如果遇到家庭成员中有数人的出生月份与出生日期是完全一样的或者与生日法对照时间的差距是完全一样的，可以采用抽签法确定谁是访问对象。一般而言，由于每个人的出生时间也是一种随机现象，因此根据生日法选取的访问对象也具有随机性。

6.2.8　样本规模和抽样方案

抽样调查中人们最为关注的是样本大小的确定。有的调查只有一百多人，甚至更少，有的有几万人，大多数抽样调查的样本是几千人。那么在社会学研究中，一项抽样调查到底需要多大的样本规模呢？

6.2.8.1　样本规模的估计

样本规模的大小涉及总体的状况、抽样调查结果对总体推论的要求、研究课题的复杂性以及调查经费的多少等各种因素。但是从抽样原理或抽样分布来说，样本规模不能少于 30 个单位或元素。在统计学中，一般把大于 30 个单位或元素的样本称为大样本，小于 30 个的样本称为小样本。以 30 为界区分大样本和小样本，并不是说 30 个样本对于抽样调查已经足够大了，而是指只有在至少满足 30 个样本要求的条件下，它的平均值的分布才能接近正态分布。

因此，在调查研究中 30 个样本是远远不够的。对于样本大小的确定，有两种方法。一种是经验估计法。根据笔者征询有关专家的意见，不少专家认为，在调查研究中，一项比较规范的研究（能够达到对较大总体的统计推论），样本规模至少要在 500 个以上。因为，当社会从传统转向现代时，总体的复杂性是以往社会不能比拟的；社会统计方法越来越先进，采用多元回归分析方法已经是现代社会调查分析资料的常用方法；同时，抽样调查的重要作用是要在一定的置信度要求下推论总体。虽然有些学者认为，抽样调查的样本规模最低数量不得少于 100 个，但这仅是对简单统计分析方法而言。要能够运用多元回归分析方法甚至更先进的方法，100 个样本还是不够的。当然，考虑到经费、时间和人员的效率，样本规模也不是越大越好。

确定样本大小的第二种方法，也是最常用的，是根据样本规模的计算公式，得出所需要的样本数。对于样本规模的计算，严格地说，不同的抽样方法，计算公式是不一样的，但是它们的基本原理是一样的，都是建立在简单随机抽样计算方法的基础上。本章仅介绍简单随机抽样公式的计算方法。

简单随机抽样样本规模计算公式是根据推论总体均值的原理而推导出来的。样本规模计算公式为：

$$n = \frac{k^2 \times CV^2}{e^2} {}^*$$

其中，k 为置信度系数，即置信度所对应的临界值；CV 为总体相对标准差或离散系数；e 为抽样误差。其中置信度反映的是推论总体的把握度或可信度，k 值即为置信度系数，可以在标准正态分布表上查到；总体标准差反映的是总体元素之间的差异程度（简称总体差异性），是要经过对总体的调查才能获得的，因此是未知的；抽样误差即为总体参数值和样本统计值的偏差值，是可以事先规定的。为了解决 CV 值即总体相对标准差或离散系数不可能或不容易获得的问题，根据推论总体比例或百分比的原理，计算公式可以改写为：

$$n = \frac{k^2 \times p(1-p)}{e^2}$$

其中，p 为总体百分比。一般来说，当 p 值等于 0.5 时意味着总体差异为最大。

*有些教材的计算公式是 $n = \frac{k^2 \times S^2}{e^2}$，其中标准差（S）是绝对值，其他值都是相对值，不符合计算原理。

例如，在一个班级中，如果有一半是女生，一半是男生，说明在性别上，这个班级的差别是最大的；反过来如果全部是男生或女生，说明这个班级在性别上是完全一致的，是没有差异的。因此，p 值为 0.5 时，一方面假设了总体的异质性为最大，适合所有总体的情况，不管它的差异程度有多大，同时也可以进一步简化计算公式，当把 $p=0.5$ 代入公式时，上述公式就成为：

$$n = \frac{k^2 \times p(1-p)}{e^2} = \frac{k^2 \times 0.25}{e^2} = \frac{k^2}{4e^2}$$

在具体抽样时，只要事先确定 k 值和 e 值就可以得到所需要的样本数。例如，一项抽样调查事先要求置信度为 98%，查表得知，它的对应值，即 k 值为 2.33，抽样误差控制在 3%，即 e 值为 0.03。代入公式可知，在这样的条件下样本人数为 1 508 人，并且适合总体差异最大的条件。为了方便抽样，根据最常用的 k 值，即在 95% 的置信度下（$k=1.96$），按照上述公式计算可以得到不同抽样误差下的样本规模（见表 6-5），可以发现，在同等置信度条件下，抽样误差越小，样本数量就越大。如果采用多段抽样方法，根据简单随机抽样公式计算获得的样本量还要乘以复合抽样的设计效应系数（Deff）进行修正。根据一些专家抽样经验，我国的 Deff 一般为 2.5。如果上例采用多段抽样调查方法，还必须乘以 2.5，即 1 508×2.5=3 770 人。

但是，上述计算公式不能适用于总体是一个特定的组织且规模比较小的情况。在有些抽样调查中，总体是一个界限分明的组织或群体，如某个企业、学校等，此时样本数通常应占总体数的 5% 以上。根据样本数量和总体规模之间的关系（见图 6-6），可以发现当总体规模较小时，样本数量所占的比率较大。另外，样本规模最好在 500 人或以上。在这样的有限总体的条件下，样本大小不受限制。有限总体中样本规模的计算公式与无限总体差不多，不过增加了总体单位数的变量：

$$n = \frac{k^2N \times p(1-p)}{Ne^2 + k^2p(1-p)} = \frac{k^2N \times 0.25}{Ne^2 + 0.25k^2}$$
$$= \frac{4(k^2N \times 0.25)}{4(Ne^2 + 0.25k^2)} = \frac{k^2N}{4Ne^2 + k^2}(p = 0.5 ; N \text{ 为总体数})$$

例如，一项抽样调查事先要求的置信度为 98%，查表得知，它的对应值，即 k 值为 2.33，抽样误差控制在 3%，即 e 值为 0.03，总体规模 $N=10\,000$。代入公式可知，要满足上述 k 值和 e 值，样本数为 1 310 人。有限总体样本规模计算公式比较适合于总体规模较小以及对于置信度和抽样误差有比较高的要求。例如，当 k 值和 e 值与上例一样，$N=500$ 时，样本规模为 375 人，当 $N=1\,000$ 时，样本规模为 601 人；当 $N=2\,000$ 时，样本规模为 860 人。如果按无限总体的样本规模计算公式，样本规模本身就要大于总体规模或接近总体规模。即使降低对置信度和抽样误差的要求，情况也差不多（见表 6-5）。由于有限总体比较容易获得有关反映总体相对标准差或离散系数的资料，如果能够得到这些资料，则可以取代$p(1-p)$。例如，当总体职工收入相对标准差为 0.25 时，总体数为 1 000 人，其他条件不变，根据计算公式：

$$n = \frac{k^2 N \times CV^2}{Ne^2 + k^2 CV^2} = \frac{2.33^2 \times 1\,000 \times 0.25^2}{1\,000 \times 0.03^2 + 2.33^2 \times 0.25^2} \approx 274 \text{ 人}$$

之所以比原来的样本数量要少 300 多人，是因为总体的差异性大大下降。

表 6-5 在 95% 置信度、不同抽样误差和总体差异性条件下必须达到的样本规模

抽样误差（%）	总体差异参数值 $[p(1-p)]$（%）					
	50/50	40/60	30/70	20/80	10/90	5/95
1.0	9 604	9 220	8 067	6 147	3 457	1 825
1.5	4 268	4 098	3 585	2 732	1 537	811
2.0	2 401	2 305	2 017	1 537	864	456
2.5	1 537	1 475	1 291	983	553	292
3.0	1 067	1 024	896	683	384	203
3.5	784	753	659	502	282	149
4.0	600	576	504	384	216	114
4.5	474	455	398	304	171	90
5.0	384	369	323	246	138	73
5.5	317	305	267	203	114	60
6.0	267	256	224	171	96	51
6.5	227	218	191	145	82	43
7.0	196	188	165	125	71	37
7.5	171	164	143	109	61	32
8.0	150	144	126	96	54	28
8.5	133	128	112	85	48	25
9.0	119	114	100	76	43	23
9.5	106	102	89	68	38	20
10.0	96	92	81	61	35	18

6.2.8.2 影响样本规模的因素

从以上的计算公式可以发现影响样本规模的因素主要是总体规模的大小、总体的差异性、抽样误差以及推论的置信度。除此以外，影响样本大小的还有抽样方法、经费、时间和人力。

（1）总体规模。一般而言，总体规模越大，样本也越大，但是根据有限总体抽样公式计算的结果，当总体达到一定规模以后，样本量的增加并不与总体规模的增加保持相同的速率（参见图 6-6）；也就是说，在相同条件下，当总体达到一定规模后，样本量的增加与总体规模的增加并不成正比。例如，置信度为 95%（$K = 1.96$），抽样误差为 0.03，总体 500 人，样本数是 340 人，总体数若按 50% 的比率增加，分别为 750 人，1 125 人，1 688 人，2 531 人，样本数分别为 440 人，548 人，654 人，751 人，分别增加 29.4%，24.5%，19.3%，14.8%。因此，在一个趋向无限大的总体中，样本的增加是有限的。这一规律告诉我们，一个 10 万人的总体和一个 100 万人乃至更大的总体，在其他条件一样的情况下，样本量的变化并不会很大。

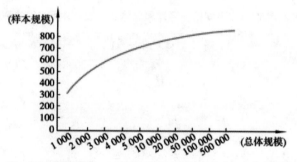

注：在95%的置信度、±3置信区间和总体参数值为50%对50%的条件下。
（资料来源：林南，1987：182）

图 6-6　总体规模和样本数量

（2）总体差异性。总体差异性如前面所讲的是指总体单位或元素之间的差异程度。总体单位或元素之间的差异越大，也就意味着它的同质性程度越低或者异质性越高。根据前例可以发现，在其他条件不变的情况下，样本规模与总体的差异性是正比关系，即总体差异性越大或异质性程度越高，样本的规模也越大。在抽样公式中，总体相对标准差或总体成数（百分比）是反映总体差异性的指标。例如，在一个同质性程度很高的总体中（总体差异参数值 5% 对 95%），抽样误差为 0.03，样本数为 203 人，但是在一个同质性程度较低的总体中（总体差异参数值 40% 对 60%），样本数为 1 024 人（参见表 6-5）。

（3）抽样误差和可信度。由样本计算公式可知，置信度与样本规模是正比关系，即置信度越高，样本量就越大；事先规定的抽样误差越小，样本量就越大。在相同的置信度条件下，抽样误差越小，样本规模就越大（见表 6-5）。例如，在 95% 的置信度条件下，当抽样误差控制在 5% 水平时，样本量为 384 人，当抽样误差控制在 4% 水平时，样本量为 600 人，增加了 216 人，但是当抽样误差精确到 1% 时，样本量为 9 604 人。在有限总体中，随着抽样误差的缩小，样本量也会急剧增加。例如，总体为 2 万人，置信度为 95%，抽样误差为 5% 时，样本量为 377 人；抽样误差为 4% 时，样本量为 583 人；当抽样误差为 1% 时，样本量为 6 488 人，差不多要占总体数的 1/3。美国华裔学者林南在《社会研究方法》教材中应用了类似的资料说明这个问题（林南，1987：183）。毫无疑问，在相同的条件下，置信度的高低也会对样本规模产生影响，以无限总体为例，在相同的抽样误差下，如 0.03，当置信度为 98% 时，样本量为 1 508 人；

如果置信度降低为 95%，样本量为 1 067 人；当置信度降低为 90% 时，样本量为 756 人。

（4）经费、人力和时间。经费、人力和时间合在一起就是调查成本，在所有的条件中起关键作用的还是经费，抽样调查是成本比较高的一种研究，无论抽样做得如何精细，样本有多大，推论的可信度和精确度有多高，没有经费都是纸上谈兵。现在，一份问卷的调查成本为 50~100 元，有时甚至更多。因此，没有足够的经费是不能进行抽样调查的。经费不管多少总是有限的，但是对于抽样的要求是无限的，因此我们只能在有限的经费条件下，尽可能达到比较高的可信度和精确度。除此之外，还要考虑时间和人力因素。因为，完成一个规模比较大的样本调查，需要比较长的时间和比较多的人参加。

（5）抽样方法。根据前面介绍的五种基本的抽样方法，即简单随机抽样方法、系统抽样方法、分层抽样方法、整群抽样方法和多段抽样方法，在同等条件下，采用不同的抽样方法获得样本对总体的代表性程度会有差异。大致来说，分层抽样抽取的样本对总体的代表性程度最高，其次是通过简单随机抽样方法和系统抽样方法抽取的样本，代表性程度最低的是通过整群抽样方法和多段抽样方法抽取的样本。因此，对于一项抽样调查，如果选择整群抽样方法或多段抽样方法，要在"标准的"样本数量（通过上述公式计算后得到的样本数量）基础上适当增加一些样本，即用简单随机抽样公式计算获得的样本量乘以复合抽样的设计效应系数（Deff）。

由于影响最大的是经费和推论所要求的精确性和可信度，因此，**最佳样本**需要满足以下条件：在规定的经费范围内达到最高的可信度和精确性；或者以最少的费用达到规定的可信度和精确性。

6.2.8.3　抽样方案设计

调查研究方案中必须包括抽样方案设计。抽样方案主要是为了指导具体的抽样，它不仅包括抽样方法的选择，还包括总体和调查对象的界定、调查时间和调查周期的安排、样本规模的大小、抽样的可信度和精确度等。根据国内大型抽样调查的实践，抽样方案主要包括以下几个方面：

（1）说明抽样调查目的。例如，中国人民大学主持的《中国综合社会调查（CGSS）》的调查目的或宗旨是："定期、系统地收集社会各个方面的数据；通过收集追踪性数据，总结社会变迁的长期趋势"，等等。

（2）抽样的组织方式。在全国性的、大规模的抽样中，必须建立相应的组织方式，确定抽样的组织机构，例如，负责和实施抽样的具体组织、参加人员等；抽样完成的具体时间；抽样结果的上报程序和检查抽样质量的具体安排等。

（3）对总体、调查对象和调查时间的说明。在抽样方案中必须对总体进行严格、详细的说明，规定调查对象的具体标准以及实施抽样和抽样调查的具体时间。例如，2001 年中国当代社会结构全国调查的总体和调查对象就规定为：2001 年全国除西藏和台湾以外的年龄在 16 ～ 70 岁的常住居民人口；城镇人口与农村人口作为两个独立的总体，并以非农户口和农业户口作为区分两个总体的具体标准。由于各参与单位具有自己的特殊情况，对于抽样的实施时间和调查时间未作统一规定，但是要求调查必须在 2002 年全部完成。

（4）对抽样方法的详细说明，其中包括抽样原则或方法，样本大小及其置信度，抽样误差和对总体差异程度的估计，以及具体的抽样步骤。例如，2001 年中国当代社会结构全国调查就规定具体的抽样方法是"分层、分域、多阶段混合抽样"，分为五级抽样：省、自治区、直辖市阶段采用分层比例抽样；市、县阶段采用分域和 PPS 抽样方法；居委会或村委会阶段采用 PPS 抽样方法；居民户阶段采取等距抽样方法；入户抽样采取"生日法"或简单随机抽样。对于样本规模的计算采用简单随机抽样方法的计算公式，并规定置信度为 95%，总体差异性为 0.5，抽样误差为 3%，由此估计各地的样本量，并且规定了每级抽样单位的样本数。

全国性、大规模的抽样调查大多采用多段抽样方法或 PPS 抽样方法，因此还要规定：具体的抽样步骤；每一阶段实施抽样的负责单位或个人；各参与单位必须提供抽样需要的具体资料，尤其是各阶段抽样的抽样框资料。例如，2001 年中国当代社会结构全国抽样调查中，从第一级（阶段）抽样到第三级（阶段）抽样主要由研究主持单位负责实施，根据各参与单位提供的所在省市的抽样框资料，直接抽取到居委会或村委会，并规定各居委会或村委会具体的调查人数；然后把抽样结果发到各参与单位后，根据各参与单位反馈的意见进行适当调整。各参与单位主要负责最后两个阶段的抽样，即在被抽取的居委会或村委会中抽取居民户，再在居民户中抽取调查对象。

（5）可能存在的问题及控制。任何抽样方案都不可能是非常周密的，都会与实际情况发生矛盾，因此还要根据可能发生的实际问题规定具体的解决办法。例如，在我国城乡最可能发生的"人户分离"，以及现场控制等。此外，还有具体抽样的督查和最后样本质量的检查和控制；实际调查对象和样本名单的控制，以及样本构成和访问质量之间的关系，等等。

>> 6.3 非概率抽样方法

非概率抽样方法也称为非随机抽样方法，它不是按照等概率原理抽取样本，而是根据研究者的主观判断或条件便利等因素选择样本。因此，在非概率抽样中，总体中的每个单位被抽取的机会不是均等的，无法用统计方法对抽样误差加以控制，它在大规模的、正式的抽样调查中很少运用，一般用于正式调查之前的探索性研究。但是，在质性研究中，非概率抽样得到广泛运用。在一些特殊的情况下，例如，总体无法界定时，也采用非概率抽样方法选择比较大的样本进行调查。非概率抽样方法主要有偶遇抽样、判断抽样、配额抽样、滚雪球抽样等四种方法。

6.3.1　偶遇抽样

偶遇抽样亦叫自然抽样或方便抽样。在偶遇抽样中，调查员是在调查现场根据对调查对象的要求和现场的具体情况，按照自己的判断选择调查对象后，马上进行访问或者立刻在调查员的指导下填写问卷。偶遇就是偶然遇到，调查员把自己偶然遇到的人作为自己的调查对象。比较典型的偶遇抽样方法是街头拦人调查，即拦截式调查。例如，在闹市街头进行的市场调查的抽样方法就是偶遇抽样。这种方法一般大致规定被选择的调查对象的主要标准，然后由调查员根据这些标准，按照自己的判断选择被调查对象。如要进行化妆品的市场调查，调查对象一般以女性为主（如果专门调查男性化妆品则以男性为主）。在调查前，一般要对调查员进行培训，其中一个重要内容就是如何根据调查要求选取调查对象。现在大为流行的网络调查实际上也是一种偶遇抽样。

一般来说，偶遇抽样主要适用于总体不易确定、流动性较高的群体。例如，在街头进行市场调查，总体就无法确定，因为调查对象来自全国各地，很难确定他们的居住区域。虽然在调查中可以知道调查对象生活、工作的地方，但仍然不是从一个确定的总体中抽取出来的，并且也不是按照等概率原则抽取的，诸如在公共场所对乘客、顾客、游客、观众等流动性群体进行的调查都属于偶遇抽样。

一般人往往会把规模比较大的偶遇抽样调查与随机抽样调查等同起来，就如一些规模比较大的拦截式市场调查或者民意调查等，有的时候也被人看作是随机抽样。电视台播出的电视新闻中经常可以看到，电视台记者在街头采访中往往会说："我们今天在街上随机采访几位路人，听听他们是怎么说的。"而实际上这两种现象都不是随机抽样，因为它们不符合随机抽样的一个基本的条件，即在一个确定的总体中，按照等概率原则抽取样本。与其说是随机抽样，还不如说是"随意"抽样。

6.3.2　判断抽样

判断抽样也称为主观抽样或立意抽样，它是由研究者根据自己的主观判断来抽取样本。规模比较大的偶遇抽样，很多是由调查员自己抽取样本，而在判断抽样中，往往由研究者自己进行抽样。因为，判断抽样往往是规模比较小的调查，例如，正式调查之前的探索性研究或质性研究。

在判断抽样中，研究者抽取样本的原则主要是：一是依据研究者对总体的了解程度，直接选择自己需要的调查对象，并且被选择的调查对象具有"典型定义"；二是根据研究目的或对样本的特殊要求选择调查对象；三是可以根据调查目的选择"极端型"样本、"平均型"样本等。

判断抽样的方法能够适合一些特殊的需要，如时间、人力、经费受到限制。质性研究中的抽样方法很多为判断抽样，抽取的样本比较少，但可以采用质性研究方法获得非常丰富的资料。

6.3.3 配额抽样

配额抽样也称为定额抽样，是非概率抽样方法中运用比较多的一种方法。从某种意义上说，笔者更倾向于配额抽样的说法。虽然配额抽样和定额抽样都含有在一定总体内的类别中按主观判断方法选取样本的意思，但是，配额抽样最为关键的是"匹配"，即在控制一些变量后，对研究对象进行比较分析。因此，配额抽样既可以作为正式调查之前的探索性研究的选样方法，也可以作为独立的抽样方法，运用于质性研究的比较分析中。

配额抽样是将总体按照一定的特征分成若干类型或层次，然后由研究者在各个类型或层次中根据自己的判断选取样本。例如，某企业有职工 1 000 人，其中：男女各占一半；工人占 50%、技术人员占 30%、管理干部占 20%；初中及以下占 20%、高中占 50%、大专及以上占 30%。根据配额抽样的方法，从中抽取 100 名职工作为调查对象，100 人样本中的性别、职业和教育程度构成应该与总体是一样的（见表 6-6），研究者只要根据下表人数，在总体中按照主观判断方法选取调查对象即可。

表 6-6　配额抽样举例

性　别	男性(50 人)						女性(50 人)					
职　业	工人 (20 人)			技术人员 (15 人)			管理干部 (15 人)	工人 (30 人)			技术人员 (15 人)	管理干部 (5 人)
教育程度	I	II	III	I	II	III	I	II	III	I	II	III	I	II	III
人　数	8	11	1	0	2	13	0	7	8	12	17	1	0	10	5	0	3	2

注：I，II，III 分别代表初中及以下、高中、大专及以上教育程度。

正如前面所讲的，配额抽样方法可以提供一种建立在"匹配"基础上的比较分析。虽然从上例可以看出，配额抽样可以抽取出类似于总体结构的样本，要比一般的非概率抽样方法更能够说明总体的情况（非统计学意义）。但是，这样的配额抽样方法还是没有发挥它的比较分析作用。比较分析方法是在一个能够比较的基础或标准上，使得比较对象具有可比性。例如，在研究青少年不良行为时，很多研究都把它归因于家庭的因素，如家庭残缺、家庭教育等。不能否认家庭是影响青少年不良行为的一个重要因素。但是，我们在经验生活中能发现，不少来自残缺家庭的青少年也能够健康成长，有所作为。因此，在某种意义上，家庭的残缺可能是中介因素，影响青少年不良行为的可能还有更深刻的社会原因。如果采用配额抽样的方法选取样本，就有可能深入研究此问题。假定某居委会有 10 名不良青少年（经常逃学、街头打架等），只要找到与 10 名不良青少年在家庭背景、学习成绩方面差不多的守法青少年作为比较对象就可以了。如此，通过配额抽样方法选取 20 名调查对象（见表 6-7），其中 10 名是不良青少年，10 名是守法青少年。经过深入访谈和观察，或许发现影响青少年不良行为更重要的因素是"交友不慎"，即在青少年社会化过程中，他们由于结交了一些有不良行为的伙伴（不良玩伴）而影响到自己的行为。这些孩子之所以会结交到不良玩伴，又与家庭因素有关。如此，就能发现产生不良青少年的"因素链"或路径。

表 6-7　青少年不良行为研究配额抽样举例

学习成绩		优　良		中　等		差		小计
青少年类型		不良青少年	守法青少年	不良青少年	守法青少年	不良青少年	守法青少年	
家庭背景	健全家庭	0	30	1	48①	2	23②	104
	残缺家庭	1	2①	2	3②	4	4④	16
小　计		1	32①	3	51③	6	27⑥	120

具体抽样时，只要在表 6-7 中的守法青少年中，根据主观判断方法抽取同样的人数。例如，表中学习成绩中等、残缺家庭的不良青少年有 2 名，我们在学习成绩中等、残缺家庭的守法青少年 3 人中根据主观判断方法选择两名学生，同理在学习成绩中等、健全家庭的守法青少年中选择 1 名学生。按此方法，我们就能获得学习成绩、家庭背景与不良青少年基本相似的 10 名守法青少年，然后对 10 名不良青少年和 10 名守法青少年进行调查和比较分析。表中带圆圈的数字就是被抽取出来作为对照组的守法青少年人数。

虽然配额抽样与概率抽样中的分层抽样具有相似的特点，两者都是按一定的标准把总体分为若干个层次或类型。但是这两种方法还是有本质区别，不能简单地认为配额抽样是分层抽样在非概率抽样方法中的应用。第一，配额抽样一般适用于总体比较小的研究，抽样建立在研究者对总体非常熟悉的基础上，而分层抽样适用于总体较大的研究，不需要对总体的单位或元素非常熟悉。第二，在抽样时，配额抽样是采用主观判断方法抽取样本，分层抽样是采用等概率原则抽取样本。第三，配额抽样和分层抽样抽取的样本对于总体的代表性来说，配额抽样只能获得一个与总体比较相似的样本，但不能再现总体的结构。因为样本抽取是采用判断抽样的方法，是主观抽样。分层抽样由于是以等概率抽样原则为基础，因此它所获得的样本可以再现总体的结构，和总体结构基本上是一致的。第四，只有分层抽样所得到的样本调查结果能够推论总体，配额抽样的样本调查结果是不能推论总体的，它的最大特点是为比较分析、深入研究提供了一个基础。

6.3.4 滚雪球抽样

在很多研究中既无法界定总体，又很难找到被调查对象或者很难接近调查对象，例如，局级及以上的高级公务员（高级干部）、高干子弟、大公司企业家、大私营企业主，以及乞丐、同性恋者、吸毒者等。两类群体正好处于社会分层结构中的两端，一类属于上层社会，一类属于底层社会，或分属于强势群体和边缘群体。要进行这两类群体的调查都比较困难，既无法界定总体，如同性恋者；也很难接近并获得他们的同意进行调查，如高级公务员或大公司企业家、大私营企业主等。

对这些群体进行调查，一个比较好的方法就是采用滚雪球抽样的方法获取样本。当然不排除其他类型的调查对象也可以使用这样的方法，但是相对来说，滚雪球抽样方法比较适合在某些特殊群体中选取样本 *。

滚雪球抽样方法的实施很简单：首先，在你想调查的群体中找到一个人，例如可以经过他人介绍，通过交朋友的方式取得他的信任；然后进行调查；再后，可以由他介绍他的一些朋友，由于熟人介绍，你和他所介绍的朋友交往就比较容易，在取得信任的基础上进行调查；依此类推，直到获得所需要的样本数为止（见图 6-7）。因此，对特殊群体采用滚雪球抽样方法实际上是一种成本比较高的研究。

> * 现在运用社会网络实施滚雪球抽样使得这种方法能够成为概率抽样方法（赵延东，2007）。

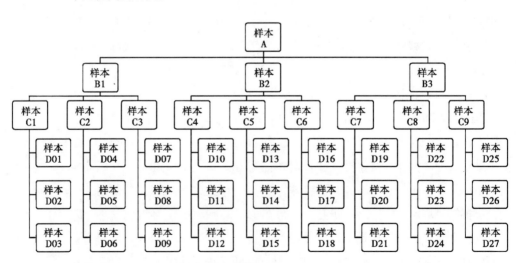

图 6-7　滚雪球抽样示意图

思考与练习

1. 什么是抽样调查？简述抽样调查的作用。

2. 举例说明什么是随机事件和必然事件。

3. 简述概率抽样的基本原理和特点。

4. 抽样步骤包括哪些？为什么要对样本进行评估，怎样对样本进行评估？

5. 若总体人数为 505 人，请采用简单随机抽样方法和系统抽样方法，从中抽取出 50 人组成的样本。

6. 在分层抽样中，如何确定分层标准？请举例说明。

7. 在多段抽样中的最后一个阶段，除了系统抽样方法以外，是否可以采取简单随机抽样，如果可以的话，如何操作？

8. 什么是 PPS 抽样？简述 PPS 抽样方法的基本步骤。

9. 为什么说 PPS 抽样仍然是等概率抽样？

10. 根据抽样公式，说明影响样本规模的主要因素。

11. 若以本校为总体，要对大学生的社会交往进行调查，请设计一份具体的抽样方案。

12. 如何应用配额抽样方法进行比较研究？

7

测量和量表

     "测量"是经济生活中经常发生的行为：上街买衣服需要知道衣服的尺码和自己的"三围"、身高；到菜市场上买鱼，还要到"公平秤"上称一下分量是否准确……诸如此类的现象很多。那么在社会生活中有没有所谓的"测量"？有！大学生宿舍晚上的"卧谈会"是大学生活中的一个重要内容，同学之间都会交流对某人的评价，例如，对异性同学的评价、对老师的评价等。当我们说某女生长得很靓丽、很文静、学习很用功、没有架子的时候，实际上就是"测量"的结果。因此，测量的构成就是：评价标准（以社会的评价标准为基础）、评价方法（通过比较长时间的观察，给出等级上的评价或评语）、被评价的对象（测量对象）。由此，我们大致可以知道何谓"测量"，以及测量的要素是什么。

>> 7.1 社会研究中的测量

7.1.1 测量的概念和意义

     社会研究中的一项重要工作就是对被研究现象或事物进行测量，这是对现象或事物进行研究的必要手段。测量从它本来的意义上说是根据一定的原理和方法确定现象或事物的数量和性质。从这个意义上说，社会研究过程就是社会测量过程。所谓测量就是"根据某种法则而分配数字于物体或事件之上"（杨国枢，等，1980：305），也可以说，就是采用预先准备或设计好的一把"尺度"

去"量度"人或事物。在调查研究中，测量是在对抽象概念或理论概念概念化和操作化的基础上，通过一套指标体系测量人们的特征、行为和价值观念并使之数量化的过程。例如，人们经常评价某些人的社会地位高、某些人的社会地位低，当人们想到社会地位这个概念时，首先不会去考虑什么叫社会地位，因为人们从生活常识上判断一个人社会地位的高低，通常是和对方的职业声望、教育程度、经济收入等联系在一起的。我们把职业声望、教育程度、经济收入等各分成高、中、低三种类型，并且分别用数字3，2，1表示，加总以后就会得出哪些人的社会地位比较高，哪些人的社会地位比较低。

7.1.2 测量的要素

根据测量的定义，测量包括三个要素：

（1）测量对象

测量对象即测量谁或测量什么，包括对研究对象属性和某种特殊社会行为或价值观念的测量，通常它是和分析单位及研究内容联系在一起的。例如，某项研究分析单位是大学生（即个人），研究内容是大学生的消费方式。从测量的角度看，首先要测量大学生和消费行为有关的基本特征，如他们的家庭背景、性别、生源地、专业、年级等；其次要测量消费方式，由于这是一个比较抽象的概念，还要把它具体化，如大学生的消费结构，诸如食物消费结构、闲暇消费结构、文化消费结构等。这样的测量还只是停留在描述性阶段，如果这项研究是根据研究假设进行的，如"消费主义浪潮对当代大学生消费方式的影响"，那么就要对什么是"消费主义"进行界定，说明消费主义理论包括哪些具体特征，如何对其特征进行测量。

（2）测量法则

测量法则即测量规则、标准或者怎样测量，实际上是建立在概念化和操作化基础上的一套对对象属性进行测量的规则。例如，家庭结构的理论定义可以简单理解为"建立在家庭人口要素和家庭模式要素基础上的家庭成员组合方式和相对稳定的互动模式；家庭结构分为核心家庭、主干家庭、联合家庭、其他家庭等类型"。但是，这样相对抽象的定义在社会测量中是很难把握的。首先牵涉到对家庭概念的认识。家庭的理论定义一般是指建立在血缘关系、婚姻关系基础上的共同生活的群体。但是在实际调查中，我们会碰到很多问题，如大学生离开家庭到学校生活、学习，或者一个离开父母家庭独立生活但还未婚的已经就业的人还算不算原来家庭中的一员；婚姻关系仅仅是指法律承认的，还是包括事实婚姻在内；共同生活是指什么，住在一起但是分灶吃饭是否算一个家庭……因此，尽管家庭是大家非常熟悉的一个概念，但是在社会测量中如果要达到精细化的要求，还是一件比较困难的事情。在社会测量中，研究者往往会考虑一个概念的定义和实际情况，制订一个具体的测量法则或测量规则，这种测量法则一般以操作化的形式进行表述。如有关家庭结构的测量法则或许这样规定："凡是在一个屋檐下共同生活（包括分灶吃饭）、具有血缘关系和婚姻关系的群体，其中包括经济尚未独立但不和家庭生活在一起的成员或者与该家庭长期生活在一起（一年以上）的非血缘关系和非婚姻关系成员，如保姆、养子女等"。建立了对家庭概念认识的基础，就可以规定家庭结构类型的具体标准：核心家庭是指一对夫妻及一对夫妻和未婚子女组成的家庭；主干家庭是指两代及以上，并且每代人只有一对夫妻的家庭（包括未婚成员）；联合家庭是指至少一代人有两对及以上夫妻组成（包括未婚成员）；凡是不属以上类型的归为其他家庭。需要注意的是，有关家庭的操作化定义虽然已经比较详细了，但是还不能穷尽实际测量中发现的问题，还需要根据具体情况进行补充或解释。

（3）测量尺度

测量尺度是在测量过程中采用数字和符号来表示测量对象的性质、数量和类属及其在等级或性质上的差别。在调查研究中，社会测量的一个最重要的作用就是反映测量对象的数量差异或者性质和类属上的差异；数字和符号所表示的意义就是事物的属性，是通过测量标尺或工具测得的。测量尺度的意义有三种：第一，测量使用的数字或符号有的具有数学特征，即可以运算。例如，收入、支出、成绩、年龄、时间等。第二，测量所使用的数字或符号有的虽然不具有数学特征，但能够表示等级上的高低、规模上的大小等。例如，可以把收入或成绩分为高、中、低或者优良、中等、差三个等级，并且用1，2，3分别表示他们的等级；教育程度中的小学、初中、高中、大专及以上也可以用1，2，3，4分别表示。第三，测量所使用的数字或符号本身不具有数学特征，只是表示某种类属的符号。例如，在社会测量中，通常用1，2分别表示男性和女性；用1，2，3分别表示未婚、已婚、丧偶或离异。

在第二种和第三种测量尺度中，所使用的数字或符号本身不具有数学特征，不能进行数学运算，但是可以进行统计汇总或频数分析。在现代统计学中，已有技术可以对这些表示等级高低、规模大小或者类型属性的数字在虚拟或对数处理的基础上进行回归统计分析。

7.1.3 "测不准原理"和社会测量的局限

社会研究中的测量要比自然科学的测量更难，其原因在于社会研究中的测量会受到更多因素的影响，如对概念的理解和界定，概念的理论定义和操作性定义如何保持一致，对一个概念所设计的测量指标是否能穷尽概念的内涵，如何才能做到对一个概念的有效测量，等等。社会现象测量还不可能达到自然现象测量那样的数量化、精确化、标准化程度。除此之外，社会现象的测量要比自然现象的测量更容易受到"测不准原理"的影响。"测不准原理"原来是指量子力学中互补的两个物理量无法同时测准，比如，时间和能量，位置和动量，角度和角动量；也就是说被测量客体中两个具体的测量内容是相互影响的，不能同时测准两个测量内容。在社会测量中，被测量客体中不仅存在多种测量内容的相互作用，而且还存在着测量主体对测量客体的影响。简单地说，量子力学中的"测不准"主要存在于测量客体本身，而社会测量的"测不准"不仅表现为测量客体本身，还表现为测量主、客体之间的相互影响。例如，在小学里，班主任老师经常在教室外观察教室内学生的课堂纪律，对教室的观察行为本身会对教室内的课堂纪律产生影响，因为教师的观察行为往往会被灵敏的学生发现，一经发现，原本吵闹的课堂就会安静下来。这就是测量主体对测量客体的影响。同时，在被测量客体中，即小学生的课堂行为也会产生相互影响，班主任老师在一个动态的环境中有时无法观察到小学生之间的课堂行为，谁是主动的谁是被动的，或者小学生行为与动机之间的关联性。当然，社会测量中存在的"测不准"现象只是借用"测不准原理"说明"测量本身会改变测量"，以及无法同时测量现象之间的关联。

此外，很多人希望能够通过几个简单的指标就能测量出社会现象的特征，虽然有些测量可以通过几个简单的指标反映现象的特征，例如，可以通过血液检查、同位素检查等了解一个人的健康水平。但是，这在社会测量中是很难的，一方面是因为社会现象的复杂性和不稳定性，另一方面也在于很多社会现象是很难测量的，社会测量指标总体上还未达到相对的稳定和成熟，并且随着社会现象的变化，这样的稳定和成熟一般很难达到。

从方法论的意义上说，客观事实是指自然和社会实际上发生的任何现象，是第一性的；经验事实是主体对客观事实的一种反映或印象，它是主观的、第二性的。人们所观察到的所有客观事实实际上都是经验事实，它们是客观事实在主体中的反映，是通过语言和文字陈述或描述的"事实"。因此，经验事实虽然是客观事实的反映，但不能说经验事实完全等同于客观事实。由于人们认识的局限性和事物本身的复杂性，两者不可能完全一致。

>> 7.2　概念化和操作化

上面多次提到所谓概念化和操作化的问题。"概念"对于所有人都是非常熟悉的，人们在讨论问题时，在进行交流时，在研究问题时都不能离开概念。语言就是由概念组成的，没有概念人类无法沟通。人们在讨论任何问题时，一个最基本的前提是要对概念有一个统一认识，否则对话就不能进行下去，就会产生"鸭同鸡讲"的困境，尤其是在学术讨论中。

7.2.1　概念和概念化

所谓概念是"在头脑里所形成的反映对象的本质属性的思维形式。"概念是建立在对具体事物抽象基础上的对某类事物一致性的认识。但是，概念的一致性认识是以讨论为基础的，尤其是在学术研究中很多学者都有可能在对基本概念的认识上产生分歧。因此，由对概念认识的分歧，经过讨论最后达成一致以及对概念的具体界定，就是概念化（conceptualization）的过程，也可以说概念化是描述一个术语具体含义或演绎的过程。

例如，"失范"是社会学一个非常重要的概念，最早提出失范概念的是法国社会学家涂尔干，他在《自杀论》研究中把失范界定为由于社会动荡和剧烈变迁带来的不确定感而导致的迷惘、焦虑、甚至自我毁灭。以后很多社会学家应用并扩展了失范这一概念。默顿（Robert Merton）认为失范产生于社会所认同的目标和手段之间的脱节；默顿之后20年，鲍威尔（Elwin Powell）对失范作出了概念化定义：当发觉自己行为的结果相互矛盾、无法运用、无足轻重的时候，失范便产生了。因为失去了方向，空虚与冷漠便伴随而来，因此，失范可以被简单地理解为"空虚"（艾尔·巴比，2000a：161-162）。从社会研究的角度看，概念化是在文献分析的基础上，研究者根据自己的理解和对社会生活的观察而得出的比较严谨、比较具体的认识。从对失范概念化的过程中我们可以看到，概念化以后的失范更为具体、更可以让人把握，因此概念化的过程是概念内涵不断明晰和具体的过程。

在社会学研究中，可以发现很多这样的例子，在概念化后，概念变为一个比较具体的可用于分析的工具。例如，根据特纳的阐述，美国社会学家布劳（Peter M. Blau）在他著名的交换理论中隐含着"理性、互惠、公正、边际效用和不均衡"五大原则，每个交换原则都进行了概念化，例如，理性原则就是：人们在从事某种行动时，越是期望从对方那里得到更多的报酬，就越有可能从事这种活动（乔纳森·特纳，2001a：284）。

7.2.2　概念操作化

概念化仅仅使概念更清楚、更具体，还不能满足实证调查的需要。如上面讨论的对家庭的理解，20世纪80年代，笔者参与的一项城乡家庭结构和家庭关系的调查，碰到的第一个问题就是怎样的群体才能算作家庭。我们在调查时发现有些老年夫妇，他们虽然有单独的户口，但夫妇俩却长期分居在两个子女家庭中生活；也有一些老年夫妇，他们与唯有的一个已成婚的子（或女）一起立户，但分室而居、分灶用膳，子女负担一半生活费。在城市调查中情况则更复杂，例如，已婚子女由于住房紧张仍与父母、弟妹居住在一起，但经济上完全或基本独立。在这些情况下，究竟该如何确定他们是不是一个家庭？在考察小城镇家庭时又发现一批所谓的"半家户"，即丈夫或妻子一个人属城镇户口，另一个人则是农村户口，他们的子女则随母亲的户口而定。然而他们实际上是一个家庭，共同生活在一起。上述问题说明，在调查研究中仅仅有概念的抽象定义或理论定义是不够的，还必须根据抽象定义演绎出相互联系的、可以具体操作或测量的具体指标或经验现象，这些能够反映或者至少能够部分反映概念抽象定义或理论定义的具体指标或经验现象就被称为操作化定义或对概念的操作化。因此，所谓操作化定义实际上就是把抽象的理论定义转换成或演绎成在经验上可以操作或测量的具体指标。

操作化定义（operational definition）或操作主义是美国物理学家、诺贝尔奖获得者布里奇曼（Percy Williams Bridgman）首先提出来的，他认为：① "一般来说，任何一个概念，对我们的意思不过是一套操作；概念跟相应的一套操作同义"；② "科学概念必须最终在实验操作上来寻找其意义"；③ "一个概念在可观察到的操作性方被定义。这样，长度（一张桌子）和距离（离太阳的距离）是不同的概念，因为测量它们的操作是不同的"。布里奇曼的操作性定义，起初是作为阐明科学概念本质的一种尝试，但是现在已经成为基本的学科术语和在实证研究中界定概念的重要方法。

在社会测量中，概念的**操作化定义**被理解为"测量不是定义事物的一种方法，而是指在被测量的'事物'已经定义之后才能进行的过程"（K.D. 贝利，1986：77-78），是"具体说明观察的内容和方法，以及如何对不同的观察结果进行解释"；"操作化定义就是描述概念测量的'操作'"（艾尔·巴比，2000a：160）；"操作性定义要从实际上清楚地说明量度程序"；"偏见的一个操作性定义可以包括鲍格达斯社会距离尺度那样的检验，或是一张'排斥黑人'的典型的 24 项表格，包括收集资料的详细指令、给各个项目定记分数等"（布莱洛克，1988：11）。因此，操作性定义涉及，对某些抽象程度比较高的概念进行具体测量时所采用的程序、方法的详细说明。但是其中最为主要的是对一个理论概念或抽象概念建立一套在经验上可以把握、观察或可以询问的指标的步骤，从而使一个理论概念或抽象概念所涉及的经验现象被测量成为可能（阿特斯兰德，1995：52）。简单地说，**概念的操作化**就是用经验上可以观察的指标对一个理论概念或抽象概念进行界定，或者说概念的操作化就是概念指标化的过程。20 世纪 50 年代中期美国社会学家史汝尔（Leo Srole）对失范作了更加明确的规定，把失范看作是"一个人对社会解体或'自己／他人疏离感'（与'自己／他人归属感'相反）的一种概括性、普遍性的感受。"并设计了测量"失范"的五个指标或问题（艾尔·巴比，2000a：162-163）。

7.2.3 操作化过程

概念操作化过程实际上是一个理论概念或抽象概念复归到经验层面的过程。众所周知，概念是在归纳客观事物过程中所获得的认知，但概念一经从客观事物中抽象出来，就获得了一种理论上的界定。如"智力"作为一个概念被界定为"思维和适应环境的能力"，又如"文明"是指"人类社会的进步状态"。这种理论上的定义虽简洁明了，但对于观察、测量来说是无法实施的。因此研究者应当采用操作性的界定方式，即不直接描述概念的性质特征，而是列举测量该概念或变量所作的操作活动。如上述的"智力"被界定为"某智力测验上所得的分数"；又如将"社会经济地位"界定为"把以某种方法测得的教育程度、实际收入和威望依一定的方式合并而成的指标"。由此可见，概念的操作化是至关重要的，因为通过操作化定义才能获得测量变量所采用的认识水平、工具和程序，由此，实证性的研究才能开展下去。

概念的操作化过程是一个从抽象的概念及其定义演绎到经验层面的过程，即从术语到定义再到经验的三角关系（见图7-1）。

图7-1概括地说明了抽象的理论定义和操作化定义之间的关系，即对于一个概念或变量，既要知道这一概念或变量的抽象定义，又要从概念或变量及其抽象定义的含义中去寻找能够测量概念或变量所表示的客观事物或活动。例如，工作积极性是一个术语，它的抽象定义是一个人对所从事的工作意义的了解及献身精神，我们或许可以用劳动纪律、工作成就等作为工作积极性的操作定义（见图7-2）。

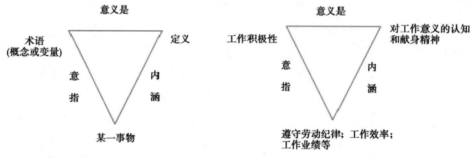

图 7-1　概念操作化过程　　　　7-2　"工作积极性"概念操作化过程

操作化定义一般有三种类型，第一，根据某种现象在某种状态发生时所必须完成的操作程序来定义，它适用于说明现象的状态。例如，"饥饿"可以定义为"连续××小时未进食的状态"。"贫困家庭"可以定义为"连续半年，其家庭人均月收入在×××元以下"。第二，从描述事物动态特征的构成来定义。它可以根据某一特定种类的人所具有的可以观察到的具体行为来描述和定义这类人物。例如，"劳动积极分子"可定义为"集体活动每次都能参加，从不迟到、早退，工作质量完全合格，且每月都能超额完成任务的人。"第三，根据事物或现象的静态特征加以定义。例如，"核心家庭"可以定义为"只有一对或者一对夫妇与其未婚子女共同生活的家庭"。"教育程度"可以定义为"接受正规教育的年限及其所获得的毕业文凭"。

操作化定义的建立首先可以帮助我们认定调查研究的范围，例如，前面提到"2006年某城市大学生生存与发展及价值观念调查"，其中"大学生"我们可以操作化定义为"2006年10月在某城市行政区划内公办大学在册就读的本科学生（不包括休学）"。凡是不符合以上"大学生"操作化定义的，就不再纳入调查研究的范围。其次，它可以使研究者的思考清晰而具体，防止由于概念定义的模糊而导致的研究偏误，并且可以增进研究者之间的相互沟通，不会因为对概念发生歧义而产生误解。第三，可以在建立测量指标的基础上，提出问题，收集调查资料。例如，根据工作积极性的操作定义及其指标，可以设计如下问题："最近一个月每天上下班是否有迟到或早退情况？""您能否完成规定的工作量？""最近半年，是否发生过比较重大的工作失误？""如果你个人的私事和单位的工作发生矛盾，您会如何处理？""为了提高工作效率，会利用业余时间学习与业务有关的知识吗？"等。

但是，并不是所有的概念都可以通过操作化进行界定，尤其是涉及社会理论或社会哲学的一些概念，要对这些概念进行操作化，也许需要对概念不断"降维"才有可能，但是对于社会理论概念或社会哲学概念进行操作化的尝试，有可能陷于机械论的窠臼，把富有想象力的理论概念及思考空间变得非常狭窄和毫无趣味，这也是操作化的局限性之一。

>> 7.3 概念、变量和指标

7.3.1 概念

如前所述，概念（concepts）是反映对象本质的思维形式，是科学研究必不可少的工具。它是从各种具体事物的许多属性中剔除非本质的属性，抽出本质属性概括而成的。一般来说，概念所反映的对象可以分为四类。一是物体概念，它包括各种具体的物体、社会实体等，例如，老人、小孩、桌子、学校等，以及物体或实体的属性，如大的、小的、黄的、绿的、软的、硬的等。二是事件概念，它包括各种正在进行或发生的现象，例如，打架、学习、工作、唱歌、集会等，以及事件的属性，如努力地、紧张地、愉快地、适当地等。三是关系概念，它是指物体、事件及属性之间的关系，例如，友谊、朋友、夫妇、同事等。四是反映人的心理取向或价值取向的概念，例如，同情心、幸福感、焦虑、紧张等。当然，在社会学的实证研究中还有大量的理论概念，例如，社会资本、社会网络、社会化、生活方式等。

从概念的抽象程度来看，有的概念抽象程度很高，例如，工作积极性、责任感、失范、规则、资源、规训等；有的概念抽象程度较低，例如，职业、年龄、性别、收入等。概念的抽象程度直接与理论的解释有关，抽象程度越高的概念，它的解释能力就越强，能够在一个比较高的层面上解释被研究的现象。抽象程度比较低的概念，人们一般从经验上就可以判断概念的含义，容易达成一致的认识，并且成为人们生活中的常识。虽然研究者仍然需要对有些抽象程度较低的概念给予操作化定义。例如，收入是一个抽象度较低的概念，但是在收集资料时，仍然要对"收入"加以界定，如把收入界定为通过劳动等各种合法手段所获得的全部报酬，其中包括工资、奖金、利息、股息等各种收入。但是对于一个抽象的概念来说，就没有那么简单了，这些概念既有理论上的定义，并且不同的学者从自己的理论背景出发，对同一概念的解释也可能会不同；同时，人们对抽象概念所涉及的经验现象的认识也会不同。因此，概念的操作化更主要是针对抽象程度较高的概念。

7.3.2 变量

概念及其属性在量上或质上会有所变化，这种会发生变化的概念及其属性在统计上也叫作**变量**（variable），即一个概念若包括两个及以上的取值或范畴时就是变量，例如，性别就有男性和女性两个范畴，因此性别就是变量，与此相类似还有职业、收入、年龄、幸福感等。而那种仅有单一的、不变的值或范畴的概念被称作**常量**或不变量。在调查研究中，通常要调查每个人的职业、教育程度、年龄、性别、婚姻状况等。在调查总体内，这些都是变量，都包括许多不同的值或范畴。但是，大学生具有一些共同的特征，例如，都是某个学校的学生，都具有中华人民共和国国籍，因此，学籍和国籍就是常量，即在一定的时空条件下，学籍、国籍都具有一个不可变动的特征或范畴。由此可以看到，变量和常量是相对的，即在一定的时空条件下，某一概念才能被确定是变量还是常量。就如上面提到的性别，如果是女子学校的学生，性别就是常量。注意，变量反映的是群体特征。比如性别，对于单独的个人，性别是一个常量，除非采用变性手术，否则其性别是永远不会改变的。又如年龄，虽然每个人每时每刻都在发生变化，但是在规定的调查时点上，单个个人的年龄仍然是常量，但在总体中年龄是变量。

在调查研究中，虽然研究的主要是变量，甚至全部是变量，但是并不意味着常量是不重要的。相反，有些常量对于社会研究具有非常重要的意义，例如，性别比的常量（100∶107）可以用来估计人口性别比的变动，超过这个值可能意味着人口性别结构发生异动。同理，在一些社会预警或经济预警指标中，研究者都会根据一定的常量设置绿灯区、黄灯区和红灯区，一旦调查反映的数据超过或低于某个数值，即某个区域的常量，即意味着社会运行或经济运行进入了一个特定的区域。更为重要的是，经过多次、反复的调查，研究者会发现在一个比较长时间内某种现象呈现出一个不变值，即常量，经过研究者的提炼，这种常量对于建构数学模型具有极大的意义，可以成为数学模型中的参数值。

7.3.3　指标

指标（indicators）是量化研究的必要工具，它可以认知和识别抽象概念在经验世界中的表现，是社会测量中使用的"量器"。指标按照字面理解就是指示和标志，英文 indicators 本身就具有指示和表示的意义。因此，所谓指标就是对一个抽象概念在经验层面的具体说明，是用一组可以观察到的经验现象来"指示和标志"一个抽象概念。指标和概念的操作化具有非常密切的关系，实际上一个详细具体的操作化定义就是由一组指标构成的。因此，概念的操作化就是指标建立的过程。

指标所反映的经验现象，不仅包括客观现象，也包括主观现象。也就是说指标按其属性可以分成两大类，即客观指标和主观指标。客观指标主要是用来测量社会生活的事实或条件，是反映客观状况的测量指标。它所测量的现象既包括能够被人们直接观察或感觉到的社会现象，也包括已经发生过的但可以回忆起来的社会事实。从个人来说，客观指标可以分成两个方面，第一，测量个人属性的指标，其中包括人的自然属性和社会属性的指标。例如，年龄、性别、民族、籍贯、出生地、职业、教育程度、婚姻状况等。第二，测量个人社会生活或行为状况的指标，例如个人的衣食住行、经济行为、工作情况、闲暇活动等各种行为。主观指标用来测量个人对某种现象或事物的感受、评价和态度，它是在客体和主体的相互作用过程中所形成的个人对社会客观状况的一种主观看法。主观指标主要分为三种类型，即评价性指标、情感性指标和取向性指标。评价性指标测量人们对某种现象的看法或意见，例如，对目前生活的满意程度、社会风气好坏评价、对某些价值观念肯定与否等。情感型指标测量的是对某件事物或观点的厌恶或喜欢，同情或怨恨等。例如，在对外来移民和城市居民的融合研究中，可以采用情感性指标测量族群之间的融合状况，如是否喜欢外来移民，是否同情他们在城市生活中遇到的困苦等。取向性指标则是指在某种假定的条件或情境下，测量人们将要表现出的态度、价值观念或发生的行为，也可以称为"情境性指标"。取向性指标有价值取向性指标和行为取向性指标之分。例如，"当三个不会游泳的人看到有人落水以后，甲马上逃离现场，乙立即跳下水救人，丙打 110 呼救，你认为谁的做法比较合适？"就属于价值取向性的指标。"如果邻居和您发生争吵，并把您打伤了，您将怎么办？"就属于行为取向性指标。应该说明的是，上述分类是相对的，因为无论是评价性指标、情感性指标，还是价值取向性指标或行为取向性指标，都是人们价值观念或主观态度的一种反映，它们的区别只是在于指标所测量的强度差异。

一般来说，同一概念的客观指标和主观指标是有内在联系的。由于主观指标的测量往往要受到被测量者具体情况的影响，例如，在测量时，被测量者心情不太高兴，可能会影响对问题的回答，具有较大的随意性，或者不愿真实地反映自己的想法。而且，态度、价值观念一类指标的测量也易受到社会思想和社会状况的影响，它们在不同的时期会有所变化。因此，在设计主观指标时，不仅应该谨慎一些，而且要用一些客观指标来加以验证，并且尽可能采用客观指标。例如，对家庭气氛的测量，除了要有主观评价指标以外，还应该有客观指标，如夫妇每天聊天情况、子女敬重长辈情况、家务劳动分工情况等，以便在分析资料时相互对照。另一方面，客观指标不能完全取代主观指标的功能，特别是对于一些比较深入的调查研究，必然要了解人们对某些事物的态度、价值观甚至信仰等。问题是在设计这类指标时要注意指标层次的转换，不要单纯地使用"您的信仰是什么？""您最喜欢的格言是什么？""您最崇拜的人是谁？"等问题。对于涉及价值观念的指标，根据笔者的经验，除了采用量表测量方法之外，还要注意设计一些与这些指标相对应的、层次较低的指标。例如，可以设计一些"情境性指标"，使被测量者成为"情境"中的一个角色，测量他在这种"情境"中可能持有的态度、价值观念或可能产生的行为，或者要求被测量者对假设的"情境"作出评价。

如果说从概念到指标是一个演绎、分析的过程，那么从指标到概念就是归纳、综合的过程。测量不是分别描述一个一个具体指标测量的结果，而是通过对一个一个指标的测量来说明与指标相对应的、比较抽象的概念。因此，当测量结束以后，还要对指标进行归纳和综合，反映出被测量概念质和量的特征。指标的综合方法主要有三种：

第一种是综合相加，如在高考中要测定考生的成绩，只要将考生的各门课程得分相加即可。一般量表测量也都是采用总加方法。但在一些不能简单相加的情况下就须经过标准化的程序。如测定工厂规模，若以工厂职工总数、年产值、固定资金数等多项指标去测量，测量单位不同，不可简单加总。此时可以将这些指标的绝对值标准化，标准值的计算公式一般为：

$$S = \frac{v_i - v_l}{v_h - v_l} \times 100\%$$

其中，S 为标准值，v_h 为总体内最高值，v_l 为总体内最低值，v_i 为某厂的变量值。每个指标都照此类推，最后将各个标准值相加再除以指标数即得到综合测量值。

第二种是交互分类法，即将不同指标交互分类，获得新的分类。例如，当我们获得职业声望和教育程度的资料后，可以把职业声望和教育程度各分为高与低两种情况，交互后就可以得到以下四种类型：①教育程度高、职业声望高；②教育程度高、职业声望低；③教育程度低、职业声望高；④教育程度低、职业声望低。显然，第二种和第三种属于社会地位不整合。

第三种方法是指数法，即将指标按其实际意义作数学运算，成为可以测量变量的指数。例如，生育率$\left(\dfrac{\text{当年出生人数}}{\text{当年 15～49 岁女性人数}} \times 1\,000‰\right)$、社会阶层流动率$\left(\dfrac{\text{发生职业变化的总人数}}{\text{全部在职人数}} \times 100\%\right)$等。

除了上述常用方法外，因子分析方法也已成为指标综合的主要方法，常用于社会统计模型中。

在制订测量指标时，应该注意指标之间的相关性、方向性。它们或者表现为因果关系，或者是条件关系，或者是共同变化的关系。也就是说在同一组相互联系的测量指标中，一个指标的测量结果和以后若干个指标的测量结果在逻辑上应该是基本一致的。如果指标之间测量的结果有矛盾，就会影响到指标的稳定性，即信度。根据指标测量的结果，总是有一定方向性，或者趋向于肯定，或者趋向于否定。例如，在测量夫妇关系时，就应该根据指标的方向（如对夫妇关系的肯定或否定），对每个测量结果评分进行计算加总，根据分数的高低测定夫妇关系的好坏。

指标的设计应该尽可能反映概念的内涵，尽可能达到对概念内涵的全部覆盖（虽然实际上并不可能）。实证研究者最为苦恼的是，他所设计的指标最多只能接近或逼近概念的内涵，但是几乎永远不可能达到对概念内涵的全部覆盖。概念的内涵如同一个永远不能到达的"路标"，你可以逐步接近，但不能达到，这既是社会测量的局限，也是社会测量的魅力所在。

7.3.4 概念、变量和指标之间的关系

概念、变量和指标之间存在着比较密切和复杂的关系。一般来说，在社会测量或调查研究中，变量是概念的具体表述方式，概念必须用变量的形式反映。概念的抽象程度有高有低，抽象程度较低的概念容易在经验生活中被识别，往往直接就能成为变量；抽象程度较高的概念，需要通过操作化的方法建立一套指标进行测量。当某个特定变量用于反映某个概念时，变量就成为指标，因此，指标也是变量。在社会测量中，大多数变量都用来测量特定的概念，即使是那些抽象程度较低的概念直接转换而来的变量，实际上也和抽象程度更高的特定概念有关，因此严格地说，变量和指标的区别仅在于，作为指标的变量是针对被测量的特定概念的，一旦某个抽象概念通过一套指标得到测量，这个概念也

就取得了变量的形式。例如，用"职业声望、收入水平和教育程度"来测量"社会地位"时，职业声望、收入水平和教育程度对于"社会地位"来说就是指标，是"社会地位"的指示和标志；社会地位由此取得变量的形式，有了高低差异之分。当然，在调查研究中还会经常采用一些人口学变量如性别、年龄等，但这些变量通常是作为控制变量，并不用来测量特定的概念。

相对而言，指标一般是具体的、可以被观察的。但是对于一个高度抽象的概念来说，有些指标本身就是概念，需要进一步操作化或指标化。例如，关于社会地位通常采用职业、收入、教育程度等指标来测量，但是有些学者也会使用生活方式进行测量，相对于社会地位来说，生活方式是一个测量指标，但是生活方式本身就是一个抽象的概念，需要对生活方式概念进行操作化界定，建立一组测量指标，例如消费结构、闲暇生活等以及对消费结构、闲暇生活进行测量的更为具体的指标。因此，不是所有的指标都是可以直接观察到的，由此也就产生了所谓的"一级指标""二级指标"，甚至"三级指标"。有些教材将比较抽象的指标如"一级指标"称为"维度"，但是严格地说，如果把指标理解为对一个抽象概念的指示和标志，那么相对于一个概念来说，不管指标的抽象程度有多高，它仍然是这个概念的指标。

>> 7.4 信度和效度

在菜场里经常可以看到一些中年人或老年人买了一条鱼之后，会拿到公平秤上过一下，看看是否缺分量，如果缺了分量他会回到鱼摊上与摊主交涉。这就是日常生活中对"测量"信度和效度的判断。就菜场买鱼事件来说，摊主的秤与公平秤对同一条鱼称下来的分量如果是不一样的，说明两次测量的稳定性是比较差的，用科研的语言说就是信度不够；之所以两次测量的结果不一样，很有可能是其中的一杆秤有问题，一般来说摊主的秤是有问题的，做过手脚的，用科研的语言说就是效度不够。菜场买鱼所发生的测量信度和效度问题也会发生在社会测量上。例如，测量一群人的社会地位，所用的指标是职业声望、收入水平和教育程度。如果先后测量两次，第一次测量的结果和第二次测量的结果有较大的差异，说明两次测量的一致性或稳定性存在问题，是不可信的。如果不仅用职业声望、收入水平和教育程度等指标测量人的社会地位，而且还增加一些新的指标，如性别、婚姻状况等，先后测量两次，虽然测量的结果没有差异或者差异在容许范围之内。可是，人们要问性别、婚姻状况与社会地位有关吗？也就是说性别、婚姻状况能否作为"量器"测出人的社会地位的高低？这就是测量中的效度问题，这关系到测量的有效性或准确性。因此，不管是在日常生活中的测量还是社会研究中的测量，都会存在所谓的信度和效度。

7.4.1 信度

所谓信度（reliability），就是测量的可信性或一致性，即在社会测量中采用相同的方法和指标或"量器"对同一对象或概念、变量重复测量后的结果的稳定性。如果在重复测量中，测量结果稳定，即前后测量的结果是一致的，那么测量就具有较高的信度；反之，信度就比较低。信度比较低的测量是不可信的。信度的高低通常是以相关系数（r）表示；信度的类型主要有下面三种。

7.4.1.1 再测信度

即采用相同的方法和指标或"量器"对相同的对象先后测量两次或以上，对多次测量的结果计算它们的相关系数，从而确定信度的高低。例如，今天在甲班进行一次英文测验，过一段时间采用相同的试卷对甲班再进行一次测验，然后比较两次测验的分数有没有差异。如果分数差异比较小，说明这套试卷信度是比较高的，反之，信度就比较低。我们从经验上就可以发现，再测信度最为关键的是两次测量的间隔时间。如果今天进行了一次英文测验，过一两天和过一个月，用相同的试卷对相同的对象再进行一次测验，得到的成绩和第一次测验成绩相比，它们的差异是大不一样的。毫无疑问，间隔时间越短，两次测验成绩的差异就越小，反之，则越大。因此，如何把握再测信度中两次测量的间隔时间是一个很重要的问题。在社会测量中，两次测量间隔时间主要取决于被测量对象的性质。如果被测量事件的变化速度比较快，间隔时间就要短一些；反过来，间隔时间就可以长一些。例如，在社会研究中，对于人们价值观念的测量的间隔时间就可以长一些，因为价值观念在一个比较长的时间里的变化是不大的。但是，有些现象的变化是比较快的，例如，对一些社会问题的评价或者对某些人的态度等可能过了半年，甚至不到半年就会发生变化。总的来说，在社会测量中，再测信度的间隔时间相对可以长一些，因为社会测量的现象变化一般不会很迅速。

7.4.1.2 复本信度

即采用两个及以上的"复本"对同一对象先后测量两次或以上，然后计算两次或多次测量结果的相关性，如果相关程度较高，说明测量的信度高，反之，则信度低。所谓"复本"就是指两套及以上的在难度、内容、题量、题型等方面基本一致的不同指标或"量器"。最为典型的"复本"就是考试中的 A 卷和 B 卷，一般考试都会有两套试卷，以备不时之需。如果采用 A、B 卷同时对一个班级进行测验，然后根据两套试卷的测验成绩就可以知道这份试卷的信度了。在社会测量中要进行复本信度的检验，就必须对同一研究对象设计好两套及以上的相似的量表或问卷，然后对被调查者进行调查，最后根据调查结果检验它们的相关性。显然，复本信度与再测信度的最大区别在于复本信度检验采用的是两套或以上的指标或"量器"对同一调查对象进行测试；再测信度强调的是在不同的时间里，采用同一套指标或"量器"对同一调查对象进行测试。可以看出，复本信度的难点在于如何设计一份用于测量的指标或"量器"的复本。真正的复本要做到在形式、内容、难度和题量上基本一致。

7.4.1.3 折半信度

即在一次测量后，将测量指标或项目题号分为单号和双号或者根据随机原则分为两半，然后计算它们各自测量结果的相关程度，根据相关系数确定测量信度的高低。例如，在一套含有 20 个指标或项目的量表中，研究者可以按题目的单、双号或随机方法把指标或项目分为两半，经测量后计算两半指标或项目测量结果的相关性。由于再测信度和复本信度检验都必须经过至少两次测量或调查，对于大规模的抽样调查来说成本是很高的。但是，折半信度检验只需要经过一次调查就可以了，因此在调查研究中，对于信度的检验一般都采用折半信度的检验方法。折半信度检验的依据在于问卷或量表中的指标之间具有内在理论和经验逻辑的一致性，根据指标之间的逻辑关系可以发现指标测量的稳定性或一致性。折半信度比较适合量表的信度检验，因为量表测量的目标是单一的、明确的。为了满足折半信度检验的要求，在设计量表时，一个指标最好用两种不同的语句表述，并且量表语句的数量要足够。采用折半信度检验问卷调查的信度相对困难一些。由于问卷调查的内容比较多，研究者首先要根据问卷中的问题性质进行归类，然后根据问题之间和问题类型之间的逻辑关系检验它们之间的相关性。例如，关于大学生生活状况的调查，可以先把问卷中的问题分为"消费""学习""闲暇生活""家庭背景"等几个大类，然后把每一类型内的问题按随机原则分为两半，计算两半问题的相关性；也可以计算大类问题之间的相关性，如"家庭背景"与"消费""学习""闲暇生活"的相关性，或者"消费"和"闲暇生活"的相关性等。

对于信度的判断，也可以采用不同的测量方法对同一对象进行测量，从而比较不同测量方法所获得的测量结果的稳定性或一致性。例如，对于大学生择业观的测量，可以在大学生群体中采用抽样调查方法进行测量，也可以采用深度访问方法了解大学生的择业观，或者通过观察方法发现大学生在择业时表现出来的价值偏好，然后比较三种测量的结果是否一致，如果一致性程度比较高，说明测量的信度较高，反之则较低。这种方法就是"三角测量"。

7.4.2 效度

所谓效度（validity）就是测量的准确性或有效性，也就是说在社会测量中采用的测量方法和指标或"量器"能否准确地测量出概念或变量的特征和内涵。显然，测量的准确性和测量目标、测量标准以及对理论概念的认知有着密切的关系。一个准确的测量意味着它的效度较高，反之，测量的效度较低，并且没有效度的测量是无效的，也就意味着测量的失败。测量效度有以下四种类型：

7.4.2.1 表面效度和内容效度

即指测量指标或内容是否与测量的目标相一致，也就是说研究者设计的测量指标是否符合概念或变量的内涵或定义。例如，当采用职业声望、收入水平、教育程度、性别、婚姻状况去测量人们的社会地位时，从理论上可以发现婚姻状况与社会地位是无关的，从经验上可以观察到已婚者和未婚者的社会地位没有明显差异；虽然可以发现，男性的社会地位要高于女性，但是，性别与社会地位的关系只能说明社会地位在性别上的不平等，性别与社会地位这一概念的界定是没有关系的，而职业声望、收入水平、教育程度等指标是与社会地位直接有关的。社会地位在性别上的不平等是因为男性的职业声望、收入水平和教育程度要高于女性。同理，如果测量大学生的消费水平，可以采用消费支出、消费结构等指标，但是如果采用消费观念去测量消费水平，只能说明大学生的消费水平受其消费观念的影响。

表面效度和内容效度是有区别的。表面效度是从外表或"表面"判断一种测量工具对测量对象的有效性，它主要依据研究者的主观判断，确定一个抽象概念与指标在理论和经验上的逻辑一致性，以及测量结果和概念共识之间的关系。内容效度更为客观一些，它是指在一个特定主题内容范围内，对从中抽取的内容代表主题的充分程度的评价。例如，对一份期终考试试卷的内容效度评价就是看这份试卷是否覆盖了教材的知识点或主要知识点。

7.4.2.2 效标效度

又称为准则效度，是指测量结果和效标（validity criterion）之间的相关程度。所谓效标即效度标准，通常采用经过多次测量的有效的原有指标或者经过追踪调查的预测结果作为效标，如果新的测量或者预测是有效的，那么新的测量指标就具有效标效度。效标效度的具体形式有两种：即共变效度和预测效度。

共变效度也称为同时效度，它是指在既定测量有效的情况下，新的测量同时有效，新的测量指标就具有效标效度。因此，共变效度是采用一种新的测量代替原来的有效的测量指标，如果测量结果是一致的，那么新的测量是有效度的。例如，职业声望的评价通常与收入水平、教育程度有关。当人们在评价职业声望时，认为地位高的职业它们的收入水平也很高，从事声望高的职业需要较高的教育程度，并且职业声望和收入水平、教育程度之间的关系已经被多次测量证明是有效的。假设引入一个新的测量指标——工作时间的灵活性，代替其中的一个指标，如果得出一个结果：声望高的职业，工作时间的灵活性也高，声望低的职业，工作时间的灵活性也低，那么工作时间的灵活性对于测量职业声望是有效度的，可以成为新的测量标准。又如，如果编写了一本新的社会研究方法教材，需要知道新编教材的效度，首先要收集使用原来教材情况下学生的考试成绩和教师的评价，并以此为标准（效标）。如果新的教材的使用后，学生的考试成绩以及教师的评价与原来的差不多甚至更好，就可以认为新的教材是有效的。共变效度的意义在于随着社会现象的变化可以发展新的测量指标，使得测量指标更丰富；或者原来的测量不方便或者难度较大，希望尝试使用一种更为简单、方便的测量时，用来检验测量的效度。

预测效度是指测量结果能够准确预测被测试者未来发展的情况，如果被测试者的未来发展与原来测量的情况具有相关性，那么这样的测量就具有预测效度。因此，预测效度是比较测量结果与未来实际发生的情况两者的一致性。例如，社会研究方法试卷的效度在于能够预测学生笔试成绩与实际掌握社会研究能力的关系；社会发展指标的效度在于预测实际测试的分数与社会发展趋势的关系。最为典型的预测效度是对个人的职业倾向的测量，如果一套测量能够预测被测试者最适合从事的职业，并且后来也的确从事这样的职业，那么这种测量就具有预测效度。进行预测效度的检验必须对被测试者进行一段时间的追踪观察，例如，需要观察学生的社会研究能力与他们的考试成绩是否相关，需要观察社会发展阶段（温饱、小康、富裕）与社会发展指标测试的分数是否相关，需要观察某人从事的职业与过去的职业倾向测量是否相关，观察结果即为效标，用来评价原来测量的有效性。

从对共变效度和预测效度的介绍中可以看出，共变效度是采用新的测量代替原来的测量，观察新的测量的有效性；预测效度则是根据被测量对象的预测结果来判断测量的有效性，两者虽有不同，但都是测量指标有效性的方法。

7.4.2.3 建构效度

建构效度是通过概念或命题之间的内在关系，观察测量指标对于一个理论概念的作用，也就是说，一个理论概念在经验上是如何被建构的。例如，根据现代智力理论，可以建立四个主要假设：①智力随年龄而增长；②智力与学习有密切关系；③智商是相对稳定的；④智力受遗传的影响。如果通过智力测验而获得的分数，经过统计分析最后证明，被测试者的智商分数随年龄增加而增加；他们的智商在一段时期内是相对稳定的；学历越高或者学习成绩越好，智商也越高；同卵孪生子之间的智商相关程度要高于一般兄弟姐妹（杨国枢，等，1980：338），那么就可以说，智力测验量表是具有建构效度的，也就是说，智力测验量表的效度在于对智力理论的建构作用。对于建构效度的理解，也可以采用操作性的语言表述：如果由若干个抽象概念组成的理论中，概念之间是有联系的，那么分属于各个概念的测量（指标）也是有联系的；如果一个概念采用一个新的指标代替其中的一个指标，并且新的指标和其他概念下的指标具有相关性，那么新的测量（指标）对于那个概念就具有建构效度。例如，假定社会地位和生育观是有联系的，即人的社会地位越高，生育观越是趋向于现代；社会地位的测量指标原来是收入水平，生育观的测量指标是理想子女数，研究表明收入越高，希望生育的子女数就越少。如果用教育程度代替收入，并且证明教育程度越高，希望生育的子女数就越少，那么，教育程度对于社会地位就具有建构效度。同样，也可以在生育观下，用对子女的性别偏好代替理想子女数，分析收入或教育程度与子女性别偏好之间的关系，如果证明收入水平或教育程度越高，对子女性别越无偏好，那么子女性别偏好指标对生育观具有建构效度。我们也可以这样理解，一个理论所包含的若干概念是有联系的，分属于这些概念下面的测量指标如果也是有联系的，那么这些测量（指标）对于相对应的概念来说就具有建构效度。

由此，从表面效度（内容效度）、效标效度到建构效度是一个渐进的关系，判断效度有效性的难度在逐步加大。表面效度和内容效度主要是判断一个概念和它的指标在经验或理论上的一致性，主要依据研究者的主观评价；效标效度依赖于一个概念的新的测量（指标）和概念之间的相关程度如何，或者新的测量（指标）是否具有预测性；建构效度则是建立在若干概念及其所属的测量（指标）之间相互联系的分析基础上。

7.4.2.4　内在效度和外在效度

内在效度和外在效度按它们的原意是指，如果一项实验的结果表明没有出现明显的误差或者这些误差是可以用测量假象进行解释的，这样的实验就具有内在效度；外在效度是指具有内在效度的实验是否具有普遍性，即能否推广到一个更大的范围（K.D. 贝利，1986：97-98）。因此，内在效度是指测量的内在有效性，即一组指标对于一个概念测量的有效性程度。例如，对于社会地位，如果用职业声望、收入水平、教育程度进行测量的话，也许只能解释70%，那么其余的30%的误差还没有得到解释，说明采用职业声望、收入水平、教育程度去测量社会地位的内在效度是有限的，或者说用职业声望、收入水平、教育程度去测量社会地位还存在一些误差，还需要我们去探索、去研究，找出测量的误差来源，从而提高测量社会地位的内在效度。外在效度是指测量的外在有效性，即一组指标对于一个概念的测量，如果在一个群体内具有内在效度，那么对于其他群体的测量是否有效就是外在效度，即一种测量的外在效度在于它的普遍性程度。例如，对社会地位的测量如果在白领群体中是有效的，那么同样的测量在上流社会或者底层社会是否有效，如果测量的结果发现在上流社会中，社会地位的高低更多地取决于门第或出生，底层社会对社会地位的认知更倾向于个人的魅力或品行，那么我们只能认为原来对社会地位测量（指标）的外在效度是有限的。以上例子说明社会地位测量的外在效度不足在很大程度上是因为在不同的群体中对于社会地位的认知是不同的。由此说明我们对于社会地位的理论解释和经验观察是不充分的，也就是说社会地位测量中还有30%的误差很有可能来自"门第或出生"和"个人魅力或品行"的因素。因此，在某种意义上，内在效度要比外在效度更为重要，外在效度取决于内在效度的有效性程度。另外，外在效度还与总体大小以及抽样方法有关，也就是说，要提高测量的外在效度必须在一个更大的总体中测量，测量对象的选取要合乎抽样原则。

7.4.3 影响信度和效度的因素以及相互关系

概而言之，影响信度和效度的因素主要与测量工具、测量环境和时间、主测和被测等因素有关：

第一，测量工具就是根据概念操作化建立的一套测量指标或"量器"。一套测量的指标越多，即测量问题或项目越多，测量的信度就越高，但是由于测量的项目很多，被测试者所花的时间也更多，会影响到被测试者的情绪，导致敷衍了事，草草完成测量，从而影响测量的信度和效度。因此，在把握测量项目的数量时要兼顾信度和效度的统一。一个基本原则是，在保证测量信度的基础上，最大限度地保证测量的效度。其次，对效度影响最大的是测量指标是否严格按照概念操作化的方法设计，从理论定义到操作化定义再到指标是否一致，测量指标的设计是否符合概念内涵和经验观察。

第二，测量环境和时间。一个比较好的测量环境应该使被测试者能够自己独立完成全部测量，尽可能减少外在因素的影响，例如与其他人商量，或者其他人在旁边指指点点；尽可能保持安静，不能吵吵闹闹，或者有噪声干扰；测量最好在温度比较适宜的环境下进行，过冷过热都不利于测量；对于再测信度来说要注意两次测量的间隔时间，时间间隔过长或过短都会直接影响到测量的可信度，复本信度的检验最好同时完成多个复本的测试，不要间隔很长时间。

第三，主测和被测，即测试者或调查员和被测试者。作为测试者来说要严格按照样本名单进行测试，不能擅自选择样本以外的人进行测试；采用自填方法的，测试者事先要说明填写方法和注意事项，对量表或问卷上的问题或概念要按照有关说明用准确和通俗的语言进行解释，不能按照自己的理解进行解释，研究者要提供对问题和概念进行说明的统一范本；采用访问方法的，调查员要根据量表或问卷上的问题逐个提问，当把书面语言用口头语言表述时，要准确理解问题的意义，既要注意语言的通俗性，也要注意语言的规范性；当被测试者有厌烦情绪时，要耐心地进行解释，求得他们的谅解和配合。

被测试者组成的样本差异性越大，越能充分地检验测量的信度和效度。以大学生群体为例，仅仅测量其中的文科学生与测量全部专业的大学生相比，测量信度和效度的充分性相对较低。或者说，对于信度和效度检验的可靠性在很大程度上取决于样本的差异性，样本的差异性越大，信度和效度检验的可靠性也越大。被测试者的教育程度、对问题或概念的理解能力以及测量时的态度也会影响到信度和效度，如果被测试者的教育程度较低，对问题或概念的理解能力较差，或者不愿意配合测试、不愿意表露自己的真实想法或真实情况的被测试者占了相当的比率，测量的信度和效度肯定很低。

此外，测量的信度和效度还受到资料处理质量的影响，如果在填写、编码、登录、输入过程中发生比较多的差错也会影响测量的信度和效度。但是这样的差错一般可以通过一些技术手段降低到最低程度。

信度和效度的关系是一个矛盾的统一体。一般来说，信度是效度的必要条件，也就是说任何测量的效度都必须建立在信度的基础上，没有信度的效度是不可靠、不可信的；但是任何测量都必须有效度，没有效度的测量，即使它的信度再高，这样的测量也是没有意义的。因此，效度又是测量的基本条件或充分条件。例如，当用职业声望、收入水平、教育程度去测量社会地位时，10次测量中只有1次是准确的，其他9次都是不对的，测量的信度就很低，可以被认为是没有信度的测量，因为测量的稳定性很低。如果用性别、婚姻状况去测量社会地位，10次测量中9次的结果都表明性别、婚姻状况和社会地位有关系，虽然测量的稳定性即信度很高，但是这样的测量是无效的。因为，无论从社会地位的理论定义还是从社会地位的操作化定义看，采用性别和婚姻状况去测量社会地位既不符合日常生活的经验，也不符合有关社会地位的理论解释。就如在产房里观察到，在某一时段产妇生产的婴儿性别或者全部是男婴，或者全部是女婴，但是不能说婴儿的性别与产妇的分娩时间有关。

测量如同射击，靶子如同需要测量的"概念"，子弹就是测量"指标"，射手就是"测试者"，测量将会产生以下几种情况（见图7-3）：（1）既有信度又有效度的测量，就如射击一样，10发子弹全部击中靶心。这是测量的最好境界，也就是说，对某个抽象概念的测量既符合经验事实又和原先的理论解释是一致的（见图A）；（2）既无信度也无效度，10发子弹散布于靶上，甚至有的脱靶。这样的测量是最糟糕的，在社会测量中要极力避免这样的情况出现（见图B）。（3）有信度但无效度，10发子弹全部打在靠边缘的那个点上，虽然这位枪手射击的稳定性很高，但是很可能在某些环节上出了差错，例如瞄准时眼睛的聚焦出现偏差，或者枪的准星有问题（见图C）。这样的测量对调查研究来说是没有意义的，就如前面讲的"性别、婚姻状况和社会地位"的例子，即使经过100次调查，样本调查结果的婚姻状况都是一样的，信度系数为1，但是婚姻状况和社会地位是两码事，不能用婚姻状况去测量人的社会地位高低。（4）无信度但有效度，这样的情况无论在理论上还是在经验生活中都是不存在的，一个不可信的测量是无效的。如果发生这样的情况，我们也会说"这是蒙的"，就像一个不会射击的人，偶尔也会有上佳表现，但这是偶然发生的，是他"蒙对了"，我们不会因为他偶然的上佳表现而说他是"神枪手"。

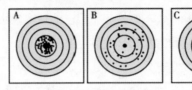

图 7-3　信度和效度关系示意图

>> 7.5　测量层次

问卷是社会测量的主要工具，在问卷中有大量的问题需要被调查者回答，这些问题实际上是某个具体变量的表述。例如，差不多所有的问卷都会涉及人的社会属性和自然属性的测量，研究者经常用"性别、年龄"等测量人的自然属性，用"职业、教育程度、婚姻状况、收入、党派、宗教信仰"等测量人的社会属性。仔细观察这些变量会发现一些有趣的现象，例如年龄、收入，如果直接回答年龄大小或收入多少，是可以做平均数计算的；"教育程度"下的答案小学、初中、高中、大学有高低之分的；"性别、职业、婚姻状况、党派、宗教信仰"下的答案既没有高低之分，更不能进行平均数计算。因此，我们看到各种变量是有层次的，有的具有数学特征，可以运算，有的有高低、大小、强弱之分，有的只有类别之分。测量的层次性在于在测量过程中，变量或指标的属性存在着质的差异和量的大小，存在着大小、高低、强弱的有序性以及变量或指标的间断和连续。因此，就形成了不同的测量层次，即定类测量、定序测量、定距测量和定比测量。

7.5.1　定类测量

定类测量也称为类别测量或定名测量，它是按照变量范畴或变量取值的类型测量变量的特征。例如，性别的范畴或取值只有男和女两类，通过对性别的测量，可以知道一个群体的性别特征，说明这个群体男性和女性分别占的比率。在社会测量中，属于定类测量的变量是最多的，除了上面所讲的性别之外，还有职业、专业、婚姻状况、家庭结构、党派、宗教信仰、所有制性质等。定类测量是最基本的测量，是一种分类体系，也是所有测量的基础，也就是说任何测量层次，包括定序测量、定距测量和定比测量都具有定类测量的特征，都是一种分类体系。

由于定类测量只能区分变量所属的类别，用一个名称来表示这部分个案的共同特性，所以，在整理和分析由定类测量所得的资料时不能作任何数学运算，定类测量的数学特征是等于和不等于或者属于和不属于，换句话来说，一个对象只能属于其中的一个类别。就如性别，一个人或者是男性或者是女性。在问卷调查中，通常会给每个问题的答案编上号码，例如性别变量，通常用"1"代表男性，用"2"代表女性，但是这里的数字只是个代号，并不具有数学意义。

7.5.2　定序测量

定序测量虽然也具有定类测量的特征，也是一种分类体系，但是它与定类测量不同的是变量所属的各种类别之间存在质量上和数量上的比较关系，具有次序或等级关系，表现为大小、多少、高低、强弱等变量特征。例如，教育程度以大专及以上、高中、初中、小学和文盲为序，呈现出由高到低的排列。在社会测量中有不少变量属于定序测量，除了教育程度之外还有组织规模的大小、工作能力的强弱、技术水平的高低、对生活的满意和不满意等。

定序测量虽然能够确定大小、强弱等关系，但它并不能说明具体的差异量。因此，定序测量的数学特征除了具有定类测量的等于和不等于之外，还具有大于和小于的性质。虽然很多研究会以数字表示定序测量的变量所属类别所具有的次序特征，例如，教育程度的取值，从大专及以上到文盲分别用5，4，3，2，1 表示，但是这些数字最多只是具有次序特征的代号，是不能直接进行数学运算的，既不能把这些数字简单相加或相减，也不能做平均数计算或乘法运算，其相加之和或平均数是没有意义的，最多只能表示"5"所代表的"大专及以上"要比"4"所代表的"高中"高一个等级。但是，定类测量中的"数字"就不具备这个意义，当用"1"表示男性，用"2"表示女性时，不能说"2"所代表的"女性"要比"1"所代表的"男性"高一个等级。

7.5.3　定距测量

定距测量又比定序测量高了一个等级，即它不仅具有类别和等级的特征，还可以确定变量的数量差别和间隔距离，因而又称为等距测量或区间测量。例如，把年龄分为老年人、中年人、青年人。从定类测量看，它们是年龄划分的三种类别；从定序测量看，年龄的三种类别又有高中低的次序。但定序测量下的年龄变量只告诉我们三种类别的位序，无法知道三种位序之间的差异量到底是多少。从定距测量的角度看，老年人、中年人、青年人，可以分别给出它们的区间值，如老年人规定为 60 岁及以上，中年人规定为 35 ～ 59 岁，青年人规定为 18 ～ 34 岁，它能清楚地告诉我们老年人、中年人、青年人之间的年龄差距。

判断一个变量是否属于定距测量的主要标准是：

第一，典型的定距测量是温度、学习成绩和根据各种量表得到的测试结果，如智商、情商量表，态度量表的分数等。这些数字都没有一个绝对的零，也就是说"零"是有意义的，是人们根据一定的标准主观规定的。例如，某学生的考试成绩为零分，并不表明他没有成绩，它只不过表明根据特定试卷考试所得到的分数；今天的温度是摄氏 0 度，并不表明今天没有温度，而且我们也知道摄氏 0 度和华氏 0 度是不同的，摄氏 0 度，即冰点温度相当于华氏 32 度，华氏零度相当于摄氏零下 17.8 度；当某人的智商或情商测验分数为零分时，也并不表明这个人没有智商或情商。

第二，定距测量的变量形式大多数表现为间距，例如，我们一般把小于 1 岁的婴幼儿称为"零岁"，并按间距分为不同的年龄组。但需要注意的是，当用现在年月减去出生年月，所得的年龄就是定比测量，是可以计算平均年龄的。因此，作为定比测量的年龄也可以转变为定距测量。

由于定距测量的"零"是相对的，因此定距测量的数学特征不仅具有等于和不等于、大于和小于，还能进行加、减运算。如甲的智商为 150 分，乙的智商为 100 分，150-100 ＝ 50 分，于是就可以说甲的智商比乙高 50 分；今天北京的温度是摄氏零下 5 度，上海的温度是摄氏 10 度，我们可以说，上海的温度比北京高 15 度。但是我们不能说甲的智商是乙的智商 1.5 倍；更不能说上海的温度是北京的温度的两倍。更何况智商和温度的"零"值是有意义的。*

7.5.4 定比测量

定比测量不仅包括了定类、定序、定距三种测量的数学特征(＝、≠; ＞、＜; ＋、－)，而且还可以进行乘除运算。因此，定比测量也称为等比测量或比率测量。定比测量的一个最大特点是它有一个绝对的零。例如，某年上海的年人均收入是 4 万元，全国的人均年收入是 2 万元，我们既可以说上海年人均收入要比全国年人均收入高 2 万元，也可以说，上海年人均收入是全国的 2 倍。在社会测量中，经常使用的属于定比测量的变量有年龄、收入、出生率、死亡率、离婚率、性别比、人口密度等。

根据以上分析，测量层次具有以下几个特征和意义：

第一，从定类测量到定比测量是一个递进过程，也就是说测量层次比较高的变量同时具有测量层次比较低的所有属性。例如，定比测量所具有的属性是等于和不等于、大于和小于、加减乘除运算；定距测量具有的属性是等于和不等于、大于和小于、加减运算；定序测量所具有的属性是等于和不等于、大于和小于（见表 7-1）。

*现在我国平均温度计算方法是：月平均气温是将全月各日的平均气温相加，除以该月的天数而得；年平均气温是将 12 个月的月平均气温累加后除以 12 而得。显然这是为了计算方便，把零度作为绝对值处理。就如在计算量表分数、成绩时，也是把零分看作是一个绝对值。但是这样的处理不能否定它们的属性仍然是定距测量。

表 7-1　四种测量层次的数学特征

	类型(=、≠)	次序(>、<)	间距(+、-)	比率(×、÷)
定类测量	✓	—	—	—
定序测量	✓	✓	—	—
定距测量	✓	✓	✓	—
定比测量	✓	✓	✓	✓

第二，由于测量层次比较高的变量同时具有测量层次比较低的所有属性，因而测量层次比较高的变量可以转换为测量层次比较低的变量。例如，年龄根据出生年份的计算属于定比测量，但是在社会测量中可以根据需要转换为定距的、定序的，甚至是定类的（如"文化大革命"前出生和"文化大革命"后出生）。但是，测量层次低的变量不能转换成测量层次高的变量。需要注意的是，除了特殊需要以外，我们尽可能不要把测量层次高的变量转换为测量层次低的变量，因为测量层次高的变量所含有的信息更多，更能采用数学运算的方法分析。

第三，判断变量所属的测量层次，最为重要的是可以帮助我们选择适合变量测量层次的计算方法，尤其是在初级和中级统计中，对于哪种测量层次的变量应该采用什么样的统计方法都有严格的规定。一个基本的标准是：凡是适合于测量层次比较低的变量的统计方法，也可以用于测量层次比较高的变量的计算；反之，则不行。例如，可以用平均数计算年龄（平均年龄），但是不能用平均数计算性别，不能说一个班级的平均性别是什么；但可以说班级里多数是女生（众数），也可以说班级里多数学生的年龄在 20 岁左右。众数适合于定类测量及以上层次，平均数仅适合于定比测量。

第四，虽然定类测量和定序测量的变量不能采用数学性质较高的方法计算，但是并不意味这些测量类型的变量就不能进行统计了。这些类型的变量可以作频数统计、比率计算，例如，一个班级中男女学生的比率或人数，性别比等，以及适合于这些类型变量的简单的相关统计方法。随着统计技术的发展，原来不能对定类或定序测量变量进行多元回归统计的，现在也可以采用"虚拟变量"的方法进行多元回归统计分析或者多元对数回归统计分析。

≫ 7.6　量　表

广义上说，在量化研究中所有用来收集资料的工具都是量表或"量器"，即使问卷，其实说到底也是一种"量表"，是通过问卷的方法去测量研究对象的特征或社会现象之间的关系。前面我们也讲到测量指标可以分为两类，即客观指标和主观指标，因此量表可以分为客观量表和主观量表。客观量表用于研究对象为客观事实或社会事实的测量，例如，把一个家庭的收入、储蓄、家庭不动产以及耐用消费品等进行计分，就可以测量出一个家庭的财富状况。主观量表是用来测量人们的主观态度、意见或价值观念。例如，可以设计一套语句来测量大学生的择业观。把量表分为客观和主观两种，是一种比较宽泛的认识。相对而言，对于客观状态的测量是比较容易的。因此，从严格的意义上说，量表通常是指一种主观量表。社会测量或调查研究中所讲的量表，主要是用来测量人们的主观状态，其中包括态度、意见、价值观念等，因此，量表也被称为态度量表。

7.6.1 态度和态度量表

由于人的意见、态度、信念等是很难观察到的，在社会测量中也不是一两个指标所能测量的，因此研究者往往需要通过一种由许多语句构成的表格进行测量，这种由许多语句构成的、用来测量人们主观看法的问题表或语句表就是态度量表，或者说，**态度量表**是能够反映被测试者主观看法的一套有关联的叙述语句或问题，它主要用于社会心理学的研究，但是在调查研究中也经常采用态度量表测量人们的价值观念、态度和意见。

态度是社会心理学的概念，它是指对待人、观念、事物具有认知、情感和行为倾向的一致性心理倾向，态度包括认知、情感和行为倾向三种因素或三个层面（J.L. 弗里德曼，1984：321；克特·W. 巴克，1984：243）。态度量表的设计就建立在认知、情感和行为倾向三种因素的基础上。认知层面指的是个人对某种现象或事物的了解和评价，反映了个人对某种现象或事物的肯定或否定、好与坏、同意或不同意等；情感层面是在认知层面的基础上，对某种现象或事物的感情表达，反映了个人对某种现象或事物的喜欢或厌恶、高兴或不高兴等；行为倾向层面是在情感层面的基础上，个人可能发生的行为或进行的活动，反映了个人对某种现象或事物的支持或反对、愿意或不愿意。例如，对于外来务工者的态度：

> 认知层面：外来务工者对城市建设起到了积极作用　　同意　不同意
> 情感层面：我很高兴他们能够享受城市生活的乐趣　　同意　不同意
> 行动倾向：我愿意与他们成为真正的朋友　　　　　　同意　不同意

由认知层面到行动倾向层面，被测试者的态度层次是不一样的，反映了人们的态度由一般到深入的过程。在逻辑上可以发现，由认知层面到行动倾向层面具有内在的逻辑联系，即认知性评价是基础，情感选择建立在认知评价的基础之上，行动倾向选择又是以情感选择为基础的。同时，态度量表的设计，既可以在一个层面上进行，*也可以在三个层面上同时设计一些语句进行测试。

* 例如，研究者可以在情感层面上设计大量的语句，测试市民对外来务工者的感情。

社会心理学上的"态度"是一个比较宽泛的概念，它包括了意见、态度和信念等。意见通常是对某些特殊对象或现象持续时间比较短的评价，例如，对学校某种现象的评价会随着现象的改变而改变，或者会因为自己的想法发生变化而改变。态度是持续时间相对较长、涉及范围相对较广的对某种现象的评价或感受，例如，大学生入校后，经过一段时间的接触就会相互了解，知道某个同学的性格、特点、优点和缺点。这样的评价就是态度，而不是一般的意见，在一个比较长的时间内是不会改变的。信念即价值观念，是一个人基本的理念，例如，对现代青年择业观的测试一方面可以反映出他们的工作动机、目的等，另一方面也可以了解现代青年在国家、社会、家庭和个人之间关系的价值取向。由于信念在一段很长的时间都不会改变，有的甚至一辈子都不会改变，因此持续时间最长，范围最广。意见、态度和信念之间是一种递进关系，也可以认为意见是以态度和信念为基础的，态度是以信念为基础的。因而，对某种现象的测量可以在意见、态度和信念三个层面上同时测量，也可以分别单独测量。测量的认知、情感、行动倾向和意见、态度、信念实际上构成了态度测量由弱到强的过程（见图7-4）：

图 7-4　态度测量的强弱程度

另外，调查研究中的量表测量和心理学的心理测量还是有区别的。调查研究中的量表测量主要是以群体为对象，也就是说是根据样本测量的结果说明样本所在的总体状况，测量结果不能说明单独的个人。由于问卷调查涉及的内容很多，态度量表仅是其中的一部分，因而，量表相对比较简单，语句不会很多。而心理学的测量主要是针对特定的个人，测量的结果只能说明个人的心理状况，因而，用于个人的心理测量的量表比较复杂，语句很多，主要承担心理诊断的职能。

从20世纪二三十年代发展起来的态度测量已经发展成为一门逐步成熟的测量技术，尤其是在社会心理学的研究中得到广泛运用。调查研究也经常采用态度量表技术测量人们的观念和对某些事物的评价。态度量表的类型主要有总加量表、累积量表、距离量表和语义差异量表。由于距离量表的设计比较复杂，在社会测量中运用不多，本节主要介绍以下三种量表：总加量表、累积量表和语义差异量表。

7.6.2 总加量表

总加量表也称为总和量表，它的最初形式是请被测试者对一组语句或问题做出"同意"或"不同意"的选择，累计相加的分数就被视为被测试者在这个量表上的态度得分，分值越高，同意度就越高。因此，所谓总加量表就是根据被测试者在一组语句或问题上测得分数相加之后，反映他们在这个量表上所测量出来的态度强弱。总加量表的最初形式或一般形式是每个语句的方向都是单维的，或者是一个方向的，回答的类别只有两个："同意"或"不同意"，同意就给"1"分，不同意就给"0"分；分数累计相加之后就得到这个量表测量的态度分数。例如，20世纪50年代中期，美国社会学家史汝尔（Leo Srole）失范量表最初就是由5条语句构成的，被测试者只要对5条语句就"同意""不同意""不能决定"做出选择，凡是同意的就给"1"分，全部回答完后加总分，分值越高失范感越大，5分为最高（见表7-2前5项）。虽然，史汝尔失范量表增加了一个可以选择的回答："不能决定"，但并不计分。

表 7-2　史汝尔失范量表

	同意	不同意	不能决定
1. 给政府官员写信反映情况没有用，因为他们通常对普通老百姓的问题并不真正关心。	1	0	0
2. 现在人们只能为今天活着，明天就由它去吧。	1	0	0
3. 不管别人怎么说，许多普通老百姓的境况是越来越糟，而不是越来越好。	1	0	0
4. 未来如此暗淡，让孩子在现在出生，对他们是不公平的。	1	0	0
5. 如今人们已经不知道可以指望谁了。	1	0	0
6. 大多数人都不在乎别人的死活。	1	0	0
7. 除了健康之外，钱是生活中最重要的东西。	1	0	0
8. 有时您不得不怀疑到底还有什么事情是值得做的。	1	0	0
9. 赚钱的方法无所谓对与错，只有难与易之分。	1	0	0

资料来源：引自 Robinson, Shaver & Wrightsman, 1997a：417, 420。

1960年，美国社会心理学者 Lenski 和 Leggett 认为史汝尔失范量表具有"顺从回答"的倾向，Richard Christie 提出了5个反向计分的语句：①在渡过难关时，大多数人仍然是靠得住的；②如果您尽力而为，通常会得到您想要的东西；③大多数人都会尽力去帮助别人；④一般人目前的状况都比以前好；⑤即使在今天，采取什么手段赚钱比赚多少钱更重要。后来史汝尔对其中的4句语句进行修订，但仍然为正向语句（见表7-2中6—9语句）（Robinson，Shaver & Wrightsman，1997a：420）。

表 7-3　人际信任量表

	很同意	比较 同意	不确定	比较 不同意	很不 同意
1. 在我们的社会里,伪善者有增无减。*	1	2	3	4	5
2. 与陌生人打交道,除非确认他是值得信任的,最好慎 之又慎。*	1	2	3	4	5
3. 除非我们能够吸引更好的人进入政界,否则这个国 家前景暗淡。*	1	2	3	4	5
4. 能够防止大多数人犯法的是恐惧、社会羞辱和惩罚, 而不是良心。*	1	2	3	4	5
5. 如果没有老师监考,依靠学生的自律,只能使作弊行 为有增无减。*	1	2	3	4	5
6. 父母在信守诺言方面一般是靠得住的。	1	2	3	4	5
7. 联合国对于维持世界和平而言,永远不会是一个有 效的力量。*	1	2	3	4	5
8. 法院是一个使我们都能够得到公正对待的地方。	1	2	3	4	5
9. 如果大多数人知道他们获得的新闻大多数是歪曲的 报道时,将会震惊不已。*	1	2	3	4	5
10. 无论人们怎么说,大多数人主要关心的只是他们自 己的幸福,这一点是不容置疑的。*	1	2	3	4	5
11. 尽管从报纸、广播和电视中可以得到信息,但我们 很难得到对公众事件的客观报道。*	1	2	3	4	5
12. 未来似乎是大有希望的。	1	2	3	4	5
13. 假如公众真能得知国际政治的内幕,那么大家将会 比现在更感到恐怖。*	1	2	3	4	5
14. 大多数获选的官员都真正想实现他们许下的竞选 诺言。	1	2	3	4	5
15. 许多主要的全国性体育比赛的结果其实都早已 内定。*	1	2	3	4	5
16. 我们可以相信大多数专家会如实地把自己知识的 局限性说出来。	1	2	3	4	5
17. 大多数父母肯定会使用他们用以要挟子女的惩罚 手段。	1	2	3	4	5
18. 大多数人都会言行一致。	1	2	3	4	5
19. 在这个竞争的年代,一个人必须很警觉,否则有些 人就会来占你的便宜。*	1	2	3	4	5
20. 大多数理想主义者是真诚的,并总是在实践他们的 主张。	1	2	3	4	5
21. 大多数销售员在推销其产品时都是真诚的。	1	2	3	4	5
22. 大多数在校学生即使确信不会被抓到,也不会去作弊。	1	2	3	4	5
23. 大多数维修人员即使知道你对他们的专业一窍不 通,也都不会多收修理费。	1	2	3	4	5
24. 很多向保险公司提出的事故索赔其实都是假的。*	1	2	3	4	5
25. 大多数人对民意调查都会如实回答。	1	2	3	4	5

注:带星号(＊)为反向语句,计分与正向语句相反;总分越低,对人际信任的程度就越高。

    李克特量表也被称为总加量表，它是总加量表的特殊形式。李克特（Likert）在1932年对一般总和量表进行了改造，为了提高测量的信度，增加了反向语句，回答的类别由两个增加为五个：非常同意、同意、不确定（不清楚）、不同意、非常不同意（李克特量表的回答类别也可以是两个、三个、六个或七个），是目前使用最为广泛的量表形式，因此，在不少教材中，总加量表就是李克特量表。但李克特量表与总加量表最初（一般）形式还是有差别。美国社会心理学家 Rotter 在 1967 年建立的人际信任量表就采用了李克特量表形式（见表 7-3）（Robinson，Shaver & Wrightsman，1997b：513-514）。史汝尔失范量表如果最后 4 个语句采用的是反向语句也就成为李克特量形式了。李克特量表最为关键的是语句分数由语句方向决定，如果正向语句的回答"很同意、同意、不确定、不同意、很不同意"按照"1，2，3，4，5"赋值的，反向语句从"很同意"到"很不同意"就应该按照"5，4，3，2，1"赋值。

    李克特量表和一般总加量表各有利弊，李克特量表由于既有正向语句，也有反向语句，提高了测量的信度，能够防止测量中出现"顺从回答"的倾向（即语句本身会对被测量者产生诱导作用，不能准确地测量出他们的态度倾向）。但有时一些语句的正向或反向很难判断。例如，人际信任量表（见表 7-3）中第 17 条语句"大多数父母肯定会使用他们用以要挟子女的惩罚手段"是作为正向语句处理的，但也可以理解为反向语句。而语句只有一个方向的总加量表由于语句和计分的方向是一致的，比较方便，容易发现其中的逻辑错误。

    为了准确地测量出人们的态度倾向，规范的总加量表中还要设计一部分"掩饰题"，即一部分中性题目，以检验量表测试的准确性以及被测试者对于量表测试的认真态度。一般而言，掩饰题的数量不超过总的语句数量的 1/3，掩饰题不计入分数（上述人际信任量表不包含原始量表中的 15 条掩饰题）。同时，一个语句比较多的态度量表，实际上可以分为若干个子量表。从人际信任量表中也可以看出可能存在的若干个子量表，大致可以分为政治信任、传媒信任、商业信任、教育信任等几个子量表。

    李克特量表或总加量表的制作步骤如下：

    （1）设计初始量表。由于李克特量表是事前量表（即量表设计好后先要经过试测，删除辨别力较低的语句，再形成正式量表，进行测量），初始量表的语句一般是正式量表的两倍，如果正式量表的语句有 15 条，初始量表就要有 30 条语句，正向语句和反向语句各占一半；每条语句给出五个回答：很同意、同意、不确定、不同意、很不同意，并分别赋值 1，2，3，4，5。

    （2）试测。在被测量对象（总体）中选择 20 人以上的试测人员进行测试。例如有关大学生学习观的量表测量，可以在大学生群体中选择 20 名学生对初始量表进行测试。

（3）计分。计算试测者在每条语句上的得分以及总分数，计分时必须根据语句的方向打分，由高到低绘制成表。

（4）计算分辨力系数。所谓分辨力是指一条语句或陈述能否区分出人们的不同态度。例如，有两条语句，第一条语句肯定或否定的比率在80%以上，第二条语句肯定率为40%，否定率为45%，不确定或无所谓比率为15%。显然第一条语句的分辨力比较低，因为就这条语句来说，已经成为人们的"共识"，态度量表主要测量的是人们的态度差异，这与民意调查是不同的。

分辨力的计算方法是：把所有测试对象的总分由高到低排列后，从最高分向下、最低分向上，各取25%的测试对象，即高分组和低分组；计算高分组和低分组每个成员在每条语句上的平均分数的差异，差异越大，辨别力就越大。最后根据正式量表的语句数，把那些差异较小即分辨力较低的语句删除，剩下的语句就构成正式量表用于测量。

表 7-4　分辨力计算举例

被测试者	语句	一	二	三	四	五	六	七	八	九	十	十一	十二	总分
高分组（25%）	学生1	5	4	5	2	5	5	3	5	5	5	5	5	54
	学生2	5	5	5	3	5	5	2	5	4	5	5	3	52
	学生3	5	5	5	1	5	5	3	5	5	3	4	4	50
	学生4	5	5	5	3	4	4	4	3	5	3	3	1	46
	学生5	5	5	5	2	5	4	2	2	5	4	5	1	45
	学生6	4	4	5	3	5	3	4	4	3	2	4	4	44
	学生7	4	4	4	3	2	4	4	4	3	2	4	5	43
	⋮	⋮	⋮	⋮	⋮	⋮	⋮	⋮	⋮	⋮	⋮	⋮	⋮	⋮
	学生14	4	3	2	2	3	2	4	3	2	2	5	4	36
	学生15	1	2	4	2	3	2	4	3	4	2	5	2	34
低分组（25%）	学生16	3	2	2	5	2	3	2	3	2	5	2	1	32
	学生17	1	2	4	5	2	2	3	2	1	4	1	4	31
	学生18	2	2	1	5	1	2	3	2	2	1	3	3	27
	学生19	2	1	2	5	1	2	3	2	1	1	2	1	25
	学生20	2	2	1	3	2	1	2	1	1	4	1	4	24
高分组语句均值		5.0	4.8	5.0	2.2	4.8	4.8	2.8	4.0	4.8	4.0	4.4	2.8	—
低分组语句均值		2.0	1.8	2.4	4.6	1.6	2.0	2.6	2.0	1.4	3.0	1.8	2.6	—
分辨力系数		3.0	3.0	2.6	-2.4	3.2	2.8	0.2	2.0	3.4	1.0	2.6	0.2	—

例如，表 7-4 中有 20 位大学生，保留得分最高和最低的各 5 名学生，比较他们在每条语句上平均分数的差异，为教学方便，假定初始量表共有 12 条语句，正式量表为 10 条，最后删除差异最小的两条语句。分辨力计算公式是：

$$D = \frac{\sum x_h - \sum x_l}{n}$$

其中，x_h 代表高分组每条语句的分值，x_l 代表低分组每条语句的分值。

例如，第一条语句的分辨力系数是：$D = \dfrac{25 - 10}{5} = 3$。

根据计算，分辨力系数最低的是第 7 条、第 12 条语句，因为正式量表由 10 条语句组成，只能删除分辨力系数最低的两条，即第 7 条、第 12 条语句。如果要在两条分辨力系数一样的语句中选择一条，就要采用临界比的计算方法（杨国枢，等，1980：475）。临界比计算公式是：

$$CR = D \div \sqrt{\frac{s_h^2 + s_l^2}{n - 1}}$$

其中，D 为某条语句的分辨力系数，s_h^2 和 s_l^2 分别为高分组和低分组某条语句的方差。例如，第 7 条语句临界比为：

$$CR = D \div \sqrt{\frac{s_h^2 + s_l^2}{n - 1}} = 0.2 \div \sqrt{\frac{0.56 + 0.24}{5 - 1}} = 0.45$$

第 12 条临界比按此方法计算为 0.19，第 7 条语句的临界比大于第 12 条，因此删除第 12 条语句。

总加量表的优点主要是设计容易，适用范围最大，能够测量一个复杂概念所包含的多项维度，并且由于保证了一定的语句数量，可以获得较高的信度，五种回答的划分，便于被测试者方便地表达态度的强弱程度。但是，在相同态度分数的情况下，不能进一步分析态度结构的差异。

7.6.3　累积量表

累积量表也称为戈特曼量表，是戈特曼（L.Guttman）在 1944 年设计使用的。针对总加量表是对一个复杂概念的多维度测量的结果，但不能在态度得分上分析人们态度结构的差异这一局限，累积量表是单维的，也就是说累积量表的语句结构中内含着非常严格的由强变弱或由弱变强的逻辑关系。被测试者对上一条语句的回答决定了他对下一条语句的选择。例如，对于妇女人工流产态度的测量，既可以采用总加量表的方法进行测量（见表 7-5），也可以采用累积量表的方法（见表 7-6）（林南，1987：212-213）。

比较妇女人工流产态度的两种量表形式，可以发现虽然总加量表和累积量表的语句结构都有其内在的逻辑关系，但是累积量表的语句逻辑更为严密。在表 7-5 中，当被测试者同意第 1 条语句"任何妇女要求堕胎都应许可"，在逻

表 7-5　妇女人工流产总加量表

	很同意	同意	没意见	不同意	很不同意
1. 任何妇女要求堕胎都应许可。	1	2	3	4	5
2. 胎儿是人，享有人权，所以堕胎不能允许。	1	2	3	4	5
3. 男女平等，妇女自己有权决定他们是否愿意要孩子，所以堕胎是应该准许的。	1	2	3	4	5
4. 妇女如果不愿意要孩子，就应该避孕，而不应该是依靠堕胎。	1	2	3	4	5

辑上应该同意第3条语句"男女平等，妇女自己有权决定他们是否愿意要孩子，所以堕胎是应该准许的。"而对于第2条和第4条语句表示"不同意"或者表示"没意见"都不与之矛盾。但是，在表7-6中，如果你同意上面一条语句，在逻辑上必须同意下面一条语句，或者被测试者只有在对上面的语句表示"反对"时，又对下面的语句也选择"反对"或"同意"才不矛盾。

表 7-6　妇女人工流产累积量表

	同意	反对
1. 任何妇女都可要求堕胎。	1	0
2. 孕妇在身心健康受影响的情况下，可以堕胎。	1	0
3. 孕妇在胎儿有残疾倾向时可以堕胎。	1	0
4. 孕妇或胎儿在生命有危险的时候可以堕胎。	1	0

观察表7-5和表7-6，可以发现总加量表和累积量表的差异：（1）总加量表的回答类别虽然可以是两个、三个、五个，甚至更多，但是大多数是采用五个类别的回答；累积量表的回答类别只能是两个。（2）累积量表要比总加量表的语句结构更具有严密的逻辑关系。（3）累积量表的语句是单向的，而总加量表的语句可以是单向的，也可以是双向的。另外，从量表的制作方法来说，总加量表需要经过试验性测试确定正式量表，测试结果不影响量表能否成立；而累积量表不需要经过试验性测试，设计完毕后就可以直接用于正式测试，然后根据测试结果决定量表能否成立或者测试是否成功。因此，总加量表是一种"事前量表"，累积量表是一种"事后量表"。

鲍格达斯社会距离量表（Bogardus social distance scale），是美国社会心理学家鲍格达斯于1925年设计的，用于测量美国的种族关系。由于鲍格达斯社会距离量表先于后来被命名的"戈特曼量表"，即累积量表，很多教材把它单列为一种量表类型。但笔者认为，鲍格达斯社会距离量表的形式实际上就是累积量表（见表7-7）（克特·W.巴克，1984：254），语句的设计从第一句到第七句，实际上是根据"最亲近—最疏远"或"接近—拒斥"的逻辑关系测量白人和黑人之间的种族融合或排斥的价值取向。修改后的鲍格达斯社会距离量表应该说是典型的累积量表的形式（见表7-8）（风笑天，2001：99）。根据表7-7进行测量，如果同意的话，就给1分，不同意给0分，分数越高，越是倾向于种族相融。

累积量表的语句设计最为关键的是要确定一个维度，并且只能按照一个维度设计语句，即在一个层面上设计语句。例如，妇女人工流产的语句层面是妇女或胎儿健康对人工流产的影响,社会距离量表的语句层面是空间关系的亲近和疏远。

表 7-7　鲍格达斯社会距离量表 A

根据我最初的情感反应,我愿意承认黑人(作为一个个体,不是我所认识的最好的或最坏的成员)属于以下分类中一种或多种:

1. ——由婚姻缔结的亲戚关系
2. ——作为私人朋友在我所在的俱乐部中获得成员资格
3. ——邻居
4. ——在我所从事的行业中工作
5. ——我国公民
6. ——仅作为我国来宾
7. ——应被驱逐出我国

表 7-8　鲍格达斯社会距离量表 B

愿意	不愿意	
□	□	1. 你愿意让黑人生活在你的国家吗?
□	□	2. 你愿意让黑人生活在你所在的城市吗?
□	□	3. 你愿意让黑人住在你们那条街吗?
□	□	4. 你愿意让黑人做你的邻居吗?
□	□	5. 你愿意与黑人交朋友吗?
□	□	6. 你愿意让黑人和你的子女结婚吗?

累积量表的设计步骤如下:

（1）根据累积量表的语句结构提出具体的语句或项目。

（2）进行正式测试。

（3）根据测试结果按照得分由高到低排列,并且分为量表和非量表两种回答类型。量表类型回答是指被测试者严格按照语句的内在逻辑回答,非量表类型回答则相反。

（4）计算一致性系数或复制系数（复制系数 $= 1 - \dfrac{\text{总误答数}}{\text{总回答数}}$）,并依此决定量表能否成立。一般而言,当复制系数大于或等于 0.9 时,量表就可以成立。

例如,对于妇女人工流产态度的累积量表测试,按照语句的逻辑,通过率最高的是"孕妇或胎儿在生命有危险时可以堕胎",其次是"孕妇在胎儿有残废倾向时可以堕胎",以下依次类推。假如经过对 250 人调查,其中赞同"孕妇或胎儿在生命有危险时可以堕胎"占 82.8%,赞同"孕妇在胎儿有残废倾向时可以堕胎"占 80.4%,赞同"孕妇在身心健康受影响的情况下,可以堕胎"占 66.8%,赞同"任何妇女都可要求堕胎"占 44.0%。其中量表类型回答人数 185 人,非量表类型回答人数 65 人。经计算,复制系数为 0.93,即妇女人工流产态度量表成立（见表 7-9）。

表 7-9　复制系数计算举例

	回答类型 ④ ③ ② ①		回答人数	量表得分 （理论分数）	指标得分 （实际测量分数）	量表总误差
混合类型	A	+ + + +	70	4	4	0
	F	− + + +	5	4	3	5
	G	+ − + +	5	4	3	5
	H	+ + − +	7	4	3	7
	B	+ + + −	63	3	3	0
	I	+ − + −	2	3	2	2
	J	− + + −	3	3	2	3
	C	+ + − −	45	2	2	0
	K	− + − −	10	2	1	10
	D	+ − − −	5	1	1	0
	L	+ − − +	10	1	2	10
	E	− − − −	2	0	0	0
	M	− − + +	7	0	2	14
	N	− − + −	10	0	1	10
	O	− − − +	6	0	1	6
		总人数：250				
量表类型	A	+ + + +	70	4	4	0
	B	+ + + −	63	3	3	0
	C	+ + − −	45	2	2	0
	D	+ − − −	5	1	1	0
	E	− − − −	2	0	0	0
		人数：185				
非量表类型	F	− + + +	5	4	3	5
	G	+ − + +	5	4	3	5
	H	+ + − +	7	4	3	7
	I	+ − + −	2	3	2	2
	J	− + + −	3	3	2	3
	K	− + − −	10	2	1	10
	L	+ − − +	10	1	2	10
	M	− − + +	7	0	2	14
	N	− − + −	10	0	1	10
	O	− − − +	6	0	1	6
		人数：65				总误差：72

$$复制系数 = 1 - \frac{总误答数}{总回答数} = 1 - \frac{72}{250 \times 4} = 1 - 0.072 = 0.928 = 92.8\%$$

在进行累积量表分析时，首先按照量表得分由高到低排列，然后在肯定回答（＋）和否定回答（−）之间用阶梯线一分为二，凡是在肯定回答区域中出现否定回答，如表中 F，G，H，I，J，K 类型，或者在否定回答区域出现肯定回答，如表中 L，M，N，O 类型，都属于误答，然后每个类型中误答数乘以回答人数，总加后即为总误答数。其次，对于非量表类型分析，主要根据语句的回答逻辑，按照最容易通过到最不容易通过的标准进行归类，在本例中，第四条语句是最容易通过的，依此类推。例如，表中 F，G，H 回答类型，不容易通过的语句都通过了，即得到了肯定回答，而在逻辑上容易通过的语句却没有得到肯定回答，在逻辑上应该视为是肯定回答的。因此，虽然指标得分即测量结果是 3 分，但是量表得分仍可视为 4 分。M，N，O 回答类型的情况则有些不同，不容易通过的语句较少，最多是 2 分，可以视为测试者的回答是错误的，如 M 回答类型，虽然指标得分是 2 分，但量表得分只能是 0 分，因为当第 1、第 2 条语句得到肯定回答的话，之后的语句在逻辑上应该是肯定的，现在出现相反的情况（即最容易通过的反而没有通过），只能认为测试者对第 1、第 2 条语句的回答是错误的。第三，在分析非量表类型时，如果遇到不能判断的回答类型就可以舍去。如果从第 4 条语句到第 1 条语句出现"−、+、−、+"回答类型，就很难判断，这时可以舍去[*]。

* 更为复杂的计算方法参见：【美】林南，1987：218-219。

虽然单向性的累积量表中，语句之间具有严格的逻辑关系，能够比较准确地测试出人们的态度，但是累积量表仍然具有它的局限性。由于量表语句同时具有单向性和严密的逻辑关系，一方面不能测量概念的多种维度或者不能在不同层面上测量同一概念，另一方面累积量表语句的回答是按照从最不容易通过到最容易通过的原则设计的，因此量表语句表现为逐步收敛的特征，语句不会太多，可能会影响到测量的信度。第三，利用累积量表进行测试，对于被测试者的教育水平具有一定的要求，如果被测试者不能理解语句的逻辑关系，就有可能出现大量的"误答"，最后不能达到复制系数的临界值，导致测试失败。也就是说，由于累积量表是一种"事后量表"，即使量表的设计完美无缺，也可能由于被测试者的理解能力有限，导致量表不能成立，从而浪费大量的人力、物力和财力。由于以上局限，累积量表在调查研究中使用不多，或者只能在教育水平较高的群体中实施。

7.6.4　语义差异量表

相对于总加量表、累积量表来说，语义差异量表是一种比较简单的量表。它是由美国心理学家 C. 奥斯古德、G. 萨西、P. 坦南鲍姆在 1957 年提出的。奥斯古德等认为，对于智力高的和言语流利的研究对象，直接询问一个概念的含义是有效的（肯尼斯·D. 贝利，1986：514）。通过语义差异量表的测量可以发现在不同文化背景和不同群体中，测试者对某种现象或群体的评价的差异性，或者说在对同一研究对象的评价中，不同文化背景的测试者的评价会不一样。因此，语义差异量表在社会学、社会心理学、心理学，甚至市场研究中得到广泛的应用。

　　语义差异量表是由若干对意义相反的形容词组成，一对意义相反的形容词之间可以分为七个等级，分别用1，2，3，4，5，6，7或者用＋3，＋2，＋1，0，−1，−2，−3表示，被测试者只要在其中认为合适的地方打勾即可，测试结果就能反映出人们对某种现象的评价。以下例举的分别是测试不同地域族群特征或国民性格的量表（见表7-10）和测量男女生在网上匿名交流体验的量表（见表7-11）。

表 7-10　甲乙丙族群性格测量

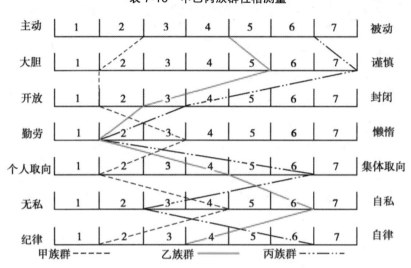

表 7-11　男女学生网上匿名交流体验测量

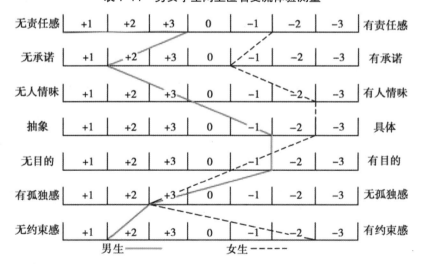

　　虽然语义差异量表是一种比较简单的量表，但是它要求被测试者根据自己对概念的理解选择具体的分数，因此要求被测试者具有较高的教育水平。同时，每一组意义相反的形容词没有严格的界定或者被赋予操作化定义，因此在测量

时完全凭借被测试者的主观判断进行选择。为了使被测试者把握对概念的理解，笔者认为在运用语义差异量表进行测试时，最好采用比较研究的方法，或者提供一个"参照物"，从而提高测量的信度和效度。

思考与练习

1. 什么是测量？社会测量的局限性表现在哪些方面？

2. 如何理解概念化和操作化？请选择一个概念进行概念化和操作化练习。

3. 试述概念、变量和指标之间的关系。

4. 什么是信度和效度？信度和效度之间的关系如何？

5. 请例举若干个变量，并说明变量的测量层次。

6. 请将一个测量层次较高的变量（年龄、收入等）转变为层次较低的变量。说明变量的测量层次对于统计分析有什么意义。

7. 什么是态度量表？态度包括哪些方面？

8. 李克特量表和一般总加量表，总加量表和累计量表有何区别？

9. 请按照李克特量表的要求，设计一份测量大学生价值观念，如婚恋观、择业观、学习观的量表。

第Ⅲ部分
研究方式

　　"问题"来自观察，"研究"问题和"解决"问题同样也要借助"观察"。虽然人们的日常生活离不开观察，各种各样的研究方式也可以归入广义的"观察方法"之下，但是"科学的观察方法"是有着严格规定的。人们研究的问题不一样，研究的对象不一样，他们的研究方式也是不同的。想研究一个国家或者整个社会的问题，也许采用"调查研究"方式比较合适；想研究一个居民小区、一个村庄、某些特定的人，也许采用"实地研究"方式比较好一些；或者，想"偷些懒"，利用别人搜集的资料重新研究，那么就可以采用"文献研究"方式；想在企业尝试新的改革，或者想采用新的教学方法给学生上课，那就先做一次"实验"吧。

8 调查研究

调查研究方法（social survey；survey research）是社会学经验研究最常用的方法。"调查研究"是一种量化研究方法，有些教材把它叫作"现代社会调查方法""社会调查""问卷调查"或者"统计调查"。它的最大特点是运用概率抽样方法抽取样本作为调查对象，采用问卷调查或登记表的方法收集资料，并在对资料进行统计分析的基础上把调查结论推论到样本所在的总体。它的作用在于能够在对大量样本调查的基础上，反映社会的一般状况；能够客观地、精确地分析社会现象；资料精确、可靠，调查结论的概括性程度相对较高。但是，这种研究方式很难获得深入、详细的资料，无法了解具体的社会运行和社会行为过程，资料的准确性程度受到多种因素的影响。尽管对调查研究的"科学性"认识不一，但它仍然是社会学经验研究最常用的研究方式。

量化研究中最为重要的是如何使用经验上的语言表述一个抽象概念，研究者是通过测量指标来收集资料的，测量指标的表现形式就是量表和问卷，即"量器"。为了能够把这个问题讲清楚，我们大致回顾一下前面所讲的内容。从第4章开始我们就进入了具体的社会研究过程，社会研究首要的是能够提出自己的研究问题，而问题的提出是建立在大量的文献阅读和经验观察以及研究者思考的基础上的。提出问题后，必须对所研究的问题提出研究假设或设想。在量化研究中，要对研究假设或设想的主要概念概念化和操作化，并建立系统的测量指标。根据笔者的理解，量表或问卷设计只是指标问题化的过程，即用问题或语句的形式表述指标的内涵（见图8-1）。

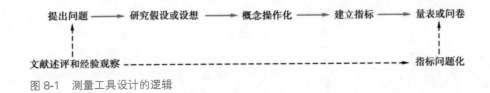

图 8-1　测量工具设计的逻辑

>> 8.1　问卷设计

问卷的原意是指一种为了统计或调查而使用的问题表格，亦称为调查表。在调查研究中，研究者不仅需要收集访问对象的背景资料和社会行为或活动方面的资料，而且也需要收集访问对象的主观评价或价值观念方面的资料。由于涉及个人主观态度方面的资料有的需要采用量表的方式进行测量，因此问卷实际上是包括态度量表在内的综合性的测量工具或"量器"。问卷的主要内容是以研究假设或研究设想为基础，根据概念操作化及其测量指标而设计的一整套比较系统的具体问题，因此，它的设计过程实际上是研究者预先确立的研究假设或研究设想具体化的过程。问卷的作用主要是量度某种社会现象的状态或者各种社会行为、社会态度和价值观念等，它直接影响到资料的准确性，关系到调查研究的质量。因此，问卷设计是调查研究或量化研究的难点和重点。根据资料收集的方式不同，问卷可以分为自填问卷和访问问卷，自填问卷是由被调查者自己填写或者在访问员的指导下填写；访问问卷则由访问员通过面对面的访谈，把受访者的回答记录在问卷上。

8.1.1　问卷结构和问题类型

问卷主要由封面信、填表说明、访问情况表、访问意见表和正表（问题表）等组成。正表主要包括问题表、编码和编码序号或栏码。自填问卷和访问问卷的结构除了正表之外，其他部分略有差异。

8.1.1.1　封面信

封面信主要是在调查时向受访者介绍访问员的身份和研究主持单位，简单说明研究目的和研究内容，请求受访者合作，许诺对受访者提供的资料给予保密以及简单说明抽样方法等（见表 8-1）。封面信实际上是通过对研究目的和研究内容的解释（在访问调查时可以由访问员作较详细的说明），使受访者认识到调查研究的意义，从而使受访者愿意接受调查。封面信的具体要素如下：

受访者称谓、问好及谦词：称谓一般根据具体调查对象而定，语气应该亲切。例如，对城市居民调查可用"尊敬的市民"；对于大学生或青年人可用"青年朋友"；对老年人调查可用"老人家"；对于小学生调查可用"小朋友"等。在称谓后面紧跟"您好"，转行后的第一句话是"谦词"，即对调查可能对受访者生活的打扰表示歉意，例如，"请原谅打扰了您的生活和休息"。

表 8-1　封面信举例

尊敬的先生/女士：您好！

我是上海大学社会学系的学生，首先请原谅打扰了您的休息。我们受上海市教委委托正在进行一项科学研究，调查分析近几年来上海市民的生活变化情况。20 世纪 90 年代后，上海的经济建设发生了翻天覆地的变化，城市面貌日新月异，上海人从来没有像今天这样意气风发、这样骄傲。上海正在走向世界，上海人正在为把这座城市建设成国际经济、金融、贸易中心而奋斗。

但是，当大多数上海人的生活水平随上海的发展不断提高的时候，我们也不能不看到不少上海人的生活面临一些新的困难，他们或者下岗、失业，或者为生活而到处奔波，或者在为寻找新的机遇而绞尽脑汁……上海人从来没有像今天这样，在他们为上海的发展感到骄傲时，又面临许多困惑。其中的原因是什么，正是我们所要研究的。希望您能真实地反映您的情况，准确地回答问卷上的所有问题。

我们按照科学的方法选取一部分调查对象作为上海市民的代表，您是其中的一位。因此，您的看法和情况代表了许多不在调查范围内的市民。根据《中华人民共和国统计法》，您所提供的情况或想法将予以保密，完全用于科学研究，不会与您个人联系在一起。

谢谢您的合作！

上海大学社会学系课题组

1998 年 1 月

介绍研究单位及访问员的身份：研究主持单位和访问员身份的介绍可以显示调查的合法性，容易取得受访者的信赖，例如，"我是 ×× 大学学生，我受 ×× 单位课题组的委托进行调查研究"等。同时，访问员在介绍自己身份和研究主持单位时，还要出示有关身份证明或介绍信。

简单说明研究目的和研究内容：如果研究单位和受访者身份的介绍可以让受访者建立初步的信任，那么研究目的和研究内容的介绍有可能引起受访者的兴趣。当然，我们不可能有时间详细介绍研究目的和研究内容，有时甚至不必明确说明研究目的，因此所谓"简要"也就是大致上把研究目的和研究内容讲清楚就可以了。例如，在家庭婚姻调查时，可以这样说："每一个人都有一个家庭，每一个人都希望有一个幸福的家庭，我们的研究就是为了有更多的幸福家庭出现，使您的家庭生活更愉快。如果您能告诉我们您对幸福家庭的看法以及您的家庭情况，这对我们来说是一种荣幸"。

请求受访者合作和调查对象的抽样方法：较好的办法是把请求合作和调查对象抽样方式结合起来。例如，"您作为我们的调查访对象是通过科学的方法挑选出来的，因此您的意见将代表上百个甚至上千个不在调查范围内的人的意见，是非常重要的。能够得到您的合作是对我们工作的极大支持。"无疑，对于调查对象选取方法不需要进行仔细的说明，我们只是让受访者明白，他是通过科学方法而被选取的，并且他的意见和情况无论对研究还是对其他人来说都是非常重要的。

保密许诺和致谢：最后要说明问卷调查是匿名调查，受访者的姓名或个人情况不会出现在研究报告里，所有资料都以统计资料的形式出现，并且按照国家统计法的规定，对受访者提供的资料保密，并对受访者的合作表示感谢。有的调查给受访者准备了一份小礼品，也可以具体说明，例如，"为了感谢您的访问，我们准备了一份小小的礼品。"

表 8-1 是笔者设计的一份有关"上海社会发展和市民生活状况"问卷调查的封面信。

8.1.1.2 填表说明

如果以自填问卷方式进行，还要在填表说明中告诉调查对象问卷的填答方法、注意事项，并解释一些重要概念。填表说明主要包括以下内容：答案选择的方法；答案选择的数量；注意事项；对一些重要问题或概念的解释。需要注意的是本节介绍的"填表说明"仅适用于访问对象，面向访问员的"填表说明"应是非常详细的一本手册。以下是一份用于自填问卷的填表说明（见表 8-2）。

表 8-2　填表说明举例

填表说明：
①在填写问卷之前，请务必阅读前面的"封面信"和本说明。
②填写问卷时，您只要在您认可的问题答案旁的方框内打勾即可；如果遇到空格，请填上适当的内容。
③当您选择"其他"类答案时，麻烦您在空格上说明"其他"是指什么。
④如果没有特殊说明，每一个问题只允许选择一个答案。
⑤问卷上的问题，凡是需要回答的请不要遗漏，不要留有空白。
⑥在填写表格式的问题（态度量表）和主观性的问题时，不必仔细斟酌，完全按照您的第一感觉填写。
⑦如果您对问卷中的问题或答案有自己的想法，非常欢迎您能在问题旁的空白处用文字详细说明。
⑧在填写问卷时，请不要与他人商量，哪怕是您最亲密的人。
⑨问卷中的"家庭人口数"是指包括本人在内的全部住在一起的家庭成员或者不住在一起，但仍然依靠父母资助而生活的家庭成员，如大学生；如果夫妻分居两地，仍然算一个家庭。在填写时如果遇到其他不太理解的问题或概念时，可以与我们的访问员联系。

8.1.1.3 访问情况表和访问意见表

有些问卷还附有访问情况表和访问意见表，可以直接印在问卷上。访问情况表和访问意见表是由访问员自己填写，在自填问卷中不需要访问情况表和访问意见表，以免引起受访者的误会。

访问情况表：主要包括受访者的姓名、地址、电话，访问员的姓名或代号，以及出访的情况，其中包括出访的次数、时间，出访受阻的原因和解决的办法。

访问意见表：访问结束后由访问员对问卷调查质量做出大致评价，也可以记录访问员发现的值得关注的现象和问题。

访问情况表和访问意见表的大致样式如表 8-3 所示。

表 8-3 访问情况表、意见表样式

访问情况表				
受访者地址：	市	区	街道（镇、乡）	居委会（村）
受访者姓名：		电话：		手机：
	第一次访问	第二次访问	第三次访问	备 注
约见日期				
约见时间				
访问日期				
访问时间				
交谈语言				
访问结果 非样本				
访问结果 拒访				
访问结果 未完成				
访问结果 完成				

访问意见表
A. 受访者对调查的一般反应：1. 很感兴趣 2. 有点兴趣 3. 无所谓 4. 有点勉强 5. 很勉强
B. 受访者的合作状况：1. 很好 2. 好 3. 一般 4. 糟糕 5. 很糟糕
C. 调查有无被中断：1. 完全没有 2. 有，但被恢复了 3. 有，调查中断后没有恢复
D. 受访者对问题理解的困难程度：1. 多数问题理解有困难 2. 有些问题理解有困难 3. 没有
E. 受访者回答问题的真实性：1. 多数回答看来是真实的 2. 还可以，有少数问题回答好像是假的 3. 几乎所有回答看来都是不真实的

8.1.1.4 正表

正表是问卷的主体，其中问题表是最主要的部分，除此之外还有编码、编码序号或栏码等。正表尤其是问题表是调查设计最为关键的部分，直接影响到调查研究的质量。

（1）问题表。问题表是直接用来询问调查对象的，或者由调查对象自己填写的。从问卷设计的角度看，问题的形式可以分为开放式问题和封闭式问题。所谓开放式问题就是只提出问题，没有规定的答案供受访者选择，受访者可以根据自己的情况和意见自由回答。例如：

您的休息时间是怎样安排的？

您对您的孩子在教育上有什么期望？

开放式问题可以使受访者不受问卷答案的影响，直接表达自己的意见。它可以使访问者和受访者进行比较深入的谈话，对社会现象进行深入的研究，比较适用于了解人们的意见、态度、价值观等方面的问题。但是，通过开放式问题所得到的资料难以整理和编码，进行统计分析的难度很大；并且，要求受访者具有较高的教育水平和语言表达能力，具有较高的访谈技术，访问时间也比较长，无法进行大规模的调查。由开放式问题组成的问卷也称为半结构式问卷，是实地研究或田野调查的主要工具（见第9章），也可以用于结构式问卷设计前的探索性调查。

封闭式问题正好相反，在提出问题的同时，对每一问题都事先设计若干个备选答案，由受访者根据自己的情况和意见在其中选择合适的答案。例如：

您最近一星期的休息时间是怎样安排或度过的（限选三项）？
①工作　②学习　③与家人团聚　④家务劳动
⑤休息　⑥健身　⑦娱乐　⑧旅游
⑨其他（请注明）_____
您对您孩子的受教育程度有什么期望？
①至少要读完高中　②大专或高职　③本科　④硕士　⑤博士

封闭式问题填答方便，节约时间，资料便于整理和统计分析，对于受访者和访问员的要求都不很高。但是，难以获得比较深入的资料，对于态度、意见、价值观念类研究不易深入，缺少弹性，有些问题答案会对受访者起到"诱导"作用。由封闭式问题组成的问卷也称为结构式问卷，适合于规模较大的抽样调查。封闭式问题的答案要做到互斥性和穷尽性，即答案之间既要相互排斥，不能重叠，又要包括所有可能的情况；互斥性和穷尽性也是所有分类的基本原则。例如，有关职业问项，很多人会把"企事业单位负责人、私营企业主、商业服务性工作人员、个体经营者"并列在一起，但是，根据职业分类，私营企业主应该归到企事业单位负责人，个体经营者大部分人从事的工作主要是商业服务性工作，应归到商业服务性工作人员类别。显然，这是因为采用了两种分类标准，即职业的分类标准和所有制分类标准。由于不可能在职业问项中把所有的职业类别都罗列出来，为了做到穷尽性，可以在答案中加上"其他"类别，并要求选择"其他"类别的被调查者注明具体内容。资料整理时如果发现"其他"类别的比率超过5%，要对"其他"类别重新整理，因为"其他"类别的比率过高，在统计分析中是没有意义的。

为了吸取开放式问题的优点，有的问卷也会安排少数比较简单或者容易回答的开放性问题，但是开放性问题不宜很多（一两题即可），太多的话就会改变结构式问卷的性质。

从问题类型来说，任何问卷都包括三大类问题：第一类是社会背景类问题，例如，受访者的年龄、性别、职业、收入、教育水平等；第二类是客观事实类和社会活动类问题，例如，家庭消费结构和消费行为、邻里活动等；第三类是主观态度类的问题，例如："您对于青年夫妇离婚现象的增加有什么看法？""如果可能的话，您希望有几个孩子？""在我们不能识别有些乞丐是职业乞丐的情况下，您是否愿意帮助乞丐？"

（2）编码和编码序号或栏码。在结构式问卷中，为了便于把调查资料输入电脑和统计分析，必须把文字资料转换为"数字"形式，这种"数字"就是编码。因此，所谓编码就是以数字或符号代表答案的类别。编码是资料系统化、类别化的过程，即资料按一定标准分类后，以数字或符号来表示资料的类别。虽然编码既可以用数字，也可以用符号表示，但是以数字表示为好，既便于输入，也便于统计分析。编码一般标在答案的旁边，例如，男和女左边的"（1）"和"（2）"就是编码，分别代表"男"和"女"（见表8-4）。编码的方法有预编码和后编码，随着计算机技术的发展，大多数调查采用预编码的形式，以前需要采用后编码的问题，例如量表中的正向语句和反向语句分数的变化，现在可以直接在相应的计算机软件中处理。当然对于一些比较复杂的问题，尤其是与专业术语有关的问题，还是采用后编码的方法，例如职业、家庭结构等。编码序号或栏码就是问卷最右边用一条直线分开的一串连续数字，它代表每个

表 8-4　问卷编码和栏码举例

	个案编号:1～4____
A1 您的性别：　　　（1）男 □　　（2）女 □	5_
A2 您的年龄_____周岁。	6～7__
A3 您的教育程度：	8_
（1）小学及以下 □　　　　（2）初中 □	
（3）高中、中专、职校 □　　（4）大专（高职）及以上 □	
A4 如果您有工作的话,您的职业是：	9_
（1）党政机关企事业单位负责人 □	
（2）办事人员（职员、一般公务员和管理人员等）□	
（3）各类专业技术人员 □　　（4）商业和服务人员 □	
（5）军人 □　　　　　　　（6）生产运输工作者（工人）□	
（7）农林牧渔业劳动者 □　　（8）其他（请注明）_____ □	
A5 如果您没有工作,您是：	10_
（1）在校学生 □　　　　　（2）离退休人员 □	
（3）下岗人员 □　　　　　（4）失业人员 □	
（5）其他（请注明）_____ □	
A6 您的婚姻状况：	11_
（1）未婚 □　　（2）已婚（初婚）□	
（3）离异 □　　（4）丧偶 □　　　　（5）再婚 □	

注:数据文件中,每一个被调查者对应一条由若干位数字组成的数据记录,表8-4里右边的数,1～4指数据记录的1～4位,是访问对象的编号,若被调查者为再婚男性,第5位数字则为1,A1～A6的变量依此类推,直到11位上写上5(再婚的编码是5),完成单个个案的数据编码。

变量在整个数据文件中的位置。空白处由过录员填写问题答案的编码，便于录入计算机，调查研究中的行话"编码"就是指这一工作，即把左边的由受访者选择的答案编码过录到右边的编码序号或栏码空格中。现在很多研究已不再采用"过录"方法，即将答案编码填写到问卷中的栏码里，而是由输入员直接将问卷答案编码输入到计算机。

8.1.2 问卷设计的基本原则

问卷设计是一项科学的工作，它必须根据一定的原则，按照一定的步骤进行。其中最主要的是要按照预先建立的研究假设或研究设想来设计，在对抽象概念操作化的基础上，将测量指标以问题的形式提出，并根据调查对象的特点，设计出与调查对象认知水平相适应的、能够取得受访者配合的问卷，从而保证资料收集的可靠、准确与方便。

8.1.2.1 问卷设计必须以研究假设或研究设想为指导

以研究假设或研究设想作为问卷设计的指导，就是指问卷中所包含的问题必须与研究课题的研究假设或研究设想相符合，必须围绕研究假设或研究设想，确定调查项目并提出问题。例如，研究青少年不良行为，研究课题是"社会环境对青少年成长的影响"。研究假设及理论是，青少年的成长主要受内因和外因两方面的条件影响，外因虽然要通过内因起作用，但是外因对内因的形成有着重要的影响。青少年成长的外因条件，即青少年所处的社会环境对他们的成长是很重要的。因此，我们假设：社会环境越好，青少年的成长就越健康。在设计问卷时就必须以上述课题、假设和理论为指导，具体分析社会环境应该包括哪些方面，怎么测量青少年的成长。如果青少年的社会环境可以分为家庭环境、学校环境、地区环境等，那么，还要确定家庭、学校、地区等环境的具体内容。例如，家庭环境就可以包括家庭经济状况、父母教育程度、父母职业、父母教育子女方式、家庭成员之间的交往、家庭与外界的关系等项目。

8.1.2.2 问卷必须能够取得受访者的配合

问卷必须能够取得受访者的配合，意味着受访者愿意如实地回答问卷中的问题。因此，问卷设计的另一个重要原则就是，必须站在受访者的立场上，审视问卷提出的问题，看看受访者能否回答或者是否愿意回答。一个有效的方法是，当你设计好问卷后，你把自己看成是一个受访者，试着填写自己设计的问卷，看能否把这份问卷填完。如果你自己都不能回答问卷上的问题，说明问卷存在很多问题。因此，从受访者的立场出发，站在受访者的立场上设计问卷，也是问卷设计的重要原则。与这一原则相关的主要注意点是：

第一，提出的问题不要超越受访者的知识背景或者认知范围。例如，有时会在问卷中请城市居民评价农民的生活情况，所得到的评价往往与事实有很大差距，这样的问题除非是为了特殊的研究目的，否则不要列入问卷。就如我们试图通过一般的抽样调查想了解在青少年群体中流行的社会时尚或者网络语言，你所设计的问卷中的语言就不是所有调查对象能看懂的，尤其是中老年人。当你请他们对一部分青少年中流行的"cosplay 文化"进行评价时，恐怕他们对什么是 cosplay（真人模仿虚拟人物秀）都不清楚，何来评价！其结果只会得到大量的"无回答"资料，除非你的研究就是想获得这样的结果。

第二，尽量避免有关个人隐私或敏感性的问题。除非研究项目本身不能回避或者就是想研究这类问题，一般不要把涉及个人隐私或敏感性问题放在问卷里。因此，在设计问卷时要考虑哪些问题是受访者不愿意回答的，或者即使回答，其信度也是有问题的，这类问题尽可能不要放在问卷里。如果不能避免的话，可以采用一些特殊方法。例如，在调查中经常发现，当要求受访者自己评价自己的行为时，所得到的正面评价往往占大多数，这样的结果很多与经验不符。例如，在问卷中问道："您在公交车上会自觉地把自己的座位让给老弱病残者吗？"可能 90% 的受访者都说"会"，但是实际情况并不如此。因此在设计问卷时，要转换受访者的角色，不要把受访者自己作为评判的对象，而是让他作为评判者来评价他人的这类行为，改问"据您的观察，在公交车上乘客会主动给老弱病残者让座吗？"如果你想知道受访者本人的行为可能，可以在问了这个问题后再问。这个问题虽然还不属于个人隐私问题，但是一个"敏感性"问题，即含有对道德的自我评价。现代社会的发展，使得人们越来越注意保护个人隐私，并且对个人隐私的理解也从原来的两性关系、夫妻关系等非常私密性的事情扩展到有关个人或家庭的收入，甚至女性的年龄。然而，年龄、收入是绝大多数问卷调查所不能避免的，如果直接填写有困难，可以把收入或年龄的答案选项设计成"组距式"的，即定距测量的方式。

敏感性问题一般是指被调查者不愿在访问员面前回答的问题，处理一些无法回避的敏感性问题的方式有三种（闽建蜀，游汉明，1979：26-27）：一是如上所说的改用"间接问题法"，即不直接让受访者述说或评价自己的行为，而改问对他人行为的了解或评价，然后再询问他的观点或行为。例如，有关大学生婚前性行为的调查，可以先问"有关调查表明，大学生恋人之间的性行为是一种普遍现象，根据你的判断，在你周围的大学生中，恋人之间的性行为的比率大致是多少？"然后再问，"你在谈朋友期间，是否与恋人发生过性行为？"二是"卡片整理法"，即将敏感性问题的答案分为"是"与"否"两类印在两张卡片上，交给受访者，由他自己选择一张卡片放进一个小口袋中，此时访问员可以回避，以减少受访者的困窘。三是"随机反应法"，例如，为了调查大学生婚前性行为状况，可以准备两个问题：①"过去一个月内你是否与异性发生过性行为？"②"你的出生月份是 10 月吗？"显然第一个问题是一个非常敏感的问题，为了获得可靠资料，可以准备 100 个小珠子放在一个小盒子内，80 个为红色，20 个为白色，受访者随意抽取一个珠子放进小盒子，抽中红色珠子回答第一个问题，抽中白色珠子回答第二个问题；受访者在抽取珠子时，访问员要背转身。然后要求受访者对其中一个问题作出"是"或"否"的回答，至于是回答哪个问题，访问员是不知道的。调查结束，可根据公式计算：

$$P_a = Pn_1 + (1-P)n_2$$

其中，P_a 为第一个问题和第二个问题答案为"是"的比率，P 为敏感性问题（第一个问题）被抽取的比率，$1-P$ 为第二个问题被抽取得比率，n_1 和 n_2 分别为第一个问题（敏感性问题）和第二个问题答案为"是"的比率。

从调查结果可以知道 P_a 值，P 和 $1-P$ 是已知的，分别为 0.8 和 0.2，n_2 可以从有关资料中获取，假定利用教育部门资料可知，在校大学生 10 月出生的比率是 12%，就能计算出大学生婚前性行为的比率：

$n_1 = \dfrac{p_a - (1-p)n_2}{p} = \dfrac{0.2 - 0.2 \times 0.12}{0.8} = 0.22$，即大学生发生婚前性行为的比率为 22%。虽然，这样的结果只是对样本总体调查的推算，不可能作为变量进行具体的分析，但总比完全不能获得资料好些。

第三，避免带有价值取向的用语。例如，在青少年不良行为研究中，会涉及偷窃、作弊、旷课、群殴、赌博等行为，但是在问卷中提出问题的方式应该保持价值中立。在某种意义上，对上述行为的概念理解已经具有"标签论"的意义，也就是说这样的行为不符合主流社会的行为规范和价值观念，是主流文化对亚文化的一种"标签"，但是在亚文化群体中也许并不认可这样的"标签"。如果直接在问卷中问"您偷过人家的东西吗？"或者"您有过赌博行为吗？"所得到的结果可能都是否定的。如果把"偷窃"问题改为"您是否发生过没有经过他人同意就把这个人的东西拿过来的行为？"；"作弊"把它说成"您在考试时是否采用一些聪明的办法，例如夹带字条等方法？"；"旷课"可以说成"翘课"（甚至旷工也被说成"翘班"）；"群殴"可以表述为"您是否发生过这样的行为：您的铁哥们被一帮人欺负了，然后您和铁哥们一起去摆平了这些人？"；"赌博"可以说成是"您在打牌或者搓麻将时，是否有过经济上的输赢或者来点'小刺激'？"。以上例子不胜枚举，因此在设计这一类有明显价值判断的问题时，应尽可能转换成比较中立的表达方式。

8.1.2.3 必须保证收集资料的可靠、正确和方便

资料收集的可靠、准确和方便与以下因素有关：

第一，尽可能不要提受访者难以回答的问题或者人们容易忽视，往往要靠追忆才能回答的问题。例如，"您今年看过几部电视剧？""今年以来您的平均月收入是多少？"这类问题一般很难得到一个确切的数字，至多是一个大概的估计数，较为可行的办法是询问离调查时点最近的一个月的情况。虽然每个受访者的回答可能有多有少，但从样本总体来看，可以反映出受访者一个月看电视剧或收入的平均状况，相对比较准确。

第二，不要提诱导性的问题。例如："许多人认为离婚率上升是现代化发展的必然趋势，您同意吗？""社会学家认为离婚率上升是现代化发展的必然

趋势，您同意吗？""您愿意增加收入吗？"这样的问法都会给受访者以暗示，受访者或许会认为既然是大多数人或专家权威的意见，我怎么能不同意呢。增加收入恐怕是每个人向往的，是一个无须提出的问题。较好的提问可以是"您是否认为离婚率上升是现代化发展的必然趋势？""在您的单位中，您的收入大致处在什么位置上（高、中、低）？"

第三，提问的方式要根据我国的社会特点和生活习惯。例如，询问年龄时要明确是按公历还是按农历；询问夫妻性生活时，不要提"性生活"，代之以"夫妻生活"或"房事"等。同时，要尊重各个地区的风俗习惯。例如，询问老年人的时候不能问"您今年几岁了？"而要问"您今年多大了？"或"您老今年高寿？"等。

第四，问题中的概念和术语要考虑受访者的教育程度、职业、年龄等社会背景，不要过于抽象，专业术语也不要太多，不要脱离受访者的知识水平。例如，"您的家庭结构是哪种类型？"，对于一个没有家庭社会学专业知识的调查对象来说，是无法回答的。

第五，提出问题最忌讳的是一些模棱两可或一题多问的问题。例如，"您的父母对您的最大期望是什么？"如果答案是"得到更多的发展；得到较多的发展；现在这样也很好；无所谓"，即使能得到回答，所得到的资料也没有什么用处。这个问题存在两个错误：一是提问中实际上包括了两个问题，即父亲和母亲的期望，如果父母的期望是一致的，这个问题还可以，如果父母期望不一致，则受访者无法回答，因此这样的问题可以分成两个问题。二是问题和答案都非常模糊，无论从问题还是从答案看，我们都不能知道问题中的"期望"到底是指什么。如果把问题改成"您的父亲希望您能获得的最高学历是什么？""您的母亲希望您能获得的最高学历是什么？"就比较明确，也能获得较为准确的资料。

除了以上三大原则之外，影响问卷设计的因素还有很多。例如，调查性质是描述性的还是解释性的；调查课题偏重于客观事实还是偏重于主观态度；样本或总体成员的同质性程度或教育程度的高低；以及收集资料方法是采用自填问卷还是访问问卷方式等。

8.1.3 问卷设计的基本步骤及实例

问卷设计的基本步骤与社会测量有关系，问卷实际是指标的问题化，即用问题的语言表述指标的意义。

8.1.3.1 问卷设计的基本步骤

（1）提出和设计研究假设或设想及其测量指标。在对调查课题进行文献梳理和经验观察的基础上提出研究假设或研究设想，研究假设或研究设想还可以研究框架的形式表现，大致反映命题之间或者概念之间的关系。在此基础上对研究假设或研究设想中的主要概念给与操作化定义，提出主要调查项目以及测量指标。

（2）设计问卷草案。由于抽样调查的问卷都是结构式问卷，一个问题如何提问，一个概念怎样理解，除了要符合理论上的规定之外，还应该符合经验事实。在有些研究中，尤其是研究者不太熟悉的领域，还需要经过一定的探索性工作。例如，通过观察、开座谈会、个别访谈等方法，收集调查对象对问题或概念的理解，以及具体的表述方法、术语或俚语，甚至一个问题应该有多少个答案，怎样达到概念的穷尽性等。

在此基础上，才可以开始正式设计问卷草稿。设计问卷草稿的方法作为初学者来说主要有两种。

第一，卡片法，即把问题和答案记录在一张张卡片上，就像做读书卡片一样；然后根据问题的类型进行归类，把相类似的问题卡片归在一起；安排好每类问题卡片的前后关系，即根据问题的逻辑秩序和问题的难易程度，确定问题提问的前后秩序；最后，编写问卷草稿，即根据问题的前后秩序，把卡片上的问题和答案写在纸上，或者直接输到电脑中，对问题答案进行编码，并根据需要设计好编码序号或栏码。

第二，框图法或问卷流程图法，即根据问题的逻辑秩序和难易程度排列出问题的先后次序。具体做法是：先排列好问题的先后次序，然后根据次序，画出问卷的流程图（见图8-2）。问卷流程图的制作过程有时比较复杂，它既要考虑问题的先后秩序，也要考虑过滤性问题和相倚性问题之间的关系，并在流程图上标好每个问题的编号，有可能的话最好把问题答案写在旁边；最后根据问卷流程图的内容编写问卷草案。如果你对问卷设计很熟悉的话，并不一定要采用这样的方法，甚至可以采用专门的问卷设计软件，直接在电脑里设计问卷草案，对问卷草案进行修改等。

（3）试测或专家讨论。完成问卷草案设计后，不能马上进行正式调查，还要经过试验性调查或专家讨论，经过修改才能最后定稿，用于正式调查。尽管在设计问卷草案的过程中，我们已经做了大量的工作，但是任何一份问卷能否获得它所需要的资料，如果没有经过试验性调查或者专家讨论，是不能确定的。因为研究者的思路和对问题的思考方法，有的时候和实际有较大的距离。

试验性调查就是将设计好的问卷草案在调查对象中运用非概率抽样方法选择一部分人进行调查。试验性调查主要想了解问卷草案可能存在的问题：例如，访问对象是否明白问卷中的概念，会不会发生歧义；必须由调查对象回答的问题是否都得到回答了，未获得回答的问题所占的比率是多少，哪些问题特别不容易得到回答；问卷的长度和填答的时间是否会使调查对象感到厌烦；初步获得的资料是否符合原来的研究假设或研究设想等。

听取专家意见可以召开座谈会，也可以把问卷草案直接寄给专家，请专家

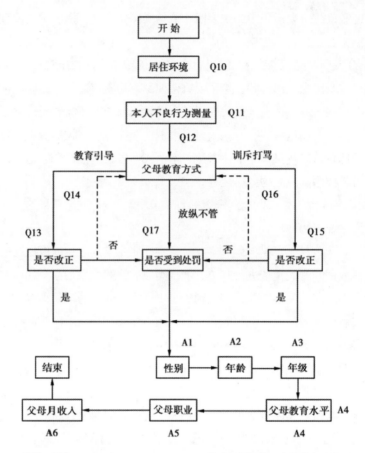

说明：图中 Q10，Q11，Q12，…，A1，A2 等为问题号码，虚线是表示重复提问，例如 Q12，若回答"教育引导"，则问 Q13，若回答"否"，再问 Q12，如果重复前面，则问 Q17；其他类似。

图 8-2　问卷设计流程图举例（部分）

们讨论并提出修改意见。请专家讨论最好把自己的设计思想或方案提供给专家，例如研究假设或研究设想、概念的操作化及测量指标等，以便专家比较全面地评价问卷草案，并提出意见。如果没有对研究假设或研究设想和概念操作化及测量指标的说明，仅依靠问卷草案，很难提出比较深刻的意见。

如果条件允许的话，可以同时进行试验性调查和专家讨论，这样可以获得比较全面、深刻的修改意见。

（4）修改和付印。经过试验性调查和专家讨论之后，可以把其中发现的问题集中起来，进行具体的分析，并根据发现的问题和专家意见对问卷进行修改。如果可能的话，最好把修改过的问卷进一步征求专家的意见，再根据其意见反馈进行修改。修改完毕即可付印，用于正式调查。

8.1.3.2　问卷草案编制实例

为了说明问卷设计的方法，以"城市家庭教育方式与青少年行为偏差"的调查课题为例，具体说明问卷设计的具体过程。

家庭教育方式是影响青少年行为偏差的重要因素。在青少年刚沾染不良行为或者在模仿不良行为时，如果父母采取正确的教育方式，子女就可能矫正自己的不良行为；放任不管或教育不当则有可能让青少年慢慢地染上不良行为的恶习，并有可能最终违法犯罪。因此，研究假设或研究设想是：健康的家庭教育方式是青少年培养良好行为的一个重要因素。调查对象为初中学生。

根据研究假设或研究设想，可提出如下研究框架（见图8-3）：

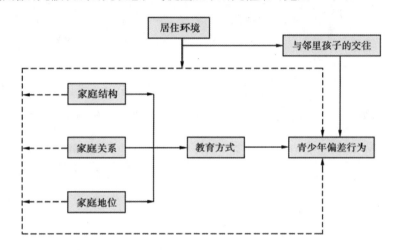

图 8-3 "城市家庭教育方式与青少年行为偏差"研究框架

上述研究框架反映了研究者的设想，即在研究者看来家庭教育方式影响了青少年行为偏差，家庭结构、家庭关系、家庭地位又直接影响了家庭教育方式，同时又对青少年不良行为产生重要影响（用虚线表示）。青少年偏差行为也受到整个社区环境的影响，特别是同龄孩子的影响。研究者在这里用"居住环境"来代替。

然后，针对上述研究假设或设想的主要概念进行操作化定义，需要操作化的主要概念是家庭结构、家庭关系、家庭地位、居住环境、教育方式和青少年不良行为。主要概念的操作化定义见表8-5：

表 8-5 主要概念操作化举例

需要操作化的概念	操作化定义
家庭结构	主要是指家庭人口数、代数、对数、家庭成员构成及组合状况。
家庭关系	主要是指家庭成员尤其是父母之间的相互交往、本人与父母和其他家庭成员的关系，以及家庭的和睦程度。
家庭地位	主要根据父母的教育程度、职业声望和收入水平反映家庭在社会上的地位。
居住环境	主要根据住房类型判断家庭所在的社区环境。
教育方式	主要是指父母在教育子女时采用的具体方法。
青少年行为偏差	主要是指不符合日常行为准则的言行，如骂人、讲脏话、小偷小摸、欺负小同学等。

　　在对概念操作化的基础上就可以提出主要调查项目或测量指标。在表8-6的模拟问卷中，与"家庭结构"有关的测量指标或问题主要是A5-A9、A36；与"家庭关系"有关的主要是A23-A31、A37、A38、A47；与"家庭关系"有关的主要是A51-A53；与"居住环境"有关的主要是A1、A3、A34、A35、A39；与"教育方式"有关的主要是A20、A21、A41-A43、A46、A48-A50；与"青少年偏差行为"有关的主要是A44、A46。其余问题有的属于调查对象基本情况，有的属于调查对象学习和兴趣爱好活动等。

　　在问卷设计中，还要注意指标问题化，即以问题的形式表达指标的意义，对一些比较敏感的指标，例如青少年偏差行为的具体表现，指标的用词和问题的用词是不同的。

　　根据上述研究假设或设想以及对主要概念的操作化，笔者设计了一份"城市家庭教育方式与青少年行为偏差"的问卷（问题表）初稿，见表8-6：

表8-6　"城市家庭教育方式与青少年行为偏差"问卷初稿

（以下问题除了空格或特殊说明的以外，一律由访问员根据回答在相应的答案旁的编码上画圈）

个案编号

A1 你家是住在上海＿＿＿＿＿区＿＿＿＿＿＿街道。　　　　　　　1-4＿＿＿＿

A2 本人性别:(1)男　(2)女　　　　　　　　　　　　　　　　　5＿

A3 你家的住房是什么样子的?　　　　　　　　　　　　　　　　6＿

　　(1)老式居民住房　　　　　　(2)新村公房

　　(3)商品房(公寓)　　　　　　(4)简陋房(棚户区)

　　(5)其他(请注明)＿＿＿＿＿＿

A4 家里有＿＿＿间可以睡觉的房子(卧房)?　　　　　　　　　　7＿＿

A5 现在和你住在一起的家人有＿＿＿＿＿＿人(包括本人)。　　　8＿＿

A6 和你住在一起的家人是谁?　　　　　　　　　　　　　　　　9-17＿＿＿

　　(1)爸爸　　　　(2)妈妈　　　　　(3)爷爷或奶奶　　(4)外公或外婆　　＿＿＿

　　(5)哥哥或姐　　(6)弟弟或妹妹　　(7)叔叔或姑姑　　(8)舅舅或阿姨　　＿＿＿

　　(9)其他(请注明)＿＿＿＿＿＿＿

A7 和你住在一起的哥哥或姐姐、叔叔或姑姑、舅舅或阿姨有没有结过婚的?　18-21＿＿＿＿

　　(1)有　　(2)没有

　　如果有的话,他们是谁＿＿＿＿＿＿＿＿?

　　访问员根据A5～A7回答概括出孩子的家庭结构是属于哪种类型?

　　(1)核心家庭　　(2)主干家庭　　(3)联合家庭

　　(4)残缺家庭　　(5)隔代家庭　　(6)其他(请注明)＿＿＿＿

A8 你是独生子女吗?(1)是　　(2)不是　　　　　　　　　　　　22＿＿

A9 如果不是的话,你是第＿＿＿个孩子(排行)。　　　　　　　　23＿＿

A10 你今年＿＿＿岁了?　　　　　　　　　　　　　　　　　　24-25＿＿

A11 你读的中学是什么样的?　　　　　　　　　　　　　　　　26＿＿

　　(1)一般中学　　(2)民办中学　　(3)原来是重点初中

　　(4)民工子弟中学　(5)其他(请注明)＿＿＿＿＿

A12 学校在你家附近吗?	27 __
(1)是　　(2)不是	
A13 今年是初中____年级了?	28 __
A14 你的学习成绩怎么样?	29 __
(1)优良　(2)一般　(3)比较差	
A15 和你要好的同学的学习成绩怎么样?	30 __
(1)优良　(2)一般　(3)比较差	
A16 老师布置的作业能按时完成吗?	31 __
(1)能　(2)有时不能　(3)经常不能　(4)说不清	
A17 喜欢玩电子游戏吗?	32 __
(1)喜欢　(2)不喜欢(不喜欢或不玩,直接问 A20 题)　(3)说不清	
A18 最近一天玩电子游戏的时间是_____小时?	33-36 ____
(一星期玩电子游戏_____小时)	
A19 最近一次是在什么地方玩电子游戏?	37 __
(1)自己家　(2)网吧　(3)同学家	
A20 爸爸妈妈对(你)玩电子游戏态度是:	38-39 __
(1)反对　(2)同意(直接问 A22 题)　(3)眼开眼闭(直接问 A22 题)	
爸爸_____;妈妈_____	
A21 如果爸爸妈妈坚决反对你玩电子游戏,一旦发觉你还是在玩游戏,	40-41 __
将会怎么办?	
(1)耐心说服　(2)扣罚零用钱　(3)大声呵斥　(4)痛打一顿	
(5)其他(请注明)_____	
爸爸_____;妈妈_____	
A22 你的主要兴趣爱好是什么(限选三项)?	42-47 ___
(1)玩电子游戏　(2)看动漫　(3)看电视　(4)看书　(5)上网	___
(6)打球　(7)唱歌　(8)玩玩具　(9)做飞机或轮船模型	
(10)下棋　(11)交换或收集明星纪念品　(12)其他(请注明)	
A23 在家里爸爸或妈妈经常和你讲话吗?	48 __
(1)每天都会讲　(2)有时会、有时不会　(3)很少讲　(4)说不清	
A24 你会主动和爸爸或妈妈讲话吗?	49 __
(1)会　(2)不会	
A25 昨天你和爸爸或妈妈谈话的内容是什么?(限选三项)	50-55 ___
(1)学习　(2)学校的事情　(3)同学之间发生的事情　(4)吃、穿等事情	___
(5)讨论新闻　(6)家里的事　(7)我的零用钱　(8)身体健康	
(9)球赛或者电视节目　(10)其他(请注明)_____	
A26 谈了多长时间?	56 __
(1)不到 10 分钟　(2)10～19 分钟　(3)20～29 分钟　(4)半小时以上	
A27 爸爸妈妈在节假日是否会带你逛街、上馆子或者到公园玩?	57 __
(1)会的　(2)不会	
A28 你注意到爸爸和妈妈吵过架吗?	58 __
(1)吵过　(2)没有　(3)不清楚	
A29 如果爸爸妈妈有过吵架的话,是经常的吗?	59 __
(1)经常　(2)很少	

续表

A30 你注意到爸爸妈妈经常谈话吗？ （1）经常谈话 （2）很少谈话 （3）从不谈话 （4）不清楚	60 __
A31 你感到爸爸妈妈关系怎样？ （1）很好 （3）一般 （3）很难说 （4）不好 （5）说不清	61 __
A32 爸爸妈妈喜欢打麻将吗？ （1）爸爸喜欢 （2）妈妈喜欢 （3）都喜欢 （4）都不喜欢 （5）不知道	62 __
A33 爸爸或妈妈有没有讲脏话的习惯？ （1）有 （2）没有 （3）不知道	63 __
A34 你家经常和邻居发生争吵吗？ （1）经常有 （2）偶尔有 （3）没有	64 __
A35 周围邻居经常有吵架的行为吗？ （1）经常有 （2）偶尔有 （3）没有	65 __
A36 如果你和爸爸（妈妈）一个人住在一起，或者你是和祖父母或外祖父母 住在一起的，你知道是什么原因吗？ （1）知道 （2）不知道 如果知道的话，是什么原因？ （1）爸妈离婚了 （2）外出打工了 （3）在国外 （4）其他（请注明）_____	66-67 __
A37 对你来说，你感觉在家高兴还是在外面高兴？ （1）在家高兴 （2）在外面高兴 （3）说不清	68 __
A38 如果爸爸或妈妈出差了或者有一段时间没有见到爸爸或妈妈， 你会想他们吗？ （1）会想的 （2）不会 （3）说不清	69 __
A39 你在弄堂或者小区里有经常在一起玩的小朋友吗？ （1）有 （2）没有	70 __
A40 爸爸妈妈知道你很要好的同学或者小朋友吗？ （1）知道 （2）不知道	71 __
A41 爸爸妈妈给你讲过哪些小朋友或者同学可以一起玩吗？ （1）讲过 （2）没有讲过（直接问 A43 题）	72 __
A42 如果讲过的话，爸爸妈妈认为哪些小朋友或者同学可以和你在一起玩？ （限选两项） （1）学习成绩好 （2）在学校里当干部 （3）小朋友的爸爸妈妈是当干部的 （4）小朋友的爸爸妈妈是老师或者是技术人员 （5）小朋友家里比较有钱 （6）小朋友有礼貌、懂规矩、听话 （7）其他（请注明）_____	73-74 __
A43 如果爸爸妈妈曾经反对过你和某个（些）小朋友在一起玩，他们是怎么做的？ （1）会告诉我应该和怎样的小朋友在一起，说服我不要和他们在一起玩 （2）会大骂我，命令我不能和他们在一起玩 （3）会惩罚我，命令我不能和他们在一起玩 （4）如果发现的话，会打我 （5）要求我放学就回家，不许在外面	75 __

(6)不管我 (7)其他(请注明)_____	
A44 在你要好的小朋友或同学中有没有以下情况或行为?	76-89____
(1)经常打架	----
(2)喜欢讲脏话	----
(3)上课大声喧哗	--
(4)欺负小同学	
(5)无故不来上课	
(6)泡网吧	
(7)逃夜(夜不归宿)	
(8)经常不交作业	
(9)抽烟	
(10)没有经过人家的同意,就把人家东西拿过来	
(11)强迫同学送钱或者送东西	
(12)有非常要好、非常亲密的异性同学	
(13)进过工读学校	
(14)其他(请注明)_____	
A45 你有没有上面的情况或行为?	90-96____
(1)有 (2)没有 (3)说不清	---
如果有的话,请告诉我是哪些行为?	
_____(请访问员根据回答在左边填上答案的编码)	
A46 爸爸妈妈知道你有这样的行为,是怎样教育你的?	97-98__
(1)会和我讲道理 (2)不问青红皂白,先骂我一顿	
(3)不问青红皂白,先打我一顿 (4)先讲道理,不听的话就会训斥打骂	
(5)把我关在家里,不让我出去 (6)扣我零用钱	
(7)从来不管我 (8)其他(请注明)_____	
爸爸_____;妈妈_____	
A47 你和爸爸妈妈经常发生争吵吗?	99 __
(1)经常 (2)偶尔 (3)没有	
A48 当你做了不好的事情受到爸爸(妈妈)的惩罚,家里人会替你求情吗?	100 __
(例如爸爸、妈妈、外公、外婆等)	
(1)会的 (2)不会 (3)很难说	
A49 当你做了不好的事情受到学校的批评,家里人会帮你吗?	101 __
(1)会的 (2)不会 (3)很难说	
A50 家里因为你的事情是否经常会发生争吵	102 __
(包括爸爸和妈妈或者他们和爷爷、奶奶)?	
(1)经常 (2)偶尔 (3)没有	
A51 你爸爸和妈妈的工作是:爸爸_____;妈妈_____	103-104__
(1)党政企事业单位负责人 (2)办事人员 (3)各类专业技术人员	
(4)商业工作者和服务性人员 (5)军人 (6)工人	
(7)没有工作 (8)其他(请注明)_____	
请访问员在问学生父母职业时,先问他们的具体工作是什么,然后根据调查手册的规定,将调查对象的回答归到相应的类别,并把答案编码填在空格上。	
A52 你爸爸妈妈上过大学吗?	105-106__
(1)上过 (2)没有	
爸爸_____妈妈_____	

续表

如果没有上过大学,你知道爸爸妈妈的教育程度是: (1)高中　(2)初中　(3)小学 爸爸_____　妈妈_____	107-108__
A53　你爸爸妈妈一个月的大致收入是多少(元)? (1)10 000 以上　(2)8 000 ~10 000　(3)6 000 ~7 999　(4)4 000 ~5 999 (5)2 000 ~3 999　(6)不到 2 000	109 __
A54　你上个月的零用钱大致是_____元?	110-112__
A55　你穿的鞋子是什么品牌_____?	113 __
A56　如果你有手机的话,品牌是_____,价格是_____元?	114-115__
A57　如果你有 MP3 的话,品牌是_____,价格是_____元?	116-117__
编码页根据 A56、A57 题回答,按编码手册要求编码。 谢谢你的帮助!	

8.1.4　问卷设计技术

问卷设计技术主要包括题型和答案、问题次序和数量、问题语言和提问方式、编码和栏码的设计等。

8.1.4.1　题型和答案

调查研究中使用的问卷一般是以封闭式问题为主,根据问题的形式,问卷中的题型主要有填空题、选择题、排序题和关联题,其中选择题又可分为单项选择题、多项选择题、任意选择题、表列式选择题。

填空题在问卷中大多数用于收集数值性资料,例如年龄、收入、支出、时间安排或者比较简单的问题。选择"其他"答案的,需要用文字具体说明。表8-6 问卷中的 A1,A4,A5,A9,A10,A13,A18,A54~A57 都是填空题。

单项选择题就是在规定的答案范围内只允许选择一项答案,这类题型在问卷中是最多的。表 8-6 中 A2,A3,A7,A8 等都是单项选择题。多项选择题是在规定的答案范围内允许选择两个以上的答案。一般而言,多项选择题的备选答案较多,如果答案只有四五个,允许选择多项答案的余地就比较小。同时,允许选择的答案不宜太多,一般不要超过三个。表8-6中 A22,A25 是多项选择题。单项选择题与多项选择题各有利弊。单项选择题可以使问题的回答更集中,有时可以"迫使"被调查者在犹豫之中做出自己的判断,并且资料的统计处理也很方便。但是,由于社会现象是受到很多因素影响的,只允许选择一项答案有时会让被调查者为难。例如,调查人们的闲暇活动时,作为单项选择题你可以问"你最喜欢的闲暇活动是什么?"但是,实际生活中一个人喜欢的闲暇活动可能不止一项,单项选择题虽然也可以"迫使"他只能选择"最喜欢"的一项活动,但是对于被调查者来说毕竟不太"友好",因此多项选择题可以弥补这方面的不足,让被调查者有更多的选择。当然,多项选择题会给资料的统计分析带来一些困难。在问卷设计中，只要不给被调查者的回答带来困难，应该尽量采用单项选择题。任意选择题是在规定的答案中由被调查者按照自己的情况选择他认为符合自己情况或判断的答案。多项选择题要规定允许选择的答案数量，而任意选择题就不再这样规定。实际上，任意选择题和表列式选择题都是把相同答案的若干个问题归并在一个问题之中。例如表 8-6 中 A6、A44 就是任意选择题，在 A6 中实际上就是把"爸爸和你住在一起吗？""妈妈和你住在一起吗？""爷爷或奶奶和你住在一起吗？"等 9 个问题合在一起；A44 也是如此，即把"在你要好的小朋友或同学中有没有经常打架的行为？""在你要好的小朋友或同学中有没有喜欢讲脏话的行为？"等 15 个问题合在一起。表列式选择题通常是量表类型的问题，是把测量目标相同、答案相同的问题合在一起。例如常用的态度量表就是表列式选择题。表列式选择题也可以是由几个问题组合在一起的，以下就是由三个问题组合在一起的表列式选择题（见表 8-7）：

表 8-7　表列式选择题举例

您是否知道社区有下列便民服务站点？是否接受过这些站点的服务？服务是否满意？

便民服务站类型	是否知道		是否得到服务		是否满意	
	1. 知道	2. 不知道	1. 是	2. 否	1. 是	2. 否
心理咨询站						
司法社工站						
卫生服务站						
社区文化活动中心						
社区事务受理中心						

排序题是由被调查者根据一定的标准，如重要性、时间性或者难易程度对所选择的答案进行排序。排序题分为多项排序和全部排序。多项排序是在多项选择题的基础上发展出来的，不仅可以确定被调查者所选答案的重要性程度，也可以按照加权方法，将多项选择的答案合并成单项选择。例如，表 8-6 中 A25 题原来是多项选择题，如果作为多项排序题可以改为如下形式（见表 8-8）：

表 8-8　多项排序题举例

　　昨天你和爸爸或妈妈谈话的主题是什么？请根据谈话主题的时间长短选择三项，并把答案编号填在下面的空格上：
　　(1)学习　(2)学校的事情　(3)同学之间发生的事情　(4)吃、穿等事情
　　(5)讨论新闻　(6)家里的事　(7)我的零用钱　(8)身体健康
　　(9)球赛或者电视节目　(10)其他(请注明)＿＿＿＿＿＿
　　时间最多＿＿＿＿；一般＿＿＿＿；较短＿＿＿＿

多项排序题可以按照加权方法，把多项选择的同一个答案的比率合在一起，成为单项选择的比率。例如，选择答案"学习"的，认为"最多"的占25%、"一般"的占12%、"较短"的占8%，如果"最多""一般""较短"的权数分别为3，2，1，分别乘以各自的比率，加总除以6即为选择"学习"的单项比率。根据计算，最后选择"学习"的加权比率为：$\dfrac{25 \times 3 + 12 \times 2 + 8 \times 1}{6}$×100%=17.83%；如果选择"我的零用钱"的"最多""一般""较短"的比率分比为20%、30%、10%，加权比率为：

$$\dfrac{20 \times 3 + 20 \times 2 + 10 \times 1}{6} \times 100\% = 18.33\%。$$

全部排序就是要求被调查者根据一定的标准对答案全部排序，经过计算可以获得不同答案在等级上的高低。例如，上例也可以改为全部排序题（见表8-9）：

表8-9　全部排序题举例A

在你和爸爸或妈妈谈话的下列主题中，请根据你认为的时间长短进行排序，最长的给10分、其次为9分……依此类推，并把分数填在答案旁的空格上： 学习____　学校的事情____　同学之间发生的事情____　吃、穿等事情____ 讨论新闻____　家里的事____　我的零用钱____　身体健康____ 球赛或者电视节目____　其他（请注明）____

全部排序题在社会分层或职业声望调查中运用比较多，研究者可以采用这样的题型获得有关职业声望的资料，即用打分的方式表示职业等级上的高低，也可以反映不同社会阶层或群体对社会分配的主观评价。例如，想获得干部、知识分子、工人、农民、私营企业主、个体工商户等群体分享改革开放成果大小的主观评价，可以设计如下问题（见表8-10）：

表8-10　全部排序题举例B

请对下列社会群体分享改革开放成果大小进行评价，分享成果最多的给6分、其次给5分……依此类推，并把分数填在答案旁的空格上： 工人____　农民____　干部____　知识分子____ 私营企业主____　个体工商户____

关联题是指前后两个问题的回答是相互联系的，前面一个问题的回答会影响到后面一个问题的回答。通常前面一个问题称为"过滤性问题"，后面一个问题称为"相倚性问题"。例如，表8-6中A7；A8和A9；A17和A18，A19；A20和A21；A36；A41和A42；A45就是关联性问题，其中A7题中"和你住在一起的哥哥或姐姐、叔叔或姑姑、舅舅或阿姨有没有结过婚的？"是过滤性问题，"如果有的话，他们是谁？"是相倚性问题，只有对前一个问题作出肯定回答，才需要回答下面一个问题。同理，A8是过滤性问题，A9是相倚

性问题。关联性问题还可以采用如下形式（见表8-11）：

表8-11 关联性问题形式举例

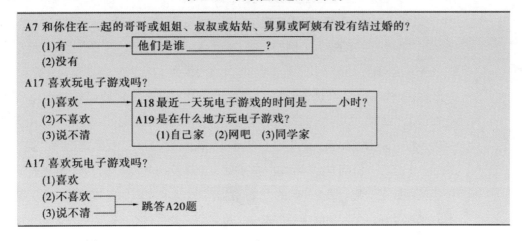

在设计封闭式问题答案时，除了要符合互斥性和穷尽性的要求外，有时还要注意答案类别所表示的意义。一般而言，问卷上的问题答案是比较具体的，在资料分析时还要经过重新分类上升到更为抽象的概念层面。例如，在调查人们的闲暇活动时，各种各样的活动可能有二十多种，但是在进行统计分析时，除了要进行具体的描述，还要进行分类整理，简化成几个类别，如"学习型""休闲型""娱乐型""健身型""交际型"等，以便进行中高级统计分析。又如，在调查人们的择偶自主性时，答案可能有"自己认识、网上认识、朋友介绍、征婚广告、媒体活动、婚介所、亲属介绍、父母介绍、媒人介绍、其他"，在分析资料时可以根据择偶的自主性程度分为高、中上、中、中低、低五种类型，其中"自己认识、网上认识"自主性程度最高，"中上"是"征婚广告、媒体活动、婚介所"，"中等"是"朋友介绍"，"中低"是"亲属介绍"，"最低"是"父母介绍、媒人介绍"。

8.1.4.2 问题次序和数量

问卷中的问题实际上是对某种现象的测量指标，具有内在的逻辑性，同时问题的先后次序要与人们思考问题的习惯相一致，并有利于访谈气氛的营造。大致说来，问题次序可以根据问题的内容、时间和类别进行安排。

先易后难，即先问简单的问题，后问比较复杂的问题。表8-6中先问家庭的居住情况和个人的信息，然后再问个人的学习和兴趣爱好、个人的不良行为等方面的问题。**先一般后特殊**，即对一个具体的问题的了解，可以先问一般性的问题，然后逐步深入，问一些比较特殊或敏感的问题。表8-6中有关个人与父母之间的交往，先问个人与父母之间的沟通情况，再问沟通的内容和时间的长短。**先客观后主观**，即先问客观性问题，后问主观性问题，因为客观性问题一般都是事实类问题，比较容易回答；主观性问题有的需要思考，有的比较敏感，不太容易回答，放在后面比较好，如对父母关系的评价等。不少问卷还有一些比较复杂的量表，也应该放在后面。如果调查内容涉及"过程性"问题，应该根据时间的先后提问。例如，想了解个人的工作经历，就要根据工作经历时间先后提问，先问第一次工作的时间，什么时候换了工作等，不要跳跃性提问，跳跃性提问容易干扰被调查者的记忆。当然，也可以先问记得比较清楚的、发生在最近的事情，再问前面发生的事情。总的来说，根据时间次序，可以由远到近，也可以由近到远，但不要把时间顺序搞乱了。另外，尽可能把同一类问题放在一起。一份问卷中的问题比较多时，会涉及几个大问题，要尽可能把同一类问题放在一起。表 8-6 中的大类问题有：个人和家庭的基本情况；学习情况；兴趣爱好；个人与同学、朋友、父母之间的关系；不良行为等。要尽可能把同类问题放在一起，这样可以使提问具有连贯性，被调查者回答问题比较集中，符合思考问题的习惯，也便于发现所获资料可能存在的问题。还有，把能引起被调查者兴趣的问题尽可能放在前面。把简单、一般的问题放在前面，并不意味越简单越好，作为开始的问项还应该富有吸引力，使被调查者产生兴趣，更快地进入访谈的氛围。例如，考虑到很多孩子都比较喜欢玩电子游戏，表 8-6也可以把玩电子游戏的问题放在较前面的地方，使被调查者对调查感兴趣，引发他们接受调查的愿望，也不会使问卷调查过于枯燥。关于个人背景或特征类的资料一般放在后面，如性别、年龄、职业、教育程度等，放在问卷的前面一方面像在调查户口，另一方面这些问题有的涉及个人隐私，放在前面容易使被调查者为难。但是放在后面有时会产生漏填或漏答的情况，尤其是自填式问卷。因此，调查员在访问结束或者在收回问卷时一定要认真检查，因为个人特征类资料的缺失，会对统计分析带来较大影响。一个比较可行的办法是，对那些比较敏感的个人特征资料如收入等可以放在后面问，其他个人特征的资料可以和相关问题放在一起，或放在稍前的位置。

问题的数量即问卷的长度，虽然很难有一个具体的标准，但是按一些调查研究专家的经验，一份问卷的长度即其包含的问题，一般以被调查者能在半个小时内完成为宜。问卷的长度受到两个条件的制约：资料的准确性和被调查者愿意接受调查的时间。研究者总是希望在一次调查中获得最多的信息，问题较多，问卷较长，但是这样的结果经常会使被调查者在填写问卷或接受调查时产生厌烦情绪，就会对最后的，却往往是比较重要的问题敷衍了事，影响资料的准确性。因此，首先要考虑问卷的长度能否被调查者接受，能否获得准确的资料。在特殊情况下，对于比较长的问卷，调查员一定要向被调查者做好解释工作，以使他们愿意接受调查或填写问卷。

8.1.4.3　问题用语或提问技巧

在测量指标确定的条件下，问卷设计在某种意义上就是把指标转换成提问，即用什么样的语言表述指标的意义。问题设计除了题型和答案、次序和数量方面要注意若干原则，还需要重视问题的用语技巧。

首先，对于一些容易引起被调查者反感或者误会的指标，需要转换为比较适当的问题或提问。例如，在对妇女婚姻问题调查时，经常会测量她们的初婚年龄，直截了当地问"您第一次结婚时年龄是多少？"就显得比较唐突（因为这样的提问暗含着还有第二次婚姻）。毕竟在我国离婚还不是普遍的现象。因此，在设计问题时可以先问"您是在哪一年成家的？"或者"您成家有多少年了？"（婚龄），然后利用计算软件把成家年份减去出生年份，或者把现在年龄减去婚龄就是初婚年龄。

其次，对于不同的调查对象，问题的用语是不同的，如老年人和青年人的教育程度是不一样的，城市居民和农村居民的认知水平也有差异，因此针对不同的调查对象，要采用不同的提问或用语。例如，"闲暇生活"这一用语对于青年人是容易理解的，但是对于老年人或农村居民就有可能不太理解，要调查老年人或农村居民的闲暇生活就要转换为更通俗的语言，可以问"您的空余时间是怎样安排的？"或者"您在空余时间有什么活动或做什么事情？"

第三，有些指标虽然是比较具体的，但是对于非专业人员来说还是不能正确理解。因此在设计问题时，只能先问一些被调查者容易理解和回答的问题，然后由调查员根据回答进行归类。例如，职业是大多数问卷调查中必须要收集的资料，在调查中应该先由被调查者回答自己的具体工作，然后由调查员根据职业分类标准，归到不同的职业类别之中，相类似的问题还有家庭结构等。

第四，涉及个人自我评价的指标，最好先问被调查者对其他人的评价，再问自我评价。例如一项有关居民行为规范的调查，指标设计非常具体、详细，其中包括"文明出行""保护环境"等指标及其具体表现，由于调查时只问本人"是否知晓""是否做到"，结果95%以上的人都认为已经做到了，但是实际情况并不如此。如果在设计问卷时先问对其他居民行为规范的评价，情况就会大不相同。因为在大多数情况下，人们的自我评价会高于对他人的评价。

第五，问题的语言要尽量简短、清楚、准确。也许受到英语用语习惯的影响，现在不少问卷的问题语言过于冗长，不能清楚地表达问题的意义。例如，在社会流动调查中，问及个人的职业发展空间时，如果问题是这样表述的："您认为您现在从事的工作今后还有没有升职的可能性？"还不如改为："最近三年中您会升职吗？"还有，如果在答案上没有具体的说明，一个问题的表述不要含有几个问题，即一题多问；问题的答案不应该出现"正确"或"错误"的选择以及答非所问。例如，"您和家人的教育程度是什么？"就是一题多问，如果不能在答案上具体说明家庭成员是谁，被调查者就不可能回答；"学生考试作弊一律退学，您认为对吗？"应该改为"您是否同意学生考试作弊一律退学？"因为问卷调查不是测验，"是"与"非"的价值判断会给被调查者带来一定的压力；如果问题是："最近您是否与配偶争吵过？"但是答案却是"经常、偶尔、没有"就是答非所问，答案应该改为"是、否"，或者把"最近您是否与配偶争吵过？"作为过滤性问题，对于肯定回答者，再问"您经常与配偶争吵吗？"答案为"是、否"或者"经常、偶尔、说不清"。

8.1.4.4 编码和栏码

所谓编码是将资料系统化、类别化的过程。它要求将资料按一定的标准加以分类，然后以符号（数字或字母）来表示各种类别，因此编码的作用在于简化各种资料，即以符号代替文字资料，从而为资料的统计分析创造条件。需要指出的是，虽然用来编码的符号可以是数字或字母，但是一般使用阿拉伯数字作为编码的符号，一是因为计算机输入资料时，只用右边的数字键盘输入，既方便又快捷。二是在计算过程中，研究者常常还要根据需要进行再编码，用阿拉伯数字作为编码符号在其转换或再编码时比较方便。因此，所谓编码更为简单的定义是：用阿拉伯数字代替问卷中的文字资料，即将问卷中的文字答案转换成数字的过程。

编码的形式主要有两种，即预编码（事前编码）和后编码（事后编码）。预编码就是在设计问卷的同时，就安排好每一个问题答案的编码。以封闭式问题为主的问卷主要采用预编码的形式。预编码是比较简单的，例如，关于性别的编码，其答案类别只有"男""女"两个，只要以数字"1"表示男性，"2"表示女性即可。后编码主要是在调查结束以后整理资料时进行编码，开放式问题采用的是后编码的形式。由于开放式问题答案不可能在调查前就预先拟定，被调查者对于同一问题的答案可能是多种多样的，因此只有在调查结束以后，在对资料分析的基础上归纳、概括、分类，然后再进行编码。由于调查研究通常是规模较大的抽样调查，因此预编码是最主要的形式，即问卷设计同时也包括了编码设计，后编码越少越好。编码方法主要是：

（1）确定答案代码。根据答案的不同类型，答案代码的确定有所不同。单项选择题和多项选择题是按照答案的数量直接用数字表示每个答案的代号，答案的数量在9个以内，分别用1，2，3，…代表每个答案；答案数量超过10个以上，分别用1，2，3，…，10，11，12，…代表每个答案（参见表8-6中

A3，A22 题）。

矩阵式问题或表列式问题实际上是把具有相同答案的问题归并在一张表上，也可以采用预编码方法（参见表 8-7）。

答案特别多的任意选择题，例如表 8-6 中 A44 题，供选择的答案有 15 个，为了使编码更为简便，减少数据文件的长度，答案可以设计为："有"与"无"或者"是"与"否"，分别用"1"表示"有（是）"，用"2"或者"0"表示"无（否）"，其他如家庭耐用消费品情况，一般也是采用这样的编码方法。这样的任意选择题相当于矩阵式问题或表格式问题，也是把具有相同答案的问题归在一起。

以封闭式问题为主的问卷中的填空题，通常是一些数值型问题，例如收入、年龄、家庭人口数等，可以直接把数字填在空白处，这些数字严格的说不是编码，而是属于定比测量的调查资料，是具有数学特征的编码。

编码中的某些代号具有特殊的意义。一般而言，"0"通常作为缺省值，或无回答、不适用、没有等。"9"通常作为特殊值，如不知道、不详或其他。当然，编码数值在 9 个以上（两位数）时，"9"可能是有实际意义的，此时用来表示特殊值的应该是"99"，例如年龄（抽样调查中一般不可能抽到年龄为 99 岁的老人）；如果是月收入，通常用"9999"表示不详，如果月收入在 1 万元以上，编码的数字范围只有四位数，可以用"9998"表示。需要强调的是"0"和"9"的运用还是要根据具体情况加以规定，以上举例只是通例。

（2）栏码分配。所谓栏码或编码序号是指问卷中的每个问题或变量在数据文件中的位置。如果我们把问卷中的每个问题比作一个个家庭，那么栏码相当于"家庭地址"。栏码一般放在问卷的最右边，是用来填写答案编码的地方。

栏码是从问卷的第一个项目（通常是个案编号）或问题开始，根据每个项目或问题的编码位数和允许选择的答案数量分配栏码位数。一个项目或问题的栏码位数主要取决于两个因素：问题答案的位数和允许选择的次数。一个问题如果只允许选择一个答案，栏码的位数根据答案的位数决定，即答案为个位数，只给一个位置，栏码位数为 1；答案为两位数，要给两个位置，栏码位数为 2；如果允许一个问题可以选择两个以上的答案，栏码位数的多少就是答案位数乘以允许选择的次数。例如，一个问题允许选择两个答案，如果答案位数是个位数，那么栏码位数为 2，给两个位置（见表 8-12 中 A42 题）；同理，如果可选 3 个答案，且答案位数是两位数，那么栏码位数为 6，给六个位置（见表 8-12 中 A22 题）。对于任意选择题或量表来说，每个项目或指标都要分配一个位置（见表 8-12 中 A44 题）；属于定比测量的变量或问题，则要根据具体的变量安排相应的位置，例如年龄一般给两个位置（见表 8-12 中 A10 题），住房面积给三个位置，月收入如果按照实际收入数，要给四个位置。按照以上方法，表8-6的栏码位数可作如下分配（见表8-12）：

问卷编号则根据具体情况规定。例如，某城市调查采用PPS抽样方法，被抽取的街道有20个，样本为1 000人，每个街道被调查的初中学生50人，因此街道编号给两个位置，个人编号也给两个位置即可。表8-13是根据表8-12部分调查的数据文件制成的，从中可以形象地看出栏码的意义是什么。

（3）编制编码手册。编码手册即编码簿，是用来说明数据文件中每个项目或问题及其答案（变量）的符号所代表的意义以及编码细则，是编码员对问卷进行编码的依据。编码手册主要包括项目或问题、变量名、变量意义、栏码

表 8-12　"城市家庭教育方式与青少年行为偏差"栏码安排（节选）

项目或问题	位数	栏码
街道	2	1-2
个案编号	2	3-4
A2 本人性别:（1）男　（2）女	1	5
A3 你家的住房是什么样子的?	1	6
（1）老式居民住房　　　（2）新村公房		
（3）商品房(公寓)　　　（4）简陋房(棚户区)		
（5）其他(请注明)＿＿＿＿＿		
A4 家里＿＿＿＿间可以睡觉的房子(卧房)?	1	7
A5 现在和你住在一起的家人有＿＿＿＿人(包括本人)。	1	8
A6 和你住在一起的家人是谁?		
（1）爸爸	1	9
（2）妈妈	1	10
（3）爷爷或奶奶	1	11
（4）外公或外婆	1	12
（5）哥哥或姐姐	1	13
（6）弟弟或妹妹	1	14
（7）叔叔或姑姑	1	15
（8）舅舅或阿姨	1	16
（9）其他(请注明)＿＿＿＿＿	1	17
A7 和你住在一起的哥哥或姐姐、叔叔或姑姑、舅舅或阿姨有没有结过婚的?	1	18
（1）有　（2）没有		
如果有的话,他们是谁＿＿＿＿＿＿?	2	19-20
访问员根据以上回答概括出孩子的家庭结构是属于哪种类型?		
（1）核心家庭　（2）主干家庭　（3）联合家庭		
（4）残缺家庭　（5）隔代家庭　（6）其他(请注明)＿＿＿＿＿	1	21
A8 你是独生子女吗?（1）是　（2）不是	1	22

项目或问题	位数	栏码
A9 如果不是的话,你是第____个孩子(排行)。	1	23
A10 你今年____岁了? ⋮	2	24-25 ⋮
A22 你的主要兴趣爱好是什么(限选三项)? (1)玩电子游戏　(2)看动漫　(3)看电视　　(4)看书　　　(5)上网 (6)打球　　　　(7)唱歌　(8)玩玩具　(9)做飞机或轮船模型 (10)下棋　(11)交换或收集明星纪念品　(12)其他(请注明)_____ ⋮	6	42-43 44-45 46-47 ⋮
A42 如果讲过的话,爸爸妈妈认为哪些小朋友或者同学可以和你在一起玩?（限选两项) (1)学习成绩好 (2)在学校里当干部 (3)小朋友的爸爸妈妈是当干部的 (4)小朋友的爸爸妈妈是老师或者是技术人员 (5)小朋友家里比较有钱 (6)小朋友有礼貌、懂规矩、听话 (7)其他(请注明)_____	2	73-74
A43 如果爸爸妈妈知道你和一些他们认为不应该交往的小朋友在一起玩,他们会怎么办? (1)会告诉我应该和怎样的小朋友在一起,说服我不要和他们在一起玩 (2)会大骂我,命令我不能和他们在一起玩 (3)会惩罚我,命令我不能和他们在一起玩 (4)如果发现的话,会打我 (5)要求我放学就回家,不许在外面 (6)不管我　(7)其他(请注明)_____	1	75
A44 在你要好的小朋友或同学中有没有以下情况或行为?	1	76
(1)经常打架	1	77
(2)喜欢讲脏话	1	78
(3)上课大声喧哗	1	79
(4)欺负小同学	1	80
(5)无故不来上课	1	81
(6)泡网吧	1	82
(7)逃夜(夜不归宿)	1	83
(8)经常不交作业	1	84
(9)抽烟	1	85
(10)没有经过人家的同意,就把人家东西拿过来	1	86
(11)强迫同学送钱或者送东西	1	87
(12)有非常要好、非常亲密的异性同学　(13)进过工读学校	1	88
(14)其他(请注明)_____	1	89
A45 你有没有上面的情况或行为?	1	90
(1)有　(2)没有　(3)说不清 如果有的话,请告诉我是哪些行为? _____	6	91-92 93-94
请访问员根据回答在左边填上答案的编码		95-96

位数、栏码序号和编码细则等，其中项目和问题就是指问卷上所列的调查项目或问题号码，变量名是用一个代号表示项目或问题号码，变量意义是对变量名的说明，编码细则是说明答案赋值和在编码时应该注意的问题。表 8-14 是根据表 8-12 部分内容编制的编码手册。

以上介绍的仅是资料初步编码或原始编码。在资料输入到计算机之后，还要根据研究的需要，对原始数据进行再编码，或者对原始数据重新分类、分组。例如，年龄资料输入到计算机之后，只是每个个案的年龄，还要进行年龄分组，然后再对各年龄组编码，即再编码。再编码可以使用 SPSS 软件中的 Recode 命令。对原始资料重新分组或分类，其关键是怎样对资料进行分类或分组，才能适合研究的需要。它既需要了解一般的统计知识和统计软件操作方法，更为重要的是，还需要了解研究者理论分析框架，使得统计分组或分类能够符合理论分析的需要。

表 8-13　栏码和数据文件例举

街道编号		个案编号		性别	住房类型	卧房间数	家庭人口数	爸爸	妈妈	外公外婆	爷爷奶奶	哥哥姐姐	弟弟妹妹	叔叔姑姑	舅舅阿姨	其他	家庭成员婚姻	结婚家庭成员一	结婚家庭成员二	家庭结构	是否独生子女	排行	年龄	
1	2	3	4	5	6	7	8	9	10	11	12	13	14	15	16	17	18	19	20	21	22	23	24	25
0	1	0	1	1	1	2	5	1	1	1	0	1	0	0	0	0	2	0	0	2	2	1	1	2
0	1	0	2	2	2	2	3	1	1	0	0	0	0	0	0	0	0	0	0	1	1	1	1	4
⋮				⋮				⋮						⋮				⋮						
1	4	4	9	2	3	3	4	1	1	0	1	0	0	0	0	0	0	0	0	2	1	1	1	5
1	4	5	0	1	0	1	6	1	0	1	0	0	0	0	0	1	1	5	0	4	2	2	1	3

表 8-14　编码手册示例

项目或问题	变量名	变量意义	栏码位数	栏码序号	编码细则
街道	S	街道	2	1-2	01=南京路;02=张江路;03=清源路;04=南海路;05=北京路;06=香港路;07=大东路;……12=苏州路;13=淮海路;14=中华路;15=学院路;编码若是个位数，第一格填0
个案编号	ID	个案编号	2	3-4	各街道从01开始编号
A2	X2	性别	1	5	1=男;2=女

项目或问题	变量名	变量意义	栏码位数	栏码序号	编码细则
A3	X3	住房类型	1	6	1 = 老式居民住房；2 = 新村公房；3 = 商品房（公寓）；4 = 简陋房（棚户区）；5 = 其他
A4	X4	卧房间数	1	7	根据调查结果填写
A5	X5	家庭人口数	1	8	是指住在一起的家庭成员，根据调查结果填写
A6	X6	家庭成员	9	9-17	1 = 有；0 = 没有
A71	X71	家庭成员婚姻状况	1	18	1 = 有；2 = 没有
A72	X72	家庭结婚成员	2	19-20	最多可以填写两位家庭成员婚姻状况，编码为家庭成员左边的数字，例如姐姐结婚了仍住在一起，就在 19 格填写 5
A73	X73	家庭结构类型	1	21	1 = 核心家庭；2 = 主干家庭；3 = 联合家庭；4 = 残缺家庭；5 = 隔代家庭；6 = 其他
A8	X8	是否独生子女	1	22	1 = 是；2 = 不是
A9	X9	排行	1	23	根据调查结果填写
A10	X10	年龄	2	24-25	同上
⋮	⋮	⋮	⋮	⋮	⋮
A221	X221	兴趣爱好 1	2	42-43	最多允许选择三项，例如选择"玩电子游戏、看动漫、下棋"，分别在 42-47 位置上填写"01、02、10"
A222	X222	兴趣爱好 2	2	44-45	
A223	X223	兴趣爱好 3	2	46-47	

>> 8.2 资料收集方法

由于调查研究收集资料的工具都具有结构型、标准化和可以量化的特点，资料收集的方法就是填写登记表、调查表或问卷。填写的方法可以自己填写，然后由访问员收回；也可以采用面对面的访问，由访问员根据调查登记表、调查表和问卷上的问题或调查项目询问，然后由访问员把回答结果填写在登记表、调查表或问卷上适当地方。前者称为自填法或自填问卷法，后者称为问卷访问法或结构型访问法（实地研究中的访问法为半结构或非结构型访问）。一般来说，自填法适合于有一定教育程度的调查对象，问卷访问法适合于不同类型的调查对象。在具体实施中，自填法的形式主要有个别发送法、集中填答法、函访法。问卷访问法的形式主要有当面访问法和电话访问法。结合个别发送法和当面访问法的特点，还可以采用当面填写法收集资料。除了上述资料收集方法以外还有既适合于量化研究也适合于质性研究的网络调查方法。

8.2.1 自填法

自填法主要优点是：成本较低，可以节省时间、经费和人力；具有较高的匿名性，比较适合敏感性问题、个人隐私问题的调查；如果问卷设计比较科学，概念比较清楚的话，自填法还可以避免访问员的解释所产生的影响，从而降低或减少某些人为因素所造成的偏差。但是自填法也有明显的缺陷。第一是回收率较低。自填法完全依赖于被调查者的合作，如果被调查者不予配合的话，很难保证回收率。第二，对被调查者的教育程度有一定的要求，要求其具有较高的理解能力和文字能力。如果被调查者教育程度较低，或者虽然具备一定的文化水平，但是理解能力很低，就不能采用自填法。第三，问卷质量无法保证或者无法验证。自填法是建立在信任的基础之上的，是相信被调查者能够自己填写问卷，并能如实反映自己的情况或看法。但一般来说，很难判断一份问卷是否是样本中规定的访问对象填写的，也无法验证资料的可靠性和真实性，并且当被调查者在填写问卷时遇到疑问时也无法给予帮助。

自填法的具体形式主要有个别发送法、集中填答法、函访法。个别发送法就是由调查主持者委派专人根据样本名单将问卷送到被调查者手中，并告诉其调查的意义和大致内容，以及填写时应该注意的问题，约定收取的时间、地点和方式等。集中填答法是将访问对象集中在一个房间，然后由调查员将问卷发给每个被调查者，并说明和解释问卷调查的意义、大致内容和填写的要求，以及其他需要注意的问题。填写完毕，经检查当场收回问卷。函访法就是将问卷装入信封，并附上邮票、回寄信封，写清楚寄回地址，通过邮局寄给被调查者，被调查者填写完后再寄回来。

自填法中的三种方法各有利弊。个别发送法是自填法中最常用的一种方法。采用这一方法调查员有机会向被调查者说明调查的意义，并解释问卷填写时应该注意的问题或概念。在某些特定的条件下，可以获得比较高的回收率。具有一定的匿名性，填写时间比较充裕，较少受到人为因素的影响。但是，因为需要派出大量的调查员发放问卷，调查范围受到一定限制，问卷填写质量较难保证。集中填答法要比个别发送法成本更低，并且能够保证问卷回收率和填写质量，但是集中填答法的使用范围有限，比较适合对学生，以及单位配合下的问卷调查。而且，在填写过程中由于大家在一个房间或空间里，容易受到"团体压力"的影响，相互之间有时还会出现"讨论"的现象，从而影响调查的质量。函访法是所有自填法中成本最低的一种方法，但也是回收率最低，填写质量最难保证的一种方法，而且这种方法受到被调查者姓名、通信地址的限制。在函访法中，最大的问题是回收率很难保证，有的时候是非常低的。据美国社会学家肯尼斯·D.贝利介绍，函访法的回收率有的只有10%，而能达到50%就被认为足够了，达到70%，80%就被认为相当好了。为了提高函访法的回收率，首先，不要让人误会为是商业调查，要明确说明调查的公益性和合法性。其次，封面信要单独打印，并单独装封，再和问卷以及回寄的空信封装入一个大信封，一起寄给被调查者。再次，邮寄时间要尽量避开节假日或考试复习阶段，以及对于被调查者来说可能发生特殊活动或事件的时间段。最后，问卷寄出之后，还要发跟踪信（提醒信）或打电话提醒，帮助提高回收率。美国的一项关于妇女投票者联盟成员的研究，发出问卷后，第一批寄回的比率达46.2%，发出第一份提醒信后又收回12.2%，发出第二封提醒信并附加问卷，又收回8.8%，最后经过电话提醒后又回收10.1%，总回收率达77.3%（肯尼斯·D.贝利，1986：207，227，236）。国内一些大型媒体的调查，有的采用抽奖的方法提高函访调查的回收率。*

* 函访法的最大问题是由于回收率较低而产生比较大的抽样误差。

8.2.2　问卷访问法

问卷访问法又称标准化访问，即由访问员根据结构化、标准化的问卷提问，把访问对象的回答填写在问卷上或者按照回答在问卷上选择合适的答案。优点是能够对调查过程加以控制，获得很高的回答率，适合任何访问对象。缺点主要是成本很高，不太适合比较敏感的问题或涉及个人隐私的问题的调查。

问卷访问法的具体形式主要是面对面访问（当面访问法）和电话访问法。当面访问法是由经过训练的访问员，在与访问对象面对面的交流中，按照问卷上的问题提问，根据访问对象的回答，在问卷上选择合适的答案或者把访问对象的回答填写在问卷上。当面访问法的优点是：调查资料的质量较好，访问员可以在访问过程中通过观察或者运用访问技巧对重要资料加以验证，有效问卷率很高；而且可以拉近与被调查者的距离，容易获得额外的信息。这样的方法成本很高，包括支付给访问员的报酬，同时对访问员有一定的要求。

电话访问法是在电话普及率较高，及个人对自己的私人空间比较注意保护的情况下采用的方法。电话访问的最大优点是简便易行、成本较低，尤其适合比较简单的问卷调查，例如民意测验等，并且具有很好的匿名性，不会产生缺少安全感的心理压力。它的最大缺点是拒访率比较高，很多访问对象不太愿意接受电话访问，尤其是他们在忙于其他事情时。它也不太适合学术性、研究性调查，因为这类调查的问卷比较复杂，所问的问题也比较多。研究者得到的样本只能是拥有电话的访问对象（电话访问的抽样技术是"随机号码拨号"）。随着我国城乡居民固定电话和手机普及率的大大提高，电话访问在民意测验中得到广泛应用。

近年来，电话访问又与计算机结合起来，发展成计算机辅助电话访问。当访问员打开计算机后，计算机按照已经设计好的程序通过随机方式选择电话号码并自动拨号。当被访者接起电话，访问员就可以向被访者问好，并开始根据在计算机里设计好的问卷提问。受访者回答后，访问员直接把回答结果输入到计算机中。然后计算机显示屏上出现下一个问题，回答、输入结束后，继续下一个问题，直至最后一个问题，调查结束。有关问卷设计、训练、访问、督导、编码等都可以在计算机里完成。

以上介绍的具体方法各有利弊（参见表 8-15），分别适用于不同的调查课题和调查对象。总体上看，当面访问法是最好的方法，其次是电话访问法、集中填答法和个别发送法，最差的是函访法。因此，有条件的话，还是尽可能地采用当面访问法，尤其是研究性调查、行政统计调查。电话访问法比较适合于简单的问卷调查，如市场调查、民意测验等。个别发送法和邮寄填答法最好借助一定的组织。集中填答法对于面向学生的调查是比较有效的。在农村进行调查或者对于教育程度比较低的调查对象，最好采用当面访问法。为了能够提高调查的效率，又能保证调查的有效性和质量，对于那些教育程度比较高的调查对象，在具体调查时，可以采用当面填写法，即把个别发送法和当面访问法结合在一起，由访问员把问卷发给被调查者，当面填写完毕，经检查后再收回。填写过程中，如果有什么问题的话，访问员可以当面解释，并可以对调查资料质量进行评估。

表 8-15 自填法和问卷访问法比较

	个别发送法	集中填答法	函访法	当面访问法	电话访问法
单位成本	2	3	3	1	2
适用范围	2	1	2	3	2
问卷长度和难度	2	2	1	3	1
资料质量	1	2	1	3	3
无反应	2	3	1	3	3
总分	9	11	8	13	11

注：1＝差；2＝一般；3＝优。

8.2.3 访问技术和访问心理

访问技术是使访问取得成功的一个关键。访问员在进行访问时要根据不同的访问对象，运用适当的方法进行接触和谈话，还要掌握处理特殊情况的方法。由于访问从开始到结束，对访问者和被访问者来说，都会产生心理活动，因此在访问过程中，如何掌握受访者的心理活动，对于运用正确的访问技术是很重要的。所以作为一个访问员又要懂得一些访问心理学的知识。

8.2.3.1 访问技术

访问技术主要包括访问准备、访问技巧，以及对待特殊情况的应变办法。

在访问以前，访问员要了解受访者的参考系统，即受访者的生活环境以及由文化、职业等因素的影响而形成的行为准则和价值系统等。不同的参考系统决定了受访者对于事物的不同看法和评价。在访问过程中，访问员要采取适合受访者特点的问话方式，使得问话的语气、用语、方式适合受访者的身份和知识水平。例如访问青少年或教育水平较低的人，语气应该亲切，语言要通俗易懂；对于知识水平较高的人语言则可以简短、概括，并使用一些受访者容易理解的术语。

访问技巧主要指问话的具体方法。在访问过程中，运用灵活的谈话技巧，可以消除受访者的戒备心理，提供可靠性较高的资料。访问技巧主要表现在导引、发问、追问、记录四个方面。

第一，导引。所谓导引是指访问员和受访者接触以后，如何创造一个融洽的谈话气氛，消除受访者的戒备心理。访问员首先要出示身份证明，如有可能可以由居委会干部或社区工作者陪同前往。然后由访问员介绍本研究的目的和意义，使受访者了解到研究本身和个人利益有着直接或间接的关系，激发他们参与调查的动机，消除许多受访者都会有的戒备、怀疑、紧张等状态。有经验的访问员还可以从受访者的脚步声，说话的声音、频率，待人接物的态度等，对受访者的性格做出判断，针对他们的特点采用适当的方法。根据不同的受访者，导引可以分别采用开门见山、旁敲侧击、投石问路、引水归渠等方式。

第二，发问。常规的做法是访问员按照问题的先后次序一一提问。但是对于某些不善言谈或者对调查不感兴趣的受访者，可以就受访者关心的问题开始提问，这样既可以创造一个合适的谈话气氛，也可以打开僵持的局面。访问时最要紧的是要避免"冷场"，要求访问员要非常熟练地掌握问卷的全部内容。问卷访问最易出现的毛病是谈话机械、枯燥，使受访者感到疲劳。如果受访者熟练掌握问卷内容就可以改变这种状况。在具体问话时，要注意把问卷中的书面语言用通俗的口头语言来表达，提问时要把握问卷的要点，简洁明了，尤其要注意不要采用可能给受访者某种暗示的提问方法。对于一些敏感的问题和涉及个人隐私或"犯忌"的困窘性问题，可以转换成其他形式的问题进行提问。

第三，追问。追问的目的在于获得比较准确、可靠的资料。在访问过程中，受访者对于某些问题一时想不起来，或者不愿回答这个问题，回答时含糊其辞，为了获得准确的资料，应该进一步追问。通过受访者的几次回答的对比，发现资料的矛盾，提高资料的准确性程度。追问一般可以有"立即追问""插入追问""侧面追问""补充追问"等方法，但是追问应该以不使受访者感到厌烦为限度。

第四，记录。在问卷访问中，访问员必须要有较高的记录能力，不仅能够真实地记录受访者的意见，还要把对方的特性资料依照问卷上所列的项目详细记下，甚至对于受访者提供资料的可靠性程度，经过自己的判断加以记录，以备研究人员参考。记录的方法一般有两种，即当场记录和事后记录，问卷调查主要采用当场记录的方法，即访问员根据被访问者的回答，直接在问卷上相关问题答案旁的方格里打勾或直接在编码上画圈，有时还要在空格里填写简单的文字或数字。

在访问过程中，会发生一些原先没有预料到的情况，访问员要具备处理特别情况的应变能力。访问时经常出现的情况是拒绝访问、不愿接待、受访者生病、有事或外出等。访问员要根据具体情况采取不同的办法。例如，有时候，受访者家里只有老人或者妇女，怕出意外，不愿接受访问，此时可以由女性访问或由居委会干部或社区工作者陪同，也可以另约时间或者请受访者出来。对于拒访，除了要耐心说明研究目的和意义以外，还要弄清拒访的原因，采取其他方法访问。对于一再拒绝访问的人，则可简单地了解一些资料，如年龄、性别、职业等，长期积累以后，也可以对拒访者作一些研究。

8.2.3.2 访问心理

整个访问过程实际上充满着访问员和受访者的心理活动及其交互影响，因此研究访问员和受访者的心理活动对于访问的成功也是很重要的。这种心理活动主要表现在访问员和受访者的行为动机，访问员与受访者的交往及其相互关系等方面。

访问员的行为动机主要表现在访问时能否激发访问成功的动机，它表现为访问员自身内心的意志，决心和精神状态。一个优秀的访问员要有不畏艰苦的意志，对于自己的成功充满信心。作为第一次参加访问的人，尤其是大学生访问员，往往会有胆怯和急躁的心理。由于对访问信心不足，总是害怕自己会出差错，会想第一句话应该怎么讲，对方把我赶出来怎么办……困难想得很多，却苦于缺乏对付的办法。访问员的急躁心理一方面是与胆怯相联系的，由于胆怯，访问员总是希望早一点结束访问，尽快脱离这种尴尬的处境。另一方面也与问卷调查的性质有关，由于对每个受访者使用同样的问卷，在刚开始访问时，访问员还保持一种新鲜感，访问的人数多了就会产生疲劳、厌倦，不免急躁起来，希望尽快脱离这种机械、枯燥的谈话。

受访者的行为动机主要表现在访问与他有没有利益关系；对他自身的安全有没有妨碍；他所提供的资料将作什么用处。在问卷调查中，一般会赠给受访者一份小小的礼品，以感谢他对调查提供的帮助。尽管有些受访者确实是因为可以获得礼品而接受访问。但是，单纯依靠礼品去激发受访者接受访问的动机是不可靠的，对于那些生活水平较高的城市居民来说，小礼品根本看不上眼。因此，激发受访者接受访问的动机，更多的是需要访问员耐心地向受访者说明和解释调查课题的意义和目的，使他认识到调查课题与每个人有着密切的关系，并且他的意见和看法不仅代表他个人，也代表一大批人的观点，使他具有荣誉感和责任感。

访问员与受访者一经接触就开始了交往，并构成了两人之间的暂时关系。这种交往关系与一般团体中的社会交往和人际关系是不同的，它是一种暂时的，人为造成的关系，并不是由于工作、学习，或者由于双方需要而产生的，至少在访问一开始是这样的。在访问过程中，访问员与受访者的交往表现为繁杂性与暂时性。访问员交往的对象几乎包括社会上各种职业、各种性格和不同年龄的人。因此，他在处理与受访者的关系时不能按照一个固定的模式进行，需要根据不同的时间、地点、对象等情况，分别采取不同的方法。在交往中，访问员的语言表达能力、表情、态度、知识程度以及社会文化背景都将影响交往的顺利程度。如果访问员没有比较强烈的动机，不明白访问对象的繁杂性，就会使交往发生障碍。访问员与受访者的交往是暂时的，随着访问的结束，两人的交往也就结束了。

访问员与受访者之间的交往首先表现为非语言交往，这种交往的形式主要有目光、表情、服饰、时间和空间等。目光接触，是人与人之间最传神的心灵沟通。在谈话开始前或者谈话过程中，访问员应该注视说话者，表示专心和兴趣，东张西望既显得心不在焉，也是对受访者不礼貌的行为。但也应注意不要长时间凝视对方，尤其在异性之间。目光的正视与否也显示出一个人的态度，正眼看人，显得坦率诚恳；乜斜着眼，是轻蔑鄙视的表现；凝视对方显得胸有成竹或紧追不舍；不住地上下打量对方则是含挑衅性的无礼表示。人的表情是内在态度的反映，面带微笑，使人乐于接近；双眉紧蹙，面部肌肉绷紧，使人感到冷漠和孤傲，不敢接近。访问员在与受访者交谈时，面部表情要对与受访者的谈话起到配合和呼应的作用，使他感到你是他的"知音"。例如，紧张时睁大眼睛，幽默时发出会心的微笑，伤感时轻轻叹息。但是应该注意这种表情不应是故意夸张或假装的，否则对方会感到受到了愚弄。服饰往往也反映了一个人的个性，在不同的场合，人们选择特定的服饰表示其态度。在访问时，访问员的服饰应该整洁、大方，并根据不同对象、不同地点选择自己的服饰。例如，到农村去调查就不宜穿着笔挺的西装，对老人、干部进行访问时，服饰的特点应该庄重、大方、朴素。因此，服饰不仅是为了外表的美观，也在于显示对交往的重视和诚意，并借此缩短访问员和受访者的心理距离。从时间和空间来说，访问员应该预先约好时间，并准时前往。既不要太早，以免对方有其他事情需要处理，更不要迟到，这是不礼貌的表现。访问员与受访者在交谈时可以根据不同的对象保持恰当的距离。对于老人可以靠得近一些，以示对老人的亲近；对于异性的年轻人则应保持一定的距离，不要过于接近，以免引起对方的反感。总之，访问员应该注意交往空间上的分寸感，既不要使人讨嫌又不令人感到疏远。

上述各种非语言交往形式在访问员和受访者暂时的人际关系中就是两人

之间的相互认知，它是访问员与受访者之间相互沟通的重要环节。由于访问员与受访者的关系是短暂的，因此他们之间的相互认知主要是通过首因效应，即访问员和受访者分别给予对方的第一印象。从社会心理学来说，**首因效应或第一印象就是人的直觉**。它是一种经验的反应，是以人们获得的知识和累积的经验及由此形成的观念、审美标准等为依据，对刚接触到的事物和个人做出的直观判断。由于访问员和受访者不可能通过长期、深入的交往来了解对方，因而只能依靠直觉来判断对方。因此，首因效应或第一印象对于访问能否取得成功是很重要的。受访者主要从访问员的衣着、举止、仪表、甚至性别来判断访问员的品行，有的还要根据访问员的年龄、性别、学历、以及派出单位来决定自己应该采取的态度。例如访问员来自重点大学还是一般大学，是政府有关机构还是一般研究单位派出等都会对受访者产生影响。同样，访问员也要根据受访者的外貌、举止、甚至家庭的装饰来判断受访者的性格特征、工作性质和兴趣爱好，采取适当的访谈方法。一个优秀的访问员要有合乎自己身份的衣着、举止，以便一开始就给受访者一个健康、大方、懂礼貌、有知识的印象。同时也要善于观察周围的环境和受访者的行为举止，藉以了解受访者的脾性、爱好等。

在访问过程中，访问员还要做到边谈话、边思考。访问技术很大程度上表现在访问员的紧张思考中，即使在一般的问卷访问中也是如此。一般来说访问员在问卷调查中要考虑两个问题：一是想一想受访者提供的情况有无前后矛盾的地方，二是要考虑受访者提供的情况中，有没有对研究有重要价值的典型资料（如果要进行个案调查的话）。访问员还要做到当场弄清要点。在访问时，访问员要根据问卷上的调查项目一一发问，对于数字、事实情况、个人态度等重要资料要求当场弄清，绝不能含糊其辞。如果访问员没有听清楚，或者受访者表达不清，可以用追问的方法澄清。访问员要掌握访问的主动权。在访问时，经常会碰到一些受访者讲话时滔滔不绝，离题太远，访问员在适当的时候，要采用委婉的方法将话题引到主题上，但自己又不可多话，不能喧宾夺主。对于不善言谈，沉默寡言的受访者，则要加以引导，从受访者感兴趣的话题着手，活跃谈话气氛，然后再"言归正传"。

>> 8.3 调查研究的组织和管理

调查研究中很多是大样本调查，少则几百人，多则几千人甚至上万人。有些调查要跨地区、跨省市、甚至跨国家。因此，调查研究的组织和管理会直接影响到调查的实施和质量。调查研究的组织和管理主要涉及以下工作：访问员的选择和培训，调查研究的组织工作，调查研究的质量管理。

8.3.1　访问员的选择和培训

访问员代表研究机构和研究主持人，直接与访问对象接触，收集第一手资料。无论是当面访问法还是个别发送法，都有许多访问员共同参加调查研究工作。因此，在调查以前要选择合适的人员作为访问员并加以训练。

访问员必须符合访问工作的要求。根据我国的情况，访问员除了必须了解我国有关调查研究的法规，遵守国家的法律之外，还有个人品行和性格、学历和能力、仪表和地区、年龄和性别四个方面的要求：

第一，品行和性格。在调查研究中，访问员的品性是最为重要的，直接影响到调查研究的质量。访问员要具备诚实认真、吃苦耐劳、勤奋负责、尊重他人的优秀品德。访问员承担的资料收集工作实际上是一项艰苦的、甚至是枯燥的劳动，有时还要在比较艰苦的环境下工作，如果不具备这样的品德，资料的收集工作就无法完成。要严格杜绝作弊、造假等现象。同时，访问员又是一项与人打交道的工作，最好具备活泼大方、积极主动的性格。在与访问对象的接触中，要尊重被调查者，要遵守基本的行为规范，举止要稳重，语言要文明，待人要有礼貌。

第二，学历和能力。按照我国的情况，访问员至少要具有高中教育水平，有良好的语言表达能力、理解能力、沟通能力和交往能力，并且了解心理学、社会学、统计学等方面的基本知识。调查研究的资料收集工具主要是问卷和量表，没有一定的教育水平和基本的专业知识，就不能理解问卷或量表中的问题和概念，无法就调查过程中遇到的问题向访问对象进行具体的解释。同时，良好的语言表达能力和沟通能力是社会交往能力的基础，一个优秀的访问员要具有"说服力"，即在困难的条件下，能够"说服"访问对象接受和配合调查。要善于与不同的人交往，其中包括不同年龄、性别以及不同文化程度、职业的人。

第三，仪表和地域。访问员要与许多人接触，他给访问对象的第一印象是非常重要的，而第一印象往往是通过仪表传达的。因此，访问员外貌要端庄，服饰要大方得体。服饰要与当地的一般生活水平相适应，过于奢华或过于寒酸的服饰都会对调查研究带来不利的影响。例如，到农村去调查，如果服饰过于时尚，恐怕很难取得被调查者的信任；同样，如果你要去调查一个成功人士或上流社会的人士，穿着过于寒酸，会给人一种对人不礼貌、不尊重的印象。由于各地的语言和生活习惯或风俗习惯有很大的区别，因此聘用的访问员最好是当地人。由当地人担任访问员在语言交流上不会有障碍，而且对当地的生活习惯或风俗习惯比较了解，不会发生一些比较尴尬的事情从而影响到调查任务的完成。例如，在大城市进行入户调查时，要预约，进门要换鞋，而在农村调查，即使在你看来茶杯有污垢，受访者倒茶给你喝，你也得喝两口。

第四，年龄和性别。要根据具体的社会调查课题确定访问员的年龄和性别。一般来说，对于恋爱、婚姻问题的调查，以女性或者已婚妇女作为访问员较为合适；对于政治类、经济类的调查以男性访问员为好；对于青年人的调查最好是青年人去做；对于老年人的调查，最好是年龄稍大一些的访问员；女性访问员会给访问对象更多的安全感和亲和力。

在调查中我们会遇到不同的调查对象，不太可能完全根据调查对象的特点选择不同类型的访问员。因此，根据以上要求，一些调查研究专家根据自己的调查实践经验认为，如果没有其他条件，访问员队伍一般以40岁左右、高中及以上教育程度的当地女性为主体。

此外，访问员还要遵守保密规则，不得泄露调查资料，不能擅自利用调查资料作研究以外的用途。访问员还要有一定的社会经验、工作经验和灵活处理问题的能力，要了解受访者所在地区的一般情况和地理环境。访问员应当在访问地区里没有发生过任何法律纠纷或其他纠纷。

如果要建立专职访问员队伍，要经过认真的筛选，一般要经过审查、初试、复试、试用四个阶段，然后才能成为正式的访问员。

访问员的人数主要根据样本的大小、问卷的长度和难度以及工作时间来决定，例如样本数为1 000个，每个访问员一天访问的个案是5个，工作时间为10天，则需要20位访问员。但在具体选择和训练时要略多一些，一是在训练过程中，有的人因不适应而被淘汰，二是在具体访问时，有的人可能由于健康原因或对工作不感兴趣而中途退出。

访问员确定以后，还要对其加以训练，让他们掌握访问工作的一般知识和技术。访问员的训练主要包括五个方面：

第一，介绍研究课题及研究组织。要向访问员说明研究的目的和意义，研究课题的理论结构、假设或研究设想、研究方法、研究对象、研究范围、研究计划，以及访问的组织安排，例如工作步骤、时间安排、工作要求、工作量和报酬等。

第二，讲授调查研究方法和技术的基本知识，其中包括访问技术、资料鉴别方法等，例如进门方法，怎样自我介绍，如何取得被调查者的信任，如何提问，提问中要注意的问题，怎样检查问卷资料中的逻辑错误，怎样确定资料的真实性，以及社会学、人际交往、访问心理学、统计学的基本常识等。

第三，组织访问员仔细讨论问卷、熟悉问卷。要向访问员介绍问卷的结构，设计问卷的指导思想，并对问卷的主要调查项目和主要概念进行详细的解释，并要求他们对问题可能产生的疑义展开讨论，取得统一认识。力求使访问员做到非常熟悉问卷的内容。此外，还要组织访问员学习访问手册、访问须知等。

第四，组织模拟访问或实习访问，让访问员在具体访问过程中学习访问方法，以及处理特殊情况的办法。例如，可以让访问员相互扮演被调查者的角色，设想一些在访问中可能遇到的问题，进行模拟访问。当然，也可以在一部分访问对象中进行实习访问，根据模拟访问或实习访问中发现的问题，进行总结和讨论，并在集思广益的基础上，提出解决问题的办法。

第五，说明组织管理制度和方法。其中包括：访问员的分组和组长，督导制度，集中交流时间，资料检查和复核的要求和措施，研究主持人、督导、组长和访问员之间的联系方法和访问员的自我保护等。*

访问的训练时间，可以根据调查课题的性质来决定，要考虑研究规模，研究难度以及调查课题的重要性等。例如，对于那些有关社会心理、社会价值等涉及人们主观态度的研究，对于罪犯、吸毒人员、同性恋等一些具有特殊生活经历的人的调查，访问员的训练时间应该更长一些，要求也更高一些。

选择和训练电话访问的访问员还有一些特殊要求。要求口齿清楚、语气亲切、语调平和，普通话要达到一定的级别。要训练电话访问员掌握随机拨号的方法，** 以及如何使用电话录音，如何记录，遇到一些特殊问题应该如何处理等。

8.3.2 组织工作

调查研究的组织工作主要包括内部组织工作和外部组织工作。内部组织工作主要是建立组织体系和组织管理制度。大规模的调查研究将会有很多访问员参加，需要分为几个调查小组，每个小组指定一个组长，负责调查小组的管理工作。访问员按就近原则分配，即访问员住的地方应该比较靠近其所负责的调查点，一方面可以节约成本，另一方面也方便调查。调查小组的性别要保持平衡，以适应不同的调查对象。每个调查区域要设立专门的督导，检查问卷调查的质量和进度，协助研究主持人解决调查中碰到的问题。组织管理制度主要包括问卷调查的质量监控制度、奖惩制度、报酬分配制度，以及时间安排、调查进度的监控方法、联系方法等。例如，在奖惩制度、报酬分配制度中要具体规定访问员的工作量和质量要求及报酬和必要的津贴，对于一些优秀的访问员要给予适当的奖励，对于调查质量不高、工作态度不认真或者发现作弊、作假等行为要给与一定的处罚，其中包括经济处罚，对那些严重影响调查质量的访问员，不仅不给付报酬，而且还要他在经济上做出赔偿。大规模的调查研究，访问员根据需要每过一段时间集中讨论访问中可能出现的问题，提出解决问题的办法，检查收回已经调查好的问卷，并根据调查的实际情况，对访问员进行合理的调整。

外部组织主要是联系各个调查点，做好最后阶段的抽样工作。大规模的抽样调查比较分散，调查点可能散布在一个城市、一个地区的许多地方，能否做

* 在我国社会分化相对严重的情况下，访问员尤其是女性访问员一定要注意自我保护，在一些偏远地区或治安不良地区可以由两人进行访问，或配备防身装备。

** 如果是采用电脑辅助电话访问法，还要求他们掌握相应的电脑操作方法和程序。

好联系工作并进入调查点是实施抽样调查的最后的关键工作。在中国进行抽样调查是不能离开地方组织的，例如在城市进行调查就要和区政府、街道、居委会联系，取得同意之后，在他们的配合、协助下才能展开调查。联系的办法通常是通过正式组织，例如由调查课题所在组织（学校、研究所）出具正式的介绍信，由专人到有关部门或组织去联系。如果遇到困难的话，还可以通过私人关系、上级组织去联系。一般资历比较深的项目主持人都会有一些可以利用的社会资源，例如已经担任一定行政领导工作的同学或学生，或者曾经进行合作研究的省、市一级单位。

8.3.3 质量管理

虽然在资料的整理阶段要进行问卷资料的质量审核，但这毕竟是一种事后的质量检查，如果发生大面积的质量问题是很难补救的。因此，在调查研究过程中就要进行质量管理。调查研究过程中的质量管理主要是依靠访问员自行检查和组长以及督导的检查。具体做法是：组长和督导要严格按照抽样方案在调查点上抽取样本；一份问卷调查结束之后，访问员最好当场对问卷中的重要资料进行检查，发现问题马上修正；每隔几天组长和督导要对所在小组或调查区域已经调查完的问卷进行复查；督导还要随机跟随访问员进行调查，以便发现访问员在调查过程中存在的问题；项目主持人和督导要对调查点和访问对象进行随访，听取他们的意见；在访问员集中时，要对回收问卷再进行检查。

思考与练习

1. 根据图 8-1，试述问卷设计的逻辑过程。

2. 问卷结构包括哪几个部分？

3. 根据表 8-1，分析封面信所包括的具体要素。

4. 如何做到答案设计的互斥性和穷尽性，请选择一个问题试作答案分类。

5. 如何设计问卷中的编码和栏码或编码序号？

6. 简述问卷设计的基本原则和步骤。

7. 问卷中的问题用语要注意哪些问题？

8. 请根据"中国妇女社会地位"中"婚姻家庭"的下列指标："平均初婚年龄；女性自主择偶程度及婚姻决定权；家庭事务的决定与参与；夫妻家庭关系的性别倾向"设计一份问卷，问题是封闭式的，包括编码和栏码。

9. 请选择一个 30 人左右的班级，测量和分析该班级的群体关系（请参考第 8 章"参考阅读"）。

10. 问卷访问要注意哪些问题？

群体关系测量

群体关系测量也称为社会计量法或社会交往网络分析，是美国心理学家 J.L. 莫雷诺在 20 世纪 30 年代发展出来的，用于测量某一团体中人与人之间相互吸引或拒斥的关系，研究群体内部的人际关系与群体结构。现在已成为社会网分析尤其是整体社会网络分析方法的重要基础。本章仅介绍群体关系测量的基本方法，不涉及现代社会网络理论和方法。

群体关系测量是一种比较简单的问卷调查方法，主要是对一个特定的、规模比较小的群体或组织进行调查，根据收集的资料进行分析，用来进行组织诊断、领袖评价、士气考察等应用性研究，是一种较为独特的社会测量方法。

一、研究设计

群体测量法的研究设计比较简单。首先要确定研究目标，大多数群体关系测量主要是进行组织诊断。例如，一个老师发现他所带的班级非常松散，同学之间经常发生争吵，班级内部分为几个小团体，班级干部在学生中没有威信，有不少同学游离于集体之外，他就可以在班级内进行调查，测量同学之间的相互关系。根据资料分析班级内部有哪几个小团体，是由哪些同学组成的，小团体中的领袖人物是谁，小团体之间的交往是怎样的，或者通过哪个同学和小团体之间发生联系，班级的群体结构属于哪种类型等。然后采取相应的办法改善同学之间的关系，增强班级的凝聚力。其次，要确定具体的研究对象。群体测量方法的研究对象主要是边界很清楚的规模比较小的群体或组织，例如班级、车间、小组、工作部门等。从群体的性质来说，一般可以分为休闲性团体和工作团体（学习团体），例如兴趣小组、工作部门、班级等。第三，设计问卷。群体关系测量是实名调查，要求被调查者在问卷中填写自己的姓名、性别、具体工作等基本资料。问卷中的问题比较简单，主要是采用"提名法"，要求被调查者根据问题在群体内部选择他最喜欢或者最不喜欢的成员。问题设计的原则主要是：第一，测量指标是什么，需要多少个指标；第二，允许选择的成员数量；第三，群体的性质。

例如，针对一个中学班级的群体结构研究，我们可以设计如下指标或问题，要求被调查者在本班内部选择三位同学，并填写他们的姓名和性别（表 1）：

表 1 中的第二题和第三题主要测量同学之间的情感关系或网络，第一题和第四题主要测量同学之间的求助关系或网络。笔者曾经在一个规模较小的班级（19 人）测量他们的群体结构，只问了一个问题："如果我们要外出旅游，你喜欢和哪些同学分在一个小组"，要求他们最多选择三位同学，并填写他们的姓名和性别。

问题及其回答也可以采用"否定"的形式，如"当你学习碰到困难时，你最不愿意求助的同学是谁，请写出最不愿意、第二不愿意、第三不愿意的三位同学姓名和性别。"但是，采用"否定"式问句和回答要非常小心，因为这容易对被调查者产生压力和疑虑，也容易使同学之间产生误会，一般不采用。"否定"式问句和回答可以直接测量群体成员之间的拒斥关系，但如果要采用，也要变换提问的语句，要使言辞相对婉转一些。例如，"哪些同学在你学习困难时，你获得他们的帮助不是很多？"

表1　群体关系测量问卷举例

本人姓名_____性别_____

指标或问题	最喜欢		第二喜欢		第三喜欢	
	姓名	性别	姓名	性别	姓名	性别
当你学习碰到困难时,你会向哪些同学寻求帮助						
如果重新安排座位的话,你喜欢和哪些同学坐在一起						
如果我们要外出旅游,你喜欢和些同学分在一个小组						
如果你被同学欺负了,你会向哪些同学寻求支持						

二、实施

研究者将设计好的问卷或调查表发给被调查者，让他们填写。在实施过程中要注意以下几个问题。第一，限定收集资料的范围，即明确规定群体的范围，要求被调查者在规定的范围内选择适当的对象。测量时，最好要求被测量群体全体成员都在现场，这样就可以避免出现以下情况：一个缺席的群体成员仍然被一些成员选择，但是缺席者无法选择群体中的任何人。第二，正式测量前，研究者可以向被调查者提示测量目的，例如为了重新分组或者为了重新安排座位。在一般情况下不告诉被调查者测量的真正目的。这样做一方面可以使被调查者认真参加测量，填写问卷，另一方面可以使被调查者保持比较客观的立场，不会因为知道测量是为了分析本群体的人际关系而产生压力。第三，要求被调查者在填写时独立选择，不要相互讨论，不要把自己的选择结果告诉给任何人，要相互保密。因为这样的实名测量会影响到群体的人际关系。为了有效地达到上述要求，研究者最好准备一份精心设计的开场白，说明测量的目的和要求。以下是一份针对一个中学班级测量的开场白：

同学们，我们最近要组织一次春游活动，为了使这次活动能够顺利进行，让同学们充分感受活动的愉快，我们将把班级分为几个小组。同学们可以在发下来的表格上填写你喜欢和他们分在一个小组的三个同学，并在"最喜欢""第二喜欢""第三喜欢"下面填写他们的姓名和性别，我尽可能地把你和你所选的三个同学或者其中一两个同学分在一起。当然，你也可以只选择一个或两个同学，甚至一个也不选择。今天不在的同学，如果你喜欢的话也可以选择。

希望同学们在填写过程中不要相互商量，不要把自己的选择结果告诉其他同学。因为你将来的小组同学中，也许他选择了你而你没选择他。我想你不会希望他知道你当初没有选择他。填完表后，请折叠起来直接交上来，不要请其他同学传上来。

三、资料整理和分析

资料整理和分析的具体方法主要有：编号、表列法、图示法、统计分析。

1.编号

资料整理的第一个步骤是对全部被调查者编号，编号时最好把男性和女性分开，即男性集中在前面，女性集中在后面，也可以相反；所有的选择结果也以编号的形式出现，并以"一""二""三"表示的"第一选择""第二选择""第三选择"。以下是笔者在一个19人班级中测量得到的选择结果，其中1—13为女生，14—19为男生（表2）。

表2　原始资料整理举例

编号	选择次序 一	二	三
1	2	11	3
2	1	10	6
3	11	4	13
4	11	5	13
5	6	4	10
6	5	2	10
7	8	12	9

编号	选择次序 一	二	三
8	12	7	
9	10	7	3
10	9	6	19
11	13	4	1
12	8	7	9
13	11	4	1

编号	选择次序 一	二	三
14	19	16	15
15	14	19	18
16	14	19	10
17	15	6	19
18	19	15	16
19	15	18	14

2.表列法

表列法就是把被调查者的选择结果填写在一张 $n \times n$ 的表上，即社会矩阵表。在填表时"第一选择"用"1"表示，"第二选择"用"2"表示，"第三选择"用"3"表示，如果是相互选择的话，在数字上画圈表示，只要根据原始资料在相应的地方用"1""2""3"表示选择次序即可，例如，1号被调查者第一、二、三选择分别是"2、11、4"三位同学，只要在被选一栏的被调查者编号下的空格内用"1、2、3"表示即可，全部完成后，如果发现互选的就在相应的数字上画圈。根据表2资料绘制的社会矩阵表（见表3），对角线两半可以清楚地看出相互选择的情况。初步分析，可以发现这是一个非常团结的群体，19人的班级，互选对数有20对，可能存在三个相互联系的小团体。

3.图示法

图示法就是根据社会矩阵表的资料绘制社会网络图或社群图。图中每个带圈的数字表示一个群体成员，他们之间的选择用单向箭头或双向箭头表示，单向箭头表示单选，双向箭头表示互选，箭头所指为被选择者。绘图时应将受选次数最多的成员放在中间位置，受选次数很少甚至没有的，一般放在最外面，尽量减少线条的交叉。图示法能够形象地显示群体结构以及群体内人际交往，但是对于比较大的团体，例如50人以上的团体，手工绘制社会网络图就比较困难，需要借助专门的软件在计算机上完成。图 1 就是根据表 3 的资料绘制而成。

表 3　社会矩阵表举例

主选＼被选		1	2	3	4	5	6	7	8	9	10	11	12	13	14	15	16	17	18	19
		女 生													男 生					
女生	1		①		3							②								
	2	①					③				2									
	3				2							1		3						
	4					②						①		③						
	5				②		①				3									
	6		②			①					③									
	7								①	③			②							
	8							②					①							
	9			3				②			①									
	10						②			①										3
	11	③			②									①						
	12							②	①	3										
	13	3			②							①								
男生	14															③	②			①
	15														①				③	②
	16										3				①					2
	17						2									1				3
	18															②	3			①
	19														③	①			②	
第一选择		1	1	0	0	1	1	0	2	1	1	3	1	1	2	2	0	0	0	2
第二选择		0	1	0	4	1	2	3	0	0	1	1	1	0	0	1	1	0	1	2
第三选择		2	0	1	1	0	1	0	0	2	3	0	0	2	1	1	1	0	1	2
总计		3	2	1	5	2	4	3	2	3	5	4	2	3	3	4	2	0	2	6

　　图 1 显示这是一个联系很紧密的小群体，群体成员之间的串联和互选很多，如果从串联的情况分析，该班是一个非常团结的小团体，但是又可以分为以 19 号学生和以 4 号与 10 号为主的两个核心团体，以及以 9 号为主的边缘团体，其中 19 号、4 号、10 号三位学生是该班的领袖人物（实际上三位学生也是班级的主要干部）。17 号学生相对来说是一位比较孤立的学生，虽然他希望与 6 号、15 号、19 号学生发生联系，但是没有一个学生愿意选他。3 号学生因为有 9 号选他，才免于孤立的尴尬。9 号与 10 号具有比较密切的关系，从而使以 9 号为主的小团体能够与班级中的核心团体联系在一起，一旦两人关系破裂，群体就会发生分裂。男生与女生因为 19 号、18 号、16 号与 10 号之间的串联而保持一定的联系，但是相对来说，男女生之间的联系还不是很紧密。由于群体中存在相对独立的小团体和三位领袖人物，该班级是一个具有活力的群体。

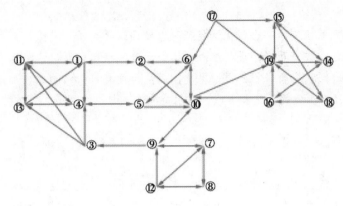

图 1 轮状型小团体结构举例

按照小群体的社会网络图，可以分为轮状型、星状型和链状型三种类型。其中轮状型小群体最富于活力又非常团结，是多元但又相互联系的团体。图 1 中的小群体特征接近于轮状型团体。其次是星状型（见图 2），小团体犹如星座分布在群体之中，小团体之间有一些联系，但不是很紧密，有的甚至没有联系。最为松散的是链状型团体（见图 3），群体成员之间的联系好像链条上的一个一个链环，也有一些小团体存在，但是相互之间的联系非常松散，没有领袖人物。

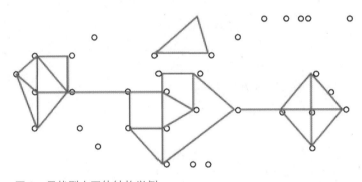

图 2 星状型小团体结构举例

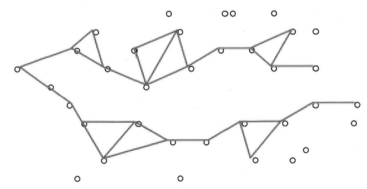

图 3 链状型小团体结构举例

　　根据社会网络图判断一个群体的特征可以参照以下经验：首先，如果图中显示有小团体，但小团体之间很少互选，说明这个群体处于分裂状态；其次，单选多、互选少，说明群体成员缺少时间和机会进行沟通；再次，散乱而没有核心人物或领袖人物的群体是松散的群体；最后，有大量的互选和串联，显示群体内人与人之间有较好的关系和理解。

　　小团体、领袖、互选（对偶）、串联、联络点和孤独者是分析社会网络图的基本要素。

　　小团体由三人以上的群体成员组成，成员之间具有互选或连续单选的封闭关系。小团体是群体内的非正式团体，是群体具有活力的表现。但是，如果小团体之间缺少沟通或处于对立状态，群体将会分裂。

　　领袖或意见领袖，是指群体中最有影响的成员，通常是被10%以上成员提名的人，因此领袖往往是被选次数最多的人。有些情况下，领袖的被选次数虽然不是很多，但是选他的人多是小团体的核心人物。

　　互选（对偶），是指相互选择的一对成员。群体的整合程度越高，互选的对数也越多。

　　串联，三人以上的连锁关系，是群体的凝聚要素。串联分为单选串联和互选串联，互选串联更能反映成员之间的密切关系。串联数量越多，群体的凝聚力越大。

　　联络点，群体内两个小团体之间的中介，是联系两个小团体的桥梁。如果群体内的联络点过多，会增加小团体相互沟通的困难。

　　孤独者，既不选他人，又不被他人所选的群体成员。孤独者一般游离于群体或小团体之外，群体内的孤独者越多，群体的松散程度越高。有关社会网络图要素示例见图4：

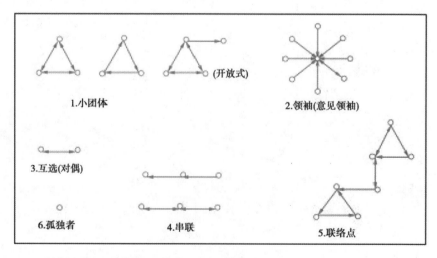

图4　社会网络图要素示例

4.统计分析

群体关系分析还可以运用选择次数分布、互选分布、互选成对数、男女互选情况、小团体分析等简单的统计方法，分析群体成员之间的关系和群体特征。根据表3资料，该班的统计分析情况如下（表4）：

表4 简单统计分析举例

表A 选择次数分布

被选次数	男	女	合计
0	1	0	1
1	0	1	1
2	2	4	6
3	1	4	5
4	1	2	3
5	0	2	2
6	1	0	1
合计	6	13	19

表B 互选分布

互选数	男	女	合计
0	1	1	2
1	1	0	1
2	1	8	9
3	3	4	7
合计	6	13	19

表C 互选成对数

男-女	男-男	女-女	合计
0	6	14	20

表D 男女互选情况

1 男被1 女所选	1 女未得到回应
2 女被2 男所选	2 男未得到回应

初步统计分析表明，该班是一个非常团结的群体，绝大多数同学都能被他人所选，互选数的比率也很高，但是男生与女生之间的交往还需要加强。

如果按照连续单选的标准衡量，该班很难说存在小团体（也就是说这个班级本身是一个联系紧密的团体），若按照互选的标准衡量，也只能说存在两个联系较为密切的小团体。从选择情况看，两个小团体都是开放式的，不仅存在大量的小团体内的互选或单选，而且还有对外团体的选择。同时两个小团体在群体中的地位差不多，根据他组选择情况分析，女生小团体的影响相对较大，这或许是因为该班的女生占多数（见表5）。

对于群体关系分析除了以上方法之外，还有指数分析方法。例如，与个人地位有关的个人选择积极性指数、重视指数、受选指数、高选择指数和低选择指数、被选和被斥指数等；与群体特征有关的团结指数、凝结指数、调和指数、小团体向心或离心指数、小团体吸引力指数等。更为复杂的计算，则要利用专门软件进行分析。

表5　小团体分析举例

小团体分析（按照互选关系分类）：

第一组：男（0）　女（12）	第一组：男（5）　女（0）
1	14
2	15
4	16
5	18
6	19
7	本组有1人选择他组1次
8	他组有2人选择本组3次
9	
10	
11	
12	
13	
本组有1人选择他组1次	
他组有3人选择本组5次	

9

实地研究

实地研究（field research）也叫实地调查、田野调查。与"调查研究"方式相对应，实地研究是一种质性研究方式，在文化人类学研究中得到广泛的应用。实地研究的特点在于研究者必须长期生活在被研究者的生活环境中，甚至作为其中的一员与被研究者共同生活，通过观察、访问等方法收集有关资料，根据对调查资料的质性分析揭示被研究对象生活方式以及行为方式背后隐藏的"文化"或"价值"。实地研究的具体方法主要是参与观察（包括完全参与、非参与和半参与三种形式）、半结构或无结构访问等。实地研究能够收集到比较详细、深入的资料，在现场观察社会行为的具体表现和过程，深刻"理解"被研究对象的价值观念和行为方式，从而在一定程度上再现社会生活的"原生态"。与调查研究相比，实地研究适用于对社会现象的过程进行深入了解，尤其是在自然环境下研究人们的态度和行为的变化过程。由于是在现场观察集体行动的发生和发展，所以能在完全直接观察的基础上对研究对象进行深刻的思考。但是，实地研究得出的结论是否具有普遍性是一个有争议的问题，并且它所收集的资料的准确性、客观性会受到研究者的主观因素的影响，它所获得的"事实"实际上也是"建构性"的。实地研究方式最早用于文化人类学对于原始部落和土著居民的研究，20 世纪 30 年代以来，以费孝通为代表的中国社会人类学家把实地研究方式用于中国现代社会的研究，开创了实地研究新的空间。实地研究比较适合描述性的科学研究，它在"建构"新的理论方面有独到之处。在实地研究中，研究者一般应保持中立立场，在被观察团体中充当普通角色，不卷入被观察团体内部的是非之争。

>> 9.1 实地研究的单位

实地研究通常是以一个社会实体，如个人、社区、组织或群体作为自己的研究对象，通过观察和半结构或无结构访谈方法收集资料。从广义上说，实地研究是以个案作为自己的研究对象。个案既可以是单个的个人、事件，也可以是一个社会群体、组织和社区等。由于实地研究很多是在一个社区里进行的，在社区里进行有关个人、事件、群体、组织等方面的研究，因此，也可以把实地研究单位分为个案研究和社区研究。

9.1.1 个案研究

为了能够区分个案研究和社区研究，本书从狭义的角度界定个案研究，即把个案看作是单个的个人、家庭（家族）、群体、组织和事件。因此，个案研究主要是对个人、家庭（家族）、群体、组织和事件的研究。个案研究可以通过长期的观察和深入的访谈，获得非常丰富、详细、具体的资料，能够再现事物发展的全过程，或者作为事件发生的观察者，直接描述事件的全貌及全过程，并能在个案分析的基础上，运用理论分析方法进行解释或者诠释，也可能发展出一种新的理论。多数实地研究中的个案研究是以个人为对象*，通常进行详细、深入的个人生活史研究，从中发现发生在个人或家庭的重大生活事件对个人生命历程的影响，以及重大生活事件和社区、社会之间的关系。早期的个案研究主要针对的是具有特殊生活经历的个人，例如，罪犯、性格偏异者或精神病患者，是"个案诊断"的一种方法。包括个案诊断在内的个案工作是现代社会工作的主要方法之一。现代个案研究已不再局限于具有特殊生活经历的个人，根据研究课题的性质和目的，任何个人都有可能成为个案研究的对象。

> * 在企业管理学中，也有以企业为对象的个案研究，为"企业诊断学"的发展奠定了基础。

9.1.2 社区研究

很多实地研究成果实际上都是以社区为单位的。例如，早期美国社会学家林德夫妇（Robert Staughton Lynd & Helen Merrell Lynd）在美国印第安纳州曼西进行的"中镇"（*Middletown：A Study in Modern American Culture*）研究就是实地研究的典范。还有美国社会学家怀特（Willian Foot Whyte）运用参与观察的方法对波士顿意大利贫民区团伙青年的研究《街角社会》（*Street Corner Society：The Social Structure of an Italian Slum*），美国社会学家利博（Liebow，也译列堡）对居住在华盛顿特区低收入黑人的研究《秦利的街角》（*Tally's Corner：A Study of Negro Streetcorner Men*）** 等，都是以社区为单位的实地研究。在文化人类学领域中，几乎所有的研究成果都是以社区为单位的实地研究。我国著名社会人类学家和社会学家费孝通的重要研究成果《江村经济》也是以社

> ** 本书已由重庆大学出版社引进出版。

区为单位的。因此，社区研究是实地研究最重要的形式。

社区研究基本上属于综合性研究。一般来说，实地研究中的社区往往经历了较长时间，具有一定的历史积淀，这样的社区会形成自己的行为方式和价值规范。那些刚刚形成的居民小区实际上还没有成为真正意义上的社区，除非你想研究一个社区是如何形成的，那么在小区刚建立时就进行跟踪研究，经过若干年的观察，也许会发现一个社区是怎样"建构"的。因此，无论是社会学还是文化人类学中的社区，绝不仅仅是人们居住的空间。社区实际上是一种生活方式的综合反映，是一种行为方式和价值规范的集合。因此，社区研究，尤其是文化人类学的社区研究，有不少是综合性的。它在长期观察和深入访谈的基础上，反映这个社区的地理、经济和历史概况，同时也详细描述社区内部或社区之间人与人的关系、社区生活状况等。例如，林德夫妇的"中镇"研究，绪论中简单地介绍了"中镇"的地理环境、人口、经济以及历史背景，分章阐述了"中镇"居民的工作与劳动、家庭与婚姻、子女教育、闲暇活动、宗教仪式以及社区活动等。费孝通先生的《江村经济》详细论述了"江村"的地理环境、人口与经济、家庭、财产与继承、亲属关系的扩展、户与村、生活、职业分化、劳作日程、农业、土地占有、蚕丝业、畜牧业、贸易、资金以及土地问题，涉及"江村"社会生活的方方面面。费孝通先生的叙事框架，有的学者认为"直接来自马林诺夫斯基"（王铭铭，1997：32）。也有一些实地研究是专题性的，例如，20世纪末和21世纪初，一些青年学者对中国农村的实证研究就属于这样的类型，其中，比较著名的有华裔学者阎云翔《私人生活的变革：一个中国村庄里的爱情、家庭与亲密关系》《中国社会的个体化》，应星的《大河移民上访的故事》，于建嵘的《岳村政治》等。

>> 9.2　实地研究的过程或步骤

实地研究的步骤主要是：选择调查点或调查对象，进入现场或者取得进入现场的资格；进入现场并与当地人建立友好关系；收集和分析资料以及撰写研究报告等。

9.2.1　选择调查点或调查对象

研究课题确定之后，一个非常重要的问题就是选择调查点。正如我们在前面指出的，实地研究基本上是以描述和解释某一特定文化和生活方式为目的，因此实地研究的调查点多数是社区，用于实地研究的社区最好是比较完整的，具有一定的历史和生活积淀。

调查点的选择大多根据研究者的个人判断和课题的性质进行选择。从一些实地研究来看，有的选点是按照方便、熟悉的原则，有的是根据调查点是否具有一定的代表性。例如，费孝通先生的《江村经济》选择自己的家乡江苏吴江县（现为吴江市），在庙港乡开弦弓村进行调查研究，就是因为比较熟悉，语言相通，容易得到村民的帮助，并且可以充分利用他姐姐费达生个人的声望（费老的姐姐在当地帮助农民建立生丝精制运销合作社，从事技术推广工作，在村民中有极高的威信）。同时，费老认为"开弦弓村是中国国内蚕丝业的重要中心之一。因此，可以把这个村子作为在中国工业变迁过程中有代表性的例子"。"由于自然资源极佳，农业发展到很高水平。有关土地占有制度在这里也有特殊的细节。开弦弓村将为研究中国土地问题提供一个很好的实地调查场地。"由于广泛地使用水上交通，与华北农村截然不同，因此"我们就能够通过典型来研究依靠水上运输的集镇系统"（费孝通，1986：18-19）。林耀华先生的《金翼》也是在自己家乡进行调查，并且研究的是从小就与林老有密切关系的两家人的生活，实际上就是林老自己的亲身体验，是自己家乡和家族的历史（林耀华，1989：著者序2页）。当代文化人类学家阎云翔的《礼物的流动》，是作者在1989年和1991年两次回到曾经生活七年的黑龙江省下岬村调查的结果（阎云翔，2000：自序1页）。美国社会学家林德夫妇的"中镇"研究的选点则开宗明义地表明是为了"尽可能地代表现代美国生活""从表面到实质它都够格进行这样一个全面的研究"（罗伯特·林德，海伦·林德，1999：15，18）。为了能够找到这样的调查点，林德夫妇访问了包括俄亥俄、印第安纳、伊利诺斯、密执安和威斯康星等位于东、北及中心地带几个州中的一些城市，衡量各种因素，最后才选择了米德尔敦（Middle Town）。但是，林德夫妇也指出，"我们并未把它当作一个'典型'城市，很自然，这项研究的结果普遍应用于美国其他城市或美国生活，应当十分小心"（罗伯特·林德，海伦·林德，1999：15，18）。

因此，方便和熟悉，相对的代表性是研究者在实地研究中选择调查点两个最重要的考虑因素。根据笔者有限的阅读来看，国内学者在进行实地研究时，比较注重方便和熟悉，尤其是对传统村落的研究，国外的学者比较注重相对的代表性。也许这与中国的社会还是一个"熟人社会"有关。但有不少学者认为，方便和熟悉作为选点的标准有利于进入现场，有利于收集资料，但是它可能会以丧失观察的敏锐性为代价，不能保持一种客观的立场。

9.2.2 取得进入现场的资格

能否进入现场，即进入调查点，接触访谈对象，进行实地观察，是实地研究中非常重要的一个问题。虽然在调查研究中也要进入现场，但是相对而言，实地研究中的进入现场更为复杂。因为，实地研究者面对的往往是具有不同文化传统、生活方式和语言的地方和人群，研究者要进入他们的居住场所或团体，并且是在一个比较长的时期里进行调查，至少会引起人们的好奇，有时会让访问对象感觉到他们自身的"安全"受到威胁，影响到他们的生活。因此，如何进入现场是一个需要慎重对待的问题。

为了能够进入现场，研究者首先要通过初步探索了解研究对象的一般状况，熟悉甚至掌握他们的语言，了解当地的风俗习惯、宗教信仰、生活习惯。有过实地研究经历的研究者都会体会到，如果能掌握当地人的语言，不仅会减少沟通的障碍，而且会被当地人看作是"自己人"，是对当地人的尊重。同时，了解并尊重当地的风俗习惯、生活规范、宗教信仰，一方面是研究者必须做的"案头工作"，另一方面也可以防止出现自觉或不自觉地触犯当地风俗习惯、生活规范、宗教信仰的个人行为，从而影响到实地研究。尤其是对异文化的研究或者身为城市人的研究者对传统村落的研究，"尊重"当地的风俗习惯、生活规范、宗教信仰应该是实地研究者的行为准则。其次，寻找能够帮助研究者参与当地活动的各种社会关系。如果研究者是在自己的家乡进行的话，问题或许不大，但是在一个比较陌生的地方进行实地研究，尤其是在一个比较闭塞、传统习俗的影响力较大的地方进行实地研究，最好能找到在当地有影响、有权威的人物，例如部落首领、土司、长老、村长等，经过他们的同意并与他们建立良好的关系。许多文化人类学家在对土著居民、未开化的民族进行研究时，都要借助部落首领、土司的关系，并征得他们的同意。即使对现代社会进行实地研究，与权威人物建立比较密切的关系，也有利于调查的顺利进行。美国社会学家怀特在20世纪30年代进行《街角社会》研究时，刚开始就是借助了一位当地青年团伙中颇有影响的名叫多克的青年人的帮助，并通过当地一位编辑的关系住进了一个意大利移民家庭（威廉·怀特，1994：329-334）。笔者曾经参与的"开发开放后的浦东农民问题研究"就是通过上层关系的运作，经当时的浦东新区政府的引荐和安排，直接到金桥镇进行实地研究。当然这项研究之所以能够顺利进行，一方面是因为它是由费孝通先生提出并介绍给当时的浦东新区领导的，另一方面当时浦东新区也亟待解决由于浦东的开发开放而产生的农民安置问题。第三，准备好各种能够证明自己身份的文件。除了与权威人物建立比较密切的关系之外，还要准备介绍信、个人身份证、工作证等。尤其是在中国这样一个组织化的社会里，人与人的关系往往需要组织与组织之间关系的沟通，介绍信就是组织与组织关系的沟通工具，它不仅说明研究者的身份，也能简单介绍研究目的，并希望对方能够给与支持和帮助。即使研究者面对的是一个非常熟悉的地方，最好也开具正式的介绍信，以证明研究的正当性和合法性。

9.2.3　进入现场并与当地居民建立友好关系

获得进入现场的资格，并不一定就能保证收集到所需要的资料，因为收集资料，尤其是通过访问、观察等方法收集资料还需要和当地居民建立良好的关系。就如很多实地研究者体会的那样，当你进入作为调查点的社区时，就如进入一个陌生人的社会，很多人都会用异样的眼光看着你，还会在你身后窃窃私语。你的穿着、打扮、口气、语调等都会被人议论。当然还有不少人会以冷漠态度对待你，因为他不知道你的到来是否会对他的安全带来威胁。为了能与当地居民建立比较友好的关系，通常的办法是借助已经找到的社会关系，特别是以当地权威人物为中介，通过他们的介绍与调查对象建立联系。其次，要严格遵守当地的生活习惯和宗教信仰，尽可能使用当地的语言，哪怕是简单的问候语，或者至少要能够听懂当地的语言。研究者的个人穿着和打扮，不能标新立异、过于时尚，要符合当地的审美标准和风俗习惯。任何自觉或不自觉地违反当地生活习惯和宗教信仰的言行，都可能被视为对当地居民的冒犯。例如，美国社会学家怀特刚开始进行意大利裔贫民区"街角帮"的研究时，通过自学掌握了意大利语。当怀特与"街角帮"混得比较熟的时候，有一次他带了一位意大利裔女孩子去参加舞会，险些闹出误会，因为按意大利人的风俗，如果单独与一位姑娘出去，或者到女孩家里拜访，意味着双方将会建立婚姻关系（威廉·怀特，1994：338）。此外，要以适当的方式说明研究目的，使当地居民相信研究者从事的工作不会对他们构成威胁，甚至有可能使当地居民为解决某些问题提供帮助。

在适当的时候向当地人提供一些生活或医疗服务，是研究者建立友谊、改善关系经常采用的方法。尤其是在文化人类学的研究中，研究者经常会采用这样的方法改善与当地居民的关系。在我国，一些具有政治身份的学者与纯学者相比，进行实地研究可能更方便，因为具有政治身份的学者可能会有比较多的行政资源，可以对当地的经济发展、文化建设等带来积极影响。如果有机会参与社区的节日庆祝活动或者其他欢庆活动，不仅是一个非常好的观察机会，而且也能拉近与当地居民的距离，建立良好的互动关系。

9.2.4　收集和分析资料

实地研究常用的资料收集方法是观察法和访问法。收集资料的一项重要工作是做好记录。经验表明，记录时尽量不要使被研究者察觉，尤其是在非引导性访问（闲聊式的交谈）和现场观察过程中，以免影响他们的正常行为。记录的方法，如果是正式访谈的话，可以当场记录，非正式访谈或者现场观察，则要在事后通过回忆的方式记录下来，一般在谈话或观察结束后，立即就要整理出当时的访谈或观察内容，以免遗忘。当然，在非正式访谈或现场观察中，可以采用隐蔽的方法，用简单的语言或符号把当事人的主要谈话或行为活动记录下来。访谈记录的整理要尽可能地把现场所有观察到的、听到的事情客观地记录下来，尽量不要丢失信息。实地研究中的访谈记录或观察记录是一种"全景式"的记录，即它不仅要记录现场的谈话、行为活动，还要记录当事人的表情、语言特征、周边环境等。

在整理访谈或观察记录时，研究者还要对记录进行分析，并且记下研究者对现场的主观看法，例如研究者本人的思想、感情、认识、评价、猜想和疑问等，观察者的分析意见可用一定的符号标示，以便与正式记录相区别，并通过对访谈或观察记录的分析，列出需要进一步访谈或观察的问题。

>> 9.3　半结构或无结构访问法

访问法是实地研究收集资料最常用的方法。但是，实地研究的访问法是半结构或无结构访问（问卷调查中的访问法称为结构型访问或问卷访问），即它是根据大致的研究计划或者访谈提纲进行访问，或者是无主题谈话，即在"聊天"的氛围中，通过面对面的交流获取资料。它与结构型访问有两个显著区别。第一，结构型访问就是有结构的、标准化的问卷访问，访问员根据问卷上的问题逐一提问，并把答案记录在问卷上；半结构或无结构访问最多只有一个访谈提纲，访问的过程是交流式的，访谈气氛是轻松的，访谈过程中访问者更多的是扮演一个"聆听者"的角色。第二，结构型访问需要聘用大量的访问员，对访问员的要求相对较低；半结构或无结构访问一般是由研究者或者工作小组成员亲自进行访谈，参与访谈的人员具有比较强的研究能力和谈话能力。

通过访问可以了解受访者的价值观念、情感感受、行为规范；了解受访者过去的生活经历以及他们所知道的事件及对事件意义的解释。该方法对研究现象提供一个比较开阔、整体性的视野，多维度地深入、细致地描述事件的过程；能为研究提供指导，即事先了解哪些问题需要追问，哪些问题比较敏感，要特别小心；有利于研究者和受访者建立熟悉、信任的人际关系；可以使受访者感到自信，从而有可能影响到对自身文化的解释和建构（陈向明，2000：169-170）。

实地研究中的访问法根据谈话结构的控制程度可以分为无结构型访问和半结构型访问或非引导性访问和深度访问；还可以分为正式访问（事先约定，就某一主题进行交谈）和非正式访问（在与受访者一起参加活动时，根据当时的情境与其交流）。正式访问还可以分为直接访问（面对面访问）和通过电话等工具进行的间接访问。根据受访者的人数，可以分为个别访问和集体访问（焦点团体访问）；根据访问的次数，可以分为一次性访问和反复访问（陈向明，2000：171-173）。上述分类中最常用的是按谈话结构的控制程度，分为无结构型访问（非引导性访问）和半结构型访问（深度访问）。

9.3.1 无结构型访问

无结构型访问也称为非引导性访问或客观陈述法。这种访问方法表面上是一种无主题交谈，就像"拉家常"一样，没有固定的话题。研究者鼓励受访者就他所观察到的或者自己经历的问题发表意见、感受或者判断，描述事件的过程。受访者的谈话可以客观地反映出他的外显或潜在的信仰、价值观念、行为规范等，因此是一种比较隐蔽的收集资料的方法。无结构访问的目的是了解受访者自己认为重要的问题，以及他对问题的认识角度、对问题意义的解释及他使用的话语或概念、表述方式等。在访问时，一般只笼统地提出问题，由受访者自由回答，谈话气氛应该轻松、愉快。访问员在访问过程中只做鼓励，不做任何引导性的问话或建议。这样做可以避免因为访问员的引导问话而导致偏误的发生或资料的不真实。因此这类访问有时与日常生活的谈话比较相似，它可以在一个偶然遇到的场合下进行，也可以在请客吃饭时进行，或者在咖啡馆小聚时进行。例如，研究者晚饭后到受访者家里串门，如果受访者正在看电视转播的中国国家足球队比赛，可以一边看电视、一边对电视中的比赛情节进行评论、交流，甚至可以发展为对中国足球体制改革、足球运动员的行为规范、价值观念的讨论。但是在交谈过程中，要尽量地倾听受访者讲话，研究者甚至可以扮演"球盲"的角色。从他对中国国家队足球比赛的评价中，一方面可以获得受访者外显的价值观念——对中国足球的直接看法；另一方面也可以获得他的潜在价值观念——例如，从对某个运动员的评价中，可以发现他自己认可的行为规范。

9.3.2 半结构型访问

半结构型访问也称为深度访问或临床访问。它最初用于个案工作的调查，如对犯罪者、精神病者、吸毒者等"社会病人"的调查。如同医生为病人看病一样，临床访问的意义在于通过对"社会病人"的调查，做出"临床"诊断，从而达到挽救罪犯、治疗精神病患者或心理偏态者，纠正偏差行为的目的。因此，"临床访问"一般要收集特定个人生活经历的资料，其中包括生活中某些重大事件的过程和影响，以及个人特定经验的过程和动机，个人情感的变化等。现在这种方法已经广泛运用于对一般个人的生活史，行为、动机、价值观念、信仰等方面的深入调查，也用于对社会特定事件、特定问题、特定现象的深入调查。

由于这种访问有明确的主题，研究者对访谈结构有一定的控制，具有一定的导向，并且会事先准备好大致的访谈提纲，研究者根据事先的访谈提纲向受访者提问，因此被称为半结构型访问。但是，在访问过程中，访谈提纲只是一种提示，访问者在提出问题的时候，鼓励受访者积极参与交流，并要根据谈话过程灵活地调整提问的程序和谈话的内容，或者根据受访者的谈话做出合理的回应，提出需要进一步了解的问题。因此，访谈提纲只是访问的指示，具体的问题要根据实际谈话的情景随机应变。这种访谈最为关键的是在访问过程中要善于发现"事件"，详细了解事件的细节和过程，使得这个事件成为一个生动的"故事"。新闻采访中的五个"W"（When、Where、Who、What、Why）的原则也可以为访问者所借鉴。

例如，笔者在给研究生上课时一般都要安排"访谈训练"或"模拟访谈"。有一年研究生的社会研究方法课程正好安排在寒假以后。在"访谈训练"中，笔者安排的访谈主题是"我们怎样过春节"。请一位来自北方农村的学生作为"受访者"，先由学生准备好访谈提纲，我找了一位学生扮演访问者进行访问，然后我再进行访问，最后请同学进行评论。结果是学生的访问大概半个小时就结束了，而笔者访问了一个小时还没有结束。原因在于学生的访问没有发现事件或"故事"，没有要求受访者详细地描述事件的过程。当时笔者的访谈提纲只有三项：过年前本人和家人的准备；怎样过年，其中包括过年的仪式，如祭祖、拜年等；童年过年和现在过年的比较和感受等。当笔者问到过年仪式时，受访者讲到在她的家乡，女性一般不能上祖坟祭祖，只有男性才能去。当她在讲这件事的时候，我就问起她家的祖坟在什么地方，离家有多远。受访者说她家的祖坟在公路边上，这就引起我的好奇（因为在我的感觉中，祖坟一般不会在公路边上），我就问了"为什么"？然后受访者讲到实际上祖坟是"虚拟"的，已经不在了。因为修公路，祖坟被拆掉了，但是人们还是习惯到原来的"祖坟"地去祭祖。这就引出三个问题：（1）为什么在这样一个还不算落后的村庄，女性不能上坟祭祖？（2）原来的祖坟最后怎样安排的，如果是迁到其他地方，为什么当地的村民还是要到原葬地去祭祖？如果已被火化了，为什么不到骨灰埋葬地去祭祖？（3）在农村，迁祖坟历来是一个重大事件，因修公路而把祖坟的墓地给征掉了，其中发生了哪些事情？就这样一个"祭祖"事件而引发的后两个问题由于课时的限制，没能继续下去。后来，我看了学生的访谈提纲，我发现学生的访谈提纲非常详细，原来她是采用问卷设计的方法准备访谈提纲的，因此她的访谈如同问卷调查，无法发现其中的"故事"，也无法详细了解"故事"的过程和细节。

因此，在半结构访问中，一般很难事先规定具体的问题，它需要根据访谈的展开，逐步提出相应的比较具体的问题，要具有发现事件的敏锐性，并能详细了解事件的过程。从这个意义上讲，"事件—过程"是半结构访问的重点和关键。但是，这些具体的问题又是和访谈提纲有关的，是在访谈提纲指导下提出的。

9.3.3 访谈技术

访谈技术主要包括访问前的准备工作、在访问过程中的谈话技巧以及访问记录等。

9.3.3.1 访问准备

为了使访问能够顺利进行，在访问正式开始前，研究者还要做一些准备工作，这些工作主要有：选择访问对象、确定访问时间和地点、制订访谈提纲以及在正式访问之前与受访者沟通。

访问对象的选择方法一般是按照课题的性质和目的，根据研究者的主观判断选择合适的访问对象 *。实施研究的抽样方法大多是判断抽样，或者是以判断抽样为主，其他方法辅助。例如，研究课题是青少年的越轨行为，可以按照判断抽样的方法选择那些有明显越轨行为的青少年作为访问对象，如青少年犯、"恶少"、网络成瘾青少年等。再进一步采用配额抽样方法（详见第6章），选择家庭背景、学习成绩相近的越轨青少年和守法青少年进行访谈，这样可以把一些外在因素控制起来，进一步挖掘青少年越轨行为的原因。

专项性课题也可以运用判断抽样的方法，选择事件的当事人进行访问。例如，笔者参与的"开发开放后的浦东农民问题研究"主要涉及农民土地被征以后的工作和生活安排，因此选择访问对象的标准就是比较清楚了解整个事件过程的人。当时，先后参加访谈的受访者的有当地的农民、乡镇干部、乡镇企业干部、乡镇企业职工，还有政府官员、开发商等。在综合性社区研究中，访问对象的选择可以是偶遇的，也可以根据主观判断的方法选择受访者。例如，研究者的房东家庭和房东邻居自然就成为研究中最先注意的观察对象和访问对象。此外，社区中的权威人物，如村长、族长、长老、教师、富人以及事件的当事人都是重点访问对象。

在选择受访者时，还要注意受访者的背景，尽可能选择不同背景的受访者，这样可以全面了解情况。这些对研究对象特点的分析，包括行为及其趋向、价值观念、基本状况等，会具有很大的帮助。例如，2002年，笔者曾经主持过"上海留学归国人员的政策研究"，访谈对象毫无疑问是留学归国人员。在选择受访者时主要考虑以下因素：年龄、性别、专业、留学的国家等，以便了解不同背景的留学归国人员回到上海创业、生活的情况，以及他们在生活和工作中遇到的问题。另外，实地研究很多是在底层社会进行的，接触的受访者往往教育程度较低，不善于表达。遇到这样的情况，可以在参与受访者的活动过程中，一边帮他干活，一边谈话，从他从事的工作谈起，慢慢引导到访问主题。当然，底层受访者也最好是选择具有比较强的表达能力，对事件又比较了解的访问对象。最后，在我国，受访者不能完全由受访社区或单位领导安排。如果一开始无法避免的话，那么在访问进行了一段时间以后，可以采用滚雪球抽样或者偶遇抽样的方法，由研究者自己选择访问对象。

访问对象确定之后就要与受访者约定访问时间和地点。以受访者方便为确定访问时间和地点的首要原则。这样做一方面可以表示对受访者的尊重；另一

* 有关访问对象的选择方法详见陈向明撰写的《质的研究方法和社会科学研究》第6章，教育科学出版社出版。

方面在一个由受访者指定的时间和地点访问，可以使他感到安全和放松。例如，关于白领婚姻问题的访谈有可能涉及个人的隐私，在办公室进行访谈，会使受访者感到紧张，但是如果在咖啡馆（需要征得受访者同意），也许在缓慢的背景音乐下，慢慢地品尝咖啡，就可以获得一个比较轻松的谈话气氛。但是，如果你的访问对象是一位农村妇女或者在城市打工的妇女，请她到咖啡馆去的话，恐怕会给她带来更大的压力和紧张，比较好的办法是在她的家里或者在她认为比较合适的地方进行访谈。

研究者在与受访者约定访问时间和地点时，一般还要对访问的话题进行沟通。研究者需要介绍自己的研究课题及需要了解的问题，征询受访者是否愿意接受访问，访问可能占用的时间以及是一次性访问还是多次访问。在正式访问前还要说明语言的使用、交谈规则、保密原则等，并与受访者商量能否录音，在征得受访者同意的情况下，方可录音。

访谈提纲的准备是一项很重要的工作，有时研究者要根据受访者的不同背景和访问主题，准备不同的访问提纲。例如，我们在"开发开放后的浦东农民问题研究"中，就针对不同的受访者和访问主题，准备了不同的访问提纲。对于农民主要围绕征地以后个人或家庭的生活和工作受到的影响以及他们对补偿标准意见等问题展开；对乡镇企业干部，主要关注浦东开发开放以后，乡镇企业如何进一步发展，乡镇企业的发展如何和浦东的开发开放接轨等问题。值得注意的是，任何访问提纲都应该尽可能的简单明了、一目了然。访问提纲不等于具体的提问，但它是提问的指导，根据访问提纲提出的问题应该是完全开放式的，尽量避免假定性的问题。例如，在对上海留学归国人员的访问中，在刚开始访问时问"您从国外回来后有什么样的体会或感受？"要比问"您从国外回来后遇到哪些不满意的问题？"要好得多。因为前者是完全开放的，既可以是正面的回答，也可以是负面的回答，受访者有话可说。但是后者是有限制的，如果受访者认为没有，或者在他看来这样的问题在什么地方都会有，不成为问题，就无法获得相关资料。因此，提问的关键是让受访者有话可说。

9.3.3.2 谈话技术或技巧

关于谈话技术和技巧，我们在调查研究一章做过比较详细的介绍，虽然它主要是针对问卷或结构型访问，但是其中一些部分，例如有关访问技巧、访问心理、非语言交往等对半结构或无结构访问还是有借鉴的。不过半结构或无结构访问与结构型访问相比，还是有比较大的区别，具有专门的访问技术和技巧。上面阐述的内容有的已经涉及访问技术和技巧了。

半结构或无结构访问的技术或技巧主要表现在三个环节：如何提问；如何倾听；如何回应[*]。访问过程的开场白对于新手来说也许是最难的。任何开场白都是为了营造一个比较轻松、自然的谈话氛围。因此开场白应该尽可能自然

* 详见陈向明撰写的《质的研究方法和社会科学研究》第 11~13 章，教育科学出版社出版。

地结合受访者当时具体的情境展开，通俗地说就是拉家常，切忌马上进入主题。在访问过程中，访问员要根据实际情况随机应变。如果受访者的性格比较内向，不擅言辞，访问员可以多问细节，启发受访者做出回应。对于敏感性问题，访问员要十分小心，可以采用迂回或旁敲侧击的方法进行提问。例如有些问题涉及对上级领导的评价，可以不要直接问他自己个人的看法，先问他的同事或朋友是怎样看的，最后再问他个人的意见。有关个人隐私类的问题要在与访问对象建立了比较融洽的关系基础上提问。对于隐私性问题的访谈还要考虑合适的访问员，其中最主要的是性别和年龄。

访问中所提的问题应该是开放式的，而不是封闭式的。因为封闭式问题的答案很简单，无法获得受访者对研究问题的看法和评价，并且限制了受访者的思路。例如，我们要研究大学生的学风，如果访问者问，"你今天上课迟到了吗？""你今天到图书馆自修了没有？"这样的问题就是封闭式的，受访者的回答只能是"是"与"否"，使得访问变得索然无味。如果改问，"你这个星期在学校里是怎样度过的？"或者"你这个星期是怎样安排自己的学习时间的？"就成为开放性问题了，可以让受访者按自己的理解回答，即使受访者的回答可能会偏题，也可以在访问过程中加以调整，并且受访者的回答和对问题的理解也有可能是访问员进一步调查的线索。当然，开放式问题不能让人不得要领，所以要求问题清楚。例如，访问员问，"你最近怎么样？"就让人不知所然。封闭式问题在一些特殊的场合也可以适当使用，例如，当访谈进入事件的细节时，就需要一些封闭式问题才能获得比较详细的资料。例如，"老师上课时会叫学生一起参加讨论吗？""你对大学老师的授课方式是否满意？"等。此外，在访问时不要把几个问题放在一起问，要按照现象或事件的逻辑一个一个问。

对于一些重大问题或现象、概念、观点可以在访谈进入后期时追问，追问的方法主要是原话追问，即访问员重复受访者在谈话过程中的重要观点、概念或事件，询问受访者是怎样认识的。例如，受访者在回答有关上课方式时，提到对大学生上课最好是开放式的。作为追问，就可以说："你在前面提到大学生上课最好是'开放式的'，你能否做一些解释？"为便于后期追问，要求访问员在记录时就要在需要追问的问题上打上记号。追问的时间一般安排在访问基本结束之时，例如，"今天的谈话非常有价值，非常感谢你的谈话，不过在结束之前，我还有几个问题希望能继续得到你的帮助。"当然也可以在一个大类问题问完之后追问，不必等到全部访问将要结束时。

总之，访问过程中提问的顺序基本上是：非引导性问题（开场白）→ 开放式问题（正式提问开始）→ 半封闭式问题或封闭式问题（访问进入细节阶段）→ 追问（访问进入后期阶段）→ 结束访问。

访问过程是访问员和受访者的互动过程，访问员不仅要学会提问，更要学会聆听。从某种意义上讲，聆听要比提问更重要，因为学会聆听才能获得比较详细、深刻的资料。同时，正确的提问也要以聆听为前提条件。聆听的过程有时伴随着提问，因此两者是不可分割的，是相互伴随的。有经验的访问员，在访问过程中更多的是聆听而不是提问。作为聆听者的访问员，最好把自己放在一个"无知者"的位置上，而不要想当然地以为受访者提供的资料自己都可以理解，因为每个人的知识结构、文化背景是不一样的，人们的价值观念、对社会现象的看法和评价是有差别的。即使是一个在访问员看来是"愚蠢"的回答，但是对于当事者来说可能是一个他的文化背景、知识结构的"合理"解释。因此，作为一个访问员千万不要用自己的理解代替受访者的理解，我们宁可花一些时间弄清楚受访者对自己的概念或行为的解释。例如，在一个有关戒毒问题的研究中，一个吸毒者在回答他与家人的关系时说"我憎恨他们"，尽管家人在戒毒期间给予他很多帮助。按照常人的理解，总会以为这个吸毒者"没有良心、六亲不认"，或者以为家人不愿意给他钱去买毒品。但是进一步追问，这位吸毒者讲到在他刚吸毒时，父母从来不阻止他，反而认为吸毒不就是以前有钱人抽鸦片么，反正家里有钱，将来是可以戒掉。因此他埋怨父母的愚昧和溺爱，使他深陷毒瘾而不能自拔。这样的解释在他的价值体系中是合理的，也是访问员应该了解的。

学会聆听的关键是要处理好访问员和受访者之间的关系。一般来说，访问员接触的受访者，有的来自社会底层，有的与访问员的社会地位差不多，有的可能来自上层社会。访问员和受访者的关系不论他们的社会地位的高低都是平等的。根据笔者的访谈经验，对于来自社会底层的受访者，要以聆听为主，尽量不要与受访者进行讨论。因为，在受访者看来，访问员是有知识和身份的，有时这样的讨论会变成对受访者的"教育"，或者起到引导的作用，使受访者迎合访问员的看法，不能反映自己对问题的真实想法。对于那些与访问员具有相似的教育程度和社会地位的受访者来说，有时经过恰当的讨论，可以更深入地聆听到受访者的内心观点，触动到受访者潜在的内心世界，这种聆听方式有的学者称为"建构的听"，即访问员在倾听时"积极地与对方进行对话"，"与对方共同建构对'现实'的定义"（陈向明，2000：197）。对于来自上层社会的受访者，例如政府官员、企业家等，更要站在一个平等的立场上，通过发问和追问，聆听他们真实的想法和对客观事实的描述，有时可以通过讨论或者运用反例方法，"迫使"他们讲出自己的真实观点。因此，对于不同社会地位的受访者，访问员都应该以"平视"角度去看待他们，千万不能"俯视"社会底层的受访者，"仰视"社会上层的受访者。只有用"心"去聆听，才能获得受访者的尊重，获得丰富的、深刻的访谈资料。

在聆听过程中还要注意不要轻易插话，或者打断对方的谈话，这不仅是不礼貌的行为，而且会使受访者的谈话逻辑被打断，不能获得受访者完整的、真实的想法或观点。即使要插话，也要等到受访者把一段话完整的表达清楚，再用委婉的语言提出进一步询问的问题。有时碰到受访者特别健谈，滔滔不绝，但离题万里，也不要中断他的谈话，尤其是在无结构型访问中，这是了解受访者潜在的价值观念、行为规范的最好时机。在半结构型访问中，这样的谈话实际上可以起到让受访者"宣泄"的作用，可以使受访者获得受到尊重的感觉，有助于他对问题的回忆和自由联想，会带来事先意想不到的效果。在某种意义上说，受访者看似不着边际的谈话实际上起到了"激活"访谈的效果。等到受访者这样的谈话说得差不多的时候，访问者可以通过递烟、续茶等方法自然地过渡到访谈的主题。

在访谈过程中，访问员要对受访者的谈话给予适当的回应或反应，包括语言反应和非语言反应。其目的在于与受访者建立一种互动关系，能够将自己的态度、看法或意向传达给受访者，从而在一定程度上控制访谈的结构和节奏。

常用的回应方式主要有：认同，重复或重组、小结，相似经验。当受访者在讲述自己的经历时可以用语言或非语言行为做出反应，用点头、微笑、目光作为回应，或者轻轻地说"对""是的""是吗""嗯"等，对对方的谈话表示认可，并鼓励他继续说下去。对于一些重要的谈话情节，访问员可以重复受访者的原话，或者概括受访者的谈话，或者对受访者的谈话作一个小结，一方面可以使受访者深入、详细地说明事情的情节，另一方面可以验证一些重要的情节、观点或事实，或者验证访问员对受访者谈话的理解是否正确。在访谈过程中，访问员还要经常对受访者谈话中提及的经历或事件表示自己有相似的经验或经历，例如，"我也曾经到过这个地方""我也是在那里插队的"，或者"我在部队里干过"等，这种相似经验的回应方法不仅可以拉近双方的距离，而且也暗示双方有共同的经历和共同的语言，是非常容易沟通的，使得访谈更容易进入到意识层面。

访问员的回应应该避免"说教"式或"论说性回应"和"评论性回应"。说教式或论说性回应是访问者借助社会科学的理论或概念对受访者的谈话做出回应。例如，"你刚刚讲的现象就是社会学中××概念"，或者"××理论非常能说明你刚刚举的例子"等。给人一种"语言霸权"和居高临下的感觉。评论性回应是指对受访者的访谈内容进行价值上的判断或评论。例如，"你这样做是对的，你的领导怎么会这样呢？"或者"你不感到你的观点值得商榷吗？"等。这样的回应至少是对对方不尊重的表现，也违反了访问员应该保持客观和中立的原则。此外，访问员的回应要把握恰当的时机，回应应该自然、及时，要以保证谈话的流畅为原则。过多的回应会使谈话中断，并且会打乱受访者的思维。因此，回应，尤其是小结性回应，应该在受访者比较完整地表述完自己的谈话内容之后，或者在谈话暂时处于"沉默"的阶段做出。当然，对于受访者滔滔不绝，离题万里的谈话，恰当的回应（如在前面讲的递烟、续茶等非语言行为）可以自然地把谈话转换到访问的话题上。

9.3.3.3 访问记录

实地研究中的访谈记录要比结构式访问中的记录难度更大。结构式访问的记录主要是根据访问对象的回答在问卷上用打勾或画圈的方式记录（少数情况下也会简单地记录文字或数字），实地研究中的访谈记录是一种全景式、实录式记录，它不仅要求详细地记录访谈过程的全部对话，而且也要记录访谈的环境，访谈对象的特征以及访谈过程中访谈对象的情绪。

访谈开始后，如果是采用当场记录的话，首先要征得访谈对象的同意，向他说明访谈记录只是作为研究之用，不会向任何人或单位提供，保证访谈对象提供的资料仅供研究所用，访谈对象的秘密会得到良好的保护。其次，在访谈过程中，除了必须详细地记录双方的对话，同时还要记录访谈对象的情绪特征，可以用一些符号表示访谈对象在谈话时的情绪，例如，大笑、微笑、皱眉、叹气、激动、愤怒、哭等。最后，要记录访谈对象的姓名、性别、身份、年龄、教育程度、职业等个人特征，访谈地点、时间和环境的描述，对访谈对象的语言能力、行为特征、访谈态度以及访谈对象个人情绪的评价。

为了能够保证访谈记录的完整性，访问员最好具有一定的速记能力，如果可能最好在访谈时配备专门的记录员。因为，实地研究访谈时，访问员往往要根据访谈对象的回答提出需要进一步提问的问题，或者对某个问题进行一些讨论。当然如果能够征得访谈对象的同意，采用录音的方法是最好的，这样可以获得最完整、最详细的资料。

当场记录能够及时、如实记录受访者的意见，不易丢失资料。但是，当场记录对于访谈对象来说，容易受到影响，如果访问员只有一人，既要忙于对话，又要忙于记录，就不太可能及时对访谈对象的陈述给与必要的回应，也无法对访谈对象反映的情况进行评价。除了当场记录之外，也可以采用事后记录方法，尤其是访谈对象反对记录和录音的情况下。事后记录，即在访问结束后，根据记忆，把访谈对象的陈述记录下来。这种方法易于建立一个融洽的谈话气氛，便于访问员思考和做出回应。但是在访谈过程中，对一些重要的资料和数字性资料，访问员可以采用隐蔽的方法记录下来。为了保证事后记录的准确性，条件允许的话最好有两位访问员承担访谈工作，以便在事后回忆、整理记录时相互印证。

>> 9.4 观察法

观察是用眼睛注视现象的一种行为，在日常生活中这类行为是经常发生的。"观"者看也，"察"者思考、比较、鉴别也。社会研究中的观察法主要是指观察者根据研究需要利用眼睛、耳朵等感觉器官和其他科学手段或科学仪器，有目的地对研究对象进行考察，以取得有关资料。所谓"眼观六路、耳听八方"，形象地反映了观察法的主要特点。

9.4.1 生活观察和科学观察

观察是人们日常生活中最普遍的行为，但是观察作为科学研究中收集资料的一种方法和技术时，它和日常生活中的观察仍然有很大的差异。作为科学研究方法的观察法具有如下特点。

（1）观察者必须根据研究目的或问题收集资料。科学观察是在一定的研究目的和研究设想指导下进行的，它是为科学研究服务的。离开了研究目的和研究设想，观察就是盲目的。而在日常生活中，观察虽然也有一定的目的，主要是人们为了获得周围生活的信息，用以安排个人的生活或调节个人的行为，但是很多却是无意识或潜意识的活动 *。

*有些人类学的观察从表面上看是没有目的的，观察者似乎以第三者的立场"冷眼"观察研究对象的所有活动，但是通过对社会生活和社会行为长期、深入的观察所获得的资料的解读，通常都是为研究者建立或者诠释一种理论做准备的，或者这样的观察资料本身就是对特定的人类生活方式的探索。

（2）观察者必须在确定的范围内去收集研究所需要的资料。观察的范围主要是研究课题确定的具体时间、地点等方面的要求，即在一定时期、一定地点、对一定对象进行观察。只有根据研究课题确定观察范围，观察者才能收集所需要的重要资料。

（3）科学观察必须有系统、有组织地进行。它要求在实地观察以前根据观察对象、观察项目和观察方法制订详细的观察计划，观察要经过有系统的训练，用科学的方法对社会现象进行系统的观察。

（4）科学观察除了利用人的感觉器官如眼睛、耳朵以外，还可以借助照相机、摄像机、录音机等器材将观察结果准确地、详细地记录下来。在科学观察中一般都要使用观察表。

（5）观察记录必须客观，对观察结果要加以证实，为了确保观察的科学性和客观性，必须对观察员的观察力、判断力、综合能力进行严格的训练。对于观察结果则可以采用反复观察，或收集其他资料的方式加以对照或验证。

9.4.2 观察法的类型和特点

根据观察者的状况和观察项目，观察法可以分为不同的类型。观察者的状况主要是指观察者是否参与被研究的群体活动，据此可以分为参与观察和非参与观察。

非参与观察是指观察者不参与被观察者的活动，从外部对被研究的社会现象进行观察。这种方式一般适用于观察者无法介入或无需介入被观察活动的情况。例如，对于青少年在公共场合情感表达方式的观察只能采用非参与观察的方式。在进行非参与观察时，观察者处于研究客体之外，他们从旁观察被研究的社会现象的发展过程，不干预当事者的行为方式，不提出任何问题，只是记录事件发展的自然过程。因此，被观察者的活动不易受到观察的影响。但是由于非参与观察只能使观察者作为第三者"冷眼旁观"，因而不能做到深入、全面的观察。对于被观察者的主观态度、价值取向等方面的情况无法全面了解，而且容易渗进观察者的主观猜想或偏见，容易对观察对象的活动发生误解，从而得出不正确的结论。

参与观察则是指观察者在一定程度上直接介入被研究的客体，与被观察者发生联系，参与他们的活动，从而收集与研究有关的资料。这种观察通常用于无法从外部观察的"封闭性"集体，用于研究小集团内部的关系。参与观察方法能够对研究客体进行深入的了解，能够获得从外部观察得不到的资料。但是由于参与观察中观察者较长时期和被观察者生活在一起，容易受到影响，而使观察有所偏误。因此，观察者在研究客体中只能充当该集体的普通一员，对集体发生的事情应该尽量不露声色，不要表现出过分的兴趣，发言应持中立，不加评论，尽量做到多听、多看、少发表意见。

参与观察还可以根据参与程度分为完全参与观察和半参与观察。在完全参与观察中，观察者的身份是"隐蔽的观察者"，在半参与观察中，观察者的身份是"公开的观察者"。显然，完全参与观察带有"卧底"的特征，这种观察方法能够在一个不被干扰的环境下获得比较客观的资料，但在科学研究的伦理道德上有时会受到质疑，一般只针对一些非常特殊的群体，如犯罪团伙、乞丐团伙、监狱犯人等采用。半参与观察中，由于观察者的身份是公开的，因此会影响到被观察群体的正常生活，但是如果能够与被观察群体建立比较和谐的关系，并且能够在一个比较长的时期里进行观察，观察者对被观察群体的影响会慢慢减少。因此，在实地研究中，除了针对一些非常特殊的群体之外，大多数参与观察采用的是半参与观察方法。

在观察研究中，为了发现被观察对象的某些行为及其变化，以及行为变化过程中某些重要的影响因素，还可以采取控制观察的方法，即对观察对象和观察项目加以控制。在控制观察中要对被观察对象的各种现象制定一个分类系统，并将观察范畴标准化，把需要观察的各种因素制成表格、卡片、观察记录表等形式，并利用一些技术手段，对同一客体进行系统观察来实施控制。控制观察的任务主要是检验用其他方法取得的结果。在小规模的研究中，为了准确描述对象和检验假设，也可把这种观察作为收集资料的基本方法，因此，对于观察是否加以控制，又可分为有控制的参与观察或非参与观察，无控制的参与观察或非参与观察。

根据观察项目，观察可以分为非行为观察和行为观察。非行为观察主要是观察对象的某些特征及其所处的客观环境。非行为观察反映的是被观察者的静止状态，因而也是一种静态观察，其中包括性别、外貌、衣着，以及物质环境，如房屋结构、面积设施等。

行为观察是对被观察者个人行为和活动的观察，因此也是一种动态观察。行为观察主要包括非语言行为观察和语言行为观察。非语言行为观察主要是注意被观察者的日常活动以及他们的手势、眼神、面部表情、肢体动作等，研究非语言行为在表达思想、感情时的特殊作用，以及每个动作或表情在不同的社会或阶层中的不同意义。语言行为的观察主要是了解被观察者的谈话内容、谈话方式、使用的方言、相互交往的频率、使用的信息媒介等。它可以用来研究语言交往的途径、方式，以及通过语言等行为所反映的群体或个人的性格特征和行为特征。

观察法虽然能够客观地研究自然发生的行为，有助于对研究对象进行客观的描述，但也有其不足：第一，并不是所有的社会现象都可以通过观察法收集资料，例如，涉及家庭活动、个人心理、个人隐私的研究，是不宜采用或不可能采用观察方法的。第二，观察者个人的个性特征、生理素质和社会文化素质的影响，使得观察者不太容易保持一种客观的立场，难免使观察发生偏误，例如，观察者的个人信仰、价值取向、对某些事物的成见，以及观察者的听觉、视觉、教育程度、判断能力、综合能力等都将影响到观察的准确性。第三，观察方法本身也会使观察发生偏误，例如，观察位置的不恰当，观察者与被观察者之间的交互影响等。导致观察偏误的因素有物理因素、心理因素和社会因素，例如，观察时的光线、能见度等，观察者的感官缺陷、精神状态、感情偏好、文化修养、社会背景等。

为了提高观察的准确性，减少观察偏误，一般需要对观察员进行严格训练，在条件允许的情况下，可以使用观察器具，以及采用反复观察、扩大观察范围等方法。在实地研究中，观察是一种非常重要的方法，它和访谈方法的交替使用，一方面可以验证访谈所获得的资料，另一方面，通过观察所获得的资料相对比较客观，可以减少研究本身对环境干扰的影响。

观察法虽然在实地研究中是获取资料的重要方法，但是并不排除在调查研究中将其作为一种辅助方法进行探索性研究，为形成研究假设或研究设想奠定基础，或是用于收集那些只需要观察就可以获得的资料，或是验证通过问卷调查所得到的资料。

9.4.3 观察设计和观察训练

观察方法在收集资料中有自己的独特过程，一般来说观察的主要步骤如下：
①确定观察的客体和对象，明确研究目的，提出观察任务；

②选择观察方式，并根据具体情况制订工作程序；

③为进入观察现场，做好对外联系工作；

④制订或准备各种观察工具，如制订观察卡片、工作细则等；

⑤进入观察现场，通过具体观察收集资料。

在观察以前，必须根据观察的具体程序制订详细的观察计划。在制订计划时，要明确规定观察的期限，确定收集资料的手段，设想并解决在观察过程中可能遇到的困难，以及其他有关时间、经费、人员等方面的问题。在观察计划中，最主要的是确定观察提纲、选择观察方式、制定观察卡片。

观察提纲主要是确定被研究的团体和个人，以及需要观察的事实，并对观察条件加以评估，对可能得到的信息的可靠性做出判断。制定观察提纲时，首先要确定观察项目，并把这些项目按一定标准归入一个分类系统，以便观察者在具体观察时，把注意力放在需要观察的事实和现象上。在观察提纲中，还要确定观察客体的某些特征，例如职业、年龄等。其中最重要的是要将观察客体具体化，即要确定观察什么人，在选择具体的观察客体时，要确定研究是在什么水平上进行，即是把被观察的团体当作一个整体来研究，还是把注意力放在个人的行为上。在观察提纲中，还要确定观察项目之间的相互关系，建立各种变量或现象之间的关系，以便根据观察所收集的资料，探索变量或现象之间的关系。

观察提纲要对研究客体的特性给予必要的说明，即要说明观察是在什么地点，什么时间进行的，研究客体是在什么条件、什么状况下被观察的。

在观察计划中还要决定具体的观察方式。从观察的性质来说，主要有探索性观察和系统观察。探索性观察主要是为研究假设或研究设想的形成提供某些资料，它在具体观察时不作标准化的设计。系统观察则用于描述性或解释性研究，借以考察一定期间内观察对象的行为、状况或活动过程。根据观察方法的结构性或标准化程度，还可以分为无结构观察、半结构型观察和结构型观察。研究者要根据需要，以及观察客体的性质选择合适的观察方式。一般来说，在正式研究中，观察可以从无结构观察开始，然后到半结构型观察，最后根据需要采用结构型观察方法。

在实地研究中运用最多的是无结构观察或开放式观察和半结构式观察。在研究开始阶段，一般采用无结构或开放式观察方式，这种观察是一种初步的、整体的、感性的观察，以使观察者对观察对象有一个大致的了解。例如，要对中学生的交互行为进行观察，当进入一所中学时，我们可以在课间休息期间，观察他们是怎样嬉闹的，男生和女生之间交往如何，他们在做什么游戏，男生和女生各自的行为特点有什么不同，哪些学生不太愿意参与同学之间的交往，老师是如何对学生进行管理的，以及整个学校的环境，学生活动空间的大小，场地的安全性等。观察者既可以站在一边观察学生的活动，也可以与学生进行简单交谈。

半结构式观察表相当于一份访谈提纲。笔者曾经参与的一项由美国社会学家戴维斯主持的有关儿童消费的研究，其中也采用了半结构式观察方法，当时笔者作为观察员现场观察了香港一家购物中心儿童购买玩具的情况，观察表如下（表9-1）：

表9-1　半结构式观察表举例

计划一:购物中心和商店的田野工作细目表

（请注意,学生应两人一起工作,每个人做独立观察,并在每一次结束后相互比较田野笔记）

1. 表格填写人:

2. 观察地点:香港太古广场

3. 观察日期:_____ 开始时间:_____ 结束时间:_____

4. 请描述该商店/购物中心:

5. 请描述该玩具部门（在出发前,我们将分发一份玩具清单给观察员）:

　（请附上主要玩具的配置和广告的描述）

　（请收集一些针对促销的广告文宣）

6. 请描述该玩具部门的购物者（请务必注意性别和估计大约年龄;本研究集中观察与父母一起购物的小学生,并且指出他们所注意的玩具和最后购买的玩具）:

7. 请简述你所听到的关于他们在买玩具时的对话:

　——父母与小孩子之间的对话（请务必注意性别和大约的年龄）

　——小孩子之间的对话（请务必注意性别和大约的年龄）

8. 请记下商店店员对下列问题的回答:

　问题:我想帮我六岁大的侄子/侄女买个礼品,请问最近比较流行的玩具哪些比较适合这样的孩子（一位访员问侄子/另一位问侄女,如店员反问所需玩具的价钱,可回应说"中等"。交谈中请留意店员基于什么理念推荐这个玩具）

9. 请描述在童装部门的顾客:

　（请务必注意性别和估计大约年龄;本研究集中观察与父母一起购物的小学生）

　（请附上主要服装的配置和广告的描述）

　（请收集一些针对促销的广告文宣）

10. 请描述在童装部门的购物者:

　（请务必注意性别和估计大约年龄）并且指出他们所注意的衣服和最后购买的衣服。

11. 请简述你所听到的关于他们在购买童装时的对话:

　——父母与小孩子之间的对话（请务必注意性别和大约的年龄）

　——小孩子之间的对话（请务必注意性别和大约的年龄）

12. 请记下商店店员对下列问题的回答：

问题：我想帮我六岁大的侄子/侄女买件衣服作为礼品,请帮我介绍。(引导谈话,以诱出对方针对为何这件比另一件好的决定性评论;并确切记下不同项目衣物的价钱以及描述不同项目衣物的样貌)

在结构型观察中，要设计标准化的观察表或卡片。在制订观察表时，首先要确定观察项目及项目之间的相互关系，然后选择反映观察项目具体特征的观察指标或单位，形成标准化的观察范畴。观察范畴要有明确的定义，并且不会使人产生歧义，根据观察范畴就可以制订具体的观察卡片。在观察卡片上还要标明观察的时间、地点、观察客体的特性等。例如对大学教师上课仪表和风度的研究，可以设计如下观察表（表9-2）：

表9-2 结构式观察表举例

"高校教师仪表和风度研究"现场观察表   编号：

课程性质:1. 文科   2. 理工科   教室

观察对象性别:1. 男   2. 女

年龄(估计):1. 青年   2. 中年   3. 老年

观察时间：   年   月   日上午   点   分到   点   分

观察者姓名   性别:1.男   2.女

观察项目：

发型:(1)长发 1 2 3 4 5 短发

　　　(2)整齐 1 2 3 4 5 凌乱

　　　(3)干净 1 2 3 4 5 肮脏

服装:(1)整洁 1 2 3 4 5 邋遢

　　　(2)素雅 1 2 3 4 5 华丽

　　　(3)端庄 1 2 3 4 5 轻佻(暴露)

　　　(4)时尚 1 2 3 4 5 保守

体态:(1)端正 1 2 3 4 5 猥琐

　　　(2)高大 1 2 3 4 5 矮小

　　　(3)健美 1 2 3 4 5 臃肿

化妆: 素颜 1 2 3 4 5 浓妆

言说:(1)语言准确   1 2 3 4 5 模糊

　　　(2)吐字清晰   1 2 3 4 5 含混

　　　(3)表达生动   1 2 3 4 5 呆板

　　　(4)语调高亢   1 2 3 4 5 低沉

续表

(5)普通话标准	1 2 3 4 5	不标准	
(6)语速快	1 2 3 4 5	慢	
(7)善于调动学生	1 2 3 4 5	只管自己说	
(8)肢体语言很多	1 2 3 4 5	没有	
(9)来回走动	1 2 3 4 5	不走动	
(10)口头禅很多	1 2 3 4 5	没有	
(11)表达流利	1 2 3 4 5	生疏	

板书:(1)清楚　　　1 2 3 4 5　　零乱
　　　(2)美观　　　　1 2 3 4 5　　潦草
　　　(3)层次清楚　　1 2 3 4 5　　不清楚

上课姿势:1.靠着讲台或桌子　2.直立　3.坐在椅子上　4.坐在桌子上

观察是一项技能性较高的工作,因而在正式观察以前,要进行观察训练。一个合格的观察者不仅要具有良好的注意力,忍耐力,记录能力,而且要仔细、认真,要善于控制自己的行为,使自己对观察对象的影响以及由此引起的变化减少到最低程度。对于观察者的训练除了要注意培养观察者的观察能力、判断能力外,还要注意培养他们的记忆力和记录能力。在训练过程中,要使观察者能够仔细区分被观察的事实以及被观察对象对此产生的反映,并在这些事实中分析出主要或重要因素。

观察训练的具体方式可以采用模拟观察方法,受训者可以一边观察专门的表演或电影,一边记录;也可以让研究者与受训者在观察开始阶段共同观察某一现象,然后对研究者和受训者的观察记录进行比较,并由研究者解释他们各自记录不同的原因所在。此外,在训练过程中,观察者还要掌握各种观察工具或器具的使用方法。

观察方法有着其他方法所没有的优点,在某种意义上,观察法要比访谈法所获得的资料更具有客观性,就如马林诺夫斯基所说的那样,社会人类学者不应该依赖被研究者的口头言论和规则来研究人,而应该重视他们的行为(陈向明,2000:228)。因此,观察法可以得到其他方法无法取得的资料,对社会现象直接观察可以客观地记录研究对象的变化过程。但是,观察法也有其局限性,首先由于观察者介入,不论是参与观察还是非参与观察,都在一定程度上影响被观察对象的活动,对社会现象变化的自然过程产生或多或少的影响。其次,一个人的认知能力是有限的,不可能在很短的时间内记录到很多现象,也不容易将各种现象与整体加以比较。而且,观察到的客观现象必须通过观察者的主观概括加以记录,由于各人判断能力、观察能力的差异,观察结果有可能发生偏误。

综上所述，实地研究与其他社会研究方法相比的主要特点是：①能收集到第一手资料，能研究正在发生的现象或行为，以及这些现象或行为发生时的特殊环境和气氛；②是在一个自然环境里研究人们的行为，较少受到人为因素的影响；③采用参与观察的方法，研究者更能理解研究对象的真实情感、价值观念和思维方式，能比较准确地分析和解释他们的行为；④对于非语言行为的研究特别有用；⑤有利于对研究对象进行全面、细致、纵深的考察，从而发现隐藏在现象背后的各种因素。当然，实地研究方法也有其局限性，例如，因参与程度较高，研究者易受同化，所获资料不免带有价值判断；对于可能影响资料的外部因素难以控制；实地研究所获得的资料多而杂，很难系统地进行精细的分类和编码。

思考与练习

1. 试述实地研究的特点。

2. 实地研究分为哪几个步骤？

3. 如果我们要对一个村庄、一所中学、一个乞丐团伙、一群路边摊贩进行实地研究，请问如何进入现场，各自进入现场的方法有什么区别？

4. 实地研究的访谈要注意哪些问题？

5. 实地研究的访谈和调查研究的访谈有什么区别？

6. 请选择一个访谈题目，自行设计访谈提纲，选择一个适当的访谈对象进行访谈，要求访谈时间必须在一个小时以上。

7. 日常生活观察和科学观察的区别在哪里？

8. 参与观察和非参与观察，结构型观察、无结构观察和半结构型观察有哪些区别？哪些现象比较适合参与观察，哪些现象比较适合非参与观察，请举例说明。

10 文献研究和实验研究

文献研究（literature research）是一种传统的研究方法，历史学研究中的考据、训诂、校勘方法都可算是文献研究方法。社会研究中的文献研究主要是利用第二手资料进行分析，具有非常明显的间接性、无干扰性和无反应性，因此也称"非介入性研究"或"无回应性研究"（non-reactive research）。在所有的社会研究方法中，实验研究（experimental research）是最接近自然科学方法的。实验研究是用来检验一个理论或证实一种假设而进行的科学研究方法，它是根据一定的研究假设，改变或控制一个或几个变量，然后观察其他变量是否随之发生变化，从而检验变量之间的因果关系。和其他研究方式相比，实验研究能够准确测定变量的变异量和变异方向，可以运用一定的方法对变异来源加以控制，对实验结果进行统计分析。社会研究中的实验研究比较适合于企业社会学、教育社会学、社会心理学、犯罪社会学等方面。

10.1 文献研究

文献资料是交换和储存信息的专门工具或载体，它包括各种书籍、报刊、档案、信件、日记、图像等。文献研究通过规范的方法收集、分析文献资料，对研究对象进行深入的历史考察和分析。社会学研究中不少经典成果，例如法国社会学家埃米尔·涂尔干（Emile Durkhem）的《自杀论》，美国社会学家 W.I. 托马斯（William I.Thomas）和 F. 兹纳涅茨基（Florian Znaniecki）的《身处欧美的波兰农民》都采用了文献研究方法。马克思主义经典作家的许多研究也是建立在阅读大量文献资料的基础上，马克思的《资本论》就引用了大量的文献资料。

文献研究由于是利用第二手资料，因此它与其他研究方法相比成本很低。但是，文献研究的最大问题是所能得到的第二手资料很多是和他人的研究联系在一起的，带有当时研究的目的和价值取向。因此，资料质量有时难以保证，也难以估计它的效度和信度。

10.1.1 文献资料的类型和评价

文献资料可以按照不同的标准分为不同的类型。按照资料的形式，可以分为书面文献、图像文献、有声文献。书面文献主要是指用文字记录的资料，它是最普遍的文献形式。书面文献主要有档案、报刊与书籍、个人文献以及各种统计资料。我国从中央到地方直至基层都建立了档案服务部门，保存着许多有关政治、经济、文化、教育、家庭、婚姻、犯罪等社会生活各方面的历史资料，研究者可以查阅这些资料，研究有关问题。书籍和定期出版的报纸、杂志是书面文献资料最主要的形式，它们记载了以往的历史事实，提供了前人的研究成果，是任何经验研究利用最多的文献资料。个人文献包括书信、自传、回忆录、日记等，是研究个人心理、个人生活史的最好资料，可借以了解个人行为和社会环境之间的相互关系，个人社会化程度及过程。图像文献主要包括电影、录相、照片和各种图画。它们反映了过去时代的精神风貌、物质生活、人情风俗的某些方面。有声文献如录音带、唱片等，也是很有价值的文献资料，它也记录了过去的事实，对于研究语言结构、方言、文字语言与口语、各种社会集团或阶层的语言特点以及社会事实有很大的帮助。图像文献和有声文献的最大优点是能够忠实记录历史事实，形象地再现当时的社会场景。

文献资料从其性质来说可以分成原始资料和次级资料，原始资料主要是由其他研究者开发但尚未整理的原始数据，或者档案馆保存的原始档案以及由个人提供的日记、回忆录、录像、照片等。一般来说，原始资料不太容易找到。次级资料是研究者根据研究目的，进行过系统整理的资料，国家统计资料就属于次级资料。次级资料和原始资料相比，是一种较有组织、较为整齐、较为系统的资料，在社会研究中，利用最多的是次级资料。使用次级资料不需要花很多时间和人力进行整理，因此速度较快，成本较低。但是由于研究目的的不同，以及测量工具和时间的差异，次级资料有时并不完全适合研究的需要。有的虽然适用，但资料的信度和效度很难评价。随着我国社会学研究的发展，具有公共性质的"数据库"已经出现，它为研究者利用他人开发的资料进行研究提供了条件。

对于文献资料的评价包括两个方面：第一，对于资料客观性质的外在评价，即对资料的来龙去脉做出评价。例如对作者、资料的性质、形式、分类、背景等方面的评价。在对资料进行外部评价时，必须弄清楚以下一些问题：资料是在何时、何地产生的；当时的研究目标和作用是什么；研究者采用的是原始资料还是次级资料；研究方法是什么；有多少人作过相同研究。第二，对于资料的内容评价，即评价资料内容的确实意义，真实性程度以及研究结论是否忠于资料等。

作为独立的研究方法，文献研究的具体方法主要有内容分析方法（content analysis）；二次分析方法（secondary analysis）；历史研究方法。

10.1.2　内容分析法

内容分析方法在主流社会学研究中通常被看作文献研究中的量化分析方法。如同拉扎斯菲尔德和贝尔森提出的，"内容分析是一种对交往所显示出来的内容进行客观的、系统的、定量的描述的研究技术"（阿特斯兰德，1995：186）。这一定义在学术界影响最大，并为许多教科书采用。但是这一定义仍然引起很多争议，其中包括对客观性、系统性的认识。如同默顿所批评的，"要求客观性……其结果是对文件的一种蓄意不理解"（阿特斯兰德，1995：187）。并且，内容分析方法不仅可以采用量化研究方法，也可以采用质性研究（阿特斯兰德，1995：181；劳伦斯·纽曼，2007：391）。它的研究目的主要是在对文献资料重新整理和分析的基础上，解释社会现象之间的关系和变化趋势。因此，内容分析实际上是对现存的各种类型的文献进行再分析的一种方法，用以揭示文献的内在结构、传播过程及其与社会情境之间的关系，以及对"文本"进行再诠释[*]。

* 对内容分析方法更详细的介绍可参看 2014 年出版的《传播学内容分析研究与应用》（周翔著）一书。

10.1.2.1　内容分析方法类型

内容分析方法最初主要分析传播内容中的各种信息，因此，信息传播过程是内容分析方法最主要的对象，其中包括"谁、通过什么（渠道）、给谁、说什么、产生什么效果"，即拉斯维尔著名的"五 W"模式（Who—Through What —To Whom—Say What —What Affect）。信息传播的内容分析有五种类型。①传播信息趋势，主要比较同一传播来源在不同时间下，传播信息是否存在差异。例如，可以比较 20 世纪 90 年代和 2000 年以后《人民日报》第一版传播信息的差异。②社会情境对传播信息的影响，主要比较在不同的社会情境下，同一来源的传播信息发生的变化。例如，可以比较邓小平在 20 世纪 90 年代初南方讲话前后，《人民日报》第一版传播信息的变化。③受众对传播信息的影响，主要比较由于受众的变化对同一来源传播信息的影响。例如，《社会》杂志自创刊以来，曾经经历了从学术性杂志到通俗性杂志再到学术性杂志的过程，每次改版都与读者对象的变化与要求有一定的关系，或者至少读者对象的要求是一个重要的诱导因素。④传播信息的关联，主要比较同一来源中，不同传播内容之间的关联。例如，可以分析某一文摘杂志中所载不同文摘内容之间的关系，从而分析这一文摘杂志的价值取向或风格。⑤传播来源的差异，主要比较同一传播信息在不同传播来源之间的差异。例如，我们可以分析某一重要新闻在不同的媒体中是如何处理的，如中央报刊和地方报刊、大报和小报对同样的信息在文字上、编排上存在哪些不同（杨国枢，1980：815-818）。

从以上介绍的内容似乎可以看出，内容分析方法比较适用于传播社会学的研究，但其实，这种方法也同样适用于社会学、政治学、语言学等社会科学甚至文学的研究。

除了以上分析类型之外，内容分析方法还可以分为描述性的内容分析和推论性的内容分析。描述性内容分析主要是通过文本分析进行作者分析和主题分析。作者分析是对某一作者的某一文本或不同文本中的句法、语句、词组、段落、标题、标点进行结构分析，从而分析作者的写作风格。主题分析被看作是古老的内容分析方法，它通过对文本的类型分析和解释，研究文本所表达的主题是什么。推论性内容分析是假定一个文本特定的特征是与文本背景特征相关联的，试图从文本分析中提供关于作者、读者、社会情境的真实认识。从方法论上看，推论性内容分析分为"代表模式"和"工具模式"。代表模式认为特定文本提供了一个隐藏在其后的社会现实的真实图像，因而从文本推论到文本背景是有效的。工具模式认为，作为媒介的文本监督或影响着社会结构（阿特斯兰德，1995：188-191）。因此，代表模式着眼于文本背后的社会情境的分析，工具模式关注的是文本对社会情境或社会结构可能产生的影响或作用。

10.1.2.2　内容分析举例

例10-1: 身处欧美的波兰农民

《身处欧美的波兰农民》（W. I. 托马斯，F. 兹纳涅茨基，2000）被认为是美国社会学的奠基之作，20世纪初，美国社会学家W.I. 托马斯和F. 兹纳涅茨基征集了50个美国波兰移民家庭与他们在波兰的亲属之间的754封通信，对这些信件进行分析，揭示了资本主义的发展导致家庭的解体，展现了移民过程中家庭重建的情景。他们认为，市场扩展和所谓的"进取心态"的逐步形成，对个性的肯定使家庭发生变化，造成家庭内部的冲突，但同时也开创了个人发展的新的可能性。托马斯和兹纳涅茨基在研究中建立了信件的分类学，认为所有农民信件都是问候信及其变异，具体分为五种类别：仪式信（邀请家庭成员出席婚丧嫁娶等活动，信件内容往往是一篇仪式致词）；通告信（在家庭成员无法见面时，提供他们生活的详细情况）；情感信（通过情感的交流，加强家庭的团结）；文学信（在举行仪式时，用撰写诗文的方法代替音乐演出和诗歌朗诵）；事务信。几乎所有的信件都是以宗教的问候开始，回信者也往往以宗教的祝词予以回应，"既具有魔力，又具有道义的力量"。

例 10-2：知青研究

《日常仪式化行为：以知青为例的研究》（吴艳红，J. David Knottnreus，2005）以知青回忆录、口述记录、书信和日记为素材，分析知青日常生活中的仪式化行为，以及仪式化行为对于知青生活的意义。根据作者对文献资料的整理和概括，知青的日常仪式化行为主要有：政治仪式、讲故事、唱歌和其他音乐活动、养动物、打扑克、写日记、写信、干重活、读书读报和写作、发展爱情、接近自然、保持个人兴趣、着装等。作者认为知青日常生活仪式化具有生活稳定感建构，认识自我，建立自信的功能。同一作者的另外一篇论文《日常仪式化行为的形成：从雷锋日记到知青日记》（吴艳红，J. David Knottnreus，2007）主要以雷锋等英雄日记和知青日记为文本，利用结构仪式化理论，比较了不同时代日记的结构差异，以及英雄日记对知青日记的影响。无论是雷锋等英雄的日记，还是知青的日记都含有三个要素：学习毛主席著作的体会，对自己思想和行为的检讨和反省，改正不正确思想和行为的计划和决心。但是知青日记仍然有自己的特点，即比较关注自己的日常生活，有较多对生活的思考以及反映自己心声的内心独白，这是雷锋等英雄日记所没有的。

例 10-3："活着"——小说和电影研究

小说、电影也可以成为内容分析的文本。在《国家、仪式与社会——解读余华小说、电影〈活着〉》（董国礼，胡文娟,2001）一文中，作者以小说（电影）《活着》为文本，从乡村婚姻仪式入手，通过解析从"土改"到"文革"这一段国家仪式来认识特定历史时期内，国家与民间社会的关系。认为仪式绝非专属于传统社会，现代权力的运作同样也离不开仪式。将近半个世纪的中国历史也是一部运动的历史、仪式的历史，作为权力实践的媒体和手段，从"土改"到"文革"的一系列运作完成了集体对家族的取代，集体经济对传统家族经济的取代，民族认同对社区认同的取代。社会关系的转变，为现代民族—国家形成奠定了意识形态的基础。通过经济生活的政治化，日常生活的仪式化和仪式象征的实用化，国家对于民间社会进行改造和重构，使国家权威特别是国家意识形态完成了由强行灌输到基层社会自觉接受、支配、内化的无意识过程，人们的行动逻辑和话语中无不显现国家的印记。

例 10-4：中国社会主流词汇研究

《中国社会主流语言词汇的类型分布、使用特征与社会变化》（陆晓文，吕乐，2001）一文以取自 1986—1995 十年间《人民日报》"社论"和"评论员文章"中涉及中国经济、社会和其他领域文章中的关键词汇为素材，重点探讨了十年间词语使用类型分布、特征，从语言研究的角度来解释中国社会经济发展中出现的一些问题和现象，从词语的使用和意义的变化中去全面认识中国社会这十年的演变，以及作为主流语言象征的"人民日报"的地位和作用。作者根据如下原则确定选词标准：①根据文章的题目确定关键词；②根据文章的段落主题确定关键词；③关键词在一篇文章中只能选择一个；④以名词为主体。然后将收集到的词汇归为四个大类：环境、政法、科教、经济，每个大类下再分几个小类，如将经济大类分为经济政策、体制改革、经济工作、经济问题等类型。最后对二级细类中的关键词进行整理，统计频数，作为分析的数据。根据统计，十年来涉及政法的词汇使用频次最高，占 66.27%，经济词汇频次占 27.05%，科教词汇频次占 6.11%，环境词汇频次占 0.61%。在对经济类词汇的分析中作者比较了《人民日报》"社论"和"评论员文章"的差异，发现 20 世纪 90 年代前"评论员文章"涉及经济类词汇的频数要高于"社论"，但在 90 年代以后，"社论"中关于经济类词汇的数量有一个大幅上升的趋势，充分反映了这一时期中国政府和中国共产党对经济工作的重视程度。

以上所举例子中，只有一项研究，即"中国社会主流词汇研究"属于量化研究，其余三个都属于质性研究。虽然西方主流社会学还是把内容分析方法归之于量化研究，但是，质性的内容分析方法仍然有其独到之处，它"被理解为一种特殊的方法，其目的是从对现存资料的社会联系的解释中，获得基本的社会事实和现象"（阿特斯兰德，1995：181），"有时对于资料进行定性评估，反而是最恰当的"（艾尔·巴比，2000a：403）。根据笔者理解，质性内容分析既可以作为独立的研究方法，也是量化内容分析的重要前提。在内容分析中，质性研究是可以转换成量化研究的，并且一个规范的质性内容分析可以为量化内容分析提供很好的基础，例如，例 10-1 和例 10-2 完全有可能变换为量化的内容分析。第二，质性的内容分析也可以作为独立的研究方法，它在某种意义上更能把握一个特殊的文本和社会情境之间的关系，如例 10-3 的研究，如果拘泥于内容分析方法应该是量化的，恐怕很难得出现在的结果。第三，量化的内容分析能够准确揭示研究对象的特征，检验研究结论的普适性程度。第四，并不是所有的以文献资料为基础的研究都是内容分析，例如文献述评或者根据文献资料撰写的历史性专题研究并不属于内容分析的范围。内容分析的主要特点是从对文本的再分析中，重建文本结构，探讨文本和社会情境之间的关系。第五，根据笔者对最近五年相关文献的浏览，纯粹社会学意义上的量化内容分析研究还不多见，最多是属于传播学意义上的内容分析。因此，我国社会学的内容分析，无论是量化研究还是质性研究都还有很大的空间，例如，对于互联网中网络社会的建构就可以采用内容分析方法进行研究。

10.1.2.3 内容分析方法步骤

以内容分析方法进行社会学专题研究，除了必须遵循所有研究都要进行的文献述评，为提出问题奠定理论基础之外，还有以下步骤，这些步骤对于量化的或质性的内容分析基本上都适用：

（1）确定和选择内容分析的文本或文献

确定和选择内容分析的文本首先要根据研究专题寻找合适的文本资料或文献资料。作为内容分析的文本或文献材料要符合研究目的，或者说对于研究来说具有重要意义，即文本或文献除了要符合研究目的之外，对于公开发表或出版的文本或文献还应该达到规范性的要求，从而保证研究资料的真实性和可靠性。其次，文本和文献是可以找到的，或者说它们是存在的。例如，对于知青日记的研究，一方面可以利用公开出版的知青日记（假定出版物是真实的），另一方面，也可以公开征集个人日记，并对其进行真实性和可靠性分析。再次，对于收集的文献材料进行抽样，量化分析一般采用纯随机抽样或分层抽样，在抽样时要确定抽样单位，例如对于知青日记抽样可以根据研究需要以"篇"为抽样单位，也可以在对日记初步分析的基础上，以"关键词"或"主题词"为抽样单位。当抽样结束后，为了进一步对文献进行分析，还要确定"记录单位"，常用的"记录单位"有：词汇、主题、人物、句子或段落等。质性研究一般采用判断抽样方法。

（2）分类和编码

分类是内容分析的基础工作，也是最困难的工作。文献材料分类必须在一定的理论指导下进行，因此分类标准往往和一定的理论紧密联系，是和特定的研究目的有关的。分类应该符合穷尽和互斥的要求，也就是说文献材料的类别既能有所归属，又不相互冲突。每个类别要有明确的定义，即以操作化方法说明每个类别定义的内涵和外延。例如，对于知青日记可以分为"政治类""情感类""人际关系类""读书体会类""道德修养类""生活琐事类""其他类"等，每个类别还可以根据需要建立若干个小类，对于每个类别要有明确的操作化定义。由于大多数文献资料都是以文字方式表述的，因此，分类过程比较复杂。例如，一篇知青日记可能涵盖了几种类别，既可以归属于"政治类"，也可以归属于"道德修养类"或其他，在具体分类时可以先判断日记的主要类别特征，再归之于相应的类别。如果资料分别属于几种类别，可以分别归之于相应的几种类别之下。因此，量化的内容分析数据有可能不是以"篇"为单位，而是以"篇次"为单位。在量化研究中，除了对文献材料本身进行分类之外，还要对有关背景材料进行分类，例如，知青日记可以按照作者的性别、年龄、教育程度甚至家庭出身进行分类，并在此基础上建立"自变量"和"因变量"

的分类体系，为统计分析奠定基础。

无论是量化研究还是质性研究的内容分析，分类以后的编码都是必需的。量化的内容分析主要是以"数字"作为编码的代号，用"数字"表示资料的类别，建立相应"数据库"。质性研究是以"文字"（为了检索方便，也可以以数字作为类别的代码）进行分类编码，即通过对文献材料的"剪裁""浓缩"，以文字的形式归在相应的类别之下，分类建档，建立条理清晰的"资料库"。

（3）资料分析

当"数据库"或"资料库"建立以后，就可以进行资料的分析。量化的内容分析方法主要是统计分析，除了一般的频数计算之外，相关分析、回归分析以及多元回归分析也是资料分析的常用方法。需要注意的是，在对资料进行频数计算时，前面讲到的"其他类"的比率不宜超过5%，如果超过5%，必须对"其他类"重新分类，使得"其他类"的比率保持在5%以下。质性内容分析方法主要是主观分析法，即根据研究者的理论概念，在对资料详细分析的基础上，对资料进行归纳和概括并抽象到一定的层面，用资料说明、论证或诠释一定的理论。

（4）信度和效度检验

由于内容分析方法所使用的资料都是第二手资料，或者是其他人的研究成果，对于信度和效度的检验相对比较困难。除了在确定和选择文献资料时，要认真对资料进行审核，考察资料的真实性和可靠性程度之外，还要在资料的分类时特别注意分类的合理性，即资料的归类和编码要符合类别的定义，被分析的资料能够有效地与研究目标联系在一起。有条件的话，还可以利用由访谈或观察等方法收集相关资料来检验内容分析的信度和效度。

10.1.3 二次分析

二次分析也称为次级分析（元分析，再分析），即对第二手资料的分析，它是对他人收集的文献或资料进行再分析。广义上的二次分析或许包括内容分析，但是二次分析的资料一般是统计资料，因此，严格意义上的二次分析主要是对他人收集的统计资料进行再分析。二手统计资料可以分为原始数据和经过整理后的数据。原始数据是指他人收集的没有经过统计整理的数据，例如各种向公众开放的数据库*；经过整理的数据一般以频数统计或分组统计的形式出现，例如由政府公布的各种统计资料**。因此，二次分析一般有两种情况，一是利用他人的统计资料来说明自己的观点，或者说在对他人统计资料再分析的基础上，通过新的分类对某个问题进行深入研究，最为典型的是涂尔干的《自杀论》研究。二是利用他人提供的或者向社会公开的社会调查数据库资料进行研究。近年来，我国不少研究成果就是利用数据库资料得出的，这些数据库有

*例如美国的"综合社会调查"（General Social Survey，简称GSS）数据库就向社会开放，研究者可以无偿使用相关数据进行研究。我国中国人民大学和香港科技大学建立的"中国综合社会调查"（CGSS）数据库于2005年向社会开放。

**有的学者把利用经过整理后的统计数据再分析，单列为"现存统计资料分析"，不包括在二次分析之内（参见风笑天《社会学研究方法》，中国人民大学出版社2001年出版）。

的是公开的，有的是半公开的。例如，《"丁字型"社会结构与"结构紧张"》（李强，2005）、《社会分层、住房产权与居住质量——对中国"五普"数据分析》（边燕杰，刘勇利，2005）、《当代中国家庭结构变动分析》（王跃生，2006a）、《当代中国城乡家庭结构变动比较》（王跃生，2006b）等主要是利用国家"五普"长表数据进行再研究。《阶层化：居住空间、生活方式、社会交往与阶层认同》（刘精明，李路路，2005）、《高等教育扩展与入学机会差异：1978—2003》（刘精明，2006）、《中国城市居民的社会网络资本与个人资本》（王卫东，2006）、《渐进转型与激进转型在初职进入和代内流动上的不同模式》（梁玉成，2006）等研究成果的数据主要来自我国社会学界第一个公开的数据库——中国人民大学社会学系和香港科技大学社会调查中心合作主持的 2003 年度全国综合社会调查数据库（CGSS）。

二次分析不管是利用原始数据还是利用经过初步整理的统计资料，其研究步骤基本上是一致的：①根据研究主题选择合适的资料；②在一定的理论架构下对资料进行再处理，尤其是原始数据还要根据研究需要进行再编码、分类统计以及其他统计分析；③根据统计分析的结果撰写研究报告。

二次分析的两个例子：

例 10-5：《自杀论》—— 一项来自统计数据的研究

涂尔干的自杀研究资料主要来自欧洲一些国家政府机构发表的一些统计数据。最初的研究发现，在欧洲的许多国家中，自杀率在一个比较长的时期里是相对稳定的，但是涂尔干发现在炎热的夏季里，自杀率出现异常，表面来看温度似乎与自杀有关，但是发现温度比较高的国家，自杀率并不相应提高。他还发现自杀率在不同的年龄、性别中是有差异的，但是很难做出社会学的解释。进一步的研究发现，在政治动荡时期自杀率会上升，而且在许多欧洲国家都存在，由此建立有关自杀的一般性假设，即自杀率的高低与社会整合有关。进而通过对资料的分析，使这个一般性假设得到证明。例如，他注意到以基督教为主的国家中，自杀率要高于天主教为主的国家，是什么原因造成宗教对自杀的影响？涂尔干将他在宗教上的发现和政治动荡的发现综合在一起，指出许多自杀与"失范"有关。在政治动荡时期，旧的行为和道德规范被瓦解了，自杀就成为对这种状况极端不适应的最后结果；天主教要比基督教具有更健全的结构和更整合的宗教系统，给人们以连贯和稳定的感觉，因此天主教的自杀率就比较低（艾尔·巴比，2000a：407-408）。

例 10-6：《"丁字型"社会结构与"结构紧张"》—— 一项来自原始数据的研究

李强在 2005 年关于"丁字型"社会结构形态的研究成果是我国社会结构研究的重要发现。研究数据来自 2000 年第五次全国人口普查的抽样数据，按 0.95‰的比率采用系统抽样方法从全国总数据中抽取。该项研究运用"国际标准职业社会经济地位指数"、即 ISEI，对我国"五普"抽样调查中的职业、教育、收入等变量进行标准化处理，获得了我国 16～64 岁人口的 ISEI 值。李强根据我国职业人口的 ISEI 值敏锐地发现中国的社会结构是"倒丁字型"的，即它的一横是巨大的农村社会阶层，一竖更多的是城市社会阶层，是非此即彼的二分式结构，他认为这样的社会结构会造成持续的"社会结构紧张"，即社会群体之间处于一种对立的、矛盾的或冲突的状态，社会关系处于一种很强的张力之中，社会矛盾容易激化，社会问题和社会危机容易发生。因此，李强的研究结果如果被确认的话，将会在某种程度上颠覆学术界对中国社会结构的认识和判断，即认为中国的社会结构正在从"金字塔型"向"橄榄型"过渡，也就是说，中国的社会结构还不是"金字塔型"，首先要过渡到"金字塔型"，才能转变为"橄榄型"。

10.1.4 历史研究方法

文献研究除了内容分析和二次分析之外还有**历史研究方法**或**比较研究方法**。早期的社会学家中，马克思在《资本论》中对于经济系统的历史发展过程的阐述，涂尔干《社会分工论》关于从机械团结到有机团结的考察，韦伯《新教伦理与资本主义精神》（对资本主义发展历程的考察）等都是建立在大量的历史文献基础上的。现代社会学家中，如诺贝特·埃利亚斯的《文明的进程》、E.P. 汤普森的《英国工人阶级的形成》等更是典型的以历史文献资料为研究依据的著作。不少现代社会学家的奠基之作或代表性著作中，都会或多或少地引用详细的历史文献资料。因此，历史研究方法也是社会研究的重要方法，尤其是在对宏大社会现象进行研究或者对社会现象进行历史性考察，建立社会理论时，历史研究方法是不可缺少的。

历史研究方法比较关键的是要根据研究目的收集大量历史文献资料，这些文献资料有的收藏在档案馆里，有的为个人收藏，其中包括公开出版物、原始文献资料、个人日记、回忆录等。对于历史文献资料有的还要进行评估，有的甚至需要考证，其中包括文献的作者是谁，文献的历史背景，文献的时间，文献本身的资料在当时是通过什么方法获得的，文献是否存在着偏见（政治的、宗教的、文化的），如何克服偏见，文献作者的分析概念或理论范畴和主要议题等。艾尔·巴比认为历史研究方法是一种质性研究法，不能简单地列出几个步骤，而是要从大量文献中发现模式（艾尔·巴比，2000a：421-422）。也就是说，**历史研究方法**最为关键的是研究者通过对文献的阅读建立自己的理论分析框架和概念，在此基础上对文献资料进行分析和归纳，以文献资料阐述和论证自己的理论或概念。

例如，《英国工人阶级的形成》一书中，E.P. 汤普森在马克思阶级理论的基础上，认为"阶级是社会与文化的形成，其产生过程只有当它在相当长的历史时期中自我形成时才能考察，若非如此看待阶级，就不可能理解阶级。"因此，汤普森把工人阶级的"经历"看作是工人阶级"形成"的关键。"经历"是"存在"与"觉悟"之间的纽带，没有这些经历，意识就不会出现，"觉悟"也不会产生。他利用大量历史文献资料详尽地考察了18和19世纪英国工人阶级从劳动到生活水平、从组织到政治活动、从宗教情绪到文化娱乐方式等"经历"中的每个方面，提出正是这样的经历使得英国工人意识到他们的利益与雇主的利益是对立的，从而形成了阶级（E. P. 汤普森，2001）。*

*中国社会学比较熟悉的卡尔·波兰尼的"在转型"理论和道格拉斯·诺思的"路径依赖"理论，都是基于对欧洲经济史的详尽考察获得的。

>> 10.2 实验研究

实验研究是研究者在实验过程中改变或控制一个或几个变量，观察其他变量是否随之发生变化，以确定变量之间的相互关系。和其他方法相比，实验法能够准确地测定变量的变异量和变异方向，运用一定方法对变异来源加以控制，对实验结果进行统计分析，并可以对多种变量进行实验。

实验研究虽然主要应用于自然科学，但是在社会科学中也有比较成功的应用，其中最为著名的就是美国的"霍桑实验"。1924年11月，霍桑工厂内的研究者在本厂的继电器车间开展了生产照明条件与生产效率关系的实验研究。研究者预先设想，在一定范围内，生产效率会随照明强度的增加而增加，但实验结果表明，不论增加或减少照明强度都可以提高效率（有两个女工甚至在照明降低到与月光差不多时仍能维持生产的高效率）。随后，研究者又试验不同的工资报酬、福利条件、工作与休息的时间比率等对生产效率的影响，也没有发现预期的效果。1927年哈佛大学教授G.E.梅奥（George Elton Mayo）等人应邀参与这项工作。从1927—1932年，他们以"继电器装配组"和"云母片剥离组"女工为被试对象，通过改变或控制一系列福利条件重复了照明实验。结果发现，在不同福利条件下，工人始终保持了高产量。研究者从这一事实中意识到，工人参与试验的自豪感极大地激发了其工作热情，促使小组成员滋生出一种高昂的团体精神。这说明职工的士气和群体内的社会心理气氛是影响生产效率的更有效的因素。在此基础上，梅奥等在1928—1932年中，又对厂内2 100名职工进行了采访，开展了一次涉及面很广的关于士气问题的研究。起初，他们按事先设计的提纲提问，以了解职工对工作、工资、监督等方面的意见，但收效不大。后来的访谈改由职工自由抒发意见。由于采访过程既满足了职工的尊重需要，又为其提供了发泄不满情绪和提合理化建议的机会，结果职工士气高涨，产量大幅度上长。为了探索群体内人际关系与生产效率之间的联系，研究者在1931—1932年进行了对群体的观察研究。结果发现，正式群体内存在着非正式群体，这种非正式群体内既有无形的压力和自然形成的默契，也有自然的领导人，它约束着每个成员的行为。霍桑实验的结果推进了现代管理理论的发展，开创了人际关系理论。

在社会研究中，实验研究类型根据实验空间可以分为实地实验和实验室试验。实地试验是在自然状况下的一种实验方式，又分为现场实验和自然实验两种形式。现场实验和自然实验虽然都是在实地进行的，但是相对于自然实验来说，现场实验有时可以对实验变量进行控制，也可以设置控制组；自然实验则是在纯"自然"的状态下进行，自然实验的"控制变量"往往是一种突发性的社会事件或灾难，研究者在突发性的社会事件或灾难发生后，测量人们的行为方式或价值观念发生哪些变化。实验室实验是一种标准化的实验，它是在人工环境下或在实验室中进行的实验。由于社会科学的特殊性，社会研究中的实验研究很多是采用实地实验。实验研究还可以根据实验对象是否采用随机方法抽取，分为正式实验和非正式实验。由于正式实验采用随机方法抽取样本，因此可以在一定程度上进行统计推论或采用比较复杂的统计分析方法。

实验研究与其他研究方式相比虽然能够比较准确地说明变量之间的因果关系，能够创造特殊的环境减少外来变量对研究对象的影响。但是，由于对社会现象中因果关系的观察需要一个比较长的时间，人们很难在一个比较短的时期内发现社会现象之间的因果链。同时，由于社会现象中因果关系往往是多因素的，因此对社会因素和外来因素的控制比较困难。而且，由于实验对象是有限的，有的只能在一个小群体内实施，因此实验结论只具有相对的普遍意义。并且，实验研究往往会引起伦理上的争论，因而实验研究的问题和范围是有限的。此外，实验研究还存在实验人员因为对某种实验结果怀有期望而对被实验对象产生了有意无意的"暗示"，处于特殊环境下的实验对象受到环境的刺激有可能改变自己的正常行为，并最终对实验的真实性产生影响。

10.2.1　实验研究的基本术语

在介绍实验研究之前需要了解一些基本术语：实验单位、实验变量、外来变量、观察值、实验次数、实验误差、前测和后测、实验组和控制组等。

实验单位：即实验主体或被实验对象，例如，工作小组、班级、车间、部门、学校、群体、社区等。实验法的主要目的就是观察实验单位的一些特征或变量在实验前后的变动。

实验变量：也称为实验处理或实验刺激，是实验者希望控制的自变量，例如在教学方法实验中，新的教学方法的实施就是实验变量，在劳动人事制度改革中，新的用人方式也是实验变量。

外来变量：是指所有能够影响实验变量即自变量的因素。外来变量有两类，第一类是因为实验单位的差异而引起的，例如在教学方法实验中，被实验对象的两个班级的学生素质有较大的差异；第二类是不能控制的因素，例如，上述实验中社会上不良风气的影响，学生家庭状况等。第一种外来变量的影响一般可以运用实验设计的方法加以控制，第二种外来变量是实验者无法控制的，但是可以通过随机抽样方法选择实验单位，使外来变量对实验单位的影响处于"平均状态"。

实验组和控制组：为了控制外来变量，在实验设计中除了需要实验组，即实验对象之外，还要设置与实验组相对照的控制组。一般来说，实验变量作用于实验组，控制组不受实验变量的作用，或者说仍然按原来的方式运行，经过实验后，再比较实验组和控制组的因变量值。为了控制外来变量的影响，实验组和控制组应该基本上是同质的。

观察值：即实验结果或因变量值，例如教学方法实验中，学生学习能力的变化就是观察值或因变量值，员工的工作效率是新的用人方式的因变量值。因此，观察值是实验前后的因变量的数值，实验结果是实验前后因变量数值的差异值。

前测和后测：是指两种不同的观察值，前测是指实验前实验单位的观察值，后测是实验以后实验单位的观察值。例如，在教学方法实验中，实验前实验班学生的平均成绩是 75 分，即前测值；实验后该班的平均成绩是 85 分，即后测值。

实验次数：即实验的重复次数，相同的实验如果能够多次重复，可以提高实验的信度。

实验误差：是指一些不能控制的外来因素对实验造成影响而产生的误差，这些因素可能是未知的，也可能是因为实验观察中的系统误差或非随机误差。

实验设计有多种模式，本书仅介绍比较常见的几种模式：标准实验模式及其变形，完全随机设计，随机区集设计，拉丁方格设计。

10.2.2　标准实验模式及其变形

标准实验模式是指一种包括前测和后测、实验组和控制组、实验变量的标准化实验方式，也称为有控制组的事前事后实验或经典实验模式。需要注意的是，在标准实验模式中，实验组和控制组的成员素质要具有比较高的同质性，实验组和控制组要能有效分离，尽可能避免两组成员的交流，不要让他们知道正在进行的实验，从而减少外来因素或变量对实验的影响。标准实验图示如下（表 10-1）：

表 10-1　标准实验模式

	前测	实验变量	后测
实验组	x_1	有	y_1
控制组	x_2	无	y_2

实验结果 $= (y_1 - x_1) - (y_2 - x_2)$

例如，某社工组织为了提高农民工对艾滋病和性病的认识，选择相邻较远的 A、B 两个建筑工地进行实验研究，两个工地的农民工素质基本上差不多，其中 A 工地为实验组、B 工地为控制组。实验变量是由社会工作者向农民工开展各种生动的性健康教育，包括展览、看录像、个别访谈和交流等。实验前对两个工地的农民工进行性健康知识的测量，A、B 两工地农民工的分数差不多，平均分数分别为 50 分和 52 分。社会工作者在 A 工地对农民工开展了为期一个月的性健康教育，再用原来的测量表对 A、B 两工地农民工进行性健康知识测量，平均分数分别为 75 分和 55 分，实验结果（性健康教育的有效性）=（75－50）－（55－52）=22（分）。即 A 工地农民工进行性健康教育后，他们的性健康知识平均分数要高出 B 工地农民工 22 分。因此，对农民工实施性健康教育后，可以提高他们对艾滋病和性病的认知水平。

在标准实验模式的基础上既可以变形出比较简单的实验模式，也可以变形出比较复杂的实验模式。简化的实验模式主要有：无控制组的事后试验、有控制组的事后试验、无控制组的事前事后实验；比较复杂的实验模式主要有多组实验模式，即多实验组和一个控制组实验模式。

无控制组的事后实验（见表 10-2）实际上就是自然实验，往往适合于一项制度改革或其他突发性因素对人们价值观念或行为方式的影响。例如，我们以 2002 年末爆发的"非典"（SARS）为例，调查在"非典"爆发后，有多少人改变了自己的行为方式。根据南京大学社会学系 2003 年 5 月在北京、上海、广州、重庆、南京五大城市 2 064 户居民的电话调查，有 51.1% 被访者认为在 SARS 流行期间，自己的生活行为习惯发生了较明显的变化，其中 79.9% 的被访者的卫生习惯发生较明显的变化；出行习惯和饮食习惯发生变化的分别为 44.9% 和 32.8%；67.0% 的被访者在 SARS 流行期间的休闲娱乐是看电视、听音乐（陈友华，2004）。因此，我们可以说，SARS 改变了很多人的行为方式。当然这种实验模式也可以运用在人为的实验模式中，例如，经过对 A 工地农民工进行性健康教育，问卷调查表明，有 70% 的农民工对性健康的认知是正确的。

与自然实验相类似的是**现场试验**，例如，我们要做一个有关"同情心"的实验，可以在马路上观察在一段时间内行人给乞丐钱物的人数和不给钱物的人数，其中实验变量（刺激）就是"乞丐"。具体的做法是，找到一个真正的乞丐，请他在商务楼下乞讨，实验的目的是研究白领的同情心（假定进出商务楼的基本上是白领），然后观察在一段时间内进出商务楼的白领和路上行人给乞丐钱物的各自的比率，即计算在一段时间内进出商务楼的白领给乞丐钱物人数占观察期间进出商务楼的总人数的比率和给乞丐钱物的行人数占总行人数的比率。其中"乞丐"仍然是实验变量或实验刺激，实验组是进出商务楼的白领，控制组是行人。

表 10-2　无控制组的事后实验

	前测	实验变量	后测
实验组	无	有	y_1
控制组	无	无	无

实验结果 = y_1

相对而言，无控制组的事后实验对实验结果的判断只能是估计的、粗略的，无法得到一个精确的数字，我们不能排除实验结果可能还受到其他因素的影响。例如，农民工的性健康教育后的测试结果，可能是他们从其他渠道获得有关性健康的知识，也可能是他们的工友中患有性病迫使他们必须了解这方面的知识。因此，可以以 B 工地民工为控制组，成为有控制组的事后实验，经过"后测"，B 工地民工性健康认知正确的比率为 40%，因此经过对民工的性健康教育，民工性健康认知水平提高了 30%。这种实验模式就是有控制组的事后试验（见表 10-3）。

表 10-3　有控制组的事后实验

	前测	实验变量	后测
实验组	无	有	y_1
控制组	无	无	y_2

实验结果 = $y_1 - y_2$

无控制组的事后实验由于缺少"前测"，研究者不能了解实验前后的变化，无法获得实验变量对实验结果的影响过程，即"转变率"。例如，我们不能发现 SARS 对人们行为习惯影响的转变率是多少，或者性健康教育对农民工认知水平的提高起到多大作用。如果我们在实验时增加"前测"，变为**无控制组的事前事后实验**（见表 10-4）。在实验前，调查发现人们饭前便后或者回家就洗手的比率为 50%，SARS 以后这个比率提高到 80%，我们就能说经过"实验"，人们的洗手习惯比率增加了 30%。同样，农民工在性健康教育前对性健康认知正确的比率为 30%，性健康教育后，这个比率达到 70%，因此经过对农民工的性健康教育，他们对于性健康的认知水平提高了 40%。无控制组事前事后实验与事后实验相比较，虽然更能反映出实验变量的效果，但如果前测和后测两种测量时间间隔太长，会影响到实验结果的准确性，而且，因为缺少控制组，不能控制其他变量对实验的影响。因此，有条件的话还是应该采用标准实验模式，即有控制组的事前事后实验。

表 10-4　无控制组的事前事后实验

	前测	实验变量	后测
实验组	x_1	有	y_1
控制组	无	无	无

实验结果 $= y_1 - x_1$

多实验组和一个控制组就是在标准试验模式的基础上增加一个或两个实验组，用以比较几个实验变量的作用（见表 10-5）。

表 10-5　多实验组和一个控制组实验模式

	前测	实验变量	后测
实验组 A	x_1	有	y_1
实验组 B	x_2	有	y_2
控制组	x_3	无	y_3

实验结果 A $= (y_1 - x_1) - (y_3 - x_3)$

实验结果 B $= (y_2 - x_2) - (y_3 - x_3)$

例如，我们在三个工地进行农民工性健康教育方法的实验，其中两个工地分别为实验组 A、实验组 B，一个工地为控制组，A 组的实验变量是看录像，B 组的实验变量是图片展示。实验前对三个组先做一次有关性健康知识的测量（前测），实验结束后再做一次测试（后测），然后分别比较 A 组、B 组与控制组测试结果的差异，差异较大者就被视为效果最好的性健康教育方法。

10.2.3　所罗门实验模式

所罗门实验模式是在原来的标准实验模式的基础上增加一个或两个控制组，成为所罗门三组或四组设计。所罗门实验模式主要是控制"前测"和外来变量对实验结果的影响。在标准实验模式中，实验组的后测结果主要受到前测和实验变量的影响，控制组的后测结果因为没有实验变量的刺激，主要是受到前测的影响，由前测和实验变量综合在一起而产生的附加的影响，称为相互作用效应。例如，实验组农民工经过了一段时期的性健康教育，再进行性健康认知水平的测量，马上会意识到上次测量（前测）和现在测量（后测）之间的关系，可能会在测试中刻意表现自己，他们既受到前测的影响也受到实验变量的影响；控制组农民工主要是受到上次测量的影响。为了控制前测的影响，所罗门三组设计增加一个没有前测、但有实验变量及后测的控制组 B，原来的控制组为 A（见表 10-6）。

表 10-6　所罗门三组设计实验模式

	前测	实验变量	后测
实验组	x_1	有	y_1
控制组 A	x_2	无	y_2
控制组 B	无	有	y_3

实验结果 $= y_3 - (x_1 + x_2)/2$

以前面标准实验为例,原来实验组和控制组的前测分数 x_1、x_2 分别为 50 分、52 分,后测分数 y_1、y_2 分别为 75 分、55 分,在所罗门三组实验中,控制组 B 的后测分数 y_3 为 70 分,前测分数以实验组和控制组 A 的前测分数平均数代替(假定三个组成员同质性程度很高),即 51 分。因此,实验结果 $=70-51=19$(分),即通过性健康教育,农民工的认知水平平均可以提高 19 分。在标准实验中,实验组前后测分差为 25 分,即总效应;前测效应为 3 分(原控制组前后测分差),实验变量效应为 19 分,剩余的 3 分即为相互作用效应(控制组 A)。

即:相互作用效应 = 实验组总效应 － [前测效应(控制组 A 前后测差）＋实验变量效应(控制组 B 前后测差)]。相互作用效应既可以是正向的也可以是反向的。

所罗门三组实验虽然控制了前测对实验的影响,但是仍然没有排除其他外来变量的影响,也就是说无论是在控制组 A 还是在控制组 B 中,前后测的分数差中除了存在着前测或实验变量的影响外,还存在一些我们所不能控制的外来变量的影响,因此在三组设计的基础上增加了控制组 C,成为所罗门四组实验(见表 10-7）。

表 10-7　所罗门四组设计实验模式

	前测	实验变量	后测
实验组	x_1	有	y_1
控制组 A	x_2	无	y_2
控制组 B	无	有	y_3
控制组 C	无	无	y_4

实验结果 $= [y_3 - (x_1 + x_2)/2] - [y_4 - (x_1 + x_2)/2]$

控制组 C 既无前测也无实验变量的影响,后测 y_4 应该被看作是完全受到外来变量的影响,按上例,如果后测 y_4 为 53 分,前测分数以原来实验组和控制组 A 的前测分数平均数代替(51 分),即外来因素的影响为 2 分,实验结

果 =19-2=17（分）；相互作用效应 =25（总效应）-3（控制组 A 前后测差）-19
（控制组 B 前后测差）-2（控制组 C 前后测差）=1（分）。

无论是标准实验还是所罗门实验都存在实验变量对实验对象的心理暗示，以及观测者对实验结果的"期待"，从而影响到实验结果，为此可以采用双盲实验的做法，即实验对象和实验观察者都不知道实验变量的安排。最典型的双盲实验就是药品试验，实验变量即新药品和一种与新药品同样形状的被称为"安慰剂"的无毒无害"药品"混在一起，然后由实验对象随机选择，参与实验的观察者（医生）也不知道谁服用了新药或者"安慰剂"，医生只负责把实验对象服用药品的反应记录下来，上报给研究者或研究单位。整个实验过程一直保持"盲态"，只有在实验结束、数据清理完成、数据已达到可以接受的水平后，可由指定人员"揭盲"，打开密封的"设盲"信封，从而知道哪个受试者服用的是新药，哪个受试者服用的是"安慰剂"。双盲实验避免或减少了实验对被实验者的心理暗示和医生对实验结果的"期待"，从而减少或控制了外来变量对实验的影响。因为在标准实验中，虽然实验组和控制组成员同质性程度比较高，但是即使控制组成员虽然知道服用的是无毒无害的"安慰剂"，也会产生心理暗示，从而影响到实验结果。参与观察的医生因为知道实验组成员服用的是新药，在进行观察时会有一种对实验结果的"期待"，有可能夸大新药的效果或者会对实验对象的反应产生误判。以下介绍的完全随机设计、随机区集设计和拉丁方格设计三种实验方法就具有双盲实验的特点。

10.2.4 完全随机设计

在社会研究中，最简单的双盲实验就是随机抽取若干名对象分成两组，分别接收两种"实验变量"，但是哪个是真正的实验变量，除了研究者之外任何人都不知道，然后进行"后测"，根据测试结果比较实验变量对被实验对象的影响。这样的双盲实验一般采用的是有控制组的事后实验，如果要做前测，有可能使被实验者知道实验的目的。如果一定需要做前测，可以有两种方法：一是把前测的内容隐蔽在测试卷中，不让被实验者知道测试的目的；二是把相隔不久的相类似的测量结果作为前测。按上例，随机选择 40 名农民工，以文娱活动的名义组织他们观看电影，观看什么电影采用抽签方法（性健康教育电影票和一般电影票各有 20 张，选择的电影最好对农民工具有同等的吸引力），电影结束后组织他们进行性健康知识认知水平的测试，并进行比较。为了做到双盲，无论是实验的组织者还是被实验对象都不应该让他们知道实验的真正目的，而是以文娱活动的名义组织他们观看电影。如果需要前测的话，可以在看电影前组织他们进行一次综合性的问卷测试，把有关性健康知识的测试内容分散在问卷中，或者在另外一个工地进行一次民工性健康知识的调查，以此作为前测。

完全随机设计可以采用简单随机抽样方法，实验变量可以有几个，但是其中只有一个是真正的实验变量，并按随机方法分配给实验单位，真正的实验变量除了研究者之外任何人都不知道。实验变量之间的差异采用假设检定法（F检验），即方差分析或变异量分析进行确定。

例如，采用图片展示、个别访问或辅导、看录像三种实验方法进行农民工性健康教育，并按随机方法分配到三个建筑工地A、B、C，真正的实验变量是"个别访问或辅导"。经过半个月的实验，测试结果如下（见表10-8）：

表 10-8　完全随机设计举例

分数	实验单位和实验变量		
	A（图片）	B（录像）	C（个别辅导）
≤59	30（26.8）*	42（23.9）	18（15.0）
60~69	40（35.7）	46（26.1）	26（21.7）
70~79	18（16.1）	38（21.6）	40（33.3）
≥80	24（21.4）	50（28.4）	36（30.0）
总计	112	176	120

＊注：括号内为百分比。

根据比率，似乎个别辅导最有效，但是方差分析显示，F=4.28 > F^2_9（0.05）=4.26，即在同样的自由度和显著度（0.05）下，F 的计算值大于查表所得到的 F 临界值（4.26）。虽然 F 计算值大于临界值，理论上可以说接受研究假设，拒绝虚无假设，三种实验变量是有差异的，但是差异太小，即使要做推论也要非常小心，比较稳妥的做法还是接受虚无假设，即三种实验变量没有差异。

10.2.5　随机区集设计

随机区集设计除了要考虑实验变量的差异外，还要考虑实验单位的差异，也就是说，如果实验变量没有差异的话，那么实验单位所在城市的差异是否会造成影响。实际上随机区集设计如同分层抽样，是对实验单位所在区域差异的控制。按上例，我们分别在北京、上海、广州、成都 4 个城市中各选择一个工地进行三种实验变量 A、B、C 的研究，经过测试获得 60 分及以上的人数分布如下（见表10-9）：

由于增加了对实验单位所在城市的控制，实验变量的方差分析显示，F=5.21 > F^2_9（0.05）=4.26；实验单位所在城市的方差分析显示，F=0.65 < F^2_9（0.05）=4.26。推论统计说明，在显著水平为 0.05 的条件下实验单位所在城市对性健康教育实验没有影响，但是，实验变量在显著水平为 0.05 的条件下对于获得 60 分及以上成绩是有影响的。

表 10-9 随机区集设计举例

城市	实验变量			
	A(图片)	B(录像)	C(个别辅导)	
北京	30	42	18	(90)
上海	40	46	26	(112)
广州	18	38	40	(96)
成都	24	50	36	(110)
总计	112	176	120	(408)

注:表中数字为获得 60 分及以上的人数分布。

10.2.6 拉丁方格设计

随机区集设计只能控制一个外来变量对实验的影响,**拉丁方格设计**可以控制两个外来变量的影响。前面的例子都假定三个建筑工地的民工是同质的,但是建筑公司的规模有大有小,有的管理规范,经常为农民工提供教育培训,有的管理很差,除了生产其他都不管。因此,我们希望控制的外来变量是城市(区域)和建筑公司(实验单位)。在拉丁方格设计中,实验变量、实验单位和区域的数量必须相等,经过排列组合,实验单位可以分配到三种实验变量。如果实验单位有三种,就会形成 3×3 的方格,所以称为拉丁方格设计。

拉丁方格设计中比较关键的是按随机方法分配实验变量,如果实验变量有三种(a、b、c),实验变量的随机分配方法和步骤如下。①给实验变量编号:1=a、2=b、3=c。②行处理,按随机方法决定三个实验变量的位置。假如第一次随机抽到的数字是 2、3、1,即第一行各列的三个实验变量顺序为 b、c、a;第二行的随机数字是 3、1、2,即第二行各列的三个实验变量顺序是 c、a、b;第一行和第二行的变量顺序安排好了,第三行各列的三个实验变量的顺序自然是 a、b、c,形成 3×3 的方格 x(见表 10-10 中 x)。③列处理,将调整好的方格 x 中的第一列 b、c、a 分别用 1、2、3 表示,按随机方法抽出如 1、3、2,安排新拉丁方格第一列各行的实验变量,即 b、a、c;用同样方法抽取如 2、1、3 三个号码,第二列各行的实验变量顺序是 c、b、a;第三列各行的实验变量顺序自然是 a、c、b,形成新的 3×3 方格 y(见表 10-10 中 y)。④最后把拉丁方格列处理(y)后的实验变量分配到三个实验单位和三个区域(见表 10-11)。

按上例,我们分别在北京、上海、广州 3 个城市中每个城市选择三个工地 A、B、C 进行实验研究,实验变量仍然是图片展示(a)、看录像(b)、个别访问或辅导(c),经过测试获得 60 分及以上的人数分布如下(见表 10-12)。从图中看出,拉丁方格设计中每个城市的每个工地只能采用一种实验方法,但是在不同城市的同类工地采用的实验方法又是不同的:

表 10-10　实验变量行处理和列处理

行处理后变量安排（x）	列处理后变量安排（y）
b　c　a	b　c　a
c　a　b	a　b　c
a　b　c	c　a　b

表 10-11　拉丁方格设计实验模式

实验单位	区域		
	Ⅰ	Ⅱ	Ⅲ
A	b	c	a
B	a	b	c
C	c	a	b

表 10-12　拉丁方格设计实验举例

工地	城　市		
	北京	上海	广州
A	48（b）	60（c）	30（a）
B	10（a）	36（b）	56（c）
C	40（c）	8（a）	10（b）
总　计　城市：	98（北京）	104（上海）	96（广州）
工地：	138（A）	102（B）	58（C）
实验变量：	48（a）	94（b）	156（c）
$\sum x = 298$			

注：表中数字为获得 60 分及以上的人数分布。

最后按照方差分析方法进行假设检验（F 检验），与随机区集设计比较，拉丁方格设计的实验结果要进行三类方差分析，即实验变量、区域、实验单位方差分析。经计算，F（实验变量）=10.15 > F_2^2（0.10）=9.00；F（工地）=5.54 < F_2^2（0.10）=9.00；F（城市）=0.06 < F_2^2（0.10）=9.00。也就是说，实验变量在显著水平为 0.10 的条件下有一定差异，不同工地或城市的差异很小或几乎没有差异。

10.2.7　实验步骤

在社会研究中，实验法是最接近自然科学的研究方法，能直接测量因果关系。实验研究的基本逻辑就是根据研究目的引进自变量（x），经过实验，观察因变量（y）是否随着自变量的变化而发生变化。因此，在标准实验中，实验前要对实验单位或实验对象（实验组和控制组）的状况或某些特征，即因变量进行测量（前测），引入实验变量即自变量后，观察实验单位特征是否发生变化（后测），然后比较前测和后测的结果。例如，对于农民工的性健康教育实验中，"引入的"实验变量（自变量）是"教育方法或手段"，经过实验，比较实验前和实验后民工性健康知识的差异。对于白领同情心的现场实验中，"引入"的实验变量或实验刺激是乞丐的"乞讨行为"，通过现场观察比较白领和普通行人的同情心的高低。对于人们行为方式的自然实验，"引入"的实验变量或实验刺激是"SARS危机"，通过访问了解SARS危机是如何影响人们的日常行为的。在更复杂的一些实验模式中，如完全随机设计、随机区集设计、拉丁方格设计等，虽然没有明确区分实验组和控制组，也没有所谓的"前测"，但是通过统计分析方法，可以发现哪些实验变量更有效，更具有推论意义。

在不同的实验方法中，虽然每一类实验的步骤有些差别，例如，标准试验及其变形和比较复杂的实验方法，具体的实验步骤就有些不同，但是基本的实验步骤都包括以下部分。

10.2.7.1 选择实验变量

实验变量即实验因子或刺激物。实验变量必须与研究课题有关，实验变量的引进，对于研究对象会产生新的变化。因此，在选择实验变量前，首先必须对实验单位及研究对象的各种因素之间的相互关系进行初步研究，寻找哪些因素对实验对象的变化可能有着重要的影响，那些对研究对象起着重要影响的因素就有可能成为实验变量。实验变量选择的具体方法与一般实证方法相似，也要在文献梳理和对现实生活观察的基础上，建立自己的理论分析框架及研究假设。

其次，实验变量比其他实证研究方法更强调概念的操作化。由于实验方法更为关注经验层面的现象，其方法实质就在于通过观察发现在实验过程中经验层面发生的变化，因此，实验变量一般是在经验层面能够直接观察到的，是一种具体的经验现象。但是，需要注意的是，实验研究不是对经验现象简单、直接的描述，而是希望通过实验，使经验研究上升到一定的理论高度，因此建立抽象理论概念到经验变量之间的关系是非常关键的。

第三，实验变量有时可以是一个，但是在多组实验和随机设计实验中，实验变量可以是几个。在多组实验中，主要比较几个实验变量的效用，在随机设计实验中，实际上是一种多因素分析方法，即通过统计分析，确定具有推论意义的实验变量。

10.2.7.2 选择实验组和控制组

在实验研究中，实验组是接受实验变量刺激的一组对象，控制组是与实验组相对照的一组对象，也称为对照组，控制组一般不接受实验对象的刺激。控制组的设置可以在一定程度上控制外来变量对实验的影响，也就是说假定实验组和控制组受到外来变量的影响是一样的。在标准实验中，实验组和控制组各有一个；在多组实验中实验组可以有两个或三个，当然也可以更多一些；在所罗门实验模式中可以根据需要设置两个或三个控制组；在随机设计实验中，实际上已经没有实验组和控制组之分，所有参加实验的对象都是实验组，主要是运用统计推论方法分析作用于每个实验组的实验变量是否具有统计推论意义。

在标准实验及其变形模式中，实验组和控制组应该具有较高的同质性，即实验组和控制组成员的基本特性是相似的，从而避免因为实验组和控制组成员的较大差异对实验带来的影响。例如在研究不同的教育方法影响性健康知识普及效果的实验中，如果实验组成员是由农民工组成，控制组成员是由大学生组成，实验是无效的，因为大学生和农民工在文化素质上差异太大了，两者根本无法比较。为了保证实验组和控制组具有较高的同质性，在选择实验组或控制组成员时主要有两种方法：匹配法和随机法。匹配法就是第6章"抽样方法"中所介绍的"配额抽样"方法，它是根据实验组成员的基本特征，按照主观判断方法选择与此相匹配的一组或几组成员。例如，可以根据实验组成员的性别比、年龄结构、教育程度、收入等变量选择与此相匹配的一组或几组成员。但是，匹配法只能在成员的主要特征变量上进行匹配，而不能穷尽所有的特征变量，并且匹配法是一种非概率抽样，不能进行统计推论。因此，随机法可能是一个更好的选择。随机法可以采用简单随机方法中的抽签法，如采用抛硬币的方法，出现正面的可以规定为实验组成员，出现反面的可以规定为控制组成员，或查对随机数表进行抽样。

在完全随机设计、随机区集设计和拉丁方格设计实验中，虽然不再有实验组和控制组之分，尤其是在随机区集设计和拉丁方格设计实验中，事先控制了实验组的外在差别，但实际上也就承认实验组之间是有差别的，也就是说事先承认不同实验组的外在差别会影响到实验对象。例如在拉丁方格实验设计中，事先控制了实验组所在区域、类型上的差别。但是，在对每个实验组成员的选择上仍然必须采用随机方法，从而保证随机样本对于所属总体的代表性。另外，在随机区集设计和拉丁方格设计实验中，需要控制一到两个外来变量，因此在实施抽样时，主要采用多阶段抽样方法。例如在随机区集设计和拉丁方格设计实验的例子中，为了控制不同城市或工地类型对实验的影响，需要采用三阶段抽样方法，即分为"城市——工地——实验组成员"三个阶段的抽样过程，第一和第二阶段可以采用分层抽样方法，第三阶段可以采用简单随机抽样方法。

无论是实验组和控制组的设置，还是实验组或控制组成员的抽样方法，它们的主要目的都是为了尽可能减少或者控制外来变量对实验的影响。为了进一步减少或控制外来变量的影响，如果有条件的话尽可能使不同实验组或控制组在空间上分隔开来。例如，可以把一个工地所抽取的农民工作为实验组，把另外一个工地所抽取的农民工作为控制组，尽可能减少不同组别的成员相互交流的机会。

10.2.7.3 测量

测量实际上就是收集资料的过程，测量方法主要是量表或问卷调查和现场观察。对于现场实验来说，测量方法就是现场观察，并且把观察结果记录下来。在现场观察中，如同结构式观察一样，事先要设计好结构式观察表格，确定观察地点、时点、持续时间及间隔时间，以及观察者人数、观察角度等。除了现场实验外，大多数实验研究的测量采用的是量表或问卷调查，量表或问卷设计的要求和一般的调查研究差不多，但是问题更集中、更具体，也较简短。另外，由于实验研究的样本一般都比较小，为了提高测量的信度，可以采用多次实验或者多次测量的方法。

在标准实验及其变形模式中，测量可以分为"前测"和"后测"，但是完全随机设计、随机区集设计和拉丁方格设计实验中只有一次测量，即"后测"，这些实验设计的主要目的是要分析实验变量是否具有推论意义，而不是比较两次测量的差别或者分析经过实验"刺激"后因变量的转化率。

10.2.7.4 分析

实验研究的分析方法主要是统计分析。标准试验及其变形模式的统计分析的方法非常简单，基本上采用算术统计方法，因此有一些学者认为，这样的实验模式是非正式试验。完全随机设计、随机区集设计和拉丁方格设计实验模式的统计方法相对复杂一些。但是，一般来说，社会研究中的实验统计方法都不是很复杂，这或许是因为社会研究中的实验方法相对比较简单，很多复杂的社会因素还很难转化为可以观察的变量，而且实施大样本的实验研究非常困难。

思考与练习

1. 文献梳理和文献研究有什么区别？

2. 文献研究中的"文献"主要是什么？

3. 从报刊上随机抽取 20 世纪 80、90 年代和 2000 年以后的征婚广告若干份，采用内容分析方法研究不同年代的择偶标准有什么不同。

4. 在你阅读过的著作或研究报告中，哪些是采用历史研究方法的，请举例说明。

5. 实验研究方法有哪几种类型？

6. 简述实验研究的基本步骤。

7. 如果学校正进行某项教育改革的实践，请追踪这项改革实践的效果，并且从实验研究的角度分析这项改革应该如何进行。

8. 从社会科学学术刊物上（社会学、心理学、教育学等）查找发表的实验研究报告，并分析具体的实验过程和结果（自变量、因变量、实验对象、实验方法等）。

第Ⅳ部分
分析和综合

　　如果你的研究到了这个阶段，并且的确是按照前面所讲的方法进行的，那么首先恭喜你已成为一个"富人"，因为你已拥有一份"稀缺性资源"。但是千万当心，不要"贱卖"了它，只有经过"深加工"，才有可能将这些"稀缺资源"物尽其用，才能获得很高的"附加值"。本部分内容就是告诉你，如何"加工"经过千辛万苦获得的资料，如何通过自己的"报告"让"市场"承认其"价值"。但是要注意，你的"产品"中也含有其他人的"劳动"，要注意保护他人的"知识产权"，千万不要做鲁迅笔下那个"窃书不算偷"的"孔乙己"，那可是得不偿失的。

11 资料的整理和分析

资料收集工作完成后，紧接着就要整理资料。即把原来无法分析的原始资料，运用一定的方法，整理成系统的、完整的资料，或者对原始资料进行检查、校正、编码、输入、清理等，然后在此基础上进行分析。

社会研究中获取的资料主要是量化资料和质性资料。数量分析是调查研究的一个重要特点，对数量资料的整理，即数据整理。数据整理的方法主要是初步整理和统计整理。统计整理有些与统计分析方法有关，相关内容可见本章"参考阅读"。

质性资料主要是通过实地研究和文献研究所获得的资料，它的主要形式是访谈记录、观察记录、档案、日记等文本资料或书面资料。这些资料虽然也可以进行量化分析，但是更多的是进行质性分析，尤其是通过实地研究获得的资料。随着质性研究的发展，现在也基本形成了一套比较成熟的从整理、阅读、编码一直到资料分析和理论建构的分析方法。

>> 11.1 量化资料的整理和分析

11.1.1 初步整理

所谓**初步整理**主要是检查原始资料的真实性和准确性，纠正其中的差错，有时还要编码，即用数字或其他符号代表资料的类别，然后将编好码的资料输入电脑。初步整理主要包括资料的审核、复查、编码、登录、清理等基本方法，为统计整理和分析做好准备。

11.1.1.1　审核

资料的审核就是对原始问卷资料进行校对和订正，提高调查资料的准确性，使调查资料尽可能达到准确、完整、真实和一致，为统计整理和分析做好准备。

资料的审核不仅要求审核者具有一定的技术，而且也要具有一定的社会生活经验和社会学的知识，这样才能敏锐地发现资料中存在的问题。资料审核要使资料达到下列基本要求。

（1）准确性

资料反映的情况应符合事实和逻辑，资料中的数据是准确的。对资料准确性的审核可以采用逻辑检查和经验检查等方法去辨别资料的真伪。例如，在问卷资料中，某人在年龄一栏的回答是 13 岁，婚姻状况中却填写"已婚"，这显然是不符合事实；家庭人数的回答是 4 人，但是在家庭成员列出祖父、祖母、父亲、母亲时，就有问题，也许被调查者在回答家庭人数时没有把自己计算在里面；家庭日常支出一般要小于家庭月收入；某些项目的合计数与总计数应当一致；有关主观态度类问题的回答前后应当没有逻辑矛盾。

（2）完整性

检查所有调查项目的资料是否完备无缺，例如有关个人背景的资料是否遗漏，有无答案不全或漏填答案的情况；哪些无回答是问题不适用而产生的，哪些是被调查者应答而未答。如果发现遗漏应重访补上，无法弥补则应注明原因。

（3）真实性

真实性主要表现在两个方面：第一，要检查资料的来源，即问卷资料是否系事先确定的受访者所提供，尤其是在自填式问卷中要特别注意；第二，被调查者提供的资料是否真实，是否就是本人情况的反映。在问卷设计时，很多研究者还在问卷中设计一些非常隐蔽的问题，用来检验被调查者资料的真实性。例如，在问卷中设计这样的问题"您知道我国有以下这些城市吗？"所列的选项有的是真实的，有的是虚假的，或者全部是虚假的，如果被调查者选择那些虚假的城市作为答案，就要考虑这份问卷的真实性。有的用来检验真实性的问题可能更加隐蔽，非研究者一般很难察觉。

（4）一致性

问卷的填答方式要一致。一项问卷调查不能同时采用打勾（√）、打三角（△）、画圈（○）或打叉（×）等多种表示选择的方式。注意计量单位的一致性，如公制、英制、市制单位，以及货币单位和历法（公历和农历）的统一。凡是在资料中出现不同的计量单位都必须统一。

根据资料的准确性、完整性、真实性和一致性的不同程度，有的可以经过核实或者经过补充调查成为有效问卷，有的则要判为废卷。尤其是在完整性、真实性出现比较大的问题时，一般都要作废卷处理。虽然衡量是否为废卷没有一个统一的标准，但是从经验上看，一份问卷中有 1/3 问题应答而未答，或者个人背景资料没有得到回答，问卷不是由样本中的被调查者填答的，或者用来检验真实性问题的回答证明被调查者的回答是不真实的，并且经过复查后确实如此，或者问卷中存在很多逻辑错误等，这样的问卷一般作废卷处理。

资料审核的方法可以根据调查过程的不同阶段，分为实地审核、小组审核和全面审核（系统审核或集中审核）。一般而言，实地审核和小组审核是和资料的收集同时进行的，它可以在调查现场发现问题，随时修正。实地审核、小组审核一般以访问员和访问小组为单位。资料收集工作完成以后，即问卷调查结束后，就可以开始进行全面审查。规模较小的调查只做一次或二次审核即可，大规模的调查可以采用实地审核、小组审核和全面审核三种方法。

（1）实地审核是在调查现场进行的，一般由组长和访问员负责，它能及时纠正访问员的错误，避免在以后的调查中重犯。第一，当访问员完成了对某个访问对象的问卷调查后，还要复述某些重要的问题，以便核对；对于一些有矛盾的资料要进行追问。在自填式问卷调查中，访问员回收问卷时要对问卷中的一些问题进行提问，以便确认该问卷是否是由样本中的访问对象回答的；是否存在应答未答的问题。第二，每天调查结束后，在调查问卷上交以前，要对每一份问卷进行复核。主要是检查答案是否填写清楚，是否按工作指示填写，疑问处是否写下备注等，问题比较多的问卷是否要进行重访。第三，组长负责实地审核工作，并抽查访问员的问卷，除了复核上述访问员审核的内容外，还要审核答案是否正确，被调查者的地址是否正确无误，访问员是否写下自己的姓名和编号等。

（2）小组审核，即以工作（访问）小组为单位由组长或督导负责。大规模的问卷调查一般时间较长、样本较大，通常将访问员按调查区域分为若干个工作小组，并且每隔一段时间，访问员将已经完成的问卷集中交给组长或督导，此时可以进行小组审核。在组长或督导的组织下，由小组成员交互检查问卷质量。小组审核的任务主要是：一是检查问卷的内容，例如问卷是否整洁，问题答案、被调查者及其地址是否有误。二是检查访问员的工作，例如访问员的工作效率、工作质量，有没有违反调查工作要求等情况，以便纠正访问工作中的差错，并讨论访问员工作中遇到的问题和困难，汇总给课题主持人后，由课题主持人给予指示并提出解决方法。此外，经过资料审核后，对于不合格的问卷还要决定是否重访。

（3）全面审核，也可以称为集中审核。全面审核是在资料收集工作基本结束以后进行的。它可以有两种形式，即全卷审查和系统审核。全卷审核是一份问卷由专门人员独立审核；系统审查是根据问卷的调查项目分为若干个部分，每个部分由专门人员负责审核。两种审核方式各有利弊，前者容易发现前后矛盾的答案，后者较为系统和精细，速度较快。

全面审核有四个方面的工作：第一，检查问卷的答案是否确切、一致和完整。例如，参照被调查者提供的有关资料，检查年龄、收入、教育程度是否有计算错误或笔误；填写符号是否标准；有无前后矛盾的答案，如发现则应参看其他问题的答案予以订正或复查后再订正，无法订正的话，可改填为"不知道"；计算单位是否一致等。第二，按照研究的需要和问卷的质量，决定问卷的取舍。第三，把访问员和被调查者对于调查的意见集中起来，供研究者在撰写研究报告、阐明结果、估计偏误时参考，并为改善以后的研究方法提供经验。第四，在很多情况下，全面审核可以与编码结合在一起，即把被调查者对问题回答的答案代码登录在右边的栏码上；对于开放式问题的答案要按照一定的标准进行归纳、分类和编码。

需要注意的是，经审查发现错误的资料一般要经过复查才能订正。在订正时不能把原来的错误答案擦掉，可以用不同颜色的笔写上更正以后的答案，并写上自己的名字或编号。订正的格式应作统一规定。

在全面审核时，如果由专门人员（校订员）进行，需要对校订员要进行培训。校订员在校订时要注意以下事项：要清楚地了解对访问员和编码员的工作要求，例如研究的性质和意义、主要内容、编码规定等；除规定的校订项目以外，如还要做其他更改，则要请示，不得擅自决定；重大订正一定要经过复查；舍弃的问卷或资料应统一上交。

11.1.1.2 复查

为了使调查资料达到准确性、完整性和真实性的要求，并检查访问员的工作质量，在完成问卷调查之后还要进行资料的复查。资料的复查指的是在问卷调查全部结束之后，对调查样本中的一部分个案进行第二次调查，以检查第一次调查的质量。

资料的复查方法是：首先由研究者按随机抽样的方法在调查样本中抽取5% ~ 15% 的个案，然后由访问员重新进行调查。但是不能由原来的访问员去复查，而要由其他访问员去复查。因为资料复查目的除了检查问卷资料的质量之外，还要检查访问员的工作质量，尤其要注意访问员作弊、造假等行为。在商业性调查中这样的复查是必不可少的，学术性调查在经费允许的情况下也应该进行比较规范的资料复查。有的时候，尤其在学术性调查中，由于研究经费比较少，不能像商业性调查那样进行比较严格的资料复查，则可以采用变通的方法进行复查，例如通过打电话了解调查的实际情况，或者研究者到调查点上，对随机选择的调查对象进行访谈等。

由于要进行资料的复查，因此在抽样调查时就要收集有关样本的基本信息，例如被调查者的姓名、家庭电话号码、地址（地址一般在样本名单中有，但要考虑由于搬迁、人户分离等原因产生的地址错误）等。当然，收集这些资料时，要注意信息的安全性，不能泄露给他人；如果被访问者对此有疑问，可以向他说明这些信息主要是为了核实、复查时便于联系。

11.1.1.3 编码和录入

编码是资料整理的一项重要工作，它是将原始资料按照资料的内容分门别类，整理成系统的资料。由于社会调查一般都是大样本调查，需要采用统计方法整理和分析资料，并且借助计算机进行统计和分析，因此必须把问卷上的文字资料转换成计算机能够识别的符号，然后输入到计算机，这个过程我们就叫编码。有关资料编码的具体方法我们在"调查研究"一章中已作详细介绍。当问卷调查和资料审核全部结束之后，可以由编码员把问卷中被调查者选择的问题答案编码过录到右边的栏码上，一方面可以对问卷答案进行审核，另一方面也便于数据输入。

数据输入就是把调查结果即原始数据输入到计算机中储存起来，或者登录在表格上。把问卷资料直接输入到计算机最好采用专门的软件，例如PCEDIT、DBASE、FoxBASE、FoxPro 等。利用专门软件可以对编码范围、变量之间的逻辑关系加以控制，减少输入差错。如果没有适当的软件，也可以直接在 SPSS 输入数据，但是速度较慢。有些重大项目还要采用两次输入数据的方法，用以检查输入差错，保证数据质量。如果是多人参与输入数据的工作，还要将数据拼接在一起。因此，对于输入员来说不仅要熟悉计算机操作和调查问卷，还要统一规定输入格式和文件名。如果没有计算机可以采用"个案简录卡"*、"登录表"** 等方法储存数据。

11.1.1.4 数据清理

把原始数据输入到计算机总会存在一些差错，尤其是采用数字键盘输入，经常会发生上、下、左、右键敲击错误，即使输入软件预设了提示，但是难免会有一些数据上的差错。虽然，这些数据的差错不是很多，但仍要把它们寻找出来，加以改正。输入数据的错误主要有两种——编码幅度错误和逻辑错误，针对两种错误的数据清理方法就是幅度纠错和逻辑纠错。

（1）幅度纠错

所谓**幅度错误**是指编码值超过了编码的范围或幅度，通常可以运用一定的方法把这样的错误找出来，加以纠正。出现错误的编码通常也叫错码或非法码。例如，"性别"的编码值分别为 1 和 2，对应的是男和女，如果在数据清理时发现 3 或 4 等，那就是错码，它们都超过了"性别"编码规定的范围或幅

* 个案简录卡是用硬纸片做成的，大小为 13 cm×20 cm，四周有 100～130 个小圆孔，并按序编号，小圆孔离开卡片的边缘约 3 cm 左右。一份问卷的资料"登录"在一张卡片上，不够的话可以"登录"在两张卡片上。"登录"时首先按照问题的答案数分配小圆孔，"登录"是采用"剪断"的方法，例如，卡片上的小圆孔 1～2 为性别变量，1 号小圆孔代表男性，2 号小圆孔代表女性，如果问卷资料中被调查者是男性，就把 1 号小圆孔按照小圆孔的直径朝着卡片边缘剪开一个缺口，成为一个开口的小圆孔。在汇总资料时，先把全部样本的卡片叠好，然后用一根圆针（例如织毛衣针）穿在 1 号小圆孔里，掉下来的就是男性资料，只要计数就知道样本中男女的数量。

** 登录表大小为 80（列）×26（行），80 列是为了与早先的计算机显示器允许显示的宽度相一致，与问卷的栏码相对应；如果问卷的栏码超过 80，则填在第二张表上；每张登录表可以填写 25 个个案。

度；同理，如果教育程度的编码是：1= 小学及以下、2= 初中、3= 高中或中专、4= 大专及以上，如果出现 5 或 6，就是错码。

幅度纠错的方法首先要查错。以 SPSS 软件为例，可以执行 SPSS 软件上的计算变量频数分布（frequency）的命令。根据计算结果（频数统计表）查找输入数据时可能发生的差错。如果发现错误的话，在 SPSS 软件上执行查找（find）命令，即可发现发生错码的问卷编号（个案号码），然后查找原始问卷，根据问卷上的答案改正。如果把这些错码当作缺省值（即 0 值）的处理是不对的。

例如，某调查中变量 $x3$ 是教育程度，编码幅度或有效范围 1~4，数据输入结束后，频数统计结果（见表 11-1）发现超过编码范围或幅度的有两个编码值，即 5，6，其中编码值为 5 的有 2 个个案，编码值为 6 的有 1 个个案，执行 SPSS 的"查找"命令发现出现错码的个案是在第 14 号、148 号、56 号三份问卷上，找到原始问卷，根据原始问卷的答案进行修正，重新计算就得到正确的结果。对于奇异数据也可以按此方法清理，例如发现某份问卷的年收入达到100 万（在抽样调查中一般很难抽到这样的样本），就可以按照幅度纠错的方法查找原始问卷，查看问卷中的数据是否如此，询问调查员甚至访问对象，问卷中填写的收入是否真实。

表 11-1　初次计算结果（教育程度）

		Frequency	Percent	Valid Percent	CumulativePercent
Valid	1	8	2.9	2.9	2.9
	2	129	47.1	47.3	50.2
	3	107	39.1	39.2	89.4
	4	26	9.5	9.5	98.9
	5	2	0.7	0.7	99.6
	6	1	0.4	0.4	100.0
	Total	273	99.6	100.0	
Missing	0	1	0.4		
Total		274	100.0		

（2）逻辑纠错

所谓**逻辑错误**是指一份问卷中前后两个或多个有关联的问题，回答的结果出现了明显的矛盾，不符合日常经验生活。例如，一项对妇女婚姻满意度的调查，统计结果却发现，对婚姻表示满意的评价与丈夫经常打骂妻子同时存在（见表 11-2），虽然在生活中可能会有这样的问题，但是还是要查一下，毕竟这种现象不符合绝大多数人的生活经验。又如，住房面积和房间数的统计结果中，发现住房面积在 80 平方米以上的房间数有的只有 1 间，也发现有的住房面积在 30 平方米以下的却有 3 间或者 4 间房，这也不太符合生活经验（见表 11-3）；还有父亲的年龄小于子女的年龄，或者两者之间的年龄差距过小或过大，例如表 11-4，父亲年龄小于子女年龄的有 1 例，年龄差距在 16 岁以下的有 4 例，差距过大的（59，60）有 2 例。父亲的年龄小于子女的年龄肯定是错误的，年龄差距过小肯定存在逻辑矛盾，差距过大虽然在生活中可能存在，但一般在抽样中很少抽到。发现上述问题都要查对原始问卷，如果原始问卷没有错误的话，还要与访问对象核实。

表 11-2　婚姻满意度和打骂妻子的情况

| | | 打骂妻子 | | Total |
		从不	经常	
婚姻满意度	满意	37 92.5% 82.2%	3 7.5% 60.0%	40 100.0% 80.0%
	不满意	8 80.0% 17.8%	2 20.0% 40.0%	10 100.0% 20.0%
Total		45 90.0% 100.0%	5 10.0% 100.0%	50 100.0% 100.0%

表 11-3　家庭住房面积和房间数

| | | 住房面积 | | | | Total |
		30 平方米以下	30~49 平方米	50~79 平方米	80 平方米以上	
房间数	1.00	20 87.0% 87.0%	2 8.7% 16.7%		1 4.3% 20.0%	23 100.0% 46.0%
	2.00		8 61.5% 66.7%	5 38.5% 50.0%		13 100.0% 26.0%
	3.00	2 16.7% 8.7%	2 16.7% 16.7%	5 41.7% 50.0%	3 25.0% 60.0%	12 100.0% 24.0%
	4.00	1 50.0% 4.3%			1 50.0% 20.0%	2 100.0% 4.0%
Total		23 46.0% 100.0%	12 24.0% 100.0%	10 20.0% 100.0%	5 10.0% 100.0%	50 100.0% 100.0%

逻辑纠错方法可以根据变量的测量层次采用不同的方法。对于定类、定序或者定距变量，可以采用交互分类统计（列联表）的方法，检查变量之间是否存在逻辑矛盾。如果发现问题的话，可以按照幅度纠错的方法，执行 SPSS 上

的"查照"命令，找出被认为是错误的编码值，然后根据原始问卷对照另外一个变量，分析到底是哪个变量出错，如果都没有错的话，就要与访问对象核实。例如，表 11-2 中，出现问题的是婚姻满意度下的"满意"（编码值 =1）与打骂妻子下的"经常"（编码值 =2）相交之处有 3 个个案，执行"查找"命令，获知 3 个样本的问卷编号，然后找出原始问卷查对，分析错误是发生在"婚姻满意度"变量还是"打骂妻子"变量，最后加以纠正。同理，表 11-3 中，住房面积为 80 平方米以上（编码值 =4）与房间数为"1"（编码值 =1）相交之处，住房面积为 30 平方米以下（编码值 =1）与房间数为"4"（编码值 =4）和"3"（编码值 =3）相交之处，有 4 个个案是有疑问的，需要查出错误所在并加以纠正。

对于定比测量变量可以采用 SPSS 上的建立新变量的命令（compute），分析两个变量中存在的逻辑错误，然后运用幅度纠错的方法加以纠正。例如，表 11-4 就是执行 compute 命令，用父亲年龄减去长子（女）的年龄得到结果，然后根据原始问卷用幅度纠错的方法纠正有疑问的年龄（可能是父亲年龄，也可能是子女年龄）。定类、定序、定距变量的逻辑错误有时也可以用这种方法　检查。

表 11-4　父亲和长子（女）年龄差（岁）

		Frequency	Percent	Valid Percent	Cumulative Percent
Valid	−1.00	1	2.0	2.0	2.0
	7.00	1	2.0	2.0	4.0
	13.00	1	2.0	2.0	6.0
	15.00	1	2.0	2.0	8.0
	16.00	1	2.0	2.0	10.0
	24.00	1	2.0	2.0	12.0
	25.00	5	10.0	10.0	22.0
	26.00	5	10.0	10.0	32.0
	27.00	4	8.0	8.0	40.0
	28.00	6	12.0	12.0	52.0
	29.00	6	12.0	12.0	64.0
	30.00	4	8.0	8.0	72.0
	31.00	2	4.0	4.0	76.0
	32.00	1	2.0	2.0	78.0
	33.00	3	6.0	6.0	84.0
	34.00	1	2.0	2.0	86.0
	35.00	3	6.0	6.0	92.0
	39.00	1	2.0	2.0	94.0
	43.00	1	2.0	2.0	96.0
	59.00	1	2.0	2.0	98.0
	60.00	1	2.0	2.0	100.0
	Total	50	100.0	100.0	

经过幅度纠错和逻辑纠错的数据虽然能大大提高数据质量，但是仍然不能

杜绝原始数据中存在的问题，尤其是逻辑纠错主要是根据生活常识去判断变量之间的逻辑关系，有些变量关系虽然符合生活逻辑，但是实际上是数据输入时产生的差错，还是无法发现。例如，表 11-2 对婚姻满意（编码值 =1）的调查对象中，也有可能在原始问卷中是表示不满意的（编码值 =2），但是在输入时输入为"1"，同样的错误也会发生在其他变量上。虽然现在采用的一些数据输入软件可以在程序上加以设置，通过编程的方法对变量的编码幅度和变量之间的关系加以控制，一旦发生违反程序的数据输入错误就会提出警告，但是，仍然很难杜绝表面上符合编码幅度或变量逻辑而实际上是错误的数据输入。因此，在经费、时间允许的情况下，最好的方法是采用"两次输入法"，即对原始数据输入两次，对两次输入的结果进行比较，若发现其中有错误的话根据原始问卷改正。虽然不能说两次输入数据的方法能够完全杜绝输入差错，但是至少可以大大减少那些表面上符合编码幅度和变量逻辑关系，但实际上是错误的数据。

11.1.2 统计整理

统计整理是在初步整理的基础上进行的，它主要是运用统计方法简化资料，在对资料分类（组）和汇总的基础上，使资料更加条理化和系统化。本章介绍的统计整理方法主要是统计分类（组）、统计表、统计图等。

11.1.2.1 分类和分组

从本质上说，分类和分组都是一种分类方法，即根据研究对象的某些特征将其区分为不同种或组别。分类适用于全部数据，分组只限于测量层次较高的数据，习惯上将它们称为统计分组或统计分类。在问卷调查中，大部分分类和分组在设计问卷时就已完成了，但是有的变量，例如年龄、收入等，会在调查结束、资料输入到计算机后再进行。开放性问题只能是在调查结束后再分类或分组，其中也包括有些问题含有的"其他"类选项，在统计后如发现这类选项所占比率超过 5%，甚至更多，必须对"其他"重新分类，使得"其他"类所占的比率保持在 5% 以下。同时，在统计分析过程中，研究者还要根据研究的需要对原来的分类或分组重新分类或分组，一般称为再分类或再分组，从编码来说就是再编码。

（1）分类及其意义

分类方法主要有现象分类法和本质分类法。**现象分类法**是根据事物外部特征或外在联系进行分类的方法；**本质分类法**是根据事物的本质特征或内部联系进行分类的方法，本质分类法也被称为科学分类法。

现象分类法可以帮助调查者建立资料存取系统，便于资料的存取、查找和利用。现象分类往往会把本质上相同的事物分为不同的类别，不能正确认识事物的本质，因此在整理资料的过程中要力求从现象分类过渡到本质分类。本质分类不仅是资料的存取和检索系统，而且是研究者对客观事物之间关系的认识。因此，本质分类实际上涉及理论分析工具，而不是一个纯技术性问题。本质分类是在具体学科理论指导下进行的，反映了研究者的理论视角。例如，对社会分层如果仅按照收入标准的话，最多只能反映社会的贫富差距，但是按照韦伯的财富、声望和权力进行社会分层的话，就不仅仅反映了收入的多寡，更反映了现代社会的复杂的分层现象（阶级、地位群体和政党），而如果按照马克思的阶级理论进行分层的话，工业社会就分为两大对立的阶级：有产阶级和无产阶级。

在分类过程中，现象分类是一个从具体到抽象的过程，即"合并同类项"的过程，例如职业分类在我国统计中就有小类、中类、大类之分，小类有数百种，中类有几十种，大类只有八种，这可以看作是现象分类；但是如果从社会分层的角度出发，根据职业权力大小进行分类就是本质分类。由现象分类到本质分类反映了研究者的理论背景和对现象的概括能力以及概念的抽象能力。例如，在研究闲暇生活时，问卷中涉及的有关闲暇活动都是很具体的，可能有十几种类别（活动），但是在分析和概括时研究者就要进一步抽象，比如分为"高雅休闲类、大众娱乐类、学习类、健身类"等，在其背后实际上隐藏着研究者的一种假设：不同阶层的休闲方式是不同的。在一项关于社会工作者生活状况的调查中，当问到关于参加社工的动机时，原来问卷上的备选答案是"我很愿意帮助他人；社工在我国是一项很有前途的工作；现在的工作不好找，能有这样的工作也可以；为了使自己的生活不过于平淡；社工是一项神圣的工作；其他"。研究者根据调查结果进一步概括为三类：追求高尚（我很愿意帮助他人；社工是一项神圣的工作）；职业发展（社工在我国是一项很有前途的工作；为了使自己的生活不过于平淡）；谋求生存（现在的工作不好找，能有这样的工作也可以）。这样的分类基本上是一种本质分类或者接近于本质分类，它一方面更能反映现象的本质，另一方面大大简化了资料，隐藏了研究者自己的理论解释。从统计分析的角度看，分类越简单，对变量之间关系的解释就越清楚。

这种对资料的再分类也可以看作是后编码，是在数据库建立以后，在计算机上编制一定的程序（在 SPSS 软件中执行 Transform 下的 Recode 命令）完成的。对于开放性问题，则需要在数据输入以前对所有答案逐个分析，对那些冗长繁杂的答案进行归纳和概括，然后选择其中具有代表性的答案作为类别的标准，并将其他答案按其主要倾向分别归之于这些类别之下。例如，在问及"您的工作目的是什么？"时，每人的答案各不相同，经过分析后，或许能概括出"奉献社会""自我实现""谋求生存""其他"作为工作动机的类别标志，然后将类似答案分别归于这些类别之下。

（2）分类标志

类别是以其标志（值）为指示的，因此，分类标志是指一个概念或变量（项）下类别的标志（值），是对概念的指示或标示，即类别标志。分类标志可以分为两类：品质标志分类和数量标志分类。

第一，品质标志分类。它是以反映事物属性或性质差异为分类标志。例如，性别按男、女分为两类；企业按所有制分为国有、集体、私人、合资、外资等几类。有些品质标志在反映事物性质特征时定义具体明确，不会产生歧义，有些标志则不然。例如，"家庭"是指具有婚姻关系和血缘关系共同生活的群体，但是对于什么是"共同生活"在操作上会发生很多问题，这需要研究者根据实际情况确定一个明确的标准，然后才能把家庭分为不同的类型。

第二，数量标志分类。它是以反映事物数量差异为分类标志。例如，年龄可以分为 29 岁及以下、30~39 岁、40~49 岁、50~59 岁、60 岁及以上。数量界限不是随意规定的，它要根据研究者的需要而定，尤其是与理论解释密切相关的分类。例如，年龄分组一般是按照人口统计标准，但是有时研究者为了研究的需要可以提出自己的分组标准，可以按出生年份把年龄分为 1965 年及以前、1966—1978 年、1979 年以后，显然这样的年龄分组包含了特定的时代背景，即"文化大革命"前出生、"文化大革命"中出生、"文化大革命"后出生*。研究者也许想通过这样的年龄分组说明或解释一些问题，比如价值观念、生活方式等。因此，在社会研究中按数量标志分类除了按照一般的统计标准之外，更多的是以品质分类为基础。就如人们把月收入 5 000 元以上作为高收入，3 000 ~ 4 999 元为中等收入，3 000 元以下为低收入，都是按品质标志分类下的数量标志分类。

数量标志的形式有两种：①单值分类，例如，按家庭人口数可以分为 1 人、2 人、3 人、4 人、5 人及以上（见表 11-14）；②组距分类，适用于样本人数（次数）很多、范围很广的数据。上面讲到的年龄分组、收入分组都是组距分类（见表 11-7）。单值分类、组距分类也叫作单值分组和组距分组。

11.1.2.2　统计表

统计表是在对原始数据整理、汇总、分组统计以后，对统计结果的表现形式，它可以直观地告诉读者变量的分布状况或基本特征，是统计整理中最常用的方法，也是显示统计结果最简单的方法。但在制作统计表时往往容易犯一些常识性错误。

统计表就是把被说明的变量及其统计指标和数值用表格形式表示出来。统计表给人以一目了然、清晰简洁的印象，数据易于对照比较，因此，在统计结果的表达中得到广泛的应用。

*年龄如此划分，已不再是数量标志分类，而是品质标志分类了。

统计表的结构：从统计表的形式看，统计表由表号、总标题、横行标题、纵栏标题、指标数值、注释和资料来源等要素组成。表号是表的序号，位于表顶端左角，有时可在表号后加冒号，与总标题隔开。总标题是表的名称，位于表的上端中央，总标题要简要说明表的内容、时间和空间。横行标题又称横标目，是横行的名称，位于表的左侧，在简单表和分组表中是用来说明横行的内容，在复合表中是用来表示其中的一个变量类型（通常是因变量）。纵栏标题又称纵标目，是纵栏的名称，一般位于表的右上方，说明纵栏资料的内容。指标数字是对调查资料进行统计汇总、计算的结果，位于横行标题和纵栏标题相交的部分。凡是利用他人统计表或者是根据他人统计数据制作或改编的统计表都要说明资料来源，有时要对统计方式、统计指标等采用注释的方法进行解释。

从统计表的内容看，统计表由主词和宾词两部分构成，规范的统计表读起来就是一句完整而通顺的句子。主词就是统计表所要说明的对象，宾词是用来说明主词的各项指标。一般来说，主词列于横行的左端，宾词列于纵栏的上方。在复合表中，主词是因变量，即要说明的对象，宾词是自变量。（统计表的具体结构见表 11-5、表 11-6）

统计表的类型：统计表按同一总体是否分组和指标或变量组合可分为简单表、分组标和复合表三种。简单表是对总体不经任何分组的统计结果。简单表的主词是按调查单位或时间进行简单排列的（见表 11-7）。分组表也称次数分布表，是对同一总体按某一指标或变量进行分组以后的统计结果，对于连续变量或比较大的样本一般都采用分组表。所谓次数，是指各组内出现的个案数目或相对次数（频率或百分比）。次数分布表反映了按某一标志分组后，各组数据的分布情况，以此可以研究总体或样本的构成。分组表主词只按一个标志进行分组或分类，按照分组方法的不同，次数分布表可以分为单值次数分布表（见表 11-13）和组距次数分布表（见表 11-5）。

表 11-5　2000 年我国人口年龄结构

年龄组（岁）	人口数（亿）	比重（%）
0~14	2.90	22.89
15~64	48.88	70.15
≥65	0.88	6.96
合计	12.66	100.00

注：总人口数不包括台港澳地区。
资料来源：第五次全国人口普查公报（第 1 号）国家统计局网站。

表 11-6 2002 年上海大学生性别和毕业出路的选择（%）

毕业出路	性　别	
	男	女
直接工作	26.2	26.1
继续深造	32.7	27.8
出国(境)	13.6	13.8
未作决定	27.6	32.3
	(712)	(657)

资料来源：《上海大学生发展报告(2002—2003)》，上海：复旦大学出版社，2003。

表 11-7 某班 2014 年下半年上课迟到人数

单位：人次

	9 月	10 月	11 月	12 月
迟到人数	5	8	6	9

　　复合表是对同一总体将两个或三个指标或变量结合起来分组的统计结果，也称为交互分类统计表或列联表。由于复合表是由两个或以上的指标（变量）组合在一起，因此有自变量和因变量之分，或者说明变量和被说明变量之分。从统计整理的角度看，在制作复合表时，数据的汇总和计算按照自变量（说明变量）的方向汇总或计算，在比率下端有时用括号写上该标志的绝对数。复合表经常被用来分析两个变量之间的关系，因此是调查研究中运用最为广泛的统计表（见表 11-6）。

　　统计表的制作：统计表的制作要求是：规范、简明、实用、美观。在具体制作时要注意以下问题。①表的标题既要措词简洁又要确切说明表的内容，使人一目了然。②表的纵栏标题和横行标题要准确反映变量取值的含义，纵、横标题之间要合理安排。③表中的数据资料必须注明计量单位，如果表中只有一种计量单位，可置于表的右上方；如有多个计量单位，可将计量单位写在相应的纵栏标题处，用括号括起来（见表 11-5）。④对于一般频数分布表应列出合计栏，放在表的最后一行；在复合表（列联表）中，如果需要的话可将各种专门的统计值，如卡方值（x^2）、自由度（df）、显著水平（p）、相关统计值（γ、λ、G、E）等写在表的最下面一行。⑤表内线条要简单，表的左右不封口，表头与表身之间以线条隔开；表身尽量不要用竖线和横线，线条越简单越好；表的最上面和最下面的横线可以用稍粗的线条，其余均用细线。⑥表内数字小数点要对齐，数字精确度要一致；相同的数值也都要一一写出，在无数字或不可能有数字时要以短横线"一"来代替，数字暂缺则以"…"表示。

上述⑤和⑥是很多人不太注意的问题。

11.1.2.3 统计图

统计图是将抽象的统计数字，通过点、线、面、体等几何图形，实物形象，地图以及各种色彩等绘制的，整齐而有规律的、简明而又知其数量关系的图形。统计图具有直观、形象、生动的特点，使人望图知意，一目了然。所以统计图能使统计数据通俗化，利于阅览，能把事物或现象的全貌形象化地呈现出来，给人以清晰深刻的印象，便于理解和记忆。

统计图可以分为条形图、圆形图、折线图、直方图、线性图等。

（1）条形图：是以柱桩的长短或高低表示事物和现象的大小或多少，主要用于具有可比性的间断性资料（定类或定序）。条形图的柱桩宽度没有意义，但各宽度必须相等；以基线为零点，等距划分；柱桩的长度和宽度要保持适当的比例。条形图可以分为单式条形图（见图11-1）和复式条形图（见图11-2）。

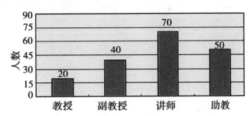

图 11-1　某年某校教师技术职称分布

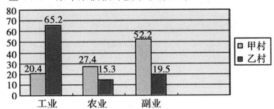

图 11-2　某年甲乙两村产业结构比较（％）

（2）圆形图（饼状图）：用于间断性资料，主要目的是显示各部分在整体中所占的比重以及各部分之间的比较。所显示的资料多以相对数为主（见图11-3）。若比较两种性质类似的资料，应取半径相同的两个圆，圆中各部分的排列顺序要一致。

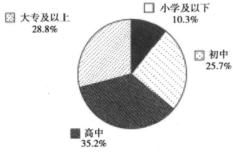

图 11-3　某年某调查样本教育程度分布

（3）折线图：又称曲线图。它是通过上下变化的曲线反映变量随时间变化的过程或发展趋势。折线图也有单式（见图 11-4）和复式（见图 11-5）之分。

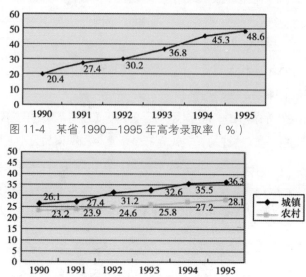

图 11-4　某省 1990—1995 年高考录取率（%）

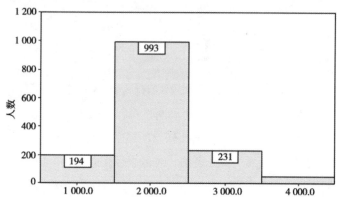

图 11-5　某省 1990—1995 年城乡高考录取率（%）

（4）直方图：是以矩形的面积表示组距次数分布的图形。在直角坐标系中，以横坐标上的等距宽度表示组距分组，以纵坐标表示次数，高度为对应的各组次数。通过次数分布图，可以直观地看到数据的分布情况，各组次数的多少，分布是否对称等（见图 11-6）。

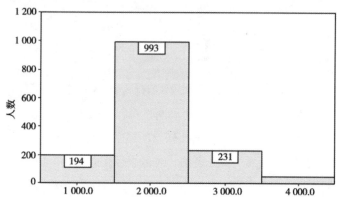

图 11-6　2004 年上海读书调查读者收入分布

资料来源：2004 年上海市读书抽样调查。

在直方图中，矩形的高度与矩形的面积是对应的，全部的矩形面积之和等同于全部的次数。若将每个矩形上端的中点连接起来，便成为次数折线图（见图 11-7，本折线图是利用 SPSS 软件绘制的，若手工绘制，只须将矩形顶端的中点连接起来）。

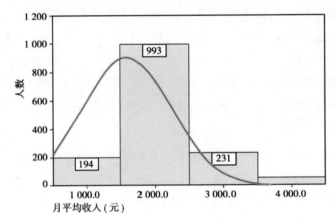

图 11-7　2004 年上海读书调查读者收入分布（次数折线图）
资料来源：2004 年上海市读书抽样调查。

折线图的面积与原来的矩形面积是比较近似的。可以想象，随着组距变小，矩形会增多，由此得到的折线会逐渐变得光滑，逐渐成为曲线，其面积越来越接近原来的矩形面积，按照数学中的极限原理，折线最终成为曲线，其面积最终等于矩形面积。也就是说，曲线围成的面积可以表示相应的次数，这为人们从理论上研究次数分布提供了直观基础。

（5）线性图：用于连续或近似连续性的资料。凡是表示两个变量之间的函数关系，描述某一变量随着另外一个连续或近似连续变量发生的变化，用线性图表示是比较好的方法（见图 11-8）。

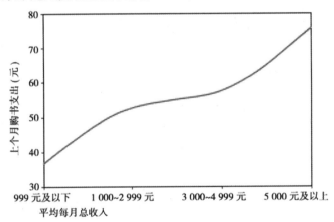

图 11-8　2004 年上海读者月收入与购书费用的关系
资料来源：2004 年上海市读书抽样调查。

统计图的制作要求除了要准确地显示统计数据外，还要力求简单、生动、富有艺术性；要标明单位和尺度；图形宽度与高度的比例要适当。统计图除了可以手工绘制之外，还可以利用 Excel 和 SPSS 等软件绘制*。

11.1.2.4　列联表分析

列联表又称两变量交互分类表，是用来分析两个变量之间关系的最基本的

* 上面介绍的各种统计图就是运用 Excel 或 SPSS 软件的制图功能绘制的。

方法。它是将研究所得到的数据按照两个不同的变量及其标志进行分类，显示两变量之间的数据分布及其依存关系。读懂列联表中的统计意义，是本科学生应该掌握的基本知识。

由于社会研究中的相关统计值一般都比较低，而且有的相关统计值如 λ，τ_y，η^2 的取值范围是 0 至 1，即使相关统计值比较高，也很难说明变量之间关系的具体内涵。因此在很多情况下，研究者需要通过解读列联表中两个变量之间数据分布的特点，分析变量之间的关系，对相关统计值作补充说明。列联表解读是一个非常重要的方法，尤其是在普通社会调查报告中运用最为广泛，可以帮助读者了解统计表的数据意义。解读的方法主要是在确定自变量之后，

表 11-8 从事社工前后的收入变化（元/月）

	上月收入						合 计
从事社工前的月收入	1 000 元以下	1 000~1 999 元	2 000~2 999 元	3 000~3 999 元	4 000~4 999 元	5 000 元及以上	合 计
1 000 元以下		40 100.0% 12.9% 6.3%					40 100.0% 6.3% 6.3%
1 000~1 999 元		180 100.0% 58.1% 28.6%					180 100.0% 28.6% 28.6%
2 000~2 999 元	20 11.1% 50.0% 3.2%	70 38.9% 22.6% 11.1%	80 44.4% 80.0% 12.7%		10 5.6% 25.0% 1.6%		180 100.0% 28.6% 28.6%
3 000~3 999 元	10 9.1% 25.0% 1.6%	20 18.2% 6.5% 3.2%	20 18.2% 20.0% 3.2%	30 27.3% 100.0% 4.8%	20 18.2% 50.0% 3.2%	10 9.1% 9.1% 1.6%	110 100.0% 17.5% 17.5%
4 000~4 999 元					10 33.3% 25.0% 1.6%	20 66.7% 18.2% 3.2%	30 100.0% 4.8% 4.8%
5 000 元及以上	10 11.1% 25.0% 1.6%					80 88.9% 72.7% 12.7%	90 100.0% 14.3% 14.3%
合 计	40 6.3% 100.0% 6.3%	310 49.2% 100.0% 49.2%	100 15.9% 100.0% 15.9%	30 4.8% 100.0% 4.8%	40 6.3% 100.0% 6.3%	110 17.5% 100.0% 17.5%	630 100.0% 100.0% 100.0%

表 11-9　教育程度与读书困难

		教育程度					合　计
		初中及以下	高中、中技、中专	大专	大学本科	硕士	
读书中遇到的最大困难	没有时间	20	119	175	134	11	459
		4.4%	25.9%	38.1%	29.2%	2.4%	100.0%
		26.3%	26.6%	31.6%	38.6%	40.7%	31.7%
		1.4%	8.2%	12.1%	9.2%	0.8%	31.7%
	好书太少	9	61	107	63	7	247
		3.6%	24.7%	43.3%	25.5%	2.8%	100.0%
		11.8%	13.6%	19.3%	18.2%	25.9%	17.0%
		0.6%	4.2%	7.4%	4.3%	0.5%	17.0%
	书太多, 难以选择	16	65	92	48	4	225
		7.1%	28.9%	40.9%	21.3%	1.8%	100.0%
		21.1%	14.5%	16.6%	13.8%	14.8%	15.5%
		1.1%	4.5%	6.3%	3.3%	0.3%	15.5%
	自身的阅读障碍	4	21	7	3		35
		11.4%	60.0%	20.0%	8.6%		100.0%
		5.3%	4.7%	1.3%	0.9%		2.4%
		0.3%	1.4%	0.5%	0.2%		2.4%
	书价太贵	17	154	147	86	3	407
		4.2%	37.8%	36.1%	21.1%	0.7%	100.0%
		22.4%	34.5%	26.6%	24.8%	11.1%	28.1%
		1.2%	10.6%	10.1%	5.9%	0.2%	28.1%
	其他	10	27	25	13	2	77
		13.0%	35.1%	32.5%	16.9%	2.6%	100.0%
		13.2%	6.0%	4.5%	3.7%	7.4%	5.3%
		0.7%	1.9%	1.7%	0.9%	0.1%	5.3%
合　计		76	447	553	347	27	1 450
		5.2%	30.8%	38.1%	23.9%	1.9%	100.0%
		100.0%	100.0%	100.0%	100.0%	100.0%	100.0%
		5.2%	30.8%	38.1%	23.9%	1.9%	100.0%

比较相对比率（不要比较自变量自身的比率），对于定序及以上的变量还可以利用总体百分比分析变量变化的具体方向。

　　表 11-8、表 11-9 是运用 SPSS 软件计算并直接输出的完整的列联表。表 11-8 来自一项有关社会工作者的调查，分析的是参加社工以前和参加社工以后本人收入的变化。表中每一栏的第一行是绝对值，即次数（频数）；第二行是横向百分比；第三行是纵向百分比；第四行是总体百分比。最右边和最下面是边缘次数或比率栏，又称合计栏。解读列联表最关键的是要确定哪个是自变量，哪个是因变量。有时候自变量和因变量是因果关系，但是在很多情况下，自变量也可以看作是说明性变量，因变量看作是被说明的变量，例如表 11-8

中就很难说哪个是自变量，哪个是因变量，它们也不是因果关系。因此，在解读列联表时，暂且不要确定变量关系是因果关系，而是把说明性或解释性变量当作自变量，把被说明变量或被解释变量当作是因变量。在列联表中，自变量可以根据百分比的计算方向来确定，即按照百分比方向计算的那个变量就是自变量。表 11-8 中，如果把"参加社工以前的月收入"看作是"自变量"，其百分比就是横向百分比，但是在分析时要看纵向百分比。例如，"参加社工以前的月收入"为 2 000~2 999 元的人中，"上月收入"为 4 000~4 999 元的占全部"上月收入"为 4 000~4 999 元的 25.0%，2 000～2 999 元的占全部"上月收入"为 2 000~2 999 元的 80.0%，1 000～1 999 元的占全部"上月收入"为 1 000~1 999 元的 22.6%，999 元及以下的占全部"上月收入"1 000 元以下的 50.0%。在进行比较分析说明时，不需要重复统计表的数据，而是用概括的语言说明其特征。根据以上数据，我们可以这样表述："在未从事社工时月收入为 2 000~2 999 元的调查对象（180 人）中，上月收入低于从事社工以前收入的比率（25.7%）与上月收入高于从事社工以前收入的比率（25.0%）相比差别不大。"括号内的比率不能按照横向百分比累计相加，而是将相关次数除于相应的总次数，即（20＋70）/（40＋310）=0.257；收入较以前高的 25% 在表上可直接看到。

对于定类变量的列联表有时可以采用边缘比率中纵向百分比（最后一列各格中第三行，可以看作这一标志值的平均比率）进行比较，主要是分析哪些变量标志值的百分比明显高于平均比率。表 11-9 来自一项读书调查，自变量毫无疑问是教育程度，因变量是读书中遇到的最大困难。选择"没有时间"的比率明显超过平均比率（31.7%）的是大学本科（38.6%）和硕士（40.7%）。如果数据比较集中，就不要与平均比率进行比较。例如，可以根据表中数据表述为：抱怨"好书太少"的主要是硕士（25.9%），选择"书太多、难以选择"的主要是初中及以下教育程度的人（21.1%），认为"书价太贵"的主要是高中、中技、中专教育程度的（34.5%）。这样的表述，尤其是把有关百分比写在括号里，就可以略去表格，以免研究报告中有大量的统计表显得比较拘谨。读者可以参照有关读书困难的一般描述，看看这些困难主要反映在哪些人身上。

对于两个变量都是定序或以上的，可以借用社会分层和流动研究中"流动表"* 的分析方法，利用总体百分比（每格数据第四行）的数据反映变量变化的方向。在表 11-8 中可以发现，从事社工以后收入得到提高的占 15.9%，基本不变的占 60.4%，下降的占 23.9%。因此，总体上看收入下降的比率要超过收入上升的。具体计算方法是：首先把统计表按对角线分为两半，对角线下面（左下角）的总体百分比数据累计相加就是现在收入低于参加社工以前的

* 流动表是用来分析社会流动的一种方法，它利用列联表分析代际或代内之间的流动，通过行与列的交叉而组成的若干单元格，比较不同单元格中的数据，分析父代职业与子代职业或者过去职业与现在职业的变化。

（3.2+11.1+1.6+3.2+3.2+1.6=23.9%）；对角线上面（右上角）的总体百分比数据累计相加就是现在收入高于参加社工以前的（6.3+1.6+3.2+1.6+3.2=15.9%）；对角线上的总体百分比数据累计相加就是现在收入与参加社工以前基本差不多的（28.6+12.7+4.8+1.6+12.7=60.4%），三项合计为100.0%（有时由于四舍五入的原因，总加以后变为100.1%，99.9%甚至是100.2%，99.8%，此时仍应看作100.0%）。

>> 11.2　质性资料的整理和分析

与量化资料比较，质性资料的整理和分析的特点主要是：资料的整理和分析紧密联系在一起，质性分析贯穿于整个研究过程，而不是研究过程的一个阶段；质性资料的标准化程度比较低，形成了多样化的分析技术；质性分析主要是通过对经验现象的描述，对某一理论进行诠释或说明；质性资料虽然不具有"精确性"的特点，但是这种以文字表达的形式更具有开放性，可以连接不同观点或经验，在对社会模式的认知上更具有优势（风笑天，2006：277-278）。因此，质性资料的整理和分析"没有一套固定的、适用于所有情景的规则和程序"，"意义的阐述不可能机械地、按照一套固定的程序来进行"（陈向明，2002：269-270）。

根据科学研究的基本逻辑，如果量化研究主要遵循的是演绎逻辑，那么质性研究主要遵循的是归纳逻辑。因此，质性资料分析方法和技术依据的是归纳逻辑，即从具体到抽象、从特殊到一般的过程。从这个意义上说，虽然不同学者对质性资料的理解会不同，对于需要诠释或说明的理论会不一样，但是我们仍然能够发现质性资料整理和分析方法的基本程序或过程。根据笔者的理解，质性资料整理和分析的一般过程或程序如图11-9所示：

图 11-9　质性资料整理和分析的一般过程

11.2.1　初步整理

初步整理主要是对实地研究获得的所有资料进行整理，这些资料通常包括访谈记录、观察记录和文献档案等。初步整理是质性资料整理和分析最初步、最重要的工作，它直接影响资料的可靠性和真实性，以及资料的分析质量，可以说，质性资料的整理和分析是建立在对资料初步整理的基础上的。

在实地研究中，最常见的资料是访谈记录和观察记录。访谈记录的形式主要是录音记录和文字记录，对于录音记录要逐字逐句地整理成文字，不要概括或归纳，也不要用自己的语言表述，要保持访谈的"原始性"，其中包括一些非语言行为，如语气、表情、肢体语言等。文字记录和观察记录在访谈和观察结束后马上进行整理和补充，以免时间过长而遗忘。如果文字记录和观察记录有多人进行（如果不能进行访谈录音，最好由两个人记录，观察一般也要多人进行），还要进行对照。文献档案如果发现有疑问的话，应该及时补充或修正。

在对资料初步整理时，要对每一份资料编号，编号包括以下信息：①资料类别（访谈、观察、文献等）；②访谈或观察的时间、地点等；③访谈或观察对象的基本信息；④访问员或观察员的编号。例如，笔者主持的一项"上海留学归国人员发展环境和政策评价研究"，主要采用深入访谈方法收集有关信息，访谈资料整理后，每份资料编号包括的信息主要是：访谈对象编号及职业，访问员编号。例如，某份访谈记录的编号是01TC1，其中"01"表示访谈对象编号，"TC"表示访谈对象职业（留学归国人员职业主要是教师、技术人员、管理人员、单位负责人等，它们的代号分别是TC，TN，M，P），最后的"1"表示访问员编号。同时，要撰写一份说明编号意义的具体说明书。

对于初步整理的资料既可以在电脑中备份，也可以复印，方便资料进行分类和编码时用于"剪贴"，原件用于今后查阅。

11.2.2　阅读分析

对经过初步整理后的原始资料进行阅读是资料整理和分析的基础，通过阅读研究者不仅可以厘清资料中的事实，也可以提炼出一份资料的核心概念或主要词汇。阅读过程实际上也是研究者与访谈者"交流"的继续，从中可以产生很多联想。笔者在阅读上海市留学归国人员个案访谈资料时，经常会考虑的问题是，为什么这些留学归国人员会放弃国外的优越生活回到国内，是否像很多人认为的那样是在国外混不下去了？是什么原因促使他们到国外留学，又是什么原因促使他们回到国内，并且选择了上海？在阅读过程中，笔者发现很多访谈对象讲得最多的是词汇是"事业""成就感""个人理想""文化认同""子女教育""困难"等，无论是当初出国留学还是学成后回来报效祖国，他们都是为了实现个人理想，成就一番事业，并且认为现在中国的发展为实现这样的理想提供了基本条件，虽然在这一过程中还有很多不尽人意的事情发生。在阅读过程中，经过与访谈对象的"再交流"，会有一种豁然开朗的感觉，形成了这份报告的主题词——"上海梦"，并成为这项研究需要阐述和分析的核心概念。

在阅读资料的过程中，研究者可以在他认为重要的地方作标签或者用彩笔划出，也可在空白处对资料的意义或感想进行说明，类似于"批语"。

因此，对于原始资料的阅读一方面可以使研究者在与访谈对象的"再交流"中产生很多联想，迸发出很有意义的思想火花，形成自己的分析思路，为资料的安排或铺陈提供启发。另一方面，在阅读过程中可以获得出现频率较高的词汇，如上面例子提到的，这些词汇可以成为编码的依据。

11.2.3　编码和登录

与量化资料的编码差不多，质性资料的编码也是用数字表示资料的某种类别或概念。量化资料的编码，主要是为了便于计算机输入和计算，并且主要采用预编码的方法。质性资料的编码虽然也是表示资料的类别，但是主要起着资料的存取、查阅作用，并且只能采用后编码的方法，即在收集资料后才进行编码。量化资料的编码主要表示答案的类别，质性资料的编码更具有分类学上的意义，即通过多次编码，使得资料所蕴含的意义由具体上升到抽象，由特殊上升到一般。虽然量化资料通过再编码也可以达到逐步抽象的目的，但是受到方法论的限制，量化资料编码的抽象能力是有限的。因为，在量化研究中，概念的抽象程度受到事先确定的理论分析框架的制约，而在质性研究中，理论来自对经验事实的归纳，概念的抽象程度取决于研究者的想象力。

登录的过程实际上就是编码的过程，它是指研究参与者把代表资料类别的数字登录在原始资料复印件的空白处或者使用专门的质性资料软件进行登录。

编码的具体过程主要是：

（1）确定编码单位。可以根据资料内容所具有的意义进行编码，如在儿童社会化研究中，以"教育方式、亲子接触时间、亲子谈话内容、亲子游戏活动、儿童行为特征"等为编码单位。也可以采用资料的语言单位，如词汇、短语、句子、段落作为编码单位。

（2）初步编码。在原始资料仔细分析，并确定编码单位的基础上，创建初始码号用以表示资料的意义。例如，阅读一段有关访问对象提供的儿童时期社会化过程中发生的一件事件的资料时，可以在旁边用数字表示资料的意义，其中"1"表示事件的性质是正面的，"2"表示事件的性质是负面的，"3"表示事件参与者为父母，"4"表示事件参与者为他人，"5"表示事件对自己社会化的正面影响，"6"表示事件对自己社会化的负面影响。还可以采用编码的方法仔细地分解事件的全过程。

（3）再编码。前面曾经讲过，编码过程是一个分类的过程，也是一个逐步抽象的过程，因此在对资料初步编码的基础上，还要进行再编码。再编码的方法仍然是一种归类方法，但是需要在确定主题（主词）的基础上，把相关的初步编码归到一定的主题（主词）之下，并且建立主题（主词）之间的联系，这些主题（主词）又是和一个更大的主题（主词）相联系的，从而形成一个抽象程度不同的"伞型"编码系统或结构。

表 11-10　质性资料编码举例

K:您是既搞教育又经商,二者兼顾。能否请您先介绍自己的基本情况?	
A:我的年龄是 37 岁,虚岁 38,汉族,现在工作应该算教育行业,党派无,宗教信仰是基督教徒,出生地是湖南衡阳,婚姻状况是已婚,这就是基本情况。	1
K:我想了解一下您在出国之前的一些生活经历,比如说您的童年生活、家庭、对您影响比较大的事件以及交往的朋友,等等,主要是出国以前的。	
A:其实我的家庭是很普通的。爸爸妈妈是工人,我家的小孩比较多,有 6 个。后来我才意识到:假如我的家庭好一些的话,会有更多的发展机会。我是属于个人奋斗型的。	2 3
小时候我很聪明,从来不写作业,从来不知道什么叫考试,也从来不知道什么叫复习,从来不写家庭作业。因为家里兄弟姐妹多,哪来一张空书桌子,家里要我写作业就写几个字,然后就看小说,从来就没有认认真真读过书。我觉得确实凭着自己的聪明,我们班上有 60 个人,排名总是在第七名。我的一辈子差不多都是在第七名,包括初中和高中,如果这段时间不太好,掉到十几名,那我就要加把劲奋斗,挤到前几名中去。包括现在上海的培训机构,包括我做事,我认为我花到 70% 的力气也能到前面的几名,但我不愿意花 99% 的力气去做第一名。	3 4　3
我比较喜欢看杂书,我觉得小说对我的影响很大。我看小说是在 80 年到 84 年,那时正好是"伤痕文学",中国文学复兴的时期,他们的小说我一直跟进的,这就培养了我足够的视野,包括一些思维。按说我是在普通的家庭,环境也是很普通的,但我还是觉得跟别人有些不一样的,可能是我自己的高度和深度。我觉得对我人生的影响很大。我自己感觉到人只能活一辈子,但我看了小说,我就活了很多辈子。那样就是说小说对我的人生阅历拓展了我的视野。因为生在衡阳,长在衡阳,又没有出去过,当时读小说对我现在创业有很大影响,奠定了一直超越、一直走出去的愿望、原动力。否则我觉得活着就一直活下去,就好像我的同学那样生活。虽然我也是生活,但我见得多、看得多。这就是我的生活方式。	5　6 3 6
K:当时你所交往的同学和朋友当中对你有重大影响的,比如出国、考学以及创办培训学校,能否举个例子?	
A:有一个同学跟我关系比较好。我和这个朋友也是一个缘分。他是个奇人,我觉得。他小学的时候把初中的书都读完了,初中时把高中的书读完了,结果高中三年就天天找我下象棋。我象棋下得比较好,他就找我下象棋,等于我高中两年就下了象棋。我们那个时候考大学正好处于转型,分为读两年高中和读三年高中考,两年没有考上就考三年。当时 83、84 只要考上大学就可以了,至于读什么,那是没有关系的。我想这个我父母确实不懂,对于他们来说是一样,我妈说,你早点上班,可以早点赚钱。因为我看小说多,我就觉得我要读大学,也没有别的原因。就是看的关于大学生的故事,我以后肯定要读大学。我妈当时要我考税务局干部,我都考上了,我妈说你早点上班那多好啊!那我就根本想都没有想,考上也没去。我想湖南师大招 200 个人那就考湖南师大,我想只要考上大学就 OK 了。结果他和我下了两年象棋就考上了湖南师大。我呢,没考上,只好读三年。当时我很瘦,其实当时家里条件不好,身体很弱,感冒一年,就是那一年,我不知道不感冒是什么感觉,我现在回想就是营养不良,抵抗力太差,真的,太可怜了。所以第一年没考上。	7 8 6　10 8 10
我这个人又不认输,别人能考上我为什么不能考上?第二年再读。这个多读一年对我反倒很有用,是一个好的奇迹。结果在这一年我就下定决心,利用暑假坚持锻炼身体,跑步和做俯卧撑。以前我一个都做不了,真的,一个都做不了。很有意思的。开始我先撑在桌子上,再撑到床上做,再撑到地上做,然后就能做到 30 个。两个月的时间,就是一个暑假。然后就是练毛笔字、背单词、背诗歌,就是培养我一些其他方面的综合素质,所以	9 3

那年暑假对我极其有用，结果<u>第二年考上了</u>。<u>考上大学后我又不知道读哪个学校，正好我</u> <u>说的这个奇人他在湖南师大，所以我也填湖南师大</u>。结果考上了，就和他是同学。读数学 系，我们那个时候观念不一样，是比聪明。学好数理化，那么语文、历史、政治要花工夫死记 硬背，而数学上课听懂就可以，又不要做作业，只要你理解就会做，所以这样也读了数学 系，而且他也读的是数学系。我进去后他又被开除了，很有意思的，真的很有意思的，<u>包括</u> <u>到现在他都对我很有影响</u>。他被开除，<u>他爸爸跟我爸爸又不一样，他爸爸是校长、中学校</u> <u>长，从小学就开始告诉他，要把中学的书读完，而中学就把高中的书读完了，从小到大他就</u> <u>没有玩过，你明白吗</u>？等到他十七八岁时，他就逆反了，我长大了，我现在要玩，我要补课， 明白吗？结果到了大学，第一年还可以，第一年他在系里都是第一名，那也是很了不起，我 们湖南师大数学系都是扎扎实实考上去的，他是第一名。第二年他要开始玩了，他就要开 始闯荡江湖，很有意思。<u>我觉得他比较超前</u>。去广州，一分钱都没有带，出去一个月，一个 暑假，最后回来还带了 150 块钱，转了一圈花掉了，还赚回 150 块钱。最后快到我们衡阳的 一个小镇，被我们一个警察给没收了。但是对他很有帮助，<u>他学会了怎样生存</u>。但是由于 他这种从来不去上课，造成系里老师对他比较恼火，另外就是考试故意刁难他，故意不给他 及格，其实他考过了，补考还是不给他及格，最后叫做劝退，勒令他退学，很可惜的。两年 多，他就从那个时候的大学生天之骄子突然变成无业游民，他爸爸头发一下就白了，很可怜 的，来学校找我，看看有没有办法。那个时候我比他低一级，所以只能是同情。但是，我说 过金子总是会闪光的，这是福祸相依。劝退，回家就没有工作，他也准备考研究生，但也没 有成功，毕竟考研究生也不是那么容易，而且又没有饭吃。这下爸爸妈妈又不给他钱。费 了那么大力气让他考上大学，丢足了父母的面子。城市又不大，同学都知道了。在家憋着， 那个真是。后来才成为他成功的源动力，因为没有钱。没有钱怎么办呢？就是想办法赚 钱。在家待了一年，去当过临时工，帮人家背过砖，还去农药厂上过班。后来他就一直在想 怎么样赚钱，因为他太没有钱了。他就这样搞了两年之后，我大学也就毕业。<u>我大学毕</u> <u>业之后也就上班了。我一开始在一个中等专业学校当数学老师。在我工作的时候，他要创</u> <u>业，然后我们就办了培训班</u>。我们当时办得很早，1989 年办的，因为他当时在找事情做，因 为他认为我综合素质还可以，形象也可以，他的形象比较朴素，比较不自信，所以我们就做 了。当时做的是卡耐基。那个时候做的很好，主要是心理素质，团队精神这些。在衡阳， 社会办学是我们启动的，那个时候就做卡耐基，做交际舞，经常要组织一些演讲，一些交际 活动。后来我这个同学就自己买了一台电脑，那个时期不容易，花了 1 500 元到 2 000 元，那 个时期这些钱已经很多了，而我工资才 70 元钱。这是他第一次研究电脑，然后就是觉得 这个是有方向的，然后他就开始做电脑培训，那么他就发了。在做电脑培训工程中，我其实 是花了一段时间和他并行的，<u>但由于我心比天高，并没有想安定下来吃饭的感觉</u>。这段办 学经历虽然都是原始的，但是最早起步的，比如说，市场、师资、排课、教务等都做过了。 <u>1994 年就办出国了</u>。	10 4 10 7 4 7 8 7 11 12 11 12 3 12 13
初步编码意义： 1 = 个人背景；2 = 家庭背景；3 = 自我评价；4 = 学习；5 = 读书；6 = 读书影响；7 = 同学关系和影响； 8 = 父母影响；9 = 身体健康和影响；10 = 上大学；11 = 出国前职业；12 = 兼职工作；13 = 出国时间。 再编码意义： A = 社会背景（1、2）；B = 学习（4、5、6、10）；C = 性格和意志（3、9）；D = 他人影响（7、8）； E = 出国前工作（11、12）。	

此外，编码是一个不断发展的过程，也就是说第一次建立的编码系统也许只是一种尝试，并不一定是唯一的或者是最好的，研究者在阅读原始资料的过程中，还会产生新的想法、分类体系或者分析逻辑，就可能需要采用新的编码代替原来的编码。

编码完成后还要编制编码薄，编码薄的作用主要是为了说明代码的意义，了解代码的数量和类型，同时为查阅代码提供方便。

以下我们以一份有关留学归国人员的访谈报告的节录为例，说明编码应该如何操作。这项研究是由笔者主持的，这份访谈是由一位研究生做的，其中 K 为访问员，A 为访谈对象，下划线是阅读分析的要点，右边一栏的数字就是表示要点的编码，最后一栏是对编码意义的说明，其中包括初步编码和再编码（见表 11-10 ）。

11.2.4　建立档案或资料库

完成编码和登录后就可以为资料建立档案或资料库，以便随时查阅、存储或调用。根据笔者的理解和经验，档案或资料库有以下三种类型：

第一，原始资料档案，它包括最原始的访谈记录、录音记录、观察记录、文献资料等，以及经过初步整理但没有经过编码或分析的上述各类资料。保留原始资料可以方便研究者在发现问题时随时查阅或对照，如果需要重新编码应当使用原始资料的复印件或备份件。

第二，经过编码和分析的原始资料，即分析档案。这类资料是档案或资料库中最重要的，也是最常用的。分析档案的保存形式有以下几种：①直接将经过编码和登录的资料原件保存；②将资料"打散"后，通过"剪贴"方法分类建档，既可以采取"裁剪"的方法将相同编码的资料"粘贴"在一起，也可以直接在电脑通过"复制、粘贴"完成此项工作，保存在电脑中。分类建档非常方便撰写研究报告，但关键是分类体系的建立要符合研究的分析框架。如果采用分类建档的形式，分析档案的原件仍然应该保存，以备查阅；剪裁、粘贴后的个案分类资料需要注明原件编号，以便在撰写研究报告时注明；有些资料的意义可能是多重的，这种情况下，同一段资料或者同一句话要同时归在不同的类别之下。

第三，工作档案，其中包括研究计划，反映以往研究状况的文献资料，研究进程的记录以及研究者和研究参与者对实地研究的反思。

档案或资料库的建立不是一劳永逸的，在建初步档案或资料库后还需要不断充实，尤其是分类档案将根据不同的分类体系建立不同类型的分类档案。所有的档案资料都要建立检索系统，检索方法可以按字母、数字、主题等排列，根据具体情况可以有所不同。研究者可以根据检索系统查阅或调用有关资料，当然检索系统也将根据档案或资料库的不断更新而随时调整。

11.2.5 深度分析

深度分析是在初步分析的基础上，运用类别分析或事件分析方法，把经验资料和理论分析结合在一起，用以诠释、说明或建构某种理论。深度分析的具体方法是类别分析、事件分析和理论建构。

类别分析也可称为比较分析，因为类别建立在比较的基础上，有比较才会有鉴别，才能区分事物之间的一致性和差异性。类别关系在一项研究中往往会分为几个大类别，在大类别下面又会分小类别，相当于量化研究测量由概念到指标的过程。也就是说大类别往往是比较抽象的核心概念，小类别是比较具体的，有的甚至是可以直接观察到的。类别比较既有建立在资料同一性基础上的同类比较，例如，若干个同一性质的不同个案比较，关注的是不同个案的共同特征；也有根据资料差异性的异类比较，例如，若干个不同性质的个案比较，关注的是它们在因果关系或特征上的差异性；还有不同资料之间进行的横向比较和对同一资料各个部分前后顺序进行的纵向比较等。在差异性比较中，可以进行因果关系分析，常用的方法有求同法、求异法、求同求异法、共变法和剩余法。

事件分析也可以称为情景分析，即按照事件或故事发生的过程或时间对情节和人物进行描述和分析。事件分析是质性研究的重要方法。在质性研究中，研究者非常关注重要事件对个人或群体生活的影响，例如，在人的社会化过程中，个人或家庭的重大生活事件会对他的社会化产生很大影响甚至是决定性影响。"事件"还可以作为独立的研究对象，例如，《大河移民上访的故事》（应星，2001）的研究方法就是典型的事件分析，作者采用讲故事的方法，详细叙述了平县山阳乡20多年移民上访和政府"摆平"的过程。在对故事的描述中，农村集体上访事件揭示了国家在土地下放、人民公社制度瓦解以后"正面遭遇"农民的过程，以及在这过程中"权力是如何在自上而下和自下而上的双向实践中运作的"。在事件分析过程中，要善于把握事件的重要信息，提炼出事件的发展线索，全面收集事件的有关情节，详细描述故事情节。在进行具体分析时，要把资料的语言意义、社会文化意义、时间和空间背景以及叙述者的表述意图等方面联系起来，揭示出事件具有的实践和理论意义。

类别分析和事件分析各有利弊。类别分析通过比较的方法能够发现资料之间的关系，但是难以反映事物变化的动态过程。事件分析比较符合事物原来的建构方式，能够发现事物变化的过程，但是不能顾及事物之间的比较。因此，结合两者的优点可以把类别分析和事件分析结合起来，形成类别分析下的事件分析模式或者事件分析下的类别分析模式，即在一个类别中可以有自己的事件分析，在一个事件分析中可以同时阐明它的主题意义。

质性资料分析结果形式并不仅仅是一种描述，虽然描述是很重要的。研究者对资料的描述实际上同时也是理论的建构过程，因此，质性资料分析同时伴随着理论分析或理论建构，即从特定的角度运用特定的研究方法对研究对象进行解释或诠释。如果说量化研究是通过建立研究假设的方法，运用资料进行验证，从而检验理论的普适性程度，那么质性研究则是通过对资料的分析"归纳"出理论。从某种意义上说，质性研究就是通过理论的建构来"证明"它的普遍意义。例如，在《大河移民上访的故事》研究中，作者想要建构或诠释的理论命题就是"权力在自上而下和自下而上的双向实践中运作"，并发展出"权力技术"及相关的精英逻辑、群众逻辑等分析概念。

质性研究理论分析常用的方法步骤是：①运用简单的理论概念对资料进行分析和描述；②根据资料的性质建立初步的理论框架并对资料进行系统的分析；③对资料与理论框架中的概念和命题进行不断的比较，建立一个具有内在联系的理论体系或系统的理论假设（陈向明，2002：326）。

质性研究中的理论分析可以归纳为三种类型：解释，诠释和扎根理论。

第一，解释方法主要是发现研究对象是如何解释他们自身的生活和经验，或者研究者运用一定的理论揭示研究对象的生活和经验。例如，《大河移民上访的故事》中，作者分析了上访农民"说""闹""缠"三种行动，解释了农民企图通过"说""闹""缠"等方法来解决自己的问题并进而运用"弱者的武器"解释上访农民的"权力技术"。

第二，诠释方法的意义在于诠释者的发现，即研究者还需要揭示被解释现象背后可能存在的意义。例如，作为弱者的上访农民的武器——"说""闹""缠"，是否所有上访农民都采用过？如果不是的话，为什么有的农民凭借"说"就能解决问题，有的即使"死缠硬磨"也无济于事？如果我们能够发现其中的原因，也就有可能对"弱者武器"的"权力技术"进行新的诠释。

第三，扎根理论方法是在深入观察的基础上，根据对资料的分析提出理论模式、议题或一般范畴。研究者在对资料进行分析之后提炼出分析概念或假设，经过进一步的观察和访问进行验证或发现新的问题和假设，逐步剔除那些在理论上比较薄弱或无关的资料，将重点放在对理论建构直接有关的、详实的资料上。因此，扎根理论方法是在系统收集资料的基础上，发掘社会现象的主要概念，并建立概念之间的联系从而形成理论。

1. 量化资料和质性资料的整理和分析方法的主要区别在哪里？

2. 资料的初步整理包括哪些环节？

3. 在量化资料的整理过程中，资料的审核有哪些方法？

4. 当资料输入到计算机后，原始数据会出现什么错误？如何纠正错误？根据教师提供的原始数据进行纠错。

5. 统计整理的意义和方法主要是什么？

6. 制作统计表要注意哪些问题？请从发表的研究报告中寻找一份统计表，指出统计表可能存在的问题。根据教师提供的数据，制作一份统计表。

7. 请分析教师提供的一份列联表的数据的意义。

8. 如何进行质性资料的整理和分析？

9. 请根据教师提供的原始访谈记录进行编码。

参考阅读

统计分析初级知识

统计分析是量化资料分析最重要的方法，它可以为社会研究提供清晰、精确的形式化语言，能够帮助人们探索和预测社会现象的发展趋势。因此，是人们认识社会现象的一种重要分析工具。当然统计分析不能离开质性分析或理论分析，它要在质性分析的基础上，对概念加以界定和分类，统计分析的结果需要一定的理论加以解释。从这个意义上说，统计分析只是一种认识手段或工具。统计分析方法主要分为描述统计和推论统计，按照变量的多少又可分为单变量分析、双变量分析和多变量分析。按照本书的教学要求和目的，本章介绍的是统计分析的初步知识，也可以视为资料统计整理的一种方法，其中包括集中量数分析、离散量数分析以及相关、回归、推论的基本常识。

一、频数和频率统计

频数和频率统计是统计整理中最基本的方法，在定比测量中还有单值分组和组距分组统计，对于定序及以上的测量数据还有向上累计统计和向下累计统计。

频数（次数）统计就是计算一组数据中不同取值的个案次数分布；频率（百分比）统计就是计算一组数据中不同取值的频数（次数）相对于总数的比率分布。频数和频率统计可以简化资料，对于一个比较大的样本来说可以清楚地发现数据的基本特征。此外，频率统计还能比较不同样本或不同类别的异同。频数和频率统计既可以分开统计，也可以合在一张统计表中。

例 11-1　某班 20 名学生父亲的职业是：工人、工人、工人、工人、干部、干部、干部、干部、干部、专业技术人员、专业技术人员、专业技术人员、专业技术人员、专业技术人员、商业工作者、商业工作者、商业工作者、商业工作者、农民、农民。

例 11-1 的频数统计和频率统计结果见表 11-11。

表 11-11　某班学生父亲职业分布次数表

职业	人数（f）	百分比（%）
工人	4	20.0
干部	5	25.0
专业技术人员	5	25.0
商业工作者	4	20.0
农民	2	10.0
合计	20	100.0

对于定比测量的数据进行频数或频率统计，在样本比较大的情况下必须采用分组统计的方法。其中分组标志值分布范围比较小，例如家庭人口、生育子女数、房间数可以采用单值分组方法（参见表 11-12）；分组标志值分布范围比较大，例如年龄、收入、住房面积等就要采用组距分组方法（参见表 11-13）。

表 11-12　某调查家庭人口分布状况

家庭人口	户数	百分比	向上累计（cf↑）	向下累计（cf↓）	向下累计（c%↓）
1	10	10.0	100	10	10.0
2	20	20.0	90	30	30.0
3	55	55.0	70	85	85.0
4	10	10.0	15	95	95.0
≥5	5	5.0	5	100	100.0
合计	100	100.0			

表 11-13　某调查年龄分布状况

年龄（岁）	人数	百分比	向下累计（cf↓）	向上累计（c%↑）
≤29	15	15.0	15	100.0
30~39	20	20.0	35	85.0
40~49	30	30.0	65	65.0
50~59	20	20.0	85	35.0
≥60	15	15.0	100	15.0
合计	100	100.0		

在组距分组中，将组距中的起点数值（最小数值）称为下限，将终点数值（最大数值）称为上限。如果某一个案值正好与某一组距中上限一致，应遵循统计分组的"上限不在内"原则，将其划归下一组。例如某人年龄是 40 岁，就应该把他归在 40~49 岁一组。因为，属于定比测量的数量数据一般都是连续变量，例如年龄作为定比测量，在一个比较大的样本中可以有无数个年龄数据：18.11 岁、18.12 岁、18.13 岁，等等，是无法穷尽的。因此，严格地说属于定比测量的数据当它转换为定距测量时，按表 11-13 应该是：30 岁以下、

30~40 岁、40~50 岁、50~60 岁、60 岁以上，每个年龄组的下限和另外一个年龄组的上限是重叠的。在此情况下，统计汇总时就要按照"上限不在内"的原则。只是为了便于人们阅读数据，统计分组才显示为非连续变量，即每个年龄组之间是"间断"的。

对于定序及以上的测量层次，还可以计算向上累计次数（cf↑）、向上累计比率（c%↑），或者向下累计次数（cf↓）、向下累计比率（c%↓）。向上累计表示某一标志值以上的累计次数或比率，向下累计表示某一标志值以下的累计次数或比率。累计次数或比率的计算是根据标志值的大小方向计算的，在变量标志值由低到高排列的情况下（如表 11-12、表 11-13 所示），向上累计是从最高的标志值（表 11-12 中家庭人口为 5 人及以上）向上累计相加；向下累计是从最低的标志值（家庭人口为 1 人）向下累计相加。例如，表 11-12 中，我们可以从统计表中直接看到家庭人口在 3 人及以下的有 85 户（向下累计），家庭人口在 3 人及以上的占 70.0%；同理，在表 11-13 中，年龄在 39 岁及以下的有 35 人，年龄在 30 岁及以上的占 85.0%。

二、集中量数分析

集中量数又称数据的中心位置、集中趋势，它是用一个典型值或代表值反映一组数据的一般水平或平均状况，表明多个事物的某一数量属性在一定时间、地点和条件下的共同性质。集中量数既可以说明某种社会现象在一定条件下的一般状况，也可以比较不同空间同类现象的差异程度和特定现象在不同时间中的变化，甚至可以分析社会现象之间的依存关系。

用集中量数来代表一组数据，对原始数据来说，是一种简化的过程。集中量数虽然丧失了原先数据所具有的实在性，然而这种丧失是以科学的抽象为前提的，因而它能帮助我们更深入地了解这组数据。常用的集中量数计算方法有：算术平均数、中位数和众数。

（一）算术平均数

平均数的计算方法主要有调和平均数、几何平均数和算术平均数。其中算术平均数是最常用的方法，简称平均数、均数、均值。平均数（Mean）一般以 M 表示。如果 M 是由变量 x 计算得来的，可记为 $\bar{x}$，用公式表示：

$$\bar{x} = \frac{x_1 + x_2 + \cdots + x_n}{n} = \frac{\sum_{i=1}^{n} x_i}{n} = \frac{\sum x}{n} \tag{11-1}$$

其中，x_i 为各次观测的结果，即观测值或实际调查数据，n 为观测的次数，S 为总和或总加。在不至于引起混淆的地方，$\sum_{i=1}^{n} x_i$ 可以简记为 $\sum x$。此式表明，平均数的基本含义是全部的"数值"之和除以全部的"次数"，平均数是数据的"数值"中心。

1. 由原始资料求算术平均数

例 11-2 某厂 10 个职工某月奖金分别为 220 元、180 元、150 元、145 元、125 元、110 元、95 元、90 元、85 元、60 元，求他们的平均奖金数。

解：根据计算公式得 $\bar{x} = \dfrac{\sum x}{n} = \dfrac{1\ 260}{10} = 126.0(元)$

2. 由分组资料求算术平均数

对于大样本来说，通常是根据分组资料计算平均值，其中包括单值分组资料和组距分组资料。计算公式分别为：

$$\bar{x} = \frac{\sum xf}{n} \qquad\qquad (11\text{-}2)$$

$$\bar{x} = \frac{\sum x_m f}{n} \qquad\qquad (11\text{-}3)$$

公式 11-2 适用于单值分组计算，公式 11-3 适用于组距分组资料计算。其中 f 代表权数，表示一个变量值或数据出现的次数，x_m 代表组中值（组中值 $= \dfrac{上限 + 下限}{2}$）。

a. 由单值分组资料求算术平均数

例 11-3 某 100 户家庭人口分布见表 11-14，求平均家庭人口。

解：根据计算公式得

$$\bar{x} = \frac{\sum xf}{n} = \frac{1 \times 10 + 2 \times 30 + 3 \times 55 + 4 \times 10 + 5 \times 5}{100} = 2.8(人)$$

b. 由组距分组资料求算术平均数

例 11-4 某样本共有 100 人，年龄分布见表 11-15，求平均年龄。

解：根据计算公式得 $\bar{x} = \dfrac{\sum x_m f}{n} = \dfrac{4\ 500}{100} = 45.0$（岁）

需要注意的是，由组距分组资料求算术平均数必须要由组中值代表组距才能计算均值。因为，组距分组变量是定距测量，是不能做乘除的。当由组中值代表组距时，实际上就是把定距测量转变为定比测量，并且假定该组的各个数值集中于中央一点，或各数值对于中央点的值是对称分布的。其次，由组距分组资料求均值要求组距的上下两端，即最小组距和最大组距的两端必须是封口的，不能是开口的（例如：$\leqslant 29$，$\geqslant 60$）。最后，组距分组资料一般被看作是连续变量，虽然在统计表的形式上由于采用"上限不在内"汇总方法，表现为非连续变量，但实际上仍然是连续变量。因此，在计算组中值时还是把每个组距看作是连续的，例如，20~29 仍然被看作为 20~30，组中值 $= \dfrac{20 + 30}{2} = 25$。

表 11-14	某调查家庭人口分布状况
家庭人口	人数（f）
1	10
2	20
3	55
4	10
5	5
合计	100

表 11-15	某调查年龄分布状况		
年龄（岁）	人数（f）	组中值（x_m）	$x_m f$
20~29	15	25	375
30~39	20	35	700
40~49	30	45	1 350
50~59	20	55	1 100
60~69	15	65	975
合计	100		4 500

（二）中位数

中位数又称中数，简写为 Md。顾名思义，是指处于一组按大小顺序排列的数据的中间位置的那个数值。对于那些只有大小、高低、强弱等顺序的定序变量，由于不能对它们进行乘除运算，无法用平均数表示它们的集中量数，一般采用中位数作为集中量数。中位数的意义在于：在一个有序排列的数据中，各有一半数据的值在它之上或之下。

1. 求中位数的基本步骤

①先将数据按大小或高低排列； ②计算累计次数（如果由原始数据求中位数，则不需要计算累计次数）；③计算中位数的位置，即 $\frac{n+1}{2}$；④在原始数据和单值分组资料中可以通过观察找到中位数位置（值）所对应的中位数。

2. 由原始数据求中位数

例 11-5 某班 7 名学生数学期终考试成绩分别为 65，78，80，85，87，90，92，求中位数。

根据观察，中位数位置是 $\frac{n+1}{2} = \frac{7+1}{2} = 4$，从最低分或最高分数下来第 4 个学生的分数 85 分就是中位数。

数据的个数若是偶数，例如上题，假如有 8 名学生，数学考试成绩分别为 65，78，80，85，87，90，92，95。此时中位数位置应该是 $\frac{n+1}{2} = \frac{8+1}{2} = 4.5$，中位数位于第 4 名学生和第 5 名学生之间，中位数 =（85+87）/2=86（分）。

中位数最适用于定序变量。

例 11-6 以下分别是 9 名男生和 10 名女生的论文成绩：

男：优、优、良、良、良、中、中、中、差
女：优、优、良、良、良、中、中、中、中、差求中位数位置，男生的中位数在第5位，女生的中位数在第5和第6位之间。通过观察可知，男生的中位数是"良"，女生的中位数在第5位和第6位之间，中位数是"良和中之间"。

3. 由定序分组资料求中位数

例11-7 某村青年教育程度调查结果如表11-16，求教育程度的中位数。

表 11-16 某村青年教育程度分布状况

教育程度	人数	向下累计(cf↓)
小学	15	15
初中	40	55
高中	30	85
大专	4	89
合计	89	

中位数位置是（89＋1）/2=45，由累计次数可以看到"45"包含在累计次数为"55"这一栏中，因此教育程度的中位数是"初中"。

4. 由单值分组资料求中位数

例11-8 某调查有家庭100户，家庭人口分布见表11-12。求家庭人口数的中位数。

中位数位置是（100＋1）/2=55.5，由累计次数可以看到"55.5"包含在累计次数为"70"这一栏中，因此家庭人口数的中位数是"3（人）"。

5. 由组距分组资料求中位数

由组距分组资料求中位数相对复杂一些，由于计算公式有"下限公式"（11-4）和"上限公式"（11-5），上限公式适用于向上累计次数，下限公式适用于向下累计次数。因此，在计算中位数的位置时应该使用 $\frac{n}{2}$，而不是 $\frac{n+1}{2}$，否则在同时使用两种公式计算同一变量的中位数时，会出现计算结果的不一致。计算公式中的 $L_{\text{下}}$ 和 $L_{\text{上}}$ 分别代表某一组距的下限和上限，f_{md} 代表的是中位数所在组的次数，$Cf_{\text{下}}$ 或 $Cf_{\text{上}}$ 分别代表的是中位数所在组以下或以上的累计次数，i 代表的是中位数所在组的组距。

$$Md = L_{\text{下}} + \frac{i}{f_{md}}\left(\frac{n}{2} - Cf_{\text{下}}\right) \qquad (11\text{-}4)$$

$$Md = L_{\text{上}} - \frac{i}{f_{md}}\left(\frac{n}{2} - Cf_{\text{上}}\right) \qquad (11\text{-}5)$$

例11-9 某样本共有100人，年龄分布见表11-17，求年龄的中位数。

表 11-17　某调查年龄分布状况

年龄(岁)	人数	向下累计(cf↓)	向上累计(cf↑)
≤29	24	24	100
30～39	20	44	76
40～49	32	76	56
50～59	18	94	24
≥60	6	100	6
合计	100		

首先求中位数的位置：100/2=50；然后根据中位数的位置值查找中位数所在组，由于"50"包含在向下累计次数"76"或者向上累计次数"56"中，由此观察，中位数所在组是"40~49"，中位数所在组的次数是"32"。

根据下限公式计算得：$Md = L_下 + \dfrac{i}{f_{md}}\left(\dfrac{n}{2} - Cf_下\right)$

$$= 40 + \frac{10}{32}\left(\frac{100}{2} - 44\right) = 41.9（岁）$$

根据上限公式计算得：$Md = L_上 - \dfrac{i}{f_{md}}\left(\dfrac{n}{2} - Cf_上\right)$

$$= 50 - \frac{10}{32}\left(\frac{100}{2} - 24\right) = 41.9（岁）$$

需要注意的是，在由组距分组资料求中位数时与求平均数一样，仍然是把组距看作是连续变量，因此统计表中的"40~49"应看作是"40~50"，组距是"10"。

（三）众数

调查研究中的很多变量属于定类测量，既不能用平均数，也不能用中位数反映它们的集中量数，因此只能用众数反映定类变量的集中量数。所谓众数，就是指一组数据中重复出现次数最多的值（Mode），即多数的概念，简写为 *Mo*。在定类变量中，众数是指出现次数最多的变量的标志（项目），而不是具体的数值。

求众数最主要的方法是直接观察法，在一组数据（一个变量）中，出现次数最多的标志或项目就是众数。例如，表 11-14 中出现的最高次数是"55"，它所对应的"3"就是众数，即在 100 户家庭中，多数是"三口之家"，*Mo*= 三口之家。又如：

例 11-10　调查某个地区，发现回族有 4 800 人，汉族有 564 人，藏族有 245 人，求众数。根据观察，人数最多的是回族，因此，Mo= 回族，即在这个地区中，回族占多数。

在组距分组资料中，次数最多一组的组中值即为众数。例如，表 11-17 中，出现次数最多（32人）的年龄组是 40~49 岁，所以众数为 45 岁，也就是说在这 100 人中，多数人的年龄是 45 岁。但是这样的众数是估算的，它是假定组距内的次数分配是均匀的，因此有时候还需要采用类似于计算中位数的公式进行计算。

$$Mo = L_{下} + \frac{f_{mo} - f_{上}}{(f_{mo} - f_{上}) + (f_{mo} - f_{下})} \times i \qquad (11\text{-}6)$$

要使用 11-6 这个下限公式，变量标志值的排列必须由低到高，其中 f_{mo} 代表众数所在组的次数，$f_{下}$ 和 $f_{上}$ 分别代表众数所在组的下一组和上一组的次数，$L_{下}$ 代表众数所在组的下限，i 代表组距。根据表 11-17 数据，众数的计算结果为：

解：$Mo = L_{下} + \dfrac{f_{mo} - f_{上}}{(f_{mo} - f_{上}) + (f_{mo} - f_{下})} \times i$

$\qquad = 40 + \dfrac{32 - 20}{(32 - 20) + (32 - 18)} \times 10 = 44.6(岁)$

集中量数的三种计算方法各有自己的特点：平均数对数据的利用效率最高，它可以从无秩序的数据中直接求出，其计算可运用数学方法，运算的结果可以成为其他统计运算的基础，因此，在数理统计中，得到最广泛的运用。其主要缺点是由于每个数据都加入运算，容易受极端数值的影响，这在数据较少的情况下表现得比较明显。

中位数不受极端数值的影响，在两端极端数值不明确的情况下，仍可求出中位数。实际上，中位数只要知道一个数据的值（即正中间那个数据的值）就够了，其余数据的值即使一无所知也无所谓，这也说明中位数对数据的利用效率较低。

众数是量化程度最低的一个集中量数，仅说明数据中哪种情况最多。一组数据中各类别的次数如果相差悬殊，众数可以成为反映这组数据的较好指标，如果各类别的次数很接近，众数的意义就不大；而且，当一组数据出现两个及以上峰值时，即有两个或两个以上类别出现的次数同时都是最多时，众数就不适用了。

三、离散量数分析

集中量数是以一个数值来代表一组数据，表示着一组数据的一般特征和水平。但是，数据资料还有其分散的一面，即离散趋势的一面，因此仅靠集中量数还难以准确地说明一组数据的分布状况。

例 11-11 某车间两组员工的收入分布如下：
甲：760，780，800，820，840 $\overline{x}=800$（元）
乙：200，500，800，1 100，1 400 $\overline{x}=800$（元）

如果只看平均数，两组员工收入是一样的，平均数都是 800 元。但是稍加注意就会发现两组情况大不一样，甲组每个员工之间的收入都差不多，数据波动不大；乙组员工之间的收入相差很大，数据很离散，数据波动很大。因此，为了比较全面地反映数据的特点，除了需要求出集中量数外，还需要计算离散量数。离散量数也称离散趋势、离中量数或差异量数，它表示一组数据的差异情况或离散程度，反映的是数据的波动状况。

集中量数和离散量数是一种对应关系，集中量数的代表性程度，需要由离散量数来说明：离散量数越大，集中量数的代表性越小；反之，离散量数越小，集中量数的代表性越大。集中量数是指量尺上的一个点，离散量数是指量尺上的一段距离，两者相结合，才能比较清晰地反映一组数据的整体分布状况。因此，离散量数值越大，数据的离散程度就越大，集中量数的代表性就越小。常用的离散量数主要有：全距、异众比率、四分位差、标准差以及相对离散量数。

（一）全距

全距也称极差或两点距，是一组数据中最大值和最小值之差。全距的大小与集中量数的代表性程度成反比，即全距越大，集中量数的代表性越低。例 11-11 中甲组的全距是 80（元）、乙组的全距是 1 200（元），但是平均收入都是 800 元，显然乙组平均收入的代表性就较低，组员之间收入的离散程度较高。

全距虽然是表示离散程度最简明的方法，计算方法最容易，但数据最不可靠，因为全距只由数据中的两个极端数据来决定，其余数据均不起作用。一般情况下，全距只用于预备性检查，目的是大体上了解数据的分布范围、确定分组。

（二）异众比率

异众比率是反映众数代表性的离散量数，用 VR 表示，主要是用于定类变量。它是指非众数次数与总体内全部次数或个案数的比率，即：

$$VR = \frac{n - f_{mo}}{n} \tag{11-7}$$

其中，f_{mo} 指众数的次数，n 为全部次数或个案数。

表 11-14 的异众比率是：$VR = \dfrac{n - f_{mo}}{n} = \dfrac{100 - 55}{100} = 0.45 = 45\%$

例 11-10 的异众比率是：

$$VR = \frac{n - f_{mo}}{n} = \frac{4\ 800 + 564 + 245 - 4\ 800}{4\ 800 + 564 + 245} = \frac{809}{5\ 609} = 0.14 = 14\%$$

由此可见，异众比率的意义是指出众数不能代表的那一部分个案在总体中的比率。异众比率数值越小，众数的代表性越大。回族作为众数要比三口之家作为众数的代表性程度更高。

（三）四分位差

四分位差是反映中位数代表性的离散量数，通常用符号 Q 表示，主要适用于定序变量。它是指在一组数据中，中间 50% 的次数所占的距离。计算四分位差首先要确定四分位数。

所谓四分位数是将一组数据按高低、大小的顺序加以排列，并将其分为四个相等的部分，位于第 $\frac{n}{4}$ 的数据称为第 1 四分位数，以 Q_1 表示，位于第 $\frac{2n}{4}$ 的数据称为第 2 四分位数，也就是中位数，以 Q_2 表示，位于第 $\frac{3n}{4}$ 的数据称为第 3 四分位数，以 Q_3 表示。四分位差就是指 $Q_1 - Q_3$ 这段距离。这段距离拥有 50% 的数据资料，其距离的大小，反映了这段距离内数据的疏密。距离越小，说明这些数据越是密集，也即离散程度越小（参见图 11-10）。

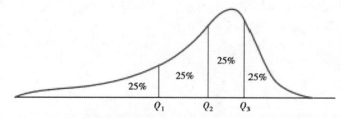

图 11-10　四分位数的数据分布

四分位差的计算公式在定序和定距变量中略有不同：

在定距和定比变量中，$Q = \dfrac{Q_3 - Q_1}{2}$　　　　　　　　　　　　　　　　（11-8）

在定序变量中，$Q = Q_3 - Q_1$　　　　　　　　　　　　　　　　　　　　　（11-9）

计算四分位差时，关键是计算 Q_3 与 Q_1 的数值，四分位数的计算与中位数的计算原理完全相同，计算步骤也极为相似。

1. 由原始资料求四分位差

例 11-6 中，男生的第 1 四分位数位置 $= \dfrac{9+1}{4} = 2.5$，Q_1 为 "优_"，Q_3 位置 $= 2.5 \times 3 = 7.5$，Q_3 为 "中"，$Q = Q_3 - Q_1 =$ 优_－中；女生的第 1 四分位数位置 $= \dfrac{10+1}{4} = 2.75$，Q_1 为 "良$_+$"，Q_3 位置 $= 2.75 \times 3 = 8.25$，Q_3 为 "中"，$Q = Q_3 - Q_1 =$ 良$_+$－中。因此，男生和女生的四分位差略有差异，也就是说男生处于中间 50% 的学生论文成绩在优_和中之间；女生处于中间 50% 的学生论文成绩在良$_+$和中之间。

2. 由定序分组资料求四分位差

表 11-16 中，Q_1 位置 $= \dfrac{89+1}{4} = 22.5$，查累计次数是包含在 "55" 一组中的，$Q_1 =$ 初中，Q_3 位置 $= 22.5 \times 3 = 67.5$，包含在累计次数为 "85" 一组中，$Q_3 =$ 高中。因此，$Q = Q_3 - Q_1 =$ 高中－初中，即处于中间 50% 青年教育程度在高中和初中之间。

需要注意的是，对于定序变量，"－" 号只表示这段距离的起止点，意味着 "从什么到什么"。

3. 由单值分组资料求四分位差

表 11-12 中，Q_1 位置 $= \dfrac{100+1}{4} = 25.25$，查累计次数（$cf \downarrow$）是包含在"30"一组中，$Q_1 = 2$（人），$Q_3$ 位置 $= 25.25 \times 3 = 75.75$，包含在累计次数为"85"一组中，$Q_3 = 3$（人）。

因此，$Q = \dfrac{Q_3 - Q_1}{2} = \dfrac{3-2}{2} = 0.5$（人），即处于中间 50% 的家庭人数在 2 至 3 人之间；或者在正态分布的条件下，$Q = 3 \pm 0.5$（人）。

4. 由组距分组资料求四分位差

由组距分组资料求四分位差相对复杂一些，计算公式与求中位数相似，这里仅介绍下限公式：

$$Q_1 = L_{下1} + \frac{i}{f_{m1}}\left(\frac{n}{4} - Cf_{下1}\right) \qquad (11\text{-}10)$$

$$Q_3 = L_{下3} + \frac{i}{f_{m3}}\left(\frac{3n}{4} - Cf_{下3}\right) \qquad (11\text{-}11)$$

其中，$L_{下1}$ 和 $L_{下3}$ 分别代表第一和第三四分位数所在组的下限，f_{m1} 和 f_{m3} 分别代表第一和第三四分位数所在组的次数，$Cf_{下1}$ 和 $Cf_{下3}$ 分别代表第一和第三四分位数所在组以下的累计次数。

表 11-17 中，

$$Q_1 = L_{下1} + \frac{i}{f_{m1}}\left(\frac{n}{4} - Cf_{下1}\right) = 30 + \frac{10}{20}\left(\frac{100}{4} - 24\right) = 30.5(\text{岁})$$

$$Q_3 = L_{下3} + \frac{i}{f_{m3}}\left(\frac{3n}{4} - Cf_{下3}\right) = 40 + \frac{10}{32}\left(\frac{3 \times 100}{4} - 44\right) = 49.7(\text{岁})$$

因此，$Q = \dfrac{Q_3 - Q_1}{2} = \dfrac{49.7 - 30.5}{2} = 9.6(\text{岁})$，即处于中间 50% 调查对象年龄在 49.7 至 30.5(岁)之间；或者处于中间 50% 调查对象在正态分布的条件下，其年龄 $Q = 41.9 \pm 9.6$(岁)。

如同中位数一样，四分位差也不能充分利用数据资料，量化程度较低，其计算结果无法进一步用于其他计算。但是，定序变量的离散量数计算，只能采用这种方法。

（四）标准差

标准差也称为均方根差，它是各单位标志值与平均数离差平方和的平均数的平方根，标准差的平方即方差。标准差是计算变量变异程度的重要方法。由于标准差最符合数学原理，因此是用来计算变异量的常用方法。但是标准差主要适用于定比测量，或者由定比测量而转换的定距测量。标准差的基本公式如下：

$$S = \sqrt{\frac{\sum_{i=1}^{n} (x_i - \bar{x})^2}{n}} \text{ 或 } S = \sqrt{\frac{\sum (x - \bar{x})^2}{n}} \qquad (11\text{-}12)$$

其中，S 代表标准差，x 代表个案值或各单位标志值，$\bar{x}$ 代表平均值，n 代表样本数，$\sum$ 代表总加或总和。

1. 由原始数据求标准差

根据例 11-2：
$$S = \sqrt{\frac{\sum (x - \bar{x})^2}{n}} = \sqrt{\frac{(220 - 126)^2 + (180 - 126)^2 + \cdots + (85 - 126)^2 + (60 - 126)^2}{10}}$$

$$= \sqrt{\frac{21\,240}{10}} = 46.09(\text{元})$$

例 11-11 中，经计算甲乙两组员工的标准差分别为 28.3（元）、424.3（元），乙组的收入差距要远远高于甲组。

2. 由单值分组资料求标准差的公式稍有变化

$$S = \sqrt{\frac{\sum (x - \bar{x})^2 f}{n}} \qquad (11\text{-}13)$$

$$S = \sqrt{\frac{10 \times (1 - 2.8)^2 + 20 \times (2 - 2.8)^2 + 55 \times (3 - 2.8)^2 + 10 \times (4 - 2.8)^2 + 5 \times (5 - 2.8)^2}{100}}$$

$$= \sqrt{\frac{86}{100}} = 0.93(\text{人})$$

其中，f 代表次数或权数。根据例 11-3：

3. 由组距分组资料求标准差

计算公式基本上同公式 11-13。但是其中 x 为 x_m，即组中值。根据例 11-4，标准差计算结果为：

$$S = \sqrt{\frac{15 \times (25 - 45)^2 + 20 \times (35 - 45)^2 + 30 \times (45 - 45)^2 + 20 \times (55 - 45)^2 + 15 \times (65 - 45)^2}{100}}$$

$$= \sqrt{\frac{16\,000}{100}} = 12.6(\text{岁})$$

集中量数和离散量数的计算方法基本上是一种对应关系，即众数与异众比率、中位数与四分位数、平均数和标准差各自成对，各自的特点也成对相似。

集中量数和离散量数的计算方法虽然有多种，但是我们还是强调，在选择具体的计算方法时，要根据变量的测量层次，尽可能选择最符合数学原理的计算方法，能选择平均数和标准差的，就不要选择中位数和四分位数，而众数和异众比率应被视为最后一种选择。集中量数、离散量数和变量测量层次的关系见表 11-18：

表 11-18　集中量数、离散量数和变量测量层次的关系

	定类测量	定序测量	定距测量	定比测量
众数、异众比率	√ *	√	√	√
中位数、四分位数		√ *	√	√
平均数、标准差			√	√ *

注：星号（＊）是指三种计算方法最适用的测量层次。

四、相对离散量数分析

上述离散量数中除异众比率外，都属于绝对离散量数，因为它们和原数据都具有相同的测量单位。这种以绝对数值出现的离散程度，对于描述一组数据本身的分布状态来说是极有价值的，而且也能在个案数目相近、算术平均数大体一致的不同组数据间做直接比较。但是，如果各组数据的量度单位不同，或者量度单位虽然相同，但平均数差别较大，就不能用绝对离散量数比较两组数据的离散状况。例如，身高的标准差为 10 cm，体重的标准差为 3 kg，两者量度单位不一致，就无法比较离散程度孰大孰小。但是相对离散量数就可以比较不同度量单位的差异程度。例如，前面计算的家庭人口和民族各自的异众比率，可以看出家庭人口的离散程度要大于民族的，家庭人口众数的代表性程度要小于民族的。因此，相对离散量数为计算和比较不同数据的离散程度或趋势提供了新的方法，常用的相对离散量数主要有离散系数和标准分数。

（一）离散系数

又称变差系数，它是标准差（s）与算术平均数（$\bar{x}$）之比，是一个相对量，不受计量单位等因素的影响。因此可以比较同一总体不同变量的离散状况，也可以比较不同总体相同变量的离散状况。与绝对离散量数一样，离散系数越大，数据的离散程度就越大，集中量数的代表性就越小。离散系数用 CV 表示，其计算公式如下：

$$CV = \frac{s}{\bar{x}} \tag{11-14}$$

离散系数既可以比较不同度量单位的两组及以上数据的离散程度（见例 11-12），也可以比较相同度量单位，但均值差异较大的两组及以上数据的离散程度（见例 11-13）。

例 11-12　已知某地区人均住房面积 20 平方米，标准差 15 平方米，人均月收入 2 500 元，标准差 2 200 元，试问住房面积与人均月收入两个变量的差异哪个更大？

解：$CV_{住房} = \dfrac{15}{20} = 0.75$　　$CV_{收入} = \dfrac{2\,200}{2\,500} = 0.88$

所以，收入的差异程度更大。

例 11-13　调查得到 A 城市人均月收入 2 500 元，标准差 1 500 元，B 城市人均月收入 1 500 元，标准差 1 200 元，试问哪个地区的收入差异更大？

解：$CV_A = \dfrac{1\,500}{2\,500} = 0.60$　　$CV_B = \dfrac{1\,200}{1\,500} = 0.80$

所以，B 城市的收入差异更大，虽然 B 城市的标准差要小于 A 城市。

（二）标准分数

标准分数又称 z 分数，它是表示某一个案（某一数据）在群体（该组数据）中所处相对位置的量数。标准分数用 z 表示，某个案的 z 值越大，表明该个案在分布中的位置（排名）越靠前；若 z 为负值，则负值越大，排名越靠后。由于 z 分数没有实际单位，因此既可以确定原始数据在总体分布中的位置，也可以对不同分布中的若干个个案的排序进行比较。标准分数的公式为：

$$z = \frac{x - \bar{x}}{s} \tag{11-15}$$

例 11-14 某省职工人均年收入为 18 000 元，标准差是 8 500 元，该省电信行业职工人均年收入为 29 000 元，请问该省电信行业职工收入处在全省什么水平上？

解：计算标准分数，$z = \frac{x - \bar{x}}{s} = \frac{29\,000 - 18\,000}{8\,500} = 1.29$

查正态曲线下的面积表，$z = 1.29$ 时，相对水平或位置为 0.90（$z = 1.29$ 时，正态曲线下对应的累积面积为 0.90）。因此，全省有 90% 的职工收入低于电信行业的职工。

例 11-15 某校期末考试，全校语文平均成绩为 $\bar{x}_1 = 80$ 分，标准差 $s_1 = 4.5$ 分，数学平均成绩为 $\bar{x}_2 = 87$ 分，标准差 $s_2 = 12.5$ 分。某学生语文考试成绩是 85 分，数学考试成绩是 95 分，若从相对名次的角度看，该生哪门课程的成绩考得好？

解：若从绝对成绩看，该生是数学考得好。但从排名前后的角度看待成绩，名次的前后还取决于总体的状况。计算两门成绩的标准分数：

语文成绩：$z = \frac{x - \bar{x}}{s} = \frac{85 - 80}{4.5} = 1.11$ 数学成绩：$z = \frac{x - \bar{x}}{s} = \frac{95 - 87}{12.5} = 0.64$

1.11 ＞ 0.64，因此该生的语文分数在全校中的名次要比数学分数更靠前，也就是说在这个学校里，该生语文考得更好。查正态曲线下的面积表，$z = 1.11$ 时，相对水平或位置为 0.86；$z = 0.64$ 时，相对水平或位置为 0.74。也就是说，全校分别有 86% 的同学的语文成绩和 74% 的同学的数学成绩在该生之后。

通过 z 分数不仅可以在不同个案之间进行直接比较，还可以将同一个案不同方面的 z 分数相加，得到综合名次从而进行比较。

例 11-16 表 11-19 是甲、乙两名学生在不同科目上的考试成绩以及全体考生的平均成绩和标准差，若看总分，乙生略高于甲生，但从 z 分数角度看，也就是从综合名次看，却是甲生高于乙生。

表 11-19 两考生在全体考生中的相对水平或位置

科目	成绩		全体考生		z 分数	
	甲	乙	平均分数	标准差	甲	乙
语文	71	79	63	8	1.00	2.00
外语	52	40	50	6	0.33	−1.67
数学	90	82	70	8	2.50	1.50
物理	58	72	62	10	−0.40	1.00
合计	271	273			3.43	2.83

五、相关、回归、推论简述

这里介绍的集中量数和离散量数是统计学中最基本的知识，除此之外，还有计算变量之间关系的相关统计和回归分析，以及把统计结果推论到总体的方法。后面的方法涉及两个变量或多个变量之间的关系。鉴于篇幅，这里只概要地介绍相关、回归和推论的常识以及一些对本科学生比较有用的分析方法，供大家在学习中参考。

（一）相关和相关分析方法

事物之间的联系大致可以分为两类，一类是确定性关系，变量之间存在着一一对应的关系，即函数关系；另一类是不完全确定的关系，两个变量之间存在着相互依赖、相互影响的关系，却不是严格的一一对应关系，称为相关关系。**相关关系反映的是变量之间是否存在联系以及联系的程度。**确定性关系与相关关系之间往往无法截然区分，一方面，由于测量误差等随机因素的影响，确定性关系在现实中往往通过相关关系表现出来；另一方面，当人们对客观事物的内部规律了解得更深刻时，相关关系又有可能转化为确定性关系。

相关关系主要有三种形式，即正相关、负相关和零相关。正相关是指两个变量之间同方向变动的关系，即一个变量的数值增大，另一变量的数值也增大，反之亦然。例如，收入越高，支出越多，或收入越低，支出越低，两者就是正相关关系。变量之间反方向变动的关系叫作负相关，即一个变量的数值增加时另一变量的数值降低。例如，夫妇教育程度越高，生育意愿越弱。所谓零相关是指两个变量之间不存在相关关系。例如，人的出生时间与气候是没有关系的（见图11-11）。根据相关的强度大小，还可以分为强相关、弱相关、强负相关、弱负相关。相关的表现形式除了直线相关还有曲线相关等。

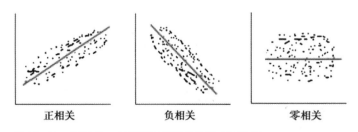

正相关　　　　　　负相关　　　　　　零相关

图 11-11　正相关、负相关和零相关的散点图表示

因果关系是相关关系的特殊形式，它是指当一个变量（x）变化时，会影响或导致另外一个变量（y）的变化，但是反过来，当 y 变量发生变化时，却不会引起 x 变量的变化。在因果关系中，发生在前面并引起另外一个变量发生变化的变量，即 x 变量称为自变量，因为 x 变量的变化而发生变化的变量，即 y 变量称为因变量。判断因果关系的条件有三个：第一，因果关系是单向关系（$x \rightarrow y$），或不对称的相关关系。相关关系则是双向关系（$x \leftrightarrow y$），当 x 发生变化时，y 也随之变化，反过来也一样。第二，变量 x 与变量 y 在时间上有先后关系，即原因变量 x（自变量）发生在前，结果变量 y（因变量）发生在后。第三，变量 x 与变量 y 的关系不是同源于第三个变量的影响。即变量 x 与变量 y 之间的关系不是某种虚假的或表面的关系。例如，某项研究发现居住环境越差，盗抢犯罪率越高，两者存在很强的相关关系。但是进一步分析就会发现，实际上两者都和贫困有关。因为贫困，只能居住在环境很差的地方；因为贫困，就容易发生偷盗、抢劫犯罪。

对于相关关系和因果关系的异同，我们可以通过分析一些具体的社会现象来认识。例如，"交往与感情"就是相关关系，它们之间的关系是双向关系，也是同时发生的（也属于共变关系）；"收入与支出"就是因果关系，它符合上面讲的三个条件。但是，并不是所有的符合上面所讲的三个条件的变量之间的关系都可以称为因果关系。例如教育水平与收入之间很难说是因果关系，"条件关系"也许更为恰当，影响收入高低的是劳动贡献或工作业绩，教育水平可能是影响劳动贡献或工作业绩的条件。实际上在分析收入高低的原因时还涉及理论的解释，不同的理论对收入的因果关系解释可能是不同的。从这个意义上说，判断因果关系除了要根据上述三个条件之外，还与研究者所选择的理论有很大关系。

用一个统计值表示两个变量之间的相关程度，就是相关统计量。相关统计量的数值范围在 -1 到 1 之间，绝对值越大，说明变量之间的相关性越强。若相关统计量大于 0，表明变量之间呈正相关，若小于 0，是负相关，若等于 0，则是零相关。假如等于 1 或 -1，表明非确定性的相关关系转化为确定性的函数关系。如何根据相关统计值判断相关关系的强弱，有些学者根据经验判断，认为 0.3 以下的相关统计量是低度相关或弱相关，$0.3 \sim 0.7$ 是中度相关，0.7 及以上被看作高度相关或强相关。但是，实际调查研究中的相关统计量很难达到 0.5 以上，更多的相关统计量在 0.3 左右或以下。这是因为在调查研究中，大量的变量是定类测量或定序测量，并且受到多元社会因素的影响。因此，以上关于相关关系强弱判断的相关统计值的大小只能作为参考。

相关统计量只是表示相关程度的一个比率数值，它既不是反映相关的百分数，也不是相关量的等单位量度。例如，如果两个变量之间的相关统计量为 0.6，并不是说这两个变量有 60% 的相关；若另有两个变量的相关为 0.3，我们只能说 0.6 的相关程度要比 0.3 高，但不能说前者的相关是后者的两倍。

在计算相关统计量时，一般要求两个变量服从正态分布，并且，两个变量的数据量至少在 50 以上，如果数目过少，偶然性的影响会增大，相关统计量就会失去意义。

对于不同层次的变量，其相关统计量的计算方法是不相同的。这是因为变量类型的不同相关的意义也有不同。如果两个变量都是定距层次的，可以根据两个变量在数值上的共同变化关系来理解它们之间的相关，即"一个变量的数值增大，另一变量的数值也随之增大或减小"。基于共变基础上的相关统计量也就是一般数理统计上所讲的相关系数。然而，对于定类层次或定序层次的变量，却无法套用共变的概念去理解它们之间的相关，因为"共变"是指数值上的共同变化，包括数值上的增加或减少，而定类、定序变量的数据是没有数值意义的，不存在数值上的增加或减少，也就谈不上数值之间的共变。例如，对于定距变量"收入"和"支出"，可以这样解释：一个人的收入如果从 1 000 元增加到 1 500 元，他的支出可能会从 600 元增加到 800 元，这就是数值上的共变。但是，对于定类变量来说，例如"性别"与"支出"，假定"1"代表男性，"2"代表女性，从 1 变到 2，数值变化是没有意义的，我们不能说"当性别由'1'增加到'2'时，支出会减少 200 元。"这里的"1"和"2"仅是分类的符号，而不是数值的大小。定序变量具有高低、大小、强弱等的顺序关系，在此意义上可以用共变的概念解释它们之间的相关。但是，定序变量不能进行加减运算，因而无法说明共变的程度。因此，对于定类和定序变量，人们不是从共变而是从"连同发生"的角度来理解相关，即如果一个变量中的某种情况（类别）发生了，则另一变量中的某种情况（类别）更可能发生，例如，如果"性别"是"男性"，他的"支出"可能会增加。

显然，这里隐含着根据一个变量去预测或估计另一个变量的意思。事实上，人们正是根据预测的准确程度来界定定类或定序变量之间的相关，并由此提出了消减误差比例的概念。所谓消减误差比例（PRE），是指当两个变量具有相关关系时，用其中一个变量（x）的数据分布去预测另一变量（y）的数据时，应该比不利用 x 的数据分布去预测 y 更能够减少预测误差，即预测得要更准确一些。简单地讲，如果两个变量之间存在相关，那么，就可以根据一个变量去预测或估计另一个变量，以估计的准确程度作为两个变量之间的相关程度。

因此，在作相关分析时要根据变量的测量层次选择与之匹配的相关统计方法。在两个变量的相关分析中，常用的方法主要有：λ（lambda），τ_y（tau-y），G（gamma），η^2（eta，相关比率），r（皮尔逊相关系数，简称相关系数）等。它们与变量的测量层次的关系见表 11-20：

表 11-20　双变量相关统计方法与变量测量层次的关系

常用双变量相关统计方法	变量测量层次				PRE 解释
	定类—定类	定序—定序	定类（定序）—定距	定距—定距	
λ, τ_y	√*	√	√	√	√
G		√*	√	√	√
η^2			√*	√	√
r				√*	√

注：加星号（*）的是指对于特定测量层次最适用的相关统计方法。

（二）回归分析

回归分析和相关分析既有联系又有区别：第一，相关关系是一种非确定性关系，变量之间不存在完全精确的函数表达式，但是通过大量观测数据可以找出存在于它们之中的统计规律性，并且可以用一个近似的函数式来表达变量之间的关系。回归分析就是在分析观测数据的基础上，确定一个能反映变量之间关系的近似函数表达式。因此，回归分析是研究相关关系的一种有效方法。第二，回归分析是对具有相关关系的现象，根据其关系形态建立回归方程，并通过回归方程直观地、具体地描述变量之间的相关。

但是，相关表示的是两变量之间的相互关系，它们的关系是双向的，不存在因变量和自变量的区别，而回归有因变量和自变量之分，它们的关系是单向的，并且具有预测功能。因此，相关是回归的必要条件，有相关关系不一定有回归关系，没有相关关系，肯定没有回归关系。

回归分析是一种比较复杂的方法，既有线性回归（其中包括一元和多元），也有非线性回归（其中也包括一元和多元）。从初学者的角度看，一元线性回归可以帮助我们理解回归分析所包含的原理。在散点图中（见图 11-10），如果散点图的形状具有一种趋势：随着 x_i 的增大，y_i 也相应增大，或者随着 x_i 的增大，y_i 却相应减小，可以对这些"散点""配"一条直线，这些散点分布在这条直线周围，但不全在这条直线上。如果求出这条直线所对应的方程，就可以根据 x_i 的值去近似地估计 y_i 的值，具体说明 x 与 y 之间的关系。

显然，在这些散点中可以作无数条直线，其中必有一条可以最佳地拟合这些散点。所谓最佳拟合，是指根据这条直线由 x_i 估计 y_i 得到的估计值 $\hat{y}i$ 相比由其他所有直线得到的估计值误差最小，这条最佳直线称为回归线。回归线的函数式可以表示为：

$$\hat{y}=a+bx$$

即 y 对 x 的回归方程，式中常数项 a 称为截距，b 称为回归系数。回归系数 b 实际上是回归直线的斜率，反映了自变量 x 对因变量 y 的作用幅度。根据 $\hat{y}=a+bx$ 计算出的值 $\hat{y}$ 只是一个估计值。凡是估计值 $\hat{y}$ 必然处在回归线上，然而实际观测值 y 却未必处在回归线上，两者之间一般都存在误差，记作 e，也即：$y-\hat{y}=e$，也可表示为 $y=a+bx+e$，即回归模型。y 与 x

之间的关系由两部分组成，一部分是由于 x 的变化引起的 y 的线性变化部分，即 $a+bx$ 部分，另一部分是由其他未考虑到的变量和一切随机因素引起的，即 e。只要求出 a 值、b 值、e 值，根据 x 就可以对 y 值进行预测。

随着数理统计的发展，回归分析不仅适用于定比、定距变量，也可用于定类、定序变量。现代回归分析方法或者采用虚拟变量的方法，或者采用对数线性回归技术，使其适用于所有的变量类型。

（三）推论统计

所谓**推论统计**指的是由样本资料的结论推断总体的统计方法，即在所掌握的信息不完全的情况下所作的一种归纳性推理。从推论统计的内容看，推论统计可以分为两大类，一类是参数估计，另一类是假设检验。

参数估计主要采用**区间估计**的方法，它是在点估计的基础上，在一定置信度（可信度）的前提下估计总体参数所在的范围，它给出的是一个区间值而不是一个点值，比如：$a < \mu < b$。置信度也称可信度或置信概率，指的是估计值的可靠性，用 $1-\alpha$ 表示。$1-\alpha$ 指的是概率。在一定的置信度前提下，总体参数所在的范围称为置信区间。置信区间反映了估计的精确性，区间范围越小说明估计越是精确。一个良好的区间估计，应该是置信度高，置信区间小，既可靠又精确。然而，两者却是相互制约的，在样本容量一定的情况下，置信度越大，相应的置信区间越宽，即估计越不精确。使区间估计既可靠又精确的有效方法是增加样本容量。在可靠性与精确性两个条件中，人们都是事先规定置信度，然后计算置信区间。常用的置信度为95%或99%，也即 $\alpha =0.05$ 或 0.01。区间估计的意义在于：如果进行 n 次随机抽样，得到 n 个随机样本，有 n 个 $\bar{x}$，n 个置信区间。n 个置信区间中，有的包含总体参数 μ，有的不包含；包含 μ 的区间的概率为（$1-\alpha$）。假如 $\alpha =0.05$，就是说进行100次随机抽样，大约有95个区间包含总体参数，另有5个可能不包含。或者说，犯错误的可能性为5%。

区间估计不仅可以用于对总体参数的估计，也可以用于对总体比例的估计。区间估计的结果可以这样表述："本研究有95%把握，认为全市年人均文化消费支出为73.8～86.2元。"或者"本研究的结论是：全市家庭中，拥有电脑的比率为50%~60%的可能性是95%。"区间估计的关键在于计算标准误（SE_r），知道标准误后，就可以写出区间估计的公式，根据具体的数据计算出区间估计值。

推论统计的另一类是假设检验。**假设检验**也称显著性检验，是研究者从理论或专业知识出发，对研究总体的有关特征提出一定的研究假设。通过抽样调查的方法获得样本数据，根据样本数据的统计结果，从概率的角度对假设的真实性做出判断，即根据样本结果证实或推翻总体有关假设的一种统计方法。

例如，某官员声称，某地区生活水平明显提高，平均人均月收入已达1 200元。某研究者对此表示怀疑，以抽样调查的方法去验证该官员的结论。他从该地区随机抽取1 000人，调查得到平均人均月收入1 100元，标准差800元，根据这个调查结果，能否证实或否定该官员的结论呢？

对于样本平均数 $\bar{x}$=1 100元和总体平均数 μ=1 200元之间产生的100元差异的原因，可以有两种解释：第一，总体平均数 μ 确实等于1 200元。$\bar{x}$ 与 μ 之间的偏差纯粹是偶然误差导致的；第二，总体平均数 μ 实际上不等于1 200元，而是低于1 200元。

两种解释哪一种是正确的？官员的结论是针对该地区这个总体的，学者的结论来自样本调查。两者范围不一致，出现偏差是必然的。按照正常思路，如果总体平均数确实等于1 200元，那么样本的平均数应该在其附近波动，偏离太大的可能性是很小的，如果偏离太大了，人们自然会产生怀疑，偏差100元是大还是小？从概率的角度分析，先假定第一种解释是正确的，即 μ=1 200元，在此前提下计算 $\bar{x}$ 发生的概率，根据以上数据和有关公式，概率为0.000 04[1]。就是说，假定总体平均数 μ 为1 200元是真实的，在此前提下，抽到样本平均数 $\bar{x}$ 小于或等于1 100元的可能性仅为0.000 04，或者说，由偶然误差导致样本平均数偏离总体平均数100元的可能性为0.000 04。按照"小概率事件在一次观察中不可能出现"的原理，如此小的概率事件在一般情况下是不会发生的，现在却发生了，人们自然会对原先的假定 μ=1 200元产生怀疑：μ 不可能等于1 200元，应该小于1 200元，原先的假定是错误的。这便是假设检验的基本思路。

假设检验的步骤主要是：①建立虚无假设和研究假设；②选择适当的显著性水平（α），并查出其临界值；③根据样本数据计算统计值；④比较临界值和统计值的绝对值，若临界值大于统计值的绝对值，接受虚无假设，拒绝研究假设，反之，则拒绝虚无假设，接受研究假设。

在假设检验中，首先要建立虚无假设和研究假设。虚无假设又称无差假设（null hypothesis），用 H_0 表示，它是进行统计推论的出发点，其含义是样本统计值与它所代表的总体参数之间没有真实的误差，只是偶然误差，受概率规律支配。研究假设是研究者通过探索性研究确立的假设，是对研究问题所作的一种尝试性回答，用 H_1 表示。一般说来，研究假设与虚无假设是相对立的。统计中的假设检验是围绕虚无假设展开的，以虚无假设的提出作为第一步，以虚无假设被接受或被推翻作为最后结论，均与研究假设无关。由于虚无假设与研究假设是对立的，推翻虚无假设意味着接受研究假设，或者反之。

通常人们规定概率小于0.05或0.01的事件叫小概率事件，当计算出的概率 P 大于0.05或0.01时，接受虚无假设，反之，推翻虚无假设。这样，0.05或0.01便成为人们推翻或接受虚无假设的标准，这个标准称为显著性水平或临界水平，记作 α，上述标准可以写为 α=0.05或 α=0.01；有时人们也取 α=0.1或 α=0.001为标准。具体取哪一个标准，由研究者根据研究问题的性质确定。

显著性水平是小概率事件的具体体现。在概率分布图中，由显著性水平 α 所确定的末端区域称为否定域。若计算得到的概率 $P < \alpha$，也即意味着P进入了否定域，从而否定

---

[1] $P(\bar{x} \leqslant 1\ 100) = P[(\bar{x} - \mu)/(s/\sqrt{n}) \leqslant 1\ 100 - 1\ 200/(800/\sqrt{1\ 000})] = P(z \leqslant -3.95) = 0.000\ 04$

虚无假设。显然，否定域与显著性水平是同一问题的两种不同表述方法，否定域是否定（推翻）虚无假设的区域，显著性水平是推翻虚无假设的标准，否定域的概率就是显著性水平。

假设检验的结论并不是绝对准确无误的，无论是推翻虚无假设还是接受虚无假设都有可能犯错误。所犯错误有两类：第一，错误地推翻了虚无假设。虚无假设实际上是正确的，但却拒绝了它，否认了它，这是犯了"弃真"的错误，通常称为第一类错误（甲种错误），犯这种错误的概率可以直接计算出来。在一般情况下，显著性水平（α）可以认为是犯第一种错误的概率。当 α=0.1 时，犯第一类错误的概率就是10%。第二，错误地接受了虚无假设。虚无假设实际上是不正确的，但是我们却接受了它，这是所谓的"纳伪"错误，通常称为第二类错误（乙种错误），若把显著性水平（α）定得过高，倾向于接受虚无假设，就易犯第二类错误。显然，两种错误互相制约、对立的，或成反比的。例如，若选择 α=0.1，而不是 α=0.05，那么犯第一种错误的可能性就比较大，反之，犯第二种错误的可能性比较大。一般说来，增加样本容量，有助于提高检验的有效性。

假设检验的方法主要是：χ^2 卡方检验（适合于较小规模的样本）、F 检验、Z 检验和 t 检验（常用于小样本检验），它们适用于不同的变量测量层次或样本规模。

12 研究报告的撰写

撰写研究报告是科学研究过程中非常重要的环节。**研究报告**是以文字语言的形式向读者呈现自己的研究成果，以及研究过程、研究方法等，作为科学论文的一种形式是信息存储、知识交流的载体，供特定的读者阅读并加以评判。研究报告的质量不仅取决于撰写人的写作能力，更取决于研究的设计，以及对资料的分析和理论解释能力。因此，一份优秀的研究报告并不是在资料分析以后才进行的（虽然在形式上是在对资料的分析之后才开始的）。从研究开始时，研究者就要考虑自己的研究将会有什么贡献，要运用什么方法达到自己的研究目的，如何向读者呈现自己的研究成果。甚至可以说，一个规范的研究在它完成之前已经决定了研究报告的结构或布局，撰写者的工作就是在正确理解资料的基础上，运用准确的语言进行表述。虽然研究报告在不同的撰写者笔下会呈现出不同的风格或文风，但一般而言，实证性研究报告还是有其共同的特点和要求。

>> 12.1 写作方法

虽然上面讲到研究质量直接决定了研究报告的质量，但是不能就此认为研究报告的写作是一种文字"填空"，是一种文字技巧工作。更为准确的理解是，研究报告的撰写实际上是科学研究过程的延续。因为撰写研究报告实际上是一个与资料和理论"对话"的过程，写作过程充满着"思考"。项目主持人一般是研究报告的主要撰写人，由他亲自操刀主笔，或者在他的主持下确定写作提纲，由其他研究参与者分头撰写，最后再由他修改定稿。在这个过程中，研究者或撰写者还要对已有的资料和理论进行分析，从原始资料中发掘它们的意义解释，在反思中寻找分析的线索，并以此作为贯穿报告的主线。在很多情况下，撰写人与资料和理论的"对话"可以产生很多联想或火花，激发出撰写人的"创作"欲望。

就一般的写作过程而言，撰写者首先需要考虑的问题是研究报告的写作目的是什么，读者对象是谁，然后根据写作目的和读者对象考虑资料的运用和安排，研究报告的结构或布局，即"为何写、为谁写、怎样写"。

12.1.1 为何写

"为何写"与研究性质和目的有关，一项研究从一开始就已经规定了它的研究性质和目的。本书在前面曾经讨论了按照研究课题的性质可以分为探索性研究、描述性研究和解释性研究，研究报告的写作目的也据此分为三种类型。

探索性研究的研究结论具有探索性和不确定性的特征，它要向读者说明探索的目的是什么，得到的初步结果是什么，存在哪些问题，如果进一步研究这个问题应该怎么做。探索性研究是正式研究的前期工作，因此，探索性研究报告不是正式的研究报告，它通常是研究设计的基础，提供给研究主持人分析现有的研究状况，了解研究对象的大致情况，确定研究假设和理论分析框架，以及提供正式研究的决策依据。探索性研究报告的最终形式类似于一份课题申请报告，或者是课题申请报告的蓝本。

描述性研究报告的任务是向读者清楚地说明研究对象的分布特征或特点，详细分析在不同条件或变量下，其他现象或变量发生的变化或差异，需要注意区分哪些是关于样本的描述，哪些是推论到总体的描述，以及推论的误差大小。由于大部分研究都具有描述的要求，因此，描述是大多数研究报告的重要组成，包括解释性研究报告也有描述的部分。需要注意的是，在质性研究报告中，描述是极为重要的，相比量化研究报告的统计分析方法，质性研究报告很多采用的是"深描"方法，特别强调对研究现象整体性、情景化、动态化的描述。撰写者在论证自己的观点时，必须以详尽的原始资料为支撑，从原始资料中提炼合适的素材，以资料的"原生态"，例如访问对象的谈话、观察记录等，作为论据。现在一些质性研究报告只是"举例说明"，研究者没有进行深入的调查，仅仅举几个例子进行解释或说明，这样的研究报告是肤浅的，也不符合质性研究的规范性。

解释性研究报告的任务就是要分析变量或现象之间的因果关系，详细说明研究结果背后的逻辑关系。现在，量化研究报告采用多元回归统计分析已经是一个基本的要求，因此针对读者对象的特点，要对统计分析的结果进行专业性或通俗性的解释，当然也要对研究结论的准确性进行说明。一般而言，量化研究报告能够通过对研究假设的验证来阐述变量之间的因果关系，质性研究报告则是在对现象的具体分析过程中梳理出哪些现象是原因，哪些现象是结果，更注重事件的历史过程，强调在事件动态过程中分析前因后果关系。无论是量化研究报告还是质性研究报告，除了要分析变量或现象之间的因果关系之外，更要在一定的理论依据下，揭示因果关系的内在本质。

除了以上三种情况以外，还有不少课题是受企业、行政单位的委托，针对某个问题进行研究，以求对问题的解决或改善提出建议，即"诊断性"研究或对策性研究。这类研究报告除了必须以描述和解释为背景之外，还要详细地解释实证研究数据或事实与对策、建议之间的逻辑关系，也就是要说明对策、建议的依据是什么。专门性的对策研究还需要提供各种实施方案，并对各种实施方案可能产生的结果和问题进行预测，由决策部门选择。

以上仅仅就研究课题的性质和目的说明"为何写"，每个具体的研究课题还有自己的特定目的。例如，研究"高收入、高职位、高学历"女性恋爱问题，就要在研究报告中说明为什么要研究这个问题，研究它的意义是什么。

12.1.2　为谁写

"为谁写"是指研究报告的读者对象是谁。一般来说，研究报告的读者对象可以分为两大类，即专业读者和一般读者。专业读者主要是具有相关研究领域专业知识的学者，例如大学教师、科研人员、在学的研究生等。一般读者即非专业读者，既可以是社会上的一般大众，也可以是非专业学者、行政机关的主管和一般管理人员等。不同的读者对象决定了研究报告的特点。供专业读者阅读的是学术性研究报告，学术性研究报告又分为学位论文和供学术刊物发表的研究报告或论文；两者的主要区别在于前者更规范、更详细，后者更紧凑、更注重对研究结果或研究贡献的论证和说明。供一般读者阅读的是普通研究报告。学术性研究报告特别强调对以往研究的追溯和分析，理论解释或诠释，对研究方法的详细说明以及对研究结果的详细论证。普通研究报告比较注重对研究结论的介绍，有时根据项目委托人的特殊要求，需要提出可行性较强的对策和建议，并且形式比较活泼，在量化研究报告中可以采用统计图或统计表等来形象地说明研究结果。

12.1.3　怎样写

"怎样写"研究报告？研究报告是以"实证性"为特点的，虽然与一般论文写作有所不同，但是一般论述文中的三个基本要素"论点、论据、论证或论述"仍然是必须遵循的基本模式。"论点"建立在以往研究资料和自己研究资料归纳的基础上，并且蕴含自己的理论分析；"论据"主要是实证研究中收集和分析的资料，有时可以引用他人研究成果；"论证或论述"是把论点和论据有机结合在一起的过程，运用资料详细说明自己的观点。笔者之所以强调一般论述文的三个要素（这是中学生应该掌握的知识），是因为现在不少研究报告甚至一些受过专业训练的研究者撰写的研究报告只有"论点"，缺少"论证"，没有运用丰富的资料去论述自己的观点，这是所有论文写作中的大忌，论文写作的理想境界应该是"大胆假设、小心求证"。

写作过程的首要步骤是，根据自己对资料的分析拟订初步的写作提纲。写作提纲最为关键的是把自己所要研究的核心问题和分析线索贯穿在自己的提纲之中，核心问题和分析线索是与研究报告的主要概念或理论分析框架紧密相连的。在规划报告的章节结构的同时，还要大致确定资料的分配。在写作过程中，写作提纲有时还会调整，就如前面所讲的写作本身是一个"思考"的过程，在写作中作者还会产生新的"灵感"，写作提纲有可能进一步调整、修改和完善。如果研究报告准备由多人撰写，写作提纲就需要反复讨论，详细说明每一部分的写作内容。

其次，进入写作。写作过程既是一个比较艰苦的过程，但是又是一个比较兴奋的过程。写作刚开始，也许是一个比较"沉闷"的阶段，因为作者还没有找到自己的"兴奋点"，如何写"引言"，第一句话如何表述等都会给作者带来一定的困惑。但是，一旦过了这个阶段就会慢慢进入"状态"，乃至达到"兴奋"甚至"亢奋"的阶段，此时是写作最美妙的时候，也是最令撰写者"享受"的时候。这一时期的写作状态往往是通宵达旦、夜不能寐、灵感大发，写作再也不是一件痛苦的事情。因此，如果撰写引言部分遇到障碍，不如先简单地写上几句就开始写正文，在写正文过程中自然会联想到引言部分的撰写*。总之可以尽量缩短写作的"沉闷"时期。

*实际上引言部分的写作，其中的段落、词语、句子都会反复修改，不可能一蹴而就。

虽然不同作者的写作习惯是不一样的，但是笔者还是主张写作要"一气呵成"，除非遇到重大问题必须中断。对于那些数万字或者数十万字的学位论文或著作来说，虽然不可能在短时期内完成，但是也不要发生长时间的中断。因为中断会使自己的"思考链"断裂，再要重新接上比较困难，至少在写作一个部分或一个章节时不要发生中断。写作过程中产生的关于其他部分或章节的联想或灵感要马上记下来，以免遗忘，有些撰写者甚至在睡觉时会突然闪现新的想法或观点，当即下床记下来。

虽然"一气呵成"是写作最好的状态，但是总会发生因为对资料的理解、解释有迷惑等问题而使写作停顿的状况，即使冥思苦想也没有结果，此时最好的办法是翻阅参考材料和有关著作，或者与同事、朋友、同学讨论，从中获得灵感，甚至还可以做一些其他有趣的活动，俗称"换换脑子"。

此外，最好规定自己每天的写作量，根据自己的能力设定一天应该完成的字数，处于写作兴奋期时，一天写 3 000 ~ 5 000 字甚至更多是没有问题的。另外，凡是引用他人资料或观点要当时就做好注释，以免以后再花时间去查出处，徒增困难。

第三，修改。初稿完成后还要进行修改，修改的任务主要有两个方面：一是在通读全文的基础上，检查观点是否准确，论证是否严谨，资料解读是否产生偏差，文章逻辑是否自洽，章节安排、资料运用是否合理，没有使用的资料是否还可以挖掘等；二是文句修改，其中包括破句、病句、标点符号等方面的修改，以及检查用词是否恰当，语句是否简练，断句是否合理，段落是否清楚，表述是否流畅等。

第四，讨论和再修改。初稿完成后，如有条件最好约请一些朋友、同事或同学进行讨论，如果是横向课题还要征求委托单位的意见。重点项目的研究报告可以在更大的范围内征求专家的意见，研究者可以从中发现和汲取一些原来被淹没的思想，或者找出报告中的"破绽"。记得笔者的一篇论文在一次讨论中，一位同事尖锐地发现论文中的一个观点具有进一步阐述的可能，后来这个观点就成为论文的新的"增长点"，发展出另外一篇论文。俗话说好事多磨，一篇优秀的研究报告也需要几经磨炼，好文章是"磨"出来的。如果不是太急，写好的报告或论文可以"冷却"一段时间，过了一段时间，你也许会有新的体会，使文章质量上升到一个新的层次，因为在这个过程中，研究者仍然在不断地思考问题，当他和原来写的文章保持一段"距离"之后，会更容易发现文章中存在的瑕疵甚至问题。笔者一篇研究报告在提交一次学术讨论会后，就搁置在一边，差不多半年后，当重新修改时，不禁冒出一身冷汗，深感自己论文的粗糙。因此，反复讨论、反复修改对于提高研究报告的学术质量是非常必要的。

第五，定稿。经过多次讨论和反复修改后，研究报告就可以定稿了。最后定稿主要是检查文章的基本逻辑，是否存在常识性错误，文章的格式是否符合要求，文字是否流畅，语感如何以及注释是否规范等。

≫ 12.2　研究报告的结构

研究报告的结构因为作者写作习惯不同，读者对象的差异，或者研究性质的不同（例如量化研究和质性研究），会不一样。量化研究报告的严密论证会使人感觉到一种"逻辑美"，质性研究报告可以使人在一种比较"轻松"的状态下阅读，但能使读者感受到作者深刻描写的事物细节以及理论上的震撼力。不过，任何风格的研究报告的基本结构或要素都是相似的。

12.2.1 基本结构

在具体写作过程中，研究课题的性质会影响到具体的报告结构，读者对象的不同，报告结构也繁简不一。研究报告的基本结构可以分以下几个部分：

（1）导言或引言部分。这一部分主要阐述研究的问题是什么，研究的目的或意义是什么，其中包括理论意义和现实意义。

（2）文献回顾或述评。文献述评是导言部分中问题提出的根据，也就是说通过文献述评说明研究问题的出发点。前面曾经说过，在某种意义上说，文献质量直接决定了一项研究的质量或学术水平的高低，也是判断真问题或假问题的主要依据。

（3）研究设计，其中包括研究框架设计和研究方法设计。量化研究是一种比较规范的研究方式，因此在研究框架设计中要对自己的理论分析框架进行详细的阐述，如对假设说明及其理论基础，假设中主要概念的讨论和界定，理论假设和研究假设之间的关系，抽象概念如何"降维"到比较具体的变量和指标，以及概念或变量的测量方法及其指标等。还要说明研究总体的界定及其抽样方法。量化研究最重要的特点是采用概率抽样方法，因此必须详细说明抽样的具体方法、抽样过程、抽样误差的大小，资料收集、整理和分析方法及其过程以及对非抽样误差的控制方法等。需要注意的是，在量化研究中，对研究方法的详细说明极为重要，它是衡量一项研究是否科学的前提，一项研究即使获得非常重要的成果，如果研究方法受到质疑，研究成果也不会被学术界承认。

质性研究报告的研究设计虽然不像量化研究报告那么严格，但是也需要说明研究者对研究问题的设想，所研究问题的社会文化背景以及抽样方法（虽然是非概率抽样方法），如何进入现场并与研究对象建立联系，收集和分析资料的方法等。

（4）研究结果的论证。这一部分是报告的主体部分，一般是运用实证资料详细证明研究的主要结论或观点。在量化研究报告中主要通过数据资料描述样本的基本情况，运用统计分析技术对假设进行检验。现在的量化研究已经达到高级统计分析水平，研究生学位论文和学术刊物发表的论文中经常采用的是多元回归分析，能否采用多元回归分析方法往往是一篇学位论文报告是否达到要求或者研究报告能否公开发表的基本标准。普通研究报告并不一定采用高级统计方法，比较多的是采用频数分析和简单相关分析方法，也可以用通俗的语言表述高级统计分析方法所获得的结果。

质性研究报告主要运用质性资料说明研究结果，它特别强调以"原始资料"的形式说明研究结果，即尽可能以访谈对象的"原话"或现场观察资料进行阐述。也可以通过作者对访谈资料的概述进行解释和分析，但是要注明资料的来源，即说明是来自哪篇访谈资料，研究者自己的看法以"旁白"方式表述。在以事件分析为主的质性研究报告中，一般采用"深描"的方法详细描述事件发展的全过程。

（5）主要结论和讨论。这一部分要简单概括研究的主要结论，在对策性研究报告中还要根据研究所发现的问题提出具体的建议和措施。讨论部分往往是比较精彩、富有启发的内容，它通常反映了研究者对问题的进一步思考，其中包括对自己研究的基本评价，研究的学术贡献和存在的问题，在以后研究中能够进一步延伸的学术空间，其中包括实证研究和理论研究新的增长点等。

（6）中英文摘要。这一部分主要简单概括研究的问题、主要结论以及关键词。通常放在研究报告的最前面，有时也可以放在报告的结尾。公开发表的研究报告摘要字数一般在 300 字之内，学位论文的摘要可以稍微长一些。

（7）注释。即运用注释的方法（脚注、尾注、夹注加参考文献）对研究报告中直接引用和间接引用的他人研究成果、观点、资料进行说明。

（8）附录。量化研究报告主要收录研究的测量工具，如问卷、量表等，以及抽样设计报告、统计数据、统计公式的说明等，其中问卷和量表是不可缺少的。质性研究报告可以根据需要收录经过整理的访谈资料和现场观察资料等。

12.2.2 报告写作技巧

研究报告包括一般论文的结构及写作技巧与中国古代的八股文有着相似之处，八股文的结构及写作技巧包括破题、承题、起讲、提比、小比、中比、后比、收合（大结）八个方面。其中"破题"即点明题义，类似于现代文的"主题"；"承题"就是对主题的补充，类似于现代文的"副标题"，具有承上启下的作用；"起讲"是比较深入地说明问题的意义和大致内容；"四比"（提比、小比、中比、后比）是正文部分，就是运用分析（包括正面和反面）的方法逐条阐述文章的观点；"收合"即结束语。我们可以看到研究报告中的导言、文献述评部分相当于八股文中的"破题、承题、起讲"，研究结果论证部分相当于"四比"，主要结论和讨论部分相当于"收合（大结）"。当然，八股文中的每个部分在字数、句数、词性、对偶、平仄等方面都有严格的规定，并且主要从"四书"选题，代圣贤立言，是仕途的敲门砖，也是束缚士子思想的工具，最终为很多文人所弃。八股文虽然因为它的死板、僵化而被废弃，但是八股文的文体结构对现代文的写作来说还是有启发的，仍然有它积极的借鉴意义。

12.2.3 报告写作需要注意的若干问题

根据笔者的经验和阅读，在撰写研究报告时，还要处理好以下几个与研究报告结构有关的问题。例如，量化研究报告和质性研究各自的特点是什么，学位论文和公开发表的论文有什么差别，文献述评是否就是文献的简单分类，怎样立标题，数据资料或原始资料的解释和说明以及注释的规范性等。如果不能处理好这些看似平常的问题，将会影响到研究报告的质量，学生或初学者应特别注意。

（1）与量化研究报告相比，质性研究报告的结构或要素组合具有较大的灵活性（陈向明，2002：344），有的质性研究报告没有独立的文献述评，而是把文献资料与原始资料的分析结合起来，有的并不严格按照上述次序排列，或者将研究结论放在最前面，以吸引读者的注意。

（2）学位论文与公开发表的论文存在较大的差别。一般而言，学位论文特别强调研究的规范性，注重对文献资料的分析和对研究方法的详细介绍。但是公开发表的论文，对于文献述评部分不会详细展开，只是概括地介绍文献述评的主要结论，相关文献如果需要说明的话更多的是采用脚注的方法，对研究方法的介绍也比较简单，一般仅说明抽样方法，对于资料收集和分析方法则简单带过，以突出研究的主要发现。

（3）文献述评的写作其实是比较难的，一篇优秀的文献述评本身就是一篇论文。现在的学位论文包括一些公开发表的论文，其中的文献述评往往成为文献资料的分类描述，只是在分类的基础上简单地把文献资料堆砌在一起，这样的文献述评充其量只是文献梳理，忽视了文献述评最重要的功能——评论。作者只有通过对文献的评论才能找到研究问题的出发点或者说"问题"，才能在这一领域的研究中有所建树，才能有自己的学术贡献。另外，文献述评其实不是在研究结束后撰写的，通常在研究的开始阶段就要对该领域的已有研究或相关理论进行回顾，从而奠定研究的基础，到了撰写研究报告的时候，文献述评的写作一般只是作文字上的加工或者观点上的提炼，或者补充在研究过程中发现的文献资料。

（4）标题要带内容。标题在研究报告中起着画龙点睛的作用，一个好的标题不仅能够吸引读者的注意，而且凝聚了研究的主要观点或结论，因此，研究报告包括一般论文的标题和小标题最好要带内容，即标题要含有实质性的意义。例如，一项课题研究当代城市青少年的社会化，采用的是抽样研究方法，通常的标题是："关于当代中国城市青少年社会化的研究报告"，如果是在一个大城市调查的话，如上海，标题就变为"××××年上海市青少年社会化研究报告"。这样的标题非常乏味，读者最多知道研究课题是什么。如果研究者根据对资料的分析发现城市青少年社会化不仅受到家庭的影响，而且还受到网络的影响，并且网络的影响开始加大。此时，研究报告的标题可以改为："家庭和网络：双重机制下的城市青少年社会化——××××年上海市青少年社会化研究"。这样的标题就是通常所说的"标题要带内容"，在主标题中分为主词和副词两部分，主词突出的是研究发现，副词突出的是研究问题，副标题用来说明研究总体范围（副标题可以根据需要设立）。

（5）数据资料和原始资料的解释和说明。在量化研究报告中，初学者最容易犯的毛病是用文字简单重复统计表上的数据，例如频数表上已经清楚地说明了样本的性别、年龄分布的基本情况，但是作者还是用文字重复一遍，或者在相关统计分析中重复叙述列联表中的数据。量化研究的数据是非常重要的，如果不用统计表而是用文字来描述数据的意义会使研究报告显得啰嗦、冗长。因此在大量数据的情况下，作者一般是采用统计表的形式描述数据，文字的描述仅是概括统计数据反映的研究对象的特征或有关变量之间的关系。例如，在有统计表的情况下，对样本基本情况的文字描述可以是："在样本中，男生的比率（44.6%）要低于女生（55.4%）……调查对象的家庭月平均收入为 3 512 元"（统计表上只有分组家庭收入资料），"研究发现，学生性别和学习成绩具有较强的关系，两者的相关统计值（η）为 0.32（$p < 0.001$），即男女生成绩存在较大差异"。在质性研究报告中，最好的方法是采用原始访谈的资料说明现象的特征或结论，或者在对资料概述的基础上进行分析和解释，切忌采用"举例说明"的方法进行论述。

（6）注释。在撰写研究报告时，凡是引用他人资料或观点都必须注明，这是最基本的学术规范。引用的形式一般有直接引用和间接引用。对于直接引用，人们比较注意说明资料的来源，但是对于间接引用，即用自己的语言概括他人的资料和观点时，有些研究者尤其是初学者往往会忽略注明出处。实际上，人们在引用他人资料或观点时，由于原作者的语言或资料有的比较冗长，有的分散在不同的地方，因此撰写者还要对这些资料或观点进行概括后才能引用，虽然其中也包含了撰写者的劳动，但是被引用的资料或观点还是为原作者所有，因此，仍然必须注明出处。间接引用说明方法可采用"参见"，例如在某研究报告中间接引用了费孝通的有关思想，在尾注中写上"参见费孝通，1981，《生育制度》第114-117页，天津人民出版社。"

12.3　研究报告的撰写体例

研究报告的撰写体例是指一篇报告在写作时应该遵循的通用准则或惯例，虽然不少人认为"文无定式、水无常形，境由心生、文由心造"，只有心灵自由了，文章才能自由。其实这样的说法是片面的，且不说中国古代诗词对对仗、平仄的要求并没有抹杀诗人的创造力和想象力，即使白话诗歌也有押韵的要求，因此任何文章都有一定的规则和格式。作为科学论文的重要形式——研究报告也有大家都应该遵守的准则或惯例。研究报告的撰写体例与一般科学论文一样，主要包括行文要则、撰稿格式、子目、分段、引用与注释等。本章主要介绍行文要则、撰稿格式和引用与注释。

12.3.1　行文要则

这里所讲的行文要则是根据研究报告的文体特征而提出的对语言、文句、人称等方面的要求。由于研究报告是科学论文，因此在语言、文句表述方面不需要像文学作品那样强调词藻的华丽和优美，不要采用夸张、比喻等文学写作手法，而是注重语言的准确和对事实的陈述。一般要注意以下几点：

（1）语言要准确，语句要简短。作为科学论文，研究报告是以它论证的严谨和严密的逻辑"吸引"读者，因此它的语言和语句是以准确性和简明性为主要特征的。所谓准确，就是判断要精准，推论要严密，语言的运用要一词一句斟酌。阐述对象状况时，要能够恰当地表现出事物不同的性质和特征，做出评价时，要能够精确地区分出事物的不同程度和特点。避免使用那种"大体是""大概""也许""可能"等含糊其辞，模棱两可的不确定语言。所谓简明性，就是报告的语言和语句要简明扼要，对事物的描写不作任何渲染，以清楚表达事实为标准，并按照中文表达习惯，语句尽量简短，尽量不要采用长句表述，该断开的地方要断开，一句话写不清楚的，可以分为两句。对于普通研究报告，语言和语句的表达力求通俗，不要过多地使用专业术语，可以用通俗的语言解释术语。但是研究报告的通俗性并不是像文学那样追求"形象逼真、栩栩如生"，仍然要求语言真实朴素，有时可以用各种彩色图表显示研究结果。因此，作为科学论文的研究报告应该减少繁琐的叙述，杜绝夸张的描述，切忌华而不实的辞藻。

（2）对事实的陈述要做到客观，不要对事实作价值判断，不要在叙述过程中使用主观的、带有情感成分的语言，只求做到将事实告诉给读者，而不是去说服读者，要相信读者具有自己的判断能力。例如，某项研究发现被调查者对某件群体性事件的评价是不同的，研究者不需要对这些评价做出正确或错误的判断，也不必告诉读者应该怎么办，他的任务只是告诉读者被调查者对这样一件群体性事件的评价，不同被调查者的特征是什么，事件真相是怎样的，为什么被调查者会对这件事件有不同评价，背后是否存在着不同的利益冲突。当然涉及到对策性研究，必然会存在研究者自己的价值判断，但是这已经不再是对事实的陈述了。

（3）行文过程中尽量避免使用第一人称。为了体现研究报告的客观性和正式性（非私人的），在陈述时一般采用第三人称或非人称代词，例如，"本研究认为……""笔者认为……""根据资料，可以发现……""以上数据表明……"等，不宜采用"我认为……""我们的研究表明……"等陈述方式。

但是，在质性研究报告中，允许采用第一人称的表述方法，例如，"我在现场观察时发现……""我的访谈对象是一位……""通过观察和访谈，我感觉……", 这是因为质性研究的客观性程度相对较低, 研究者直接介入研究情境, 研究者本身需要对"测量"进行判断, 并且这样的表述方法可以增加"现场感"。从方法论的角度看, 这样做"让自己在文本中看得见"或"让研究者出来", 即把"自我工作"看作是研究和表述过程中的一部分, 使研究结果成为所谓的"坦白的故事"(曾群, 2007)。

12.3.2　撰写格式

规范性的研究报告尤其是学位论文格式或文稿排序主要是: 首页、摘要、正文、附录、参考文献。

(1)首页内容主要是论文题目(包括英文标题), 作者姓名、任职单位、通信地址、电话、电子邮件地址, 致谢, 文稿总字数等; 学位论文的致谢词可以放在后面, 但供发表的论文应该放在首页。

(2)摘要与关键词。摘要前要有论文题目, 中文摘要控制在 500 字以内, 英文摘要控制在 300 字以内, 关键词 3~5 个。供发表的论文中英文摘要字数一般在 300 字以内。

(3)正文。为了便于匿名审查, 正文应该不含有关于作者信息的文字。外来术语尽量采用通用的中文译名, 除常用的以外, 首次出现时要在中文译名后用括号注明外文术语, 非通用的外国人名可直接用原文, 第一次出现时写全名, 以后写姓氏即可, 年代、统计数据都用阿拉伯数字表示(年代也可以用中文数字, 但全文要统一)。

各级标题中, 一级标题前加"一、""二、""三、"等中文数字, 顿号断开后接标题名; 二级标题前加"(一)""(二)""(三)"等带括弧的数字接标题名; 三级标题前加"1.""2.""3."等阿拉伯数字, 点号断开后接标题名; 四级标题前加"(1)""(2)""(3)"等带括弧的阿拉伯数字接标题名(注意, 括号后不应加标点符号); 独占一行的标题后不加标点符号; 一级标题顶格, 其他标题前空两格。

统计表、统计图或其他示意图、公式等, 分别用阿拉伯数字连续编号后加冒号并注明图、表名称, 末尾不加标点符号。各种表格插在与文字分析最近的地方, 并在分析文字后的括号内注明表号。

(4)参考文献、附录。这里的参考文献是指在正文里被引用过的、列于报告或论文结尾处的具体的文献信息, 凡是不被引用的文献不必列出, 也就是说参考文献目录中的具体文献必须和文中的引用相对应。有些学位论文还有附录部分, 附录主要是与研究有关的问卷、量表、没有列入正文的统计资料、相关统计公式、观察记录、访谈记录和撰写者认为必要的其他材料等。

12.3.3 引用和注释

研究报告中一般都会大量引用他人观点、数据和资料，引用方法主要有直接引用和间接引用，直接引用即原文引用，并用引号表示；间接引用即撰写者运用自己的语言对原文进行概括后陈述；无论是直接引用还是间接引用都必须采用注释的方法说明原文或数据的出处，注明原文或数据出处是学术规范最基本的要求。

注释方法主要有夹注、脚注和尾注。夹注即夹在正文中间的注解，中文的夹注原来是在被注的概念或语句后用括号说明概念或语句的意义，帮助读者更正确地理解正文，如中国古代文献的夹注最初多用来注疏"经义"，后来发展为标明读音、训诂文字、辨别语词、分析章句、考证名物、推求义理、校勘异文，以及注明出处甚至包括资料性的附录等。

现在的科学论文或研究报告，夹注主要用于说明引文出处，是受英文写作的影响，与原来中文夹注形式相比是不一样的，即采用夹注和参考文献相结合的方法。也就是说，撰写者在引用他人成说后用括号说明原文作者、出版或发表时间以及页码，在报告结尾的"参考文献"下列出相应的作者名、出版年份、文献名以及出版单位等。这种注释方法一般为社会科学专业（非人文学科）学位论文或一些学术刊物所采用。它的具体要求是：

（1）引文后以夹注注明作者名、出版年份或页码，夹注置于引号之外，西文标法相同。

例 12-1　（引文内容）"……。"（费孝通，1981：25-27）
　　　　　（引文内容）……（费孝通，1981：25-27）

如果引文之前已出现作者名，则在其后用括号注明出版年份或页码。

例 12-2　费孝通（1995：25-27）认为"×××……。"

引用论文集中的文献，直接注明作者姓名，不必另标主编姓名；如果引用相同作者同一年份内的不同文献，则在年份后标出小写英文字母。

例 12-3　（引文内容）"……。"（费孝通，1981a：25）
　　　　　（引文内容）"……。"（费孝通，1981b：89-93）

中译本（包括其他语种译本）或重版本如果可能的话须用框号标明原著的出版年份。

例 12-4　（费孝通，［1947］1981：95）

（2）详细文献出处列于文后"参考文献"下，凡文中出现的夹注须与文末参考文献名相对应；参考文献排列须按"著者—出版年制"编排，文献按文种归类，中、日文在前，西文在后。

（3）中西文献一律按作者姓氏拼音或英文字母顺序（A—Z）排列；文后参考文献著录格式，以作者名、出版年份、文献名＋析出文献符号、出版社地名（若出版社社名本身含地名，则可省略如北京大学出版社）、出版社（杂志）为序，用点号断开（除出版社地名外）。相同作者多篇文献被引用，则从第二篇起，用横线后加下点号（——.）代替作者名。

例 12-5　费孝通.1997.行行重行行（续集）［M］.北京：群言出版社.
　——.1993.人的研究在中国个人的经历［G］// 北京大学社会学人类学研究所，编.东亚社会研究.北京大学出版社.
　周雪光.2005."关系产权"：产权制度的一个社会学解释［J］.社会学研究（2）.

（4）外文作者人名中姓氏的各种译法按先姓后名著录。多位外国作者合著的中译文献，第一作者按"姓氏，本名"的格式著出，第二、三位作者的著录方式按外国人名原序著出；外文作者人名未译出的中译文献，作为中文参考文献，按第一作者姓氏首个字母的顺序排在中文参考文献中。

例 12-6　怀特，威廉·富特.
　　　　　科尔曼，詹姆斯·S.
　　　　　米尔斯，C.赖特.

这里的参考文献是指与夹注并用的一种注释方法。对于参考文献，学术界还有一种比较宽泛的认定，即所有被阅读过的与课题有关的文献均为参考文献，不考虑这些文献是否在正文中被引用过。这类参考文献也许可以理解为"参阅文献"，如果以此为参考文献的定义，那么必须采用例如尾注的方法建立专门的注释体系，以此说明哪些文献是被正文引用过的。从社会研究报告的撰写体例看，现在的参考文献主要是指与夹注并用的注释方法。

脚注和尾注是中文文献最常用的注释方法。脚注也称为页注，即在所引资料后的标点符号上方，用上标的形式在框号内标示阿拉伯数字编号，然后在当页下进行注释：

例 12-7 "×××……。"[1]

当页下：

1 作者名．文献名 + 析出文献符号．地名．出版社或杂志．出版或发表年份，（期数）：（页数）．

脚注除了可以说明文献出处之外，还可以对论文中的某些概念或观点、数据进行补充说明。一般来说，研究报告中引用的数据资料或引自报刊的资料采用脚注方法。

尾注方法与脚注相似，但是详细文献出处列于文后的"注释"下；如果一篇文献的不同资料或观点在文章中被多处引用，则在上标的编号旁用括号标明页数：

例 12-8 "×××……。"[1]（P66）

在中文写作中，研究报告（论文）宜采用尾注的方法，注释号码连续编号；著作宜采用脚注方法，注释号码每页重新编号。不同出版社和杂志可能会对注释方法提出自己的要求，因此若要出版著作或发表论文，还需了解他们对撰写体例的具体规定。

另外要学会运用 Word 文档软件中的注释技巧，在 Word 文档中运用脚注或尾注只要下拉"插入"，点击"引用"右边的"脚注和尾注"，打开后根据需要就可选择。无论是脚注、尾注还有文末参考文献所用文字字号都要比正文字号小一号。

以上我们比较详细地介绍了社会科学专业论文常用的撰写格式尤其是注释方法，这是因为有相当多的学生在撰写论文时格式不规范，注释混乱。一项研究获得成功虽然主要是由课题的研究质量决定的，但是注释也是学术规范的一部分，如果注释不准确、不规范，就会影响研究成果的可靠性和严肃性。

思考与练习

1. 社会研究报告可以分为哪几种类型？

2. 请从学术刊物上选择一篇研究报告，分析该报告的结构，思考或体会"为何写、为谁写、怎样写"的意义。

3. 根据自己的写作经验，谈谈自己对研究报告写作的想法。

4. 在量化研究报告中，如何处理统计表和文字表述之间的关系？

5. 量化研究报告和质性研究报告在结构和叙述方法上有什么区别？

6. 学位论文和公开发表的论文在写作上有什么不同？

7. 研究报告的标题和小标题有什么要求？

8. 研究报告的行文要则有哪些要求？

9. 常用的注释方法有哪些，注释时要注意哪些问题？

社会研究方法
HEHUI YANJIU FANGFA

参考阅读

量化研究论文文体格式

论文题目

作者名（用页下注明作者身份、工作单位、作者联系方式等）
中文摘要（含关键词）
英文标题
英文摘要（含关键词）

正文

引文（导言）

可以不加"引文（导言）"两字，简要说明本文研究的意义和主要问题，如果引文部分是文献梳理的一部分，则另当别论。

一、文献述评或问题提出的基础部分

小标题最好根据文献提出的问题自己确定。文献部分主要追溯和评论前人与论文有关的研究成果，以及需要讨论的问题；这部分文献作为学术论文与学位论文的区别在于不要大段引述，尽可能采用"夹注"的方式，简洁地展开前人研究的状况。除非论文文献是国内外最新的，即以前尚未梳理过的。那些已经在很多研究中反复介绍的一般文献应该从简。这部分内容尽量控制在 1 500 字左右。

二、相关理论部分

小标题最好根据文献提出的问题自己确定。这部分主要介绍与研究有关的理论，为研究假设提供依据，有时可以和"研究假设"部分合在一起，即"理论和假设"。

三、研究假设部分

介绍本文主要研究假设以及直接与假设有关的理论，假设的表述必须能够反映变量之间的关系，或者变量之间变化的方向；假设表述尽量简洁。这部分也可以和"相关理论"合在一起。如果有几个假设，并且每个假设下含有若干个子假设，表述如下：
假设 1：
  假设 1a：
  假设 1b：
  假设 1c：
假设 2：
  假设 2a：
  假设 2b：
  假设 2c：
  ……

四、数据与方法部分（数据与测量或研究设计）

这部分主要介绍数据获取方法和对数据的描述性分析，即抽样方法和调查方法、数据或样本基本情况介绍，以及变量测量及其赋值。除了抽样方法和调查方法可以用文字介绍外，有关数据或样本基本情况介绍，以及与变量有关的测量及其赋值可以采用表列法，由于定量研究论文主要是采用多元回归统计分析方法，因此变量描述采用均值和标准差（参见表1）。

如果采用量表测量方法，还需要对测量结果进行因子分析等，以对量表进行信度检验和因子类别化。

规范的定量研究还要介绍模型计算公式，说明统计分析的类型，如OLS线性回归模型、泊松（Poisson）回归模型、Logistic回归模型、多元对数比率（multinomial Logit）模型等等；写出回归方程，说明哪些是核心变量，哪些是控制变量。回归模型说明有时可以放在第五部分。

表1　主要变量描述统计 [1]

变　量	描　述	总体		农村		城镇	
		均值	标准差	均值	标准差	均值	标准差
因变量							
婚姻暴力	1=遭受过	0.315	0.465	0.332	0.471	0.264	0.441
暴力严重程度	1=严重	0.637	0.481	0.676	0.468	0.486	0.500
自变量							
网络规模	人	17.017	17.529	16.004	17.043	20.173	18.616
网络构成	亲属比重	0.696	0.334	0.713	0.339	0.644	0.312
网络资源	取值范围：0-100	17.669	16.391	14.275	13.363	27.828	20.016
个人特征变量							
年龄	周岁	42.132	12.584	42.018	12.544	42.484	12.700
民族	1=汉族	0.741	0.438	0.707	0.455	0.846	0.361
受教育年数	年	4.576	4.281	3.416	3.530	8.145	4.413
就业状况	1=正在工作	0.793	0.405	0.882	0.323	0.521	0.500
家庭特征变量							
配偶教育程度	受教育年数（年）	6.257	4.052	5.302	3.517	9.180	4.180
配偶就业状况	1=正在工作	0.876	0.329	0.931	0.253	0.707	0.455
家庭收入	人均年收入（百元）	36.125	43.498	26.694	25.261	65.118	68.072
家庭结构	有无15岁以下的小孩：1=无；0=有	0.370	0.483	0.342	0.475	0.455	0.498
家庭规模	人	3.307	1.384	3.418	1.446	2.964	1.104
社区特征变量							
社区家暴观念	反对婚姻暴力的程度：1=低；0=高	0.502	0.500	0.605	0.489	0.187	0.390
地域	1=西北；0=西南	0.538	0.499	0.492	0.500	0.681	0.466
城乡	1=城镇；0=农村	0.245	0.430	–		–	

说明：经检验，所有变量在城乡间的差异均达0.05显著水平。

---

[1] 表1、表2资料来自赵延东等《预防与抑制：社会资本在婚姻暴力中的影响机制初探》，《社会》2011年第1期。

五、模型分析或统计分析部分

第五部分是论文核心部分，主要说明根据模型计算的数据检验假设是否成立，其中最为关键的是各类回归系数必须和研究假设对应起来，从而证实或证伪假设。根据以往发表的论文看，这一部分比较突出的问题除了研究假设和回归系数之间的解释发生错误或不明确外，还存在多元回归系数表格不统一的问题。表格应该含有以下元素：回归系数（非标准化或标准化系数，可以用 B 表示，但须在表格标题说明）或者 EXP 值、标准误（SE）、参照组、常数项、样本数（N）、显著度以及与不同回归统计方法有关的用来计算拟合度或统计检验等的标示值（如 F 值、R-squared 、Chi-square 、Nagelkerke R Square 、Log likelihood 等）。参见表 2（SE 也可以在回归系数下用括号表示，尤其是在需要同时列出标准系数或 EXP 值时，但需要在表下加注说明）：

表 2 社会网络等变量对女性是否遭受婚姻暴力影响的 Logistic 回归系数（非标准化）

	模型 1（总体）			模型 2（农村）			模型 3（城镇）		
	B		(SE)	B		(SE)	B		(SE)
网络规模（人）	−0.007	***	(0.001)	−0.007	***	(0.002)	−0.008	**	(.003)
网络构成	−0.216	**	(0.079)	−0.208	*	(0.091)	−0.298	#	(.159)
网络资源	0.009	***	(0.001)	0.011	***	(0.002)	0.007	**	(.003)
年龄（周岁）	0.046	***	(0.010)	0.042	***	(0.011)	0.058	*	(.023)
年龄的平方	−0.001	***	(0.000)	−0.001	***	(0.000)	−0.001	**	(.000)
民族（参照组：少数民族）	0.120	**	(0.045)	0.116	*	(0.050)	0.058		(.111)
受教育年数（年）	−0.010		(0.006)	0.000		(0.007)	−0.038	**	(.014)
就业状况（参照组：无工作）	0.091		(0.057)	0.161	*	(0.075)	0.109		(.092)
配偶受教育年数（年）	−0.019	**	(0.006)	−0.013	#	(0.007)	−0.028	*#	(.013)
配偶就业状况（参照组：无工作）	−0.034		(0.071)	−0.156		(0.096)	0.081		(.115)
家庭人均年收入（百元）	−0.002	***	(0.001)	−0.001		(0.001)	−0.002	*	(.001)
家庭结构（参照组：有 15 岁以下小孩）	−0.115	*	(0.049)	−0.132	*	(0.056)	−0.085		(.102)
家庭规模（人）	0.015		(0.016)	0.017		(0.017)	0.022		(.041)
社区对家暴的反对程度（参照组：高）	0.467	***	(0.041)	0.450	***	(0.045)	0.565	***	(.097)
地域（参照组：西南）	0.324	***	(0.040)	0.340	***	(0.045)	0.257	**	(.089)
城乡（参照组：农村）	−0.090		(0.059)						
Chi-square	482.91	***		307.418	***		151.208	***	
−2 Log likelihood	17257.075			13262.085			3955.097		
Nagelkerke R Square	0.047			0.040			0.061		
N	14183			10629			3554		

显著性水平：*** p ≤ 0.001 ** p ≤ 0.01 * p ≤ 0.05 # p ≤ 0.1。

有些论文在做模型分析前，还运用交互分类表进行描述性分析，作为模型分析的基础。

六、结论和讨论部分

这部分主要根据第五部分对假设的检验结果，进行简要地概括，说明本文研究的贡献在哪里，但是不要与第五部分对假设检验结果在文字上重复。因此这部分最重要的是对在前面提出的问题进行讨论或回应，以及说明为什么有些假设没有得到证实——是因为经验资料的问题，还是假设的理论依据不足，等等。

总体上说，构成一篇定量研究论文的基本元素是：文献述评、相关理论、研究假设、数据和方法（研究设计）、模型分析（统计分析）、结论和讨论等。虽然作者风格各不相同，但是只要是量化研究的论文，这些元素是不可缺少的。

附录 A　抽样方案示例

中国社会变迁调查抽样方案 [1]

沈崇麟

一、抽样方案与样本量的确定

中国沿海发达地区社会变迁调查的总体为沿海 18 个城市（大连、青岛、烟台、天津、秦皇岛、连云港、南通、上海、宁波、温州、福州、厦门、汕头、广州、深圳、珠海、湛江和北海）的市辖区中的 20~65 岁常住人口。抽样方案采用分层 5 阶抽样。前 4 阶市、区、街道（镇）和居（村）委会样本单位的抽取，采用与样本规模成比例的不等概率放回抽样，即 PPS 抽样法，在居委会中采用等距（系统）抽样方法抽取家庭户，在家庭户中随机抽取一个 20~65 岁的调查对象。调查的样本容量为 3 000。

抽样的第一阶，我们将这 18 个城市作为初级抽样单位，按城市规模分为二层，其中市辖区人口在 200 万以上的为大城市层，计有上海、天津、青岛、大连和广州五个城市；市辖区人口在 200 万以下者为中小城市层，计有烟台、秦皇岛、连云港、南通、宁波、温州、福州、厦门、汕头、深圳、湛江、珠海和北海共 13 个城市。在分层以后，我们用 PPS 法，分别从已分好的二层中各抽取 3 个城市，被抽取的城市分别为上海、大连、广州（大城市层）和烟台、宁波、北海（中小城市层）。抽样结果见表 A-1。

根据二层中的人口在总人口中所占比例 0.68 和 0.32（见表 A-2），确定二层的样本量，二层的样本量分别为 3 000×0.68=2 040 和 3 000×0.32=960。在确定层样本量后，采用层内样本城市等样本量分配的原则，分配给各层的每一城市的样本量分别是，大城市层，大连、上海和广州的样本量均为 2 040/3=680，中小城市层，烟台、宁波和北海的样本量均为 960/3=320（见表 A-2）。

抽样的第二阶，分别在各样本城市中抽取区。首先将所有样本城市中的行政区根据非农人口比例分为二层。非农人口比例高于 85％（含 85％）的区归入城区层，否则，则归入城乡结合区，即城郊区层。为保证在层内各个样本市中，农业与非农样本比例不至于差别过大，在确定城市中农业与非农样本比例时，我们没有使用样本市本身的农业与非农人口的比例。而使用了城市所在的层的农业与非农人口的比例。之所以这样做，是因为此项目研究分析的

---

[1] 作者系中国社会科学院社会学研究所研究员。因篇幅所限，本文已作删节。

总体是沿海地区大城市层、中小城市层以及沿海 18 个城市，各个城市不进行总体推论，各个城市农业与非农样本使用同一分配比例，使样本量的分配和调查实施简单化。如果某一城市需要进行总体推断，可以根据本市农业与非农人口的比例（见表 A-1），对样本进行加权处理。

表 A-1　分层城市抽样

城市	市辖区				非农人口
	总人口	人口累计值	非农人口	农业人口	比例
大城市					
*大连	2 547 425	2 547 425	1 881 003	666 422	0.738 393 8
*广州	3 853 751	6 401 176	3 166 714	687 037	0.821 722 5
天津	5 940 211	12 341 387	4 742 451	1 197 760	0.798 364 0
*上海	9 566 660	21 908 047	8 337 980	1 228 680	0.871 566 4
青岛	2 183 793	24 091 840	1 661 996	521 797	0.761 059 3
小计	24 091 840		19 790 144	4 301 696	0.821 445 9
中小城市					
*烟台	1 486 127	1 486 127	800 887	685 240	0.538 908 8
连云港	571 534	2 057 661	416 146	155 388	0.728 121 1
南通	609 012	2 666 673	434 094	174 918	0.712 783 9
秦皇岛	628 033	3 294 706	433 783	194 250	0.690 700 9
*宁波	1 142 383	4 437 089	632 137	510 246	0.553 349 4
温州	1 133 073	5 570 162	461 935	671 138	0.407 683 3
湛江	1 210 596	6 780 758	515 193	695 403	0.425 569 7
*北海	251 698	7 032 456	144 715	106 983	0.574 954 9
厦门	669 630	7 702 086	472 309	197 321	0.705 328 3
汕头	1 039 133	8 741 219	744 489	294 644	0.716 452 0
深圳	991 630	9 732 849	747 749	243 881	0.754 060 4
珠海	351 801	10 084 650	328 353	23 448	0.933 348 6
福州	1 375 207	11 459 857	982 909	392 298	0.714 735 3
小计	11 459 857		7 114 699	4 345 158	0.620 836 6

注："*"为抽中的城市；人口统计数据来源于《全国分县市人口统计资料——1995 年度》，中华人民共和国公安部编，中国人民公安大学出版社，1996 年。

以下表格数据同一来源。

表 A-2　各层样本量分配

	总体	大城市		中小城市	
人口	35 551 697	24 091 840		11 459 857	
城市层比例	1	0.677 656 5		0.322 343 4	
层样本量	3 000	2 032.969 6		967.030 4	
		非农人口	农业人口	非农人口	农业人口
农非层比例		0.821 445 9	0.178 554 1	0.620 836 6	0.479 163 4
调查总样本	1 680		360	600	360
各城市样本	560		120	200	120

完成了城市中农业与非农的分层后，分别在各个样本城市的城区和城郊区用 PPS 法抽出样本区。

抽样的第三、四阶，首先收集样本区 1995 年的区、办事处（镇）和居委会（村）的人口资料，这些资料要包括每区的区、办事处和居委会的分性别、年龄和分农业和非农人口的统计资料。利用这些人口资料采用 PPS 法抽出样本办事处（乡镇）和样本居（村）委会。办事处（乡镇）和居（村）委会的样本等量分配。

以上第一至第四阶的抽样由项目课题组完成，抽样的结果，各阶样本单位的编码、名称和样本量的清单见附录。

第五阶抽样由各个城市的调查组完成，收集样本居委会所有户籍资料，列出抽样框。根据抽样清单中的各居委会的样本量，用等距（系统）抽样法抽出被调查户。在调查户中，以 20~65 岁，生日最接近 7 月 1 日的人为调查对象。

为了不至于因为调查对象不在场或不能回答问题使调查样本减少而影响精度，在进行等距抽样时，抽够了规定的样本量之后，继续按原间距再抽取若干样本，做为后备调查样本。

二、抽样方法与操作

本方案采用了与样本规模成比例的不等概率放回抽样和等距（系统）抽样方法，它们的操作步骤如下：

（一）等距（系统）抽样

等距（系统）抽样是在居（村）委会中抽取被调查户的抽样方法。

1. 根据课题组以随机抽样原则确定的居（村）委会的名单，在抽中的居委会索取户口清单，并在清单上自 1 开始顺序编号。

2. 在编号后的清单上做等距抽样。首先确定每一居（村）委会的抽样间距。它等于居（村）委会户口总数除以预定的样本数，不能整除取整数或四舍五入。如某居（村）委会的户口总数为 350，预定的样本数为 34，则间隔为 350/ 34=10.3，即每隔 10 户抽一户。

3. 在确定抽样间隔后，还必须随机地确定抽样的起始位置。具体方法是在 1 至第一个间隔距离之间，如上例中的 0~10 内，使用随机数表、骰子或计算机的伪随机数，产生一个随机数，假如这个数为 3，则清单上的第 3 户便被选入样本，然后每 10 户抽一户，即清单上第 3,23,33,……将被选入样本。

（二）与样本规模成比例的不等概率放回抽样（PPS 抽样）

本方案从第一阶抽取初级单位（城市）到第四阶抽取居委会，都采用 PPS 抽样方法。具体的步骤是：

1. 建立抽样框。PPS 抽样的抽样框除了要有抽样单位的名单之外，还要有辅助变量——

抽样单位的人口数。

2. 根据抽样框中的人口数计算抽样单位的人口累计值。

3. 在 0 一累计值内，使用随机数表、骰子或计算机的伪随机数，产生一个随机数。

4. 判断这个随机数在哪两个累计值之间，如 1 034 825 在西岗区的累计值 702 045 和沙河口区的累计值之间，那么大的累计值对应的抽样单位被抽中，沙河口区是被抽中的第一个样本。

5. 如果要抽取 n 个样本，那么就操作步骤 3 和 4n 次，得到 n 个样本。

6. 如果某一单位被重复抽中，重复抽中的操作取消，重新再操作步骤 3 和 4，抽取样本单位。

三、目标量估计方法

（一）在居委（村）会中采用等距（系统）抽样方法，目标量估计公式与简单随机抽样的公式相同，为

$$\hat{Y} = \frac{M_l}{L} \sum_{g=1}^{G} y_g \tag{1}$$

（二）第一至四阶 PPS 抽样的估计方法，应用 Hansen-Hurwitz 估计量，公式为

$$\hat{Y}_i = \frac{1}{J} \sum_{j=1}^{J} \frac{\hat{Y}_{ij}}{Z_j} \qquad \text{其中} \qquad Z_j = \frac{M_j}{M_i} \tag{2}$$

因为在多阶 PPS 抽样中，公式中 $\hat{Y}_{kj}$ 亦为下一阶样本单位的总量估计，这个总量估计也是用公式（2）计算的。在各阶样本单位等量分配时，最后抽取的样本户概率是相等的，样本可以自加权，样本指标即等于目标量的估计。所以城市，大城市层及中小城市层子总体的估计公式分别为

$$\hat{Y}_i = \frac{M_i}{J \cdot K \cdot L \cdot G} \sum_{j=1}^{J} \sum_{k=1}^{K} \sum_{l=1}^{L} \sum_{g=1}^{G} y_{jklg} \tag{3}$$

$$\hat{Y}_h = \frac{M_h}{I \cdot J \cdot K \cdot L \cdot G} \sum_{i=1}^{I} \sum_{j=1}^{J} \sum_{k=1}^{K} \sum_{l=1}^{L} \sum_{g=1}^{G} y_{ijklg} \tag{4}$$

大城市与中小城市的样本是按人口比例分配的，因此，总体的总量估计为层总量之和

$$\hat{Y} = \sum_{h=1}^{H} \hat{Y}_h \tag{5}$$

在公式（1）到（5）中，h, i, j, k, l, g 分别为层、市、区、街道、居委会和调查样本的下标，H 为层数，I 为样本城市个数，J 为样本区个数，K 为样本街道个数，L 为样本居（村）委会个数，G 为居（村）委会中的样本数。M 为人口数（严格地讲，应为 20~65 岁的人口数）。

四、误差分析

（一）抽样误差

在复杂抽样调查中，目标量估计精度并不都能事先利用某一公式计算，要在调查之后根据实际调查数据利用与抽样方法相对应的计算公式，计算目标估计量的方差估计与精度。Hansen-Hurwitz 估计量的方差的估计公式为

$$v(\hat{Y}_{HH}) = \frac{1}{n(n-1)} \sum_{i=1}^{n} \left(\frac{y_i}{z_i} - \hat{Y}_{HH} \right)^2 \tag{6}$$

在对调查精度要求不是很严格的情况下，常用样本量和设计效应 deff 来估计抽样误差的水平。设计效应 deff 是用来评价复杂抽样设计方案优劣的指标，公式为：

$$deff = \frac{所考虑抽样设计估计量方差}{相同样本简单随机抽样设计估计量方差}$$

一般复杂抽样设计的 deff 经验数据在 2~4 之间。

此调查的调查项目大多数是定性变量，目标量是总体比例型的，记作 P。对于比例型目标量，其样本量与最大允许误差的关系在简单随机抽样下公式为

$$n = \frac{t^2 p(1-p)}{\Delta^2} \tag{7}$$

其中，Δ 为绝对误差，在样本量设计时也称为最大允许误差或抽样极限误差。t 为概率度，也是正态分布双侧分位数，在一定的概率保证程（置信水平下）有不同的数值。

目标量估计精度公式为

$$A = 1 - \frac{\Delta}{\bar{\theta}} \tag{8}$$

其中，$\bar{\theta}$ 为目标量估计。引用了设计效应 deff 这个指标，就可以利用以上简单随机抽样的公式（7）来估计调查方案的抽样误差。

$$\Delta^2 = \frac{deff \cdot t^2 \cdot p(1-p)}{n} \tag{9}$$

由于目标量比例估计 P 事先并不知道，并且各项指标的 P 值是不相同的，为此我们以性别比例指标为例，在此，我们取概率保证程度为 95%，则 $t = 2$，取 deff 为 3。大城市层、中小城市层和总体的样本量分别为 2 040，960 和 3 000，它们的性别比例指标分别为 50.22%，51.48% 和 50.62%，那么它们性别指标的抽样误差分别如表 A-3 所示。

表 A-3　性别指标抽样误差

	绝对误差	精度
大城市层	0.038 3	0.930 7
中小城市层	0.055 9	0.891 4
总体	0.316	0.937 5

（二）非抽样误差

抽样调查中的非抽样误差主要来自三个方面，一来自抽样框，二来自无回答的样本，三来自指标量度误差。例如由问卷设计中各种文字歧义引起的，调查员调查采用的非标准化用语引起的，回答人对问题的理解的差异引起的，数据处理引起的，以及使用后备样本引起的

各种误差。这些误差的判定、计算和调整是目前抽样调查中的热点和难点。这里我们仅就由使用替代样本引起的误差进行一些讨论。

抽样调查中我们常常因为研究设计者事先难以预料的原因，如调查对象搬迁、大批外出打工等不得不放弃原抽取的样本，而重新抽取调查对象，即使用替代样本。这时，尽管无回答样本不变，但样本量却扩大了。如果无回答的样本指标分布与扩大了的样本相近，那么就没有大偏差，反之则会产生偏差。为了判断计算由替代样本所引起的偏差，本次调查中的烟台调查记录了无回答样本居民数量和他们的性别年龄，并采用性别比例和 40 岁以上年龄比例作为判定指标，作为计算由使用替代样本所引起的偏差的指标。

采用替代样本可能出现二种情况，一是替代样本是严格的概率样本。这时，总体的偏差来源于无回答样本。在替代样本是非概率，且无回答样本与替代样本的偏差分布相近的情况下，这时总体近似无偏差，否则总体偏差是无回答样本和替代样本偏差之和。

在第一种情况下，设原设计样本无偏，样本量为 n，无回答样本有偏，样本量为 n_1，替代样本无偏，样本量为 n_2，使 $n_1=n_2$，则实际无偏的样本量为 $n+n_2$，有回答样本量为 $n_0=n$，那么无回答率为 $r_1=n_1/(n_1+n)$。设 P 为总体性别比例，P_0 为回答层的性别比例，P_1 为无回答层的性别比例，设 p_0 是回答层性别比例的无偏估计量，则在性别比例估计中，由于无回答所产生的偏差期望值为

偏差 $(\hat{p}_0)=E(\hat{p}_0)-P=P_0-P=P_0-[(1-r_1)P_0+r_1P_1]=r_1(P_0-P_1)$ （10）

在第二种情况下，设原设计样本无偏，样本量为 n，无回答样本有偏，样本量为 n_1，替代样本有偏，样本量为 n_2，使 $n_1=n_2$，则实际样本有偏，样本量为 n_2+n，有回答样本量为 $n_0=n$，那么无回答率与替代率相等为 $r_1=n_1/n=n_2/n$。设 P 为总体性别比例，P_0 为回答层的性别比例，P'_0 为设计样本回答层的性别比例，P_1 为无回答层的性别比例，P_2 为替代层的性别比例。设 p_0 是回答层性别比例的无偏估计量，则在性别比例估计中，由于无回答样本和替代样本所产生的偏差期望值为

偏差 $(\hat{p}_0)=E(\hat{p}_0)-P=P_0-P$

$$=[(1-r_1)P'_0+r_1P_2]-[(1-r_1)P'_0+r_1P_1]=r_1(P_2-P_1) \quad （11）$$

在实际实施调查中，如果替代样本是按概率抽样原则抽取的，就按公式（10）计算非概率抽样的偏差，如果替代样本是由调查员选择的，或按事先设计的某种分布选择的，就按公式（11）计算非概率抽样的偏差。

以烟台市的数据为例，使用公式（10）计算的无回答偏差值见表 A-4。

表 A-4　烟台市无回答样本引起的性别比例偏差值

居委会名称	原样本量	替代样本量	无回答率 r	性别比例			40 岁以上年龄比例		
				回答	无回答	偏差	回答	无回答	偏差
兴隆	29	4	0.121 2	0.482 8	0.5	−0.002 1	0.517 2	0.25	0.032 4
建昌	29	20	0.408 1	0.517 2	0.55	−0.013 4	0.689 6	0.4	0.118 2
永安里	29	5	0.147 0	0.448 3	0.2	0.036 5	0.586 2	0.4	0.027 4
西炮台	29	13	0.309 5	0.724 1	0.538 5	0.057 4	0.619 0	0.307 7	0.096 3
后七夼	21	8	0.275 8	0.285 7	0.5	−0.059 1	0.428 5	0.25	0.049 2
石沟屯	21	6	0.222 2	0.523 8	0.666 7	−0.031 7	0.523 8	0.166 7	0.079 3
于家滩	20	5	0.2	0.5	0.8	−0.06	0.7	0.8	−0.02
北沙子	20	9	0.310 3	0.5	0.444 4	0.017 2	0.7	0.333 3	0.113 8
河北	20	9	0.310 3	0.6	0.555 6	0.013 8	0.619 0	0.555 6	0.019 7
永福园	21	13	0.382 3	0.285 1	0.384 6	−0.038 0	0.523 8	0.461 5	0.023 8
盐场	21	0	0	0.523 8	0	0	0.523 8	0	0
山王家	20	5	0.2	0.8	0.6	0.04	0.55	0.4	0.03
西厅	20	6	0.230 7	0.421 1	0.5	−0.018 2	0.5	0.5	0
花岩村	20	6	0.230 7	0.4	0.666 7	−0.061 5	0.5	0.333 3	0.038 4
合计	320	109	0.254 0	0.504 4	0.522 9	−0.004 7	0.572 9	0.394 5	0.045 3

　　以上数据表明无回答样本引起的性别偏差很小，只有 −4‰，在抽样误差的精度范围之内。而 40 岁以上年龄比的偏差很大，达 4.5%，说明在调查中不在场的年轻人居多；同时也不排除，替代样本有偏差，替代样本中 40 岁以上年龄的样本偏多。

附录 B　随机数表

```
10 09 73 25 33   76 52 01 35 86   34 67 35 48 76   80 95 90 91 17   39 29 27 49 45
37 54 20 48 05   64 89 47 42 96   24 80 52 40 37   20 63 61 04 02   00 82 29 16 65
08 42 26 89 53   19 64 50 93 03   23 20 90 25 60   15 95 33 47 64   35 08 03 36 06
99 01 90 25 29   09 37 67 07 15   38 31 13 11 65   88 67 67 43 97   04 43 62 76 59
12 80 79 99 70   80 15 73 61 47   64 03 26 66 53   98 95 11 68 77   12 17 17 68 33

66 06 57 47 17   34 07 27 68 50   36 69 73 61 70   65 81 33 98 85   11 19 92 91 70
31 06 01 08 05   45 57 18 24 06   35 30 34 26 14   86 79 90 74 39   23 40 30 97 32
85 26 97 76 02   02 05 16 56 92   68 66 57 48 18   73 05 38 52 47   18 62 38 85 79
63 57 33 21 35   05 32 54 70 48   90 55 35 75 48   28 46 82 87 09   83 49 12 56 24
73 79 64 57 53   03 52 96 47 78   35 80 83 42 82   60 93 52 03 44   35 27 38 84 35

98 52 01 77 67   14 90 56 86 07   22 10 94 05 58   60 97 09 34 33   50 50 07 39 98
11 80 50 54 31   39 80 82 77 32   50 72 56 82 48   29 40 52 42 01   52 77 56 78 51
83 45 29 96 34   06 28 89 80 83   13 74 67 00 78   18 47 54 06 10   68 71 17 78 17
88 68 54 02 00   86 50 75 84 01   36 76 66 79 51   90 36 47 64 93   29 60 91 10 62
99 59 46 73 48   87 51 76 49 69   91 82 60 89 28   93 78 56 13 68   23 47 83 41 13

65 48 11 76 74   17 46 85 09 50   58 04 77 69 74   73 03 95 71 86   40 21 81 65 44
80 12 43 56 35   17 72 70 80 15   45 31 82 23 74   21 11 57 82 53   14 38 55 37 63
74 35 09 98 17   77 40 27 72 14   43 23 60 02 10   45 52 16 42 37   96 28 60 26 55
69 91 62 68 03   66 25 22 91 48   36 93 68 72 03   76 62 11 39 90   94 40 05 64 18
09 89 32 05 05   14 22 56 85 14   46 42 75 67 88   96 29 77 88 22   54 38 21 45 98

91 49 91 45 23   68 47 92 76 86   46 16 28 35 54   94 75 08 99 23   37 08 92 00 48
80 33 69 45 98   26 94 03 68 58   70 29 73 41 35   53 14 03 33 40   42 05 08 23 41
44 10 48 19 49   85 15 74 79 54   32 97 92 65 75   57 60 04 08 81   22 22 20 64 13
12 55 07 37 42   11 10 00 20 40   12 86 07 46 97   96 64 48 94 39   28 70 72 58 15
63 60 64 93 29   16 50 53 44 84   40 21 95 25 63   43 65 17 70 82   07 20 73 17 90

61 19 69 04 46   26 45 74 77 74   51 92 43 37 29   65 39 45 95 93   42 58 26 05 27
15 47 44 52 66   95 27 07 99 53   59 36 78 38 48   82 39 61 01 18   33 21 15 94 66
94 55 72 85 73   67 89 75 43 87   54 62 24 44 31   91 19 04 25 92   92 92 74 59 73
42 48 11 62 13   97 34 40 87 21   16 86 84 87 67   03 07 11 20 59   25 70 14 66 70
23 52 37 83 17   73 20 88 98 37   68 93 59 14 16   26 25 22 96 63   05 52 28 25 62

04 49 35 24 94   75 24 63 38 24   45 86 25 10 25   61 96 27 93 35   65 33 71 24 72
00 54 99 76 54   64 05 18 81 59   96 11 96 38 96   54 69 28 33 91   23 28 72 95 29
35 96 31 53 07   26 89 80 93 54   33 35 13 54 62   77 97 45 00 24   90 10 33 93 33
59 80 80 83 91   45 42 72 68 42   83 60 94 97 00   13 02 12 48 92   78 56 52 01 06
46 05 88 52 36   01 39 09 22 86   77 28 14 40 77   93 91 08 36 47   70 61 74 29 41
```

32 17 90 05 97　　87 37 92 52 41　　05 56 70 70 07　　86 74 31 71 57　　85 39 41 18 38
69 23 46 14 06　　20 11 74 52 04　　15 95 66 00 00　　18 74 39 24 23　　97 11 89 63 38
19 56 54 14 30　　01 75 87 53 79　　40 41 92 15 85　　66 67 43 68 06　　84 96 28 52 07
45 15 51 49 38　　19 47 60 72 46　　43 66 79 45 43　　59 04 79 00 33　　20 82 66 95 41
94 86 43 19 94　　36 16 81 08 51　　34 88 88 15 53　　01 54 03 54 56　　05 01 45 11 76

98 08 62 48 26　　45 24 02 84 04　　44 99 90 88 96　　39 09 47 34 07　　35 44 13 18 80
33 18 51 62 32　　41 94 15 09 49　　89 43 54 85 81　　88 69 54 19 94　　37 54 87 30 43
80 95 10 04 06　　96 38 27 07 74　　20 15 12 33 87　　25 01 62 52 98　　94 62 46 11 71
79 75 24 91 40　　71 96 12 82 96　　69 86 10 25 91　　74 85 22 05 39　　00 38 75 95 79
18 63 33 25 37　　98 14 50 65 71　　31 01 02 46 74　　05 45 56 14 27　　00 38 75 95 79

74 02 94 39 02　　77 55 73 22 70　　97 79 01 71 19　　52 52 75 80 21　　80 81 45 17 48
54 17 84 56 11　　80 99 33 71 43　　05 33 51 29 69　　56 12 71 92 55　　36 04 09 03 24
11 66 44 98 83　　52 07 98 48 27　　59 38 17 15 39　　09 97 33 34 40　　88 46 12 33 56
48 32 47 79 28　　31 24 96 47 10　　02 29 53 68 70　　32 30 75 75 46　　15 02 00 99 94
69 07 49 41 38　　87 63 79 19 76　　35 58 40 44 01　　10 51 82 16 15　　01 84 87 69 38

09 18 82 00 97　　32 82 53 95 27　　04 22 08 63 04　　83 38 98 73 74　　64 27 85 80 44
90 04 58 54 97　　51 98 15 06 54　　94 93 88 19 97　　91 87 07 61 50　　68 47 66 46 59
73 18 95 02 07　　47 67 72 52 69　　62 29 06 44 64　　27 12 46 70 18　　41 36 18 27 60
75 76 87 64 90　　20 97 18 17 49　　90 42 91 22 72　　95 37 50 58 71　　93 82 34 31 78
54 01 64 40 56　　66 28 13 10 03　　00 68 22 73 98　　20 71 45 32 95　　07 70 61 78 13

77 51 30 38 20　　78 54 24 27 85　　13 66 15 88 73　　04 61 89 75 53　　31 22 30 84 20
19 50 23 71 74　　81 33 31 05 91　　40 51 00 78 93　　32 60 46 04 75　　94 11 90 18 40
21 81 85 93 13　　81 59 41 36 28　　51 21 59 02 90　　28 46 66 87 95　　77 76 22 07 91
51 47 46 64 99　　61 61 36 22 69　　50 26 39 02 12　　55 78 17 65 14　　83 48 34 70 55
99 55 96 83 31　　00 39 75 83 91　　12 60 71 76 46　　48 94 97 23 06　　94 54 13 74 08

77 51 30 38 20　　86 83 42 99 01　　68 41 48 27 74　　51 90 81 39 80　　72 89 35 55 07
19 50 23 71 74　　69 97 92 02 88　　55 21 02 97 73　　74 28 77 52 51　　65 34 46 74 15
21 81 85 93 13　　93 27 88 17 57　　05 68 67 31 56　　07 08 28 50 46　　31 85 33 84 52
51 47 46 64 99　　68 10 72 36 21　　94 04 99 13 45　　42 83 60 91 91　　08 00 74 54 49
99 55 96 83 31　　62 53 52 41 70　　69 77 71 28 30　　74 81 97 81 42　　43 86 07 28 34

33 71 34 80 07　　93 58 47 28 69　　51 92 66 47 21　　58 30 32 98 22　　93 17 49 39 72
85 27 48 68 93　　11 30 32 92 70　　28 83 43 41 37　　73 51 59 04 00　　71 14 84 36 43
84 13 38 96 40　　44 03 55 21 66　　73 85 27 00 91　　61 22 26 05 61　　62 32 71 84 23
56 73 21 62 34　　17 39 59 61 31　　10 12 39 16 22　　85 49 65 75 60　　81 60 41 88 80
65 13 85 68 06　　87 64 88 52 61　　34 31 36 58 61　　45 87 52 10 69　　85 64 44 72 77

38 00 10 21 76　　81 71 91 17 11　　71 60 29 29 37　　74 21 96 40 49　　65 58 44 96 98
37 40 29 63 97　　01 30 47 75 86　　56 27 11 00 86　　47 32 46 26 05　　40 03 03 74 38
97 12 54 03 48　　87 08 33 14 17　　21 81 53 92 50　　75 23 76 20 47　　15 50 19 95 78
21 82 64 11 34　　47 14 33 40 72　　64 63 88 59 02　　49 13 90 64 41　　03 85 65 45 52
73 13 54 27 42　　95 71 90 90 35　　85 79 47 42 96　　08 78 98 81 56　　64 69 11 92 02

```
07 63 87 79 29    03 06 11 80 72    96 20 74 41 56    23 82 19 95 38    04 71 36 69 94
60 52 88 34 41    07 95 41 98 14    59 17 52 06 95    05 53 35 21 39    61 21 20 64 55
83 59 63 56 55    06 95 89 29 83    05 12 80 97 19    77 43 35 37 83    92 30 15 04 98
10 85 06 27 46    99 59 91 05 07    13 49 90 63 19    53 07 57 18 39    06 41 01 93 62
39 82 09 89 52    43 62 26 31 47    64 42 18 08 14    43 80 00 93 51    31 02 47 31 67

59 58 00 64 78    75 56 97 88 00    88 83 55 44 86    23 76 80 61 56    04 11 10 84 08
38 50 80 73 41    23 79 34 87 63    90 82 29 70 22    17 71 90 42 07    95 95 44 99 53
30 69 27 06 68    94 68 81 61 27    56 19 68 00 91    82 06 76 34 00    05 46 26 92 00
65 44 39 56 59    18 28 82 74 37    49 63 22 40 41    08 33 76 56 76    96 29 99 08 36
27 26 75 02 64    13 19 27 22 94    07 47 74 46 06    17 98 54 89 11    97 34 13 03 58

91 30 70 69 91    19 07 22 42 10    36 69 95 37 28    28 82 53 57 93    28 97 66 62 52
68 43 49 46 88    84 47 31 36 22    62 12 69 84 08    12 84 38 25 90    09 81 59 31 46
48 90 81 58 77    54 74 52 45 91    35 70 00 47 54    83 82 45 26 92    54 13 05 51 60
06 91 34 51 97    42 67 27 86 01    11 88 30 95 28    63 01 19 89 01    14 97 44 03 44
10 45 51 60 19    14 21 03 37 12    91 34 23 78 21    88 32 58 08 51    43 66 77 08 83

12 88 39 73 43    65 02 76 11 84    04 28 50 13 92    17 97 41 50 77    90 71 22 67 69
21 77 83 09 76    38 80 73 69 61    31 64 94 20 96    63 28 10 20 23    08 81 64 74 49
19 52 35 95 15    65 12 25 96 59    86 28 36 82 58    69 57 21 37 98    16 43 59 15 29
67 24 55 26 70    35 58 31 65 63    45 13 42 65 29    26 76 08 36 37    41 32 64 43 44

53 85 34 13 77    36 06 69 48 50    58 83 87 38 59    49 36 47 33 31    96 24 04 36 42
24 63 73 87 36    74 38 48 93 42    52 62 30 79 92    12 36 91 86 01    03 74 28 38 73
83 08 01 24 51    38 99 22 28 15    07 75 95 17 77    97 37 72 75 85    51 97 23 78 67
16 44 42 43 34    36 15 19 90 73    27 49 37 09 39    85 13 03 25 52    54 84 65 47 59
60 79 01 81 57    57 17 86 57 62    11 16 17 85 76    45 81 95 29 79    65 13 00 48 60

03 99 11 04 61    93 71 61 68 94    66 08 32 46 53    84 60 95 82 32    88 61 81 91 61
38 55 59 55 54    32 88 65 97 80    08 35 56 08 60    29 73 54 77 62    71 29 92 38 53
17 54 67 37 04    92 05 24 62 15    55 12 12 92 81    59 07 60 79 36    27 95 45 89 09
33 64 35 28 61    95 81 90 68 31    00 91 19 89 31    76 35 59 37 79    80 86 30 05 14
69 57 26 87 77    39 51 03 59 05    14 06 04 06 19    29 54 96 96 16    33 56 46 07 80

24 12 26 65 91    27 69 90 64 94    14 84 54 66 72    61 95 87 71 00    90 89 97 57 54
61 19 63 02 31    92 96 26 17 73    41 83 95 53 82    17 26 77 09 43    78 03 87 02 67
30 53 29 17 04    10 27 41 22 02    39 68 52 33 09    10 06 16 88 29    55 98 66 64 85
03 78 89 75 99    75 86 72 07 17    74 41 65 31 66    35 20 83 33 74    87 53 90 88 23
48 22 86 33 79    85 78 34 76 19    53 15 26 74 33    35 66 35 29 72    16 81 86 03 11

60 36 59 46 53    35 07 53 39 49    42 61 42 92 97    01 91 82 83 16    98 95 37 32 31
83 79 94 24 02    56 62 33 44 42    34 99 44 13 74    70 07 11 47 36    09 95 81 80 65
32 96 00 74 05    36 40 98 32 32    99 38 54 16 00    11 13 30 75 86    15 91 70 62 53
19 32 25 38 45    57 62 05 26 06    66 49 76 86 46    78 13 86 65 59    19 64 09 94 13
11 22 09 47 47    07 39 93 74 08    48 50 92 39 29    27 48 24 54 76    85 24 43 51 59
```

31 75 15 72 60   68 98 00 53 39   15 47 04 83 55   88 65 12 25 96   03 15 21 92 21
88 49 29 93 82   14 45 40 45 04   20 09 49 89 77   74 84 39 34 13   22 10 97 85 08
30 93 44 77 44   07 48 18 38 28   73 78 80 65 33   28 59 72 04 05   94 20 52 03 80
22 88 84 88 93   27 49 99 87 48   60 53 04 51 28   74 02 28 46 17   82 03 71 02 68
78 21 21 69 93   35 90 29 13 86   44 37 21 54 86   65 74 11 40 14   87 48 13 72 20

41 84 98 45 47   46 85 05 23 26   34 67 75 83 00   74 91 06 43 45   19 32 58 15 49
46 35 23 30 49   69 24 90 34 60   45 30 50 75 21   61 31 83 18 55   14 41 37 09 51
11 08 79 62 94   14 01 33 17 92   59 74 76 72 77   76 50 33 45 13   39 66 37 75 44
52 70 10 83 37   56 50 38 73 15   16 52 06 96 76   11 65 49 98 93   02 18 16 81 61
57 27 53 68 98   81 30 44 85 85   68 65 22 73 76   92 85 25 58 66   88 44 80 35 84

20 85 77 31 56   70 28 42 43 26   79 37 59 52 20   01 15 96 32 67   10 62 24 83 91
15 63 38 49 24   90 41 59 36 14   33 52 12 66 65   55 82 34 76 41   86 22 53 17 04
92 69 44 82 97   39 90 40 21 15   59 58 94 90 67   66 82 14 15 75   49 76 70 40 37
77 61 31 90 19   88 15 20 00 80   20 55 49 14 09   96 27 74 82 57   50 81 69 76 16
38 68 83 24 86   45 13 46 35 45   59 40 47 20 59   43 94 75 16 80   43 85 25 96 93

25 16 30 18 89   70 01 41 50 21   41 29 06 73 12   71 85 71 59 57   68 97 11 14 03
65 25 10 76 29   37 23 93 32 95   05 87 00 11 19   92 78 42 63 40   18 47 76 56 22
36 81 54 36 25   18 63 73 75 09   82 44 49 90 05   04 92 17 37 01   14 70 79 39 97
64 39 71 16 92   05 32 78 21 62   20 24 78 17 59   45 19 72 53 32   83 74 52 25 67
04 51 52 56 24   95 09 66 79 46   48 46 08 55 58   15 19 11 87 82   16 93 03 33 61

83 76 16 08 73   43 25 38 41 45   60 83 32 59 83   01 29 14 13 49   20 36 80 71 26
14 38 70 63 45   80 85 40 92 79   43 52 90 63 18   38 38 47 47 61   41 19 63 74 80
51 32 19 22 46   80 08 87 70 74   88 72 25 67 36   66 16 44 94 31   66 91 93 16 78
72 47 20 00 08   80 89 01 80 02   94 81 33 19 00   54 15 58 34 36   35 35 25 41 31
05 46 65 53 06   93 12 81 84 64   74 45 79 05 61   72 84 81 18 34   79 98 26 84 16

39 52 87 24 84   82 47 42 55 93   48 54 53 52 47   18 61 91 36 74   18 61 11 92 41
81 61 61 87 11   53 34 24 42 76   75 12 21 17 24   74 62 77 37 07   58 31 91 59 97
07 58 61 61 20   82 64 12 28 20   92 90 41 31 41   32 39 21 97 63   61 19 96 79 40
90 76 70 42 35   13 57 41 72 00   69 90 26 37 42   78 46 42 25 01   18 62 79 08 72
40 18 82 81 93   29 59 38 86 27   94 97 21 15 98   62 09 53 67 87   00 44 15 89 97

34 41 48 21 57   86 88 75 50 87   19 15 20 00 23   12 30 28 07 83   32 62 46 86 91
63 43 97 53 63   44 98 91 68 22   36 02 40 09 67   76 37 84 16 05   65 96 17 34 88
67 04 90 90 70   93 39 94 55 47   94 45 87 42 84   05 04 14 98 07   20 28 83 40 60
79 49 50 41 46   52 16 29 02 86   54 15 83 42 43   46 97 83 54 82   59 36 29 59 38
91 70 43 05 52   04 73 72 10 31   75 05 19 30 29   47 66 56 43 82   99 78 29 34 78

附录 C 正态曲线下的面积

表中数字表示标准正态分布曲线下位于平均数与相应的 Z 值之间的面积。

Z	0.00	0.01	0.02	0.03	0.04	0.05	0.06	0.07	0.08	0.09
0.0	0000	0040	0080	0120	0159	0199	0239	0279	0319	0359
0.1	0398	0438	0478	0517	0557	0596	0636	0675	0714	0753
0.2	0793	0832	0871	0910	0948	0987	1026	1064	1103	1141
0.3	1179	1217	1255	1293	1331	1368	1406	1443	1480	1517
0.4	1554	1591	1628	1664	1700	1736	1772	1808	1844	1879
0.5	1915	1950	1985	2019	2054	2088	2123	2157	2190	2224
0.6	2257	2291	2324	2357	2389	2422	2454	2486	2518	2549
0.7	2580	2612	2642	2673	2704	2734	2764	2794	2823	2852
0.8	2881	2910	2939	2967	2995	3023	3051	3078	3106	3133
0.9	3159	3186	3212	3238	3264	3289	3315	3340	3365	3389
1.0	3413	3438	3461	3485	3508	3531	3554	3577	3599	3621
1.1	3643	3665	3686	3718	3729	3749	3770	3790	3810	3830
1.2	3849	3869	3888	3907	3925	3944	3962	3980	3997	4015
1.3	4032	4049	4066	4083	4099	4115	4131	4147	4162	4177
1.4	4192	4207	4222	4236	4251	4265	4279	4292	4306	4319
1.5	4332	4345	4357	4370	4382	4394	4406	4418	4430	4441
1.6	4452	4463	4474	4485	4495	4505	4515	4525	4535	4545
1.7	4554	4564	4573	4582	4591	4599	4608	4616	4625	4633
1.8	4641	4649	4656	4664	4671	4678	4686	4693	4699	4706
1.9	4713	4719	4726	4732	4738	4744	4750	4758	4762	4767
2.0	4773	4778	4783	4788	4793	4798	4803	4808	4812	4817
2.1	4821	4826	4830	4834	4838	4842	4846	4850	4854	4857
2.2	4861	4865	4868	4871	4875	4878	4881	4884	4887	4890
2.3	4893	4896	4898	4901	4904	4906	4909	4911	4913	4916
2.4	4918	4920	4922	4925	4927	4929	4931	4932	4934	4936
2.5	4938	4940	4941	4943	4945	4946	4948	4949	4951	4952
2.6	4953	4955	4956	4957	4959	4960	4961	4962	4963	4964
2.7	4965	4966	4967	4968	4969	4970	4971	4972	4973	4974
2.8	4974	4975	4976	4977	4977	4978	4979	4980	4980	4981
2.9	4981	4982	4983	4984	4984	4984	4985	4985	4986	4986
3.0	4986.5	4987	4987	4988	4988	4988	4989	4989	4989	4990
3.1	4990.0	4991	4991	4991	4992	4992	4992	4992	4993	4994
3.2	4993.129									
3.3	4995.166									
3.4	4996.631									
3.5	4997.674									

参考文献

A. 爱因斯坦，L. 英费尔德 . 物理学的进化［M］. 上海：上海科学技术出版社，1962.

C. 赖特·米尔斯 . 社会学的想象力［M］. 北京：生活·读书·新知三联书店，2001.

E.P. 汤普森 . 英国工人阶级的形成［M］. 南京：译林出版社，2001.

G. 罗斯 . 当代社会学研究解析［M］. 银川：宁夏人民出版社，1988.

J.L. 弗里德曼，等 . 社会心理学［M］. 哈尔滨：黑龙江人民出版社，1984.

K.D. 贝利 . 现代社会研究方法［M］. 上海：上海人民出版社，1986.

Robinson，Shaver & Wrightsman. 性格与社会心理测量总揽［M］. 台湾：远流出版公司，1998.

U. 拉尔森 . 社会科学理论与方法［M］. 上海：上海人民出版社，2002.

W.I. 托马斯，F. 兹纳涅茨基，E. 扎列茨基 . 身处欧美的波兰农民［M］. 南京：译林出版社，2000.

W.L. 贝弗里奇 . 科学研究的艺术［M］. 北京：科学出版社，1979.

艾尔·巴比 . 社会研究方法［M］. 北京：华夏出版社，2000.

安东尼·吉登斯 . 社会学方法的新规则［M］. 北京：社会科学文献出版社，2003.

彼德·阿特斯兰德 . 经验型社会研究方法［M］. 北京：中央文献出版社，1995.

边燕杰，刘勇利 . 社会分层、住房产权与居住质量——对中国"五普"数据分析［J］. 社会学研究，2005（3）.

布莱洛克 . 社会统计学［M］. 北京：中国社会科学出版社，1988.

陈曼蓉 . 当前社会研究方法的特点、趋势及问题［J］. 社会，2002（2）.

陈向明 . 质的研究方法与社会科学研究［M］. 北京：教育科学出版社，2000.

陈友华 . SARS 危机对人类生活方式的影响［J］. 广东社会科学，2004（1）.

仇立平 . 我国城市家庭结构变动及其发展的模型研究［J］. 人口研究，1987（5）.

辞海编委会 . 辞海［M］. 上海：上海辞书出版社，2000.

戴维·波普若 . 社会学［M］. 北京：中国人民大学出版社，2001.

迪尔凯姆 . 社会学方法的规则［M］. 北京：华夏出版社，1999.

董国礼，等 . 国家、仪式与社会——解读余华小说、电影《活着》［J］. 香港社会科学学报，2001，秋季卷 .

费孝通 . 江村经济［M］. 南京：江苏人民出版社，1986.

风笑天 . 社会学研究方法［M］. 北京：中国人民大学出版社，2001.

风笑天 . 现代社会调查方法［M］. 武汉：华中理工大学出版社，1996.

冯仕政 . 重返阶级分析——论中国社会不平等研究的范式转换［J］. 社会学研究，2008(5).

傅慭冬 . 燕京大学社会学系三十年［J］. 社会学通讯，1982，4-5（合刊）.

富永健一 . 经济社会学 [M] . 天津：天津人民出版社，1984.

哈里斯·库珀 . 如何做综述性研究 [M] . 重庆：重庆大学出版社，2010.

韩明膜 . 中国社会学史 [M] . 天津：天津人民出版社，1987.

郝大海 . 社会调查研究方法 [M] . 北京：中国人民大学出版社，2005.

克特·W 巴克 . 社会心理学 [M] . 天津：南开大学出版社，1984.

劳伦斯·F. 洛柯，等 . 如何撰写研究计划 [M] . 重庆：重庆大学出版社， 2009.

劳伦斯·纽曼 . 社会研究方法：定性和定量的取向 [M] . 北京：中国人民大学出版社，2007.

李红专 . 当代西方社会历史观的重建——吉登斯结构化理论述评 [J] . 教学与研究，2004（4）.

李景汉 . 定县社会概况调查 [M] . 北京：中华平民教育促进会，1933.

李沛良 . 社会研究的统计应用 [M] . 北京：社会科学文献出版社，2001.

李强 . "丁字型"社会结构与"结构紧张" [J] . 社会学研究，2005（2）.

李祖扬 . 科学问题辨析 [J] . 自然辩证法研究 ,1996(8).

梁玉成 . 渐进转型与激进转型在初职进入和代内流动上的不同模式 [J] . 社会学研究，2006（4）.

林定夷 . 科学中问题的结构与问题逻辑 [J] . 哲学研究 ,1988(5).

林南 . 社会研究方法 [M] . 北京：农村读物出版社，1987.

林耀华 . 金翼——中国家族制度的社会学研究 [M] . 北京：生活·读书·新知三联书店，1989.

刘精明，李路路 . 阶层化：居住空间、生活方式、社会交往与阶层认同——我国城镇社会阶层化问题
    研究 [J] . 社会学研究，2005（3）.

刘精明 . 高等教育扩展与入学机会差异：1978—2003 [J] . 社会，2006，3.

流心 . 自我的他性 [M] . 上海：上海人民出版社，2005.

卢汉龙，彭希哲 . 二十世纪中国社会科学·社会学卷 [M] . 上海：上海人民出版社，2005.

陆晓文，吕乐 . 中国社会主流语言词汇的类型分布、使用特征与社会变化 [J]. 江苏社会科学，2001（6）.

罗伯特·K. 默顿 . 社会理论和社会结构 [M] . 南京：译林出版社，2006.

罗伯特·K. 默顿 . 社会研究与社会政策 [M] . 北京：生活·读书·新知三联书店，2001.

罗伯特·K. 殷 . 案例研究：设计与方法 [M] . 重庆：重庆大学出版社，2004.

罗伯特·S. 林德，海伦·梅里尔·林德 . 米德尔敦：当代美国文化研究 [M] . 北京：商务印书馆，
    1999.

马尔科姆·沃特斯 . 现代社会学理论 [M] . 北京：华夏出版社，2000.

马克斯·韦伯 . 社会科学方法论 [M] . 北京：中央编译出版社，1999.

毛泽东 . 农村调查文集 [M] . 北京：人民出版社，1982.

闽建蜀，游汉明 . 市场研究：基本方法 [M] . 香港：香港中文大学出版社，1979.

潘光旦 . 中国之家庭问题 [M] . 上海：新月书店，1929.

彭玉生 . "洋八股"与社会科学规范 [J] . 社会学研究 ,2010(2).

乔纳森·特纳 . 社会学理论的结构（上）[M] . 北京：华夏出版社，2001.

乔启明 . 中国农民生活程度之研究 [J] . 社会学刊，1938，1（3）.

秦亚青，国际关系理论的核心问题与中国学派的生成［J］.中国社会科学,2005(3).

让·皮亚杰.人文科学认识论［M］.北京：中央编译出版社，1999.

沈关宝，仇立平.社会调查研究方法［M］.天津：天津人民出版社，1990.

孙本文.当代中国社会学［M］.南京：胜利出版公司，1948.

童世骏.作为认识论范畴的"问题"［J］.学术月刊,1991(7).

王铭铭.社会人类学与中国研究［M］.北京：生活·读书·新知三联书店，1997.

王天夫.城市夫妻间的婚内暴力冲突及其对健康的影响［J］.社会，2006（1）.

王卫东.中国城市居民的社会网络资本与个人资本［J］.社会学研究，2006（3）.

王跃生.当代中国城乡家庭结构变动比较［J］.社会，2006（3）.

王跃生.当代中国家庭结构变动分析［J］.中国社会科学，2006（1）.

威廉·富特·怀特.街角社会［M］.北京：商务印书馆，1994.

翁定军.社会定量研究的数据处理［M］.上海：上海大学出版社，2002.

吴艳红，J.David Knottnreus.日常仪式化行为：以知青为例的研究［J］.社会，2005（6）.

吴艳红，J.David Knottnreus.日常仪式化行为的形成：从雷锋日记到知青日记［J］.社会，2007（1）.

徐丙奎.西方社会保障三大理论流派述评［J］.华东理工大学学报（社会科学版）,2006(3).

严士建，王隽骧，徐承彝.概率论与数理统计基础［M］.上海：上海科学技术出版社，1982.

阎云翔.礼物的流动［M］.上海：上海人民出版社，2000.

杨国枢.社会及行为科学研究法［M］.台湾：东华书局，1980.

杨雅彬.近代中国社会学［M］.北京：中国社会科学出版社，2001.

杨雅彬.中国社会学史［M］.济南：山东人民出版社，1987.

姚介厚."后现代"问题和后现代主义的哲学与文化［J］.国外社会科学，2001（5）.

应星.大河移民上访的故事［M］.北京：生活·读书·新知三联书店，2001.

袁方.社会研究方法教程［M］.北京：北京大学出版社，1997.

约翰·W.克雷斯维尔.研究设计与写作指导：定性、定量与混合研究路径［M］.重庆：重庆大学出版社，2007.

曾群.青年失业与人生转型［J］.社会，2007（1）.

赵承信.社会调查与社区研究［J］.社会学界，1936（9）.

赵延东.受访者推动抽样：研究隐藏人口的方法与实践［J］.社会，2007（2）.

郑杭生，李迎生.中国社会学史新编［M］.北京：高等教育出版社，2000.

中共中央马克思恩格斯列宁斯大林著作编译局.马克思恩格斯全集［M］.第21卷.北京：人民出版社1995.

中共中央马克思恩格斯斯大林著作编译局.列宁全集［M］.第27卷.北京：人民出版社，1972.

中国大百科全书编委会.中国大百科全书·社会学［M］.北京：中国大百科全书出版社，1991.